MARIA MONTESSORI
DIE ENTDECKUNG DES

SCHRIFTEN DES WILLMANN-INSTITUTS
MÜNCHEN—WIEN

MARIA MONTESSORI

DIE ENTDECKUNG DES KINDES

Herausgegeben und eingeleitet
von
Paul Oswald und Günter Schulz-Benesch

HERDER
Freiburg · Basel · Wien

Die deutsche Übersetzung erfolgte nach der italienischen Ausgabe von 1950
„La scoperta del bambino" (Garzanti, Milano) durch Edith Seidel
Durchgesehen und textkritisch bearbeitet von den Herausgebern

Elfte Auflage

Alle Rechte an der deutschen Übersetzung vorbehalten. – Printed in Germany
© Verlag Herder Freiburg im Breisgau 1969
Herstellung: Freiburger Graphische Betriebe 1994
ISBN 3-451-14795-5

VORWORT DER HERAUSGEBER

Maria Montessoris erstes und grundlegendstes Werk „Il metodo della pedagogia scientifica..." erschien bereits 1909. Es machte die Fachwelt über Rom und Italien hinaus mit ihren pädagogischen Ideen und Erziehungspraktiken bekannt und wirkte zu seiner Zeit wie ein Bestseller. Wenige Jahre später schon wurde die erste deutsche Übersetzung unter dem Titel „Selbsttätige Erziehung im frühen Kindesalter" herausgegeben (1913). Zu wenig war und ist bekannt, daß Maria Montessori jedoch 1926 in der dritten italienischen Auflage das Werk erheblich verändert und erweitert hat, während die bis 1930 mehrfach nachgedruckten deutschen Ausgaben unverändert der ersten Übersetzung folgten[1]. Im Ausland dagegen hielten sich die in den verschiedenen Sprachen erschienenen Neuauflagen meist an die überarbeitete Auflage von 1926. 1948 hat Montessori, in Indien weilend, eine englische Neubearbeitung des Werkes besorgt, die aber wiederum im wesentlichen der dritten italienischen Auflage von 1926 folgte. Die der hier vorgelegten deutschen Neuübersetzung zugrundeliegende italienische Neuauflage von 1950, die unter dem Titel „La scoperta del bambino" erschien, stimmt im ganzen mit jener englischen Neubearbeitung von 1948 überein.

Bei der Lektüre dieses Buches muß, wie bei allen ihren Werken, Montessoris schriftstellerische Eigenart beachtet werden. Im Grunde ist Montessori primär eine geniale Praktikerin gewesen und nicht so sehr eine systematische Theoretikerin. Es ist bemerkenswert, daß die meisten ihrer Schriften mehr zufällig und nach schon erreichten Erziehungs- und Lehrerfolgen entstanden. Bezeichnend ist der Bericht ihrer alten Freundin und Vertrauten Anna Maccheroni, wonach Maria Montessori erst auf Drängen von außen hin innerhalb von nur zwanzig Tagen die erste italienische Ausgabe dieses Buches zusammenstellte[2]. Dabei hat sie gewiß auf bereits vorliegende Ausarbeitungen,

---

[1] Vgl. Josef Schröteler, Die Montessori-Methode und die deutschen Katholiken, Düsseldorf 1929.

[2] Vgl. Anna Maccheroni, Come conobbi Maria Montessori, Rom 1956, S. 49/50.

wie zum Beispiel solche über ihre Schreib-Lese-Methode, zurückgegriffen.

Maria Montessoris Stil ist im allgemeinen rhetorisch und nicht so sehr begrifflich-systematisch bestimmt. Dies kommt im italienischen Originaltext noch deutlicher zum Ausdruck als in der Übersetzung. Von einigen ihrer Bücher ist mit Sicherheit bekannt, daß sie aus Mitschriften ihrer Vorträge entstanden sind. Ferner ist die biographische Tatsache wichtig, daß Montessori fast ausschließlich frei sprach. Obwohl dies in bezug auf das vorliegende Grundwerk wohl kaum Bedeutung hat, ist doch auch in diesem Buch über weite Passagen die Eigenart zu spüren, in der Montessori ihre jeweiligen Ansichten oft leidenschaftlich vertritt, ohne den begrifflichen Distinktionen besondere Aufmerksamkeit zuzuwenden. Im Zusammenhang damit steht wohl auch die ständige Veränderung des Textes, der für Montessori, zumal in seinen allgemeinen Partien, nicht fixiertes System, sondern Zeugnis lebendigen Bemühens ist, d. h. aber steter Fortentwicklung unterliegt. Hinzu kommt, daß sich gelegentlich die Bedeutung psychologischer Fachausdrücke mit dem allgemeineren Sinn dieser Worte in ihrer italienischen Muttersprache vermischt.

Zum Verständnis dieses Buches ist ferner eine gewisse Charakterisierung seiner historischen „Schichten" angebracht.

Eine erste Schicht besteht aus den Texten, welche aus den Frühauflagen (1909/1913) übernommen wurden. Sie liegen auch in der ersten deutschen Ausgabe vor, die der zweiten italienischen Auflage von 1913 folgte.

Die zweite Schicht stellen die erheblichen Veränderungen und Erweiterungen von 1926 dar. Hier hat Montessori einige begriffliche Unklarheiten (zum Beispiel zum Verhältnis von experimenteller Psychologie und Pädagogik) beseitigt. Ferner ist bei der Schilderung der Praxis und besonders des Materials deutlich die Wendung von frühen, vornehmlich durch den Versuch bestimmten Stadien zu einer strengeren Fixierung von Materialien und Lehren zu bemerken, wie sie sich wohl durch die Praxis der Lehrgänge mit ihrer genauen Beschreibung des Materials und der sorgfältigen Einführung in seinen Gebrauch ergab. Schließlich sind einige Themen völlig neu aufgenommen worden (zum Beispiel das Kapitel über die religiöse Erziehung). Dagegen treten die vielzitierten sozialistischen Tendenzen zurück.

Die dritte Schicht besteht in den Änderungen und Zusätzen von

1948. Sie sind dem Umfang nach nicht so wesentlich wie die der Auflage von 1926. Im allgemeinen zeichnen sich in ihnen Ergebnisse der späteren Perioden ihres Wirkens ab (wie zum Beispiel in Bemerkungen über den „absorbierenden Geist"). An einzelnen Stellen jedoch ist auch eine gewisse Verschärfung ihres Urteils (etwa bei den Fragen der Kunsterziehung) nicht zu übersehen.

Um diese verschiedenen Schichten dem Leser kenntlich zu machen, sind, soweit möglich, die Veränderungen durch Markierungspfeile und Jahreszahlen am Rande bezeichnet. Das gilt insbesondere für alle sachlich wesentlichen Änderungen. Kleinere Unterschiede, die zum Teil auch auf die verschiedenen Übersetzungen zurückgehen können, wurden dabei außer acht gelassen. Der Vergleich geht jeweils von der alten deutschen Ausgabe von 1913 aus. Die Jahreszahlen bei den Einschüben ⟨⟨...⟩⟩ und Streichungen ⟨⟨— 5⟩⟩[3] beziehen sich auf die Auflagen, in denen nach Kenntnis der Herausgeber die Änderungen erstmals festzustellen sind.

Für die Bearbeitung wurden hauptsächlich folgende Auflagen dieses Werkes Montessoris benutzt:
1. Selbsttätige Erziehung im frühen Kindesalter, Stuttgart 1913.
2. Il metodo della pedagogia scientifica..., Città di Castello 1909.
3. Dasselbe, 2. Aufl., Rom 1913.
4. Dasselbe, 3. Aufl., Rom 1926.
5. La scoperta del bambino, Milano 1950.
6. Dasselbe, 6. Aufl., Milano 1962.
7. The Discovery of the Child, Madres 1948.
8. De methode. De ontdekking van het kind, Amsterdam, 7. Aufl. o. J. (1956); Übersetzung von 7.

Die Herausgeber sind für die freundliche Unterstützung dankbar, die ihre Arbeit durch die Association Montessori Internationale in Amsterdam und besonders durch Herrn Mario Montessori erfuhr.

Dank gebührt auch den Herren Dr. Hermann Becker und Dr. Hermann-Josef Koll für ihre Hilfe beim Vergleich der deutschen Texte.

Die Berechtigung einer Neuauflage dieses Werkes Montessoris scheint den Herausgebern nicht nur im historischen Interesse zu liegen. Trotz aller Änderungen und Zusätze der späteren Bearbeitung, der Härten

---

[3] Die Ziffer nach dem Minuszeichen gibt jeweils die Anzahl der gestrichenen Zeilen an.

und Übertreibungen zeigt sich die Gradlinigkeit ihres pädagogischen Denkens und die fortwirkende Kraft ihrer Entdeckung des Kindes in seiner Konzentrationsfähigkeit und unerschöpflichen Potentialität. In dieser Hinsicht wird in ihrem Kern die Pädagogik Maria Montessoris in unserer Zeit des Umbruchs des Erziehungsdenkens und Bildungswesens aufs neue aktuell. Nicht primär pädagogische Theorie führte Montessori zu ihrem originellen Beitrag, sondern die Gabe ursprünglicher intuitiver Erfassung pädagogischer Kernphänomene. Die Bescheidenheit, mit der sie das in dem später weggefallenen Vorwort zur dritten italienischen Auflage selber einmal ausspricht, ehrt die in der ganzen Welt so einflußreiche Pädagogin besonders: „Ich hatte im Glauben wie der einfältige Aladin gemeint, in der Hand eine Lampe zu haben, die höchstens geeignet wäre, mich in eine noch unerforschte Gegend vorwärts zu führen. Aber die Sache, die ich unerwartet fand, war der ‚Schatz‘, der in der Tiefe der kindlichen Seele verborgen war. Und das ist das Neue, die überraschende Entdeckung, und nicht . . . ‚die Bedeutung meines Beitrags zur offiziellen Wissenschaft‘. Dieses Neue trieb meine Methode so weit hinaus und fern von dem Ort ihres Ursprungs weg."[4]

NACHBEMERKUNG
zur überarbeiteten 6. Auflage

In dieser Auflage mußte ein Irrtum korrigiert werden, der den Herausgebern aufgrund einer mißverständlichen Auskunft aus dem Kreis um Montessori unterlaufen ist: Die wichtige Bearbeitung der 3. Auflage des „Metodo . . ." Montessoris wurde zwar durch das Handschreiben Benedikts XV. von 1918 mitangeregt, erschien aber im Druck nicht schon in diesem Jahr, sondern 1926[5]. Die Richtigkeit des „Schichtenvergleichs" als solchen in der Neubearbeitung „Die Entdeckung des Kindes" von 1969 und den folgenden Auflagen blieb davon unberührt. Ab der 6. Auflage sind dementsprechend lediglich die Jahresangaben „1918" durch „1926" ersetzt.

Die Herausgeber

[4] Vgl. J. Schröteler, a. a. O., S. 22.
[5] Roma, Maglione e Strini, o. J.; s. Catalogo Generale Libreria Italiana, III Suppl., 1921—1930, L—Z; vgl. G. Schulz-Benesch, Montessori (Reihe: „Erträge der Forschung"), Darmstadt 1980, S. 116.

INHALT

Vorwort der Herausgeber V

Einführung zur vorliegenden Auflage 1

I. *Kritische Betrachtungen über die auf die Schule angewandte Wissenschaft* 3

II. *Geschichte der Methoden* 23
Geschichte der Entdeckung einer wissenschaftlichen Erziehung für normale Kinder 39 — Analyse der Bedingungen beim ersten Experiment. Geschichte seiner ersten Verbreitung 43

III. *In den „Kinderhäusern" angewandte Unterrichtsmethoden* 47
Morphologisches Wachstum 48 — Die Umgebung 53 — Praktische Beobachtungen 55 — Disziplin und Freiheit 56 — Disziplinschwierigkeiten in der Schule 58 — Unabhängigkeit 63 — Gemessen an ihrer Nutzlosigkeit ist die Hilfe ein Hemmnis bei der Entwicklung der natürlichen Kräfte 66 — Belohnungen und Strafen für unsere Kinder 67 — Entwicklungsfreiheit 70

IV. *Die Natur in der Erziehung* 73
Die Natur in der Schulerziehung 80 — Die gewissenhafte Pflege 81 — Das Garten-Vorurteil 82 — Die angenehmste Arbeit 82 — Einfachheit 84 — Unser Garten 85

V. *Erziehung der Bewegungen* 87

Der rote und der weiße Mensch 87 — Gymnastik und Disziplin 90 — Gymnastik und Arbeit 93 — Die Arbeit 94 — Die Stimme der Dinge 95 — Die Talente 96 — Präzision 97 — Das sensible Alter 97 — Analyse der Bewegungen 98 — Ökonomie der Bewegungen 100 — Die Knüpfrahmen 100 — Weitere Mittel 101 — Die Linie 101 — Gleichzeitige Übungen 102 — Unbeweglichkeit und Stille 103 — Offene Wege 104 — Das freie Leben 105 — Die Wirklichkeit 105 — Die Einordnung der Handlungen 106 — Gymnastik und Spiele 108 — Die freie Wahl 109

VI. *Das Entwicklungsmaterial* 112

Isolierung einer einzigen Eigenschaft im Material 115 — Grundlegende Eigenschaften, die allen Dingen gemeinsam sind, die das Kind in seiner erzieherischen Umwelt umgeben 116 —

VII. *Die Übungen* 120

Wie die Lehrerin Lektionen geben sollte. Vergleich mit den alten Systemen 120 — Über die Einführung des Kindes in die Übungen mit dem Sinnesmaterial. Kontraste, Identitäten und Abstufungen 127 — Technik der Einführung in die Tastübungen 128 — Temperaturempfindungen 130 — Gewichtsempfindungen 131 — Empfindung der Formen ausschließlich durch Betasten 132 — Erziehung des Geschmacks- und des Geruchssinnes 136

VIII. *Visuelles und auditives Unterscheidungsvermögen* . 138

Material: Einsatzblöcke und Klötze 138 — Farbmaterial 143 — Sensorielle geometrische Kenntnisse. Die flachen Einsatzfiguren und die geometrischen Formen 145 — Übungen mit den drei Serien von Karten 149 — Übungen zur Unterscheidung von Geräuschen 150 — Die Stille 154

IX. *Allgemeines über die Erziehung der Sinne* . . . 159

X. *Die Lehrerin* 166

XI. *Die Technik der Lektionen* 171
Erste Periode: Einführung 171 — Zweite Periode: die Lektionen 174 — Die Lektion der drei Zeiten 174 — Erläuternde Anwendung. Einführung zum Gebrauch des Materials. Einsatzblöcke 177 — Die Anleitung des Kindes 178

XII. *Bemerkungen über Vorurteile* 183
Der Prüfstein 190 — Die geistige Ordnung 193

XIII. *Erhebung* 194
Die Stille. Die materialisierten Abstraktionen 194 — Vergleich zwischen der Erziehung normaler und der geistig zurückgebliebener Kinder 198 — Vergleich zwischen unserer Pädagogik und der Experimentalpsychologie 201 — Die Sinneserziehung führt durch wiederholte Übungen zu einer Verfeinerung der Wahrnehmungen von Reizen 203

XIV. *Die geschriebene Sprache* 207
Über die alten Methoden für den Unterricht im Lesen und Schreiben. Kritik an Séguins Schreibmethode 208

XV. *Der Mechanismus des Schreibens* 226
Die Analyse der Bewegungen einer schreibenden Hand 228 — Direkte Vorbereitung auf das Schreiben. Die Analyse seiner Faktoren 230 — Die von Mechanismen befreite Intelligenz 240 — Zusammensetzung der Wörter 242

XVI. *Lesen* 255
Die Übung mit den klassifizierten Kärtchen 261 — Die Befehle: das Lesen von Sätzen 263

XVII.	*Die Sprache*	269
	Auf mangelnde Erziehung zurückzuführende Sprachfehler 282	
XVIII.	*Unterricht im Zählen und Einführung in die Arithmetik*	292
XIX.	*Weitere Fortschritte in Arithmetik*	305
XX.	*Das Zeichnen und die bildende Kunst*	309
XXI.	*Der Beginn der musikalischen Kunst*	315
XXII.	*Die religiöse Erziehung*	323
XXIII.	*Die Disziplin im „Kinderhaus"*	332
XXIV.	*Schlußbetrachtungen und Eindrücke*	351
XXV.	*Die triumphierende Quadriga*	355
XXVI.	*Ordnung und Stufen beim Anbieten des Materials* .	360

Literaturübersicht 362
Sachverzeichnis 364
Personenverzeichnis 372

EINFÜHRUNG ZUR VORLIEGENDEN AUFLAGE

Wenn ich mich bei der Veröffentlichung der dritten italienischen Auflage[1] verpflichtet fühlte, den Wiederabdruck eines Buches zu begründen, das zu Beginn meiner Arbeit geschrieben wurde, so fühle ich mich um so mehr verpflichtet, dies 42 Jahre danach beim Erscheinen dieser Auflage zu tun. Meine Motive sind immer dieselben geblieben, doch die Entwicklung meiner Arbeit und die Schlüsse, die wir aus den Offenbarungen zogen, die die Kinder in unseren Schulen uns gegeben haben, übertrafen bei weitem alle noch so begründeten Erwartungen. Es war unmöglich, dieses Buch auf den letzten Stand zu bringen, ohne es vollkommen neu zu schreiben, nicht nur im Bezug auf seinen Inhalt, sondern auch auf seine Form. Die Umstände erlaubten dies nicht. Und man müßte über eine komplette Sammlung der speziellen Veröffentlichungen über die verschiedenen psychologischen und pädagogischen Aspekte unserer in der ganzen Welt gewonnenen Erfahrung verfügen. Einiges davon ist bereits veröffentlicht (vgl. *Il segreto dell'infanzia, The Absorbent Mind, Education for a New World, To Educate the Human Potential, Psicoaritmética, Psicogeometria* usw.), weitere Veröffentlichungen sind in Vorbereitung.

Bei dieser Auflage habe ich lediglich versucht, einige Argumente klarzustellen und besonders die Tatsache hervorzuheben, daß unsere Arbeit eher das Ergebnis als die Schaffung einer neuen Erziehungsmethode ist. Unsere Schlußfolgerungen finden im neuen Titel ihren Ausdruck: *Die Entdeckung des Kindes*. Nach einigen Kapiteln habe ich einen kurzen Überblick über den letzten Stand der Entwicklung gegeben. Der Leser wird also gebeten, sich vor Augen zu halten, daß der größte Teil dieses Buches zu Beginn unserer Erfahrung geschrieben

---

[1] Vom Jahre 1926 (d. Hrsg.).

wurde und oft auf wissenschaftliche Theorien, auf damals besonders beliebte Experimente sowie auf die besondere Situation jener Tage Bezug nimmt. Die Zeiten haben sich inzwischen geändert, die Wissenschaft hat große Fortschritte gemacht und mit ihr unsere Arbeit; doch unsere Grundsätze wurden dadurch nur bestätigt, und mit ihnen bestätigte sich unsere Überzeugung: Die Menschheit kann auf eine Lösung ihrer Probleme, unter denen die dringlichsten Friede und Einheit sind, nur dann hoffen, wenn sie ihre Aufmerksamkeit und Energie auf die Entdeckung des Kindes sowie auf die Entwicklung der großen Potentialität der in ihrer Bildung begriffenen menschlichen Personalität konzentriert.

Poona, November 1948 [2] *Maria Montessori*

[2] Dem Vorwort der ersten Nachkriegsauflage, die in englischer Sprache in Indien erschien, steht unverändert die Einleitung der zugrundeliegenden dritten italienischen Auflage von 1926 voran, die auch das Grußwort Benedikts XV. enthält (d. Hrsg.).

I

KRITISCHE BETRACHTUNGEN ÜBER DIE AUF
DIE SCHULE ANGEWANDTE WISSENSCHAFT

Ich habe nicht die Absicht, eine Abhandlung über wissenschaftliche Pädagogik vorzulegen. Diese Vorbemerkungen dienen dem bescheidenen Zweck, die hochinteressanten Ergebnisse eines pädagogischen Versuches bekanntzugeben, der, wie es scheint, den Weg zur praktischen Durchführung neuer Methoden aufzeigt, durch welche die Pädagogik stärker zur Anwendung wissenschaftlicher Versuche gebracht werden soll, ⟨ohne dabei jedoch von ihrer natürlichen Grundlage der spekulativen Prinzipien abzugehen [1].⟩ Es wird die übertriebene Behauptung aufgestellt und seit vielen Jahren davon gesprochen, daß die Pädagogik, genau wie dies bereits bei der Medizin der Fall war, dazu tendiert, rein spekulative Gebiete zu verlassen, um ihre Grundlagen auf positive, aus der Erfahrung gewonnene Untersuchungen zu errichten. Die physiologische oder experimentelle Psychologie, die sich von Weber und Fechner bis Wundt und Binet zu einer neuen Wissenschaft formiert hat, scheint dazu bestimmt, dieser das Substrat an Vorbereitung zu geben, das die alte Psychologie der philosophischen Pädagogik brachte. Auch die auf die physische Untersuchung der Schüler angewandte morphologische Anthropologie tritt als weiterer entscheidender Faktor der neuen Pädagogik in Erscheinung.

Doch in Wirklichkeit wurde die sogenannte wissenschaftliche Pädagogik weder aufgebaut noch definiert. Es handelt sich dabei um einen verschwommenen Begriff, über den man spricht, der jedoch in Wirklichkeit gar nicht existiert.

⟨— 8⟩

---

[1] Wenn Montessori von wissenschaftlicher Pädagogik spricht, meint sie vornehmlich die Berücksichtigung der Ergebnisse der exakten Wissenschaften, wie Medizin, Biologie, Psychologie usw., in der Erziehungspraxis. Nur selten deutet sie die Einordnung ihres Anliegens in die systematische Pädagogik an (d. Hrsg.).

In Italien entstanden vor Jahren, mit Hilfe von erfahrenen Ärzten, sogenannte Schulen für wissenschaftliche Pädagogik, die dem Zweck dienten, Lehrkräfte auf die neue Richtung der Pädagogik vorzubereiten. Diese Schulen hatten großen Erfolg. Sie wurden, das kann man wohl behaupten, von allen Lehrern Italiens besucht. ⟨— 5⟩ ⟨Schon bevor die neuen Studien aus Deutschland und Frankreich bei uns bekannt wurden, waren die Lehrer durch die italienischen Anthropologieschulen angehalten worden, die methodische Beobachtung der Kinder während der verschiedenen Wachstumsperioden sowie Messungen mit Hilfe von zuverlässigen Instrumenten vorzunehmen.⟩ So hat zum Beispiel Sergi seit etwa 50 Jahren immer wieder beharrlich unter den italienischen Lehrern den Gedanken verbreitet, in der wissenschaftlich gelenkten Beobachtung eine Quelle zur Erneuerung der Erziehung zu suchen. „In unserer Gesellschaft", so sagte Sergi, „setzt sich heute ein dringendes Bedürfnis durch: die Erneuerung der Erziehungs- und Unterrichtsmethoden, und wer in diesem Zeichen kämpft, der kämpft für die Erneuerung des Menschen."

In seinen in einem Band zusammengefaßten pädagogischen Schriften: *Educazione ed Istruzione (Pensieri)*[2], in denen er den Inhalt von Lektionen und Vorträgen zur Verbreitung seiner Ideen zusammenfaßt, zeigt er als Weg der erwünschten Erneuerung *das methodische Studium des Zöglings, geleitet von der pädagogischen Anthropologie und der Experimentalpsychologie.*

„Seit vielen Jahren kämpfe ich für eine Idee, die ich desto mehr als richtig und nützlich für die Ausbildung und die Erziehung des Menschen halte, je länger ich darüber nachdenke; daß wir nämlich, um natürliche Methoden zu gewinnen und diese Ziele zu erreichen, über zahlreiche exakte und rationale Beobachtungen des Menschen verfügen müssen, ganz besonders über seine Kindheit, in der die Grundlagen für Erziehung und Bildung zu legen sind.

Kopf, Größe usw. zu messen ist natürlich keine Pädagogik, sondern ein Mittel zum Zweck, weil man niemand erziehen kann, ohne ihn genau zu kennen."

Sergis Autorität ließ die Überzeugung aufkommen, daß man auf nahezu natürliche Weise die Kunstfertigkeit erwirbt, das Individuum zu erziehen, wenn es erst einmal allein durch phänomenologische Ver-

[2] Trevesini 1892.

suche bekannt ist. Dies führte bei seinen Jüngern (wie das häufig vorkommt) zu einer Gedankenverwirrung, und zwar zur Konfusion zwischen dem experimentellen Studium des Schülers und seiner Erziehung. Und da das eine den Anschein erweckte, als sei es der Schlüssel zum anderen, das sich daraus organisch entwickelt hatte, nannte sich die pädagogische Anthropologie kurzweg *wissenschaftliche Pädagogik*. Wer sich zu dem neuen Begriff bekehrt hatte, trug als Banner die „biographische Karte", überzeugt, daß die Schlacht gewonnen sei, war diese Fahne erst einmal endgültig auf dem Schulplatz gehißt.

Deshalb lehrten die sogenannten Schulen für wissenschaftliche Pädagogik die Lehrer, die anthropometrischen Maße zu nehmen, Instrumente zur Messung des Hautempfindlichkeitsvermögens zu benutzen und anamnestische Daten zu sammeln. Daraus entwickelten sich die wissenschaftlich gebildeten Lehrkräfte.

Im übrigen wurde im Ausland nicht mehr und nichts Besseres geschaffen.

In Frankreich, in England und vor allem in Amerika gab es ebenfalls Untersuchungen über Anthropologie und pädagogische Psychologie in den Grundschulen, wobei die Illusion bestand, daß durch Anthropometrie und Psychometrie die Erneuerung des Schulwesens zu erreichen sei. Den Fortschritten in dieser Richtung folgte die Verfeinerung des Studiums des Individuums — die von Wundts Psychologie bis Binets Testen ging, wobei jedoch das gleiche Mißverständnis unverändert erhalten blieb. Hinzu kommt, daß diese Untersuchungen fast nie von *Lehrern* durchgeführt wurden, sondern von Medizinern, deren Interesse in stärkerem Maße ihrem speziellen Fachgebiet als der Pädagogik gilt und die eher versuchen, experimentelle Beiträge zur Psychologie und zur Anthropometrie zu geben, als ihre Arbeit und ihre Zielsetzung auf die Verwirklichung der so lange erwarteten wissenschaftlichen Pädagogik zu richten. Schließlich haben Anthropologen und Psychologen niemals Kinder in Schulen ausgebildet; noch haben die Lehrer jemals das Niveau von Laboratoriumswissenschaftlern erreicht.

Der praktische Fortschritt der Schule würde hingegen eine wirkliche *Koordinierung* der Tendenzen von Arbeit und Denken erfordern, und zwar in dem Sinne, daß die Wissenschaftler direkt in die vornehmsten Bereiche der Schule berufen würden und daß die Lehrer sich von dem niedrigen Bildungsniveau erhöhen, in dem sie heute befangen sind.

Mit diesem äußerst praktischen Ideal wurde in Rom eine pädagogische Universitätsschule gegründet, zu dem Zweck, die Pädagogik aus ihrer Begrenzung als einfachem Nebenfach der Philosophischen Fakultät, was sie bislang in Italien war, zu einer unabhängigen Fakultät zu entwickeln, die, genau wie die medizinische Fakultät, die mannigfaltigsten Vorlesungsfächer in sich vereint. Darunter fallen auch pädagogische Hygiene, Anthropologie und Experimentalpsychologie.

1926 — 〈—23〉
1926 ▼ 〈Aber die Entwicklung dieser Wissenschaftszweige ging ihren eigenen Weg, während die Pädagogik als solche auf dem alten philosophischen Fundament verblieb, auf dem sie entstanden war, ohne sich anrühren,
▲ geschweige denn verändern zu lassen.〉

Bei der Erziehung beschäftigt uns jedoch heute weniger die Wissenschaft als das Interesse an der Menschheit und der Kultur, für die es nur ein einziges Vaterland gibt: die Welt. Und jeder, der zu einem so bedeutenden Anliegen seinen Beitrag geleistet hat, auch wenn ihm dabei kein Erfolg beschieden war, verdient die Achtung der zivilisierten Menschheit.

1926 — 〈—21〉
So sind wir, die wir für ein einziges Ziel arbeiten, sozusagen Glieder oder Altersstufen ein und derselben Person, wobei die später kommenden dieses Ziel erreichen, weil es vor ihnen andere gab, die glaubten und arbeiteten.

Dementsprechend waren wir überzeugt, daß wir die alte in sich zusammenfallende Schule wieder aufbauen könnten, wenn wir dazu die Bausteine des harten und trockenen Laborexperimentes benutzen. Viele haben mit allzu großen Illusionen auf die Ergebnisse der materialistischen und mechanistischen Wissenschaft geblickt.

Aber gerade deshalb haben wir uns auf einen falschen und sich verengenden Weg begeben, den wir verlassen müssen, um wirklich auf die neugestaltete Kunst zu stoßen, menschliche Generationen zu schulen.

Es ist nicht leicht, Lehrer nach dem Leitfaden der Experimentalwissenschaft heranzubilden. Hätten wir sie peinlichst genau Anthropometrie und Psychometrie gelehrt, so wären Mechanismen von sehr
1926 — problematischem Nutzen entstanden. 〈—16〉 Dadurch, daß wir sie in das Experimentieren einführten, haben wir gewiß keine *neuen Lehrer* geschult. Und wir haben vor allem die Erzieher an der Schwelle der

Experimentalwissenschaft zurückgelassen, ohne ihnen den Zugang zu dem edleren und tiefgründigeren Gebiet zu verschaffen, in dem sich Wissenschaftler formen.

Was ist denn überhaupt ein Wissenschaftler?

Gewiß nicht jemand, der es versteht, mit physikalischen Instrumenten in einem Laboratorium zu hantieren, oder der in einem chemischen Labor alle Reagenzien sicher handhabt, oder der weiß, wie man in der Biologie mikroskopische Präparate vorbereitet. Sehr oft verfügen Menschen, die das Niveau des „Wissenschaftlers" nicht erreichen, wie zum Beispiel Assistenten oder einfache *Präparatoren*, über die größte Sicherheit bei der *Experimental*technik.

Wir nennen einen Wissenschaftler den Menschen, der *empfindet*, daß der Versuch die Möglichkeit bietet, die tiefgründigen Wahrheiten des Lebens zu erforschen, ein Stückchen vom Schleier seiner faszinierenden Geheimnisse zu lüften, und der dabei in seinem Innersten eine so leidenschaftliche *Liebe* für die Geheimnisse der Natur in sich aufkommen fühlt, daß er sich selbst darüber vergißt. Der Wissenschaftler ist kein Mensch, der mit Instrumenten hantiert, sondern jemand, der die Natur kennt. Dieser sublim Verliebte trägt wie ein Mönch die äußeren Zeichen seiner Leidenschaft; wir nennen einen Wissenschaftler den Menschen, der in seinem Laboratorium lebt, ohne von der Außenwelt etwas zu hören und der zuweilen ein extravagantes Verhalten an den Tag legt, der etwa seine Kleidung vernachlässigt, weil er sich seiner selbst nicht mehr erinnert; der blind wird, weil er unermüdlich ins Mikroskop blickt; der sich Tuberkulose einimpft, die Exkremente von Cholerakranken schluckt und sich sehnlichst wünscht, so die Übertragungswege der Krankheit zu erfahren; der die Sprengkraft eines chemischen Präparates kennt, trotzdem seine Synthese versucht, und dabei umkommt.

Dies ist der Geist des Wissenschaftlers, dem die Natur ihre Geheimnisse enthüllt und den sie mit Erfinderruhm krönt.

Es existiert also ein „Geist" des Wissenschaftlers über einem „Mechanismus" des Wissenschaftlers. Der Wissenschaftler erreicht dann den Höhepunkt seines Aufstiegs, wenn der Geist den Mechanismus besiegt hat. Die Wissenschaft verdankt ihm nicht nur neue Erkenntnisse der Natur, sondern auch philosophische Synthesen des Denkens.

Nun bin ich der Auffassung, daß wir bei den Lehrern stärker den *Geist* als den Mechanismus des Wissenschaftlers schulen müssen; das heißt, die *Schulung* soll eher auf den Geist als auf den Mechanismus *gerichtet* sein.

Als wir in der wissenschaftlichen Schulung noch ausschließlich den Mechanismus sahen, wollten wir den Volksschullehrer gewiß nicht gleichzeitig zu einem perfekten Assistenzarzt in einem Anthropologielabor, in einem Labor für wissenschaftliche Psychologie, und zu einem Kinder- und Schulhygieniker machen, sondern wir wollten ihm nur die *Richtung* zur Experimentalwissenschaft *weisen* und ihn dabei lehren, einmal mit den einen und einmal mit den anderen Instrumenten zu hantieren — so müssen wir dem Lehrer den Weg zum „*wissenschaftlichen Geist*" weisen, allerdings unter Begrenzung auf die Ziele, die ihm sein Amt setzt.

Wir müssen also im Bewußtsein des Lehrers das *Interesse für die Naturerscheinungen* im allgemeinen solange wecken, bis er selbst die Natur liebt und die spannungsvolle Erwartung eines Menschen kennenlernt, der einen Versuch vorbereitet hat und nun das Ergebnis abwartet.

Die Instrumente sind wie das Alphabet. Man muß ihre Handhabung verstehen, um in der Natur lesen zu können. Doch genau wie das Buch, in dem die großen Gedanken eines Schriftstellers entwickelt werden, mit Hilfe des Alphabetes seine Worte in Buchstaben setzt, so gewährt die Natur dank des Experimentalmechanismus die unendliche Folge von Einblicken in ihre Geheimnisse.

Wer zu buchstabieren versteht, könnte ja zur Not die Worte aus der Fibel lesen und genausogut die eines Shakespeare-Werkes, vorausgesetzt, es ist verhältnismäßig deutlich gedruckt.

Wer sich nur auf das grobe Experiment versteht, ist wie der, welcher den buchstäblichen Sinn der Wörter in einer Fibel buchstabiert; und auf diesem Niveau lassen wir die Lehrer, wenn wir ihre Schulung auf den Mechanismus begrenzen.

Statt dessen müssen wir uns zum Fürsprecher des Geistes der Natur machen, ähnlich dem, der auch eines Tages das Buchstabieren gelernt hat, und es soweit bringt, mit Hilfe von Zeichen die Gedanken Shakespeares, Goethes oder Dantes zu lesen.

Wie man sieht, ist der Unterschied groß und der Weg lang.

Unser ursprünglicher Irrtum war jedoch ganz natürlich; das Kind, das die Fibel hinter sich gebracht hat, bildet sich ein, lesen zu können; es liest auch tatsächlich Flaschenetiketten, Zeitungsüberschriften sowie jedes Wort oder jeden Satz, der ihm unter die Augen kommt. Es ist sehr leicht, den gleichen Irrtum zu begehen, in den das Kind verfallen würde, wenn es in eine Bibliothek ginge und sich dabei der Illusion hingäbe, den *Sinn* der Bücher durch Lesen erfassen zu können. Bei einem Versuch würde das Kind jedoch fühlen, daß „mechanisch lesen können" nichts bedeutet, und es würde die Bibliothek verlassen, um zur Schule zu gehen.

Genauso verhält es sich mit der Illusion, neue Lehrer dadurch auf eine neue Pädagogik vorzubereiten, daß man sie in Anthropometrie und Experimentalpsychologie unterrichtet.

Wir wollen nicht auf die vorerwähnten Schwierigkeiten bei der Schulung von wissenschaftlich gebildeten Lehrern eingehen; wir wollen auch nicht den Versuch unternehmen, ein Programm aufzustellen, weil wir dann auf ein Thema abschweifen müßten, mit dem wir uns hier nicht befassen. Unterstellen wir statt dessen, daß die Lehrkräfte bereits durch lange Übung *auf die Beobachtung der Natur* geschult sind und beispielsweise das Niveau des Zoologen erreicht haben, der nachts aufsteht und ohne Rücksicht auf Beschwerlichkeit und Unbequemlichkeit durch die Wälder streift, um einige Insekten, für die er sich interessiert, beim Erwachen und in ihren ersten Lebensäußerungen bei Tagesanbruch zu überraschen. Hier haben wir den Wissenschaftler, der eigentlich müde und abgespannt durch seine Wanderung sein müßte und der trotzdem voller Aufmerksamkeit und Spannung ist: er spürt es nicht, wenn er schmutzig und staubig, wenn er vom Nebel durchnäßt ist oder wenn die Sonne auf ihn brennt; er ist einzig und allein darauf bedacht, seine Anwesenheit unter allen Umständen zu verheimlichen, damit die Insekten Stunde um Stunde ungestört ihren natürlichen Funktionen nachgehen, die er beobachten will.

Nehmen wir an, diese Lehrer hätten das Niveau des schon kurzsichtigen Wissenschaftlers erreicht, der wohl wissend, wie stark es seine Augen ermüdet, dennoch im Mikroskop Infusorien bei ihren spontanen Bewegungen beobachtet; dabei scheint ihm, daß sie ein Unterbewußtsein oder einen Instinkt haben, was er aus der Art schließt, wie sie einander ausweichen oder ihre Nahrung wählen. Er stört dann dieses friedliche Leben mit einem elektrischen Reiz und beobachtet, wie sich einige am positiven, andere am negativen Pol sammeln. Danach versucht er es mit einem Lichtreiz und sieht, wie einige zum Licht eilen, während andere davor flüchten. Er untersucht diese Phänomene von Tropismus, ohne sich von dem Problem ablenken zu lassen, ob diese Anziehung oder dieses Abstoßen durch die Reize gleicher Art ist, wie das voreinander Ausweichen, das Wählen der Nahrung, mit anderen Worten, ob diese Verhaltensweise eher auf ein Aussuchen und eine Regung des Unterbewußtseins oder, besser gesagt, auf einen Naturinstinkt zurückzuführen ist als auf eine physikalische Anziehung oder Abstoßung ähnlich wie bei Magnet und Eisen. Nehmen wir ebenfalls an, daß dieser Wissenschaftler, der plötzlich bemerkt, daß es zwei Uhr mittags ist, sich darüber freut, daß er im Labor seine Forschungen betrieben hat und nicht zu Hause, wo man ihn zum Essen gerufen und dabei gleichzeitig seine interessante Beobachtung sowie sein Fasten unterbrochen hätte.

Nehmen wir, wie gesagt, an, der Lehrer sei (unabhängig von seiner wissenschaftlichen Bildung) an dem Punkt angelangt, wo er ein ähnliches, wenn auch stark abgeschwächtes Interesse an der Beobachtung von Naturvorgängen hat. Nun, eine solche Schulung wäre nicht ausreichend. Denn durch seine Aufgabe ist er nicht dazu bestimmt, Insekten oder Infusorien, sondern Menschen zu beobachten.

Nicht etwa den Menschen bei seinen Lebensäußerungen am Tage wie diese Insektenfamilien bei ihrem Erwachen am Morgen, sondern den Menschen, wenn er zum geistigen Leben erwacht.

Das Interesse gegenüber der Menschheit muß für den, der sie erziehen will, dergestalt sein, daß es den Beobachter mit dem Beobachtenden enger verknüpft als den Zoologen oder den Botaniker mit der Natur, und das Intimere ist zwangsläufig auch zarter. Der Mensch kann ein Insekt oder eine chemische Reaktion nicht ohne Überwindung lieben, eine Überwindung, die in Wirklichkeit dem, der sie leidenschaftslos beobachtet, wie ein Schmerz, ein Schlag gegen das eigene Leben, ein Martyrium erscheint.

Aber die Liebe von Mensch zu Mensch kann zarter und dabei doch so einfach sein, daß die Massen ohne Anstrengung zu ihr finden können, und nicht nur die privilegierten Geister.

Die schon verhältnismäßig tief in den „Geist des Wissenschaftlers" eingedrungenen Lehrer mögen sich bei dem Gedanken trösten, daß sie sich als Beobachter des Menschen schon bald bewähren müssen.

Um einen Begriff dieser zweiten Form der Schulung des Geistes zu geben, wollen wir uns vorstellen, daß wir den schlichten Geist der ersten Jünger Jesu Christi deuten, die hörten, wie er von einem großartigen Reich Gottes in der Höhe sprach, das weit über das irdische hinausging. Einer seiner Jünger kommt auf den Gedanken, wie denn wohl die Großen in diesem Reich beschaffen sind und erkundigt sich mit einfältiger Neugier: „Herr, wer ist wohl der Größte von allen im Himmelreich?" Und Christus antwortet, während er den Kopf eines kleinen Kindes streichelt, das beglückt die Augen zu ihm hebt: „Wer diesem Kleinen gleich werden kann, der wird der Größte im Himmelreich sein."

Stellen wir uns nun einen glühend mystischen Geist vor, der das kleine Kind in allen seinen Lebensäußerungen beobachtet, um mit einer Mischung aus Ehrfurcht und Liebe, heiliger Neugier und Sehnsucht nach den höchsten Gipfeln des Himmels den Weg zur Erlangung der Vollkommenheit zu erlernen, und führen wir ihn mitten in eine Klasse voller kleiner Kinder.

Dies wäre gewiß nicht der neue Erzieher, den wir heranbilden wollen.

Was wir versuchen, ist, den einzelnen Menschen mit dem strengen Opfergeist des Wissenschaftlers und dem Geist unaussprechlicher Verzückung eines solchen Mystikers zu erfüllen — dann haben wir den Geist des „Lehrers" vollkommen vorbereitet.

Denn er wird vom Kind selbst die Mittel und den Weg für seine eigene Erziehung lernen, das heißt, er wird vom Kind lernen, sich als Erzieher zu vervollkommnen.

Stellen wir uns einen unserer in der Beobachtungs- und Versuchstechnik bewährten Botaniker oder Zoologen vor, der zum Beispiel eine Reise unternommen hat, um an Ort und Stelle den Mehltau zu studieren, der zunächst seine Beobachtungen in der freien Natur abgeschlossen und dann mikroskopische und sonstige Laboruntersuchungen mit Kulturen usw. unternommen hat; oder denken wir an einen Wissenschaftler, der Untersuchungen über Zecken anstellt, sich dafür in Ställe begibt, den Kot der Tiere durchsucht und schließlich versteht, was es heißt, die Natur zu erforschen, und der alle Mittel der modernen Experimentalwissenschaft kennt, die zu diesem Ziel führen; ich wiederhole, stellen wir uns vor, einer dieser Gelehrten wäre aufgrund seiner

Verdienste dazu ausersehen, einen wissenschaftlichen Posten zu übernehmen mit der Aufgabe, neue Forschungen über Hymenopteren anzustellen, und er bekäme bei Dienstantritt eine Schachtel mit Glasdeckel vorgelegt, auf deren Boden schöne wohlkonservierte, tote Schmetterlinge mit ausgebreiteten Flügeln, auf eine Nadel gespießt, aneinandergereiht wären. Der junge Gelehrte würde sagen, daß es sich um ein Kinderspielzeug und nicht um Studienmaterial für Wissenschaftler handelt; daß diese präparierten Insekten in der Schachtel zu der Gymnastik gehören, die Buben in öffentlichen Anlagen machen, wenn sie Schmetterlinge mit ihrem an einem langen Stiel befestigten Netz fangen. Der Experimentator könnte mit diesem Gegenstand nichts anfangen.

Es wäre dasselbe, würden wir einen Lehrer, also nach unseren Begriffen einen Wissenschaftler, in eine unserer heutigen Schulen bringen, in denen die Kinder durch Ersticken des spontanen Ausdrucks ihrer Persönlichkeit zu toten Wesen werden und auf ihrem festen Platz in der Schulbank sitzen, wie in Reih und Glied aufgespießte Schmetterlinge, welche die Flügel des hart erkämpften Wissens ausbreiten — ein Wissen, das durch diese Flügel, welche Eitelkeit bedeuten, symbolisiert werden kann.

Es hat also keinen Wert, den wissenschaftlich gebildeten Lehrer zu schulen, man muß die *Schule* für ihn bereit machen.

Die Schule muß *die freie Entfaltung der kindlichen Aktivität* ermöglichen, damit dort die wissenschaftliche Pädagogik entsteht; dies ist die wesentliche Reform.

Niemand wird die Behauptung aufzustellen wagen, daß Pädagogik und Schule diesen Grundsatz bereits übernommen haben. Zwar äußerten einige Pädagogen — unter Rousseaus Einfluß — phantastische Grundsätze und verschwommene Bestrebungen über kindliche Freiheiten, doch den wahren Begriff von *Freiheit* kennen die Pädagogen überhaupt nicht. Sie haben von der *Freiheit* häufig denselben Begriff wie seinerzeit die Völker, als sie sich gegen Sklaverei auflehnten; oder, auf höherer Ebene, sie machen sich immer einen begrenzten Begriff von *Freiheit*, der einer erklommenen Sprosse der Leiter, also der Befreiung von einem Teilstück, entspricht: von einem Vaterland, einer Kaste, einer Denkweise.

1926 — Der Begriff der Freiheit, der die Pädagogik inspirieren soll, ist hin-
1926 ▼ gegen universell: ⟨—10⟩ ⟨es ist die Befreiung des Lebens, das durch

unzählige, sich seiner harmonischen, organischen und geistigen Ent- ▼
wicklung entgegenstellende Hindernisse unterdrückt wird. Eine Tatsache von höchster Bedeutung, die bis jetzt zahlreichen Beobachtern
entgangen ist!⟩   ▲
   Wir wollen uns hier nicht mit Diskussionen aufhalten. Der Versuch
genügt. Wer behaupten würde, das Prinzip der Freiheit gestalte heute
Pädagogik und Schule, würde ausgelacht wie ein Kind, das beim Anblick der aufgespießten Schmetterlinge darauf beharrt, sie seien lebendig und könnten fliegen.
   Ein Prinzip von Unterdrückung, die sich manchmal fast bis zur
Sklaverei steigert, hat durch Gestaltung eines Großteiles der Pädagogik
auch den Begriff der Schule geformt.
   Eine Probe aufs Exempel — die Schulbank. Hier haben wir zum
Beispiel den klaren Beweis für die Fehler, den die ursprünglich
materialistische wissenschaftliche Pädagogik beging, als sie sich der
Illusion hingab, mit ihren verstreuten Bausteinen zur Wiederaufrich-
tung des kleinen zusammenstürzenden Gebäudes der Schule beizu-
tragen. Es gab die rohverarbeitete und triste Bank, in der die Schüler zusammengepfercht waren. Nun erscheint die Wissenschaft und
verbessert die Bank. Dabei berücksichtigt sie alle anthropologischen
Elemente: das Alter des Kindes und die Länge seiner Beine, um die
richtige Sitzhöhe zu schaffen; mit mathematischer Sorgfalt werden die
Abstände zwischen Sitz und Pult errechnet, damit sich der Rücken des
Kindes nicht durch Skoliose verformt; und schließlich (ach, welch tief-
gründige Intuition und Anpassung!) werden die Sitze getrennt — und
ihre Breite gemessen, damit das Kind gerade noch darauf sitzen, sich
jedoch nicht einmal durch seitliche Bewegung strecken kann, und dies
alles, um es vom Nachbarn zu trennen. Die Bank ist so gebaut, daß
das Kind soweit wie möglich in seiner Unbeweglichkeit zu sehen ist;
diese ganze Trennung dient dem versteckten Zweck, Akte sexueller
Perversion inmitten der Klasse, und das sogar im Kindergarten, zu
verhindern. Was soll man von solcher Vorsicht in einer Gesellschaft
sagen, in der es ein Skandal wäre, bei der Erziehung Grundsätze über
Sexualmoral zu verkünden, da dies die Unschuld beflecken würde.
Hier zeigt sich die *Wissenschaft*, die sich zu dieser Scheinheiligkeit her-
gibt und Maschinen fabriziert. Damit nicht genug, das Entgegenkommen geht noch weiter. Die Wissenschaft verbessert die Bänke derart, daß die Unbeweglichkeit des Kindes im höchstmöglichen Maße er-

zielt wird, oder, wenn man so will, daß ihm jede Bewegung erspart bleibt. Dies alles, damit der Schüler schön in seine Bank gezwängt wird, die ihn zwingt, die hygienisch geeignete Haltung einzunehmen — Sitz, Fußstütze und Pult sind so angeordnet, daß das Kind sich niemals auf die Füße stellen kann. Doch eben weil der Sitz bei einer bestimmten Bewegung kippt, das Pult hochschwenkt, die Fußstütze sich dreht, hat das Kind nun genausoviel Platz, um sich aufrecht hinzustellen.

In dieser Richtung werden die Bänke immer vollkommener. Alle Anhänger der sogenannten wissenschaftlichen Pädagogik haben das Modell dafür entworfen. Eine ganze Reihe von Völkern betrachtete mit Stolz ihre eigene *nationale Bank*. Im Konkurrenzkampf wurden Patente und Alleinverkaufsrechte erworben.

Ohne Zweifel standen bei der Konstruktion dieser Bank viele Wissenschaftszweige Pate: die Anthropologie mit den Körpermaßen und der Altersdiagnose; die Physiologie, die das Studium der Muskelbewegungen einschließt; die Psychologie im Zusammenhang mit Frühreife und Perversion von Instinkten und vor allem die Hygiene, die verhindern will, daß sich die Kinder eine Skoliose zuziehen.

Es handelte sich also tatsächlich um eine wissenschaftliche Bank, deren Konstruktionsdaten sich aus dem anthropologischen Studium des Kindes ergaben.

Hier haben wir ein Beispiel von buchstabengetreuer Anwendung der Wissenschaft auf die Schule.

In nicht allzu ferner Zeit wird es in all den Ländern, in denen eine Bewegung zum Schutz des Kindes erwacht zu sein scheint, unverständlich sein, daß von den zahlreichen Gelehrten für Kinderhygiene, Anthropologie, Soziologie der grundlegende Irrtum bei der Bank nicht bloßgelegt worden ist, und dies bei dem gegen Ende der ersten Dekade des 20. Jahrhunderts erzielten Fortschritt im Denken.

Ich glaube, daß in nicht allzu ferner Zeit die Leute voller Verwunderung ausgerechnet unsere Modellbänke mit ihren eigenen Händen berühren und selbst in Büchern über ihren in Wort und Bild veranschaulichten Zweck nachlesen wollen und dabei ihren eigenen Augen kaum trauen.

Die Bank diente dem Zweck, Skoliose bei den Schülern zu verhindern.

Das heißt, die Schüler waren dieser Kur unterworfen, denn obwohl sie gesund auf die Welt gekommen waren, konnten sie sich doch die Wirbelsäule verdrehen und bucklig werden! Die Wirbelsäule, also, biologisch gesehen, der ursprüngliche, fundamentale, älteste Teil des Skeletts; also der widerstandsfähigste Teil — zumal das Skelett der härteste Teil des Organismus ist — die Wirbelsäule, die, ohne sich zu verbiegen, bei den härtesten Kämpfen sowohl des primitiven wie auch des kultivierten Menschen standhielt, als er gegen Löwen in der Wüste kämpfte, Mammute bezwang, Steine aushöhlte, Eisen bog, die Erde seiner Herrschaft unterwarf; diese Wirbelsäule hält nicht stand und biegt sich unter dem Joch der Schule.

Es ist unverständlich, wie die sogenannte *Wissenschaft* sich bemüht, ein Instrument der Sklaverei in der Schule zu vervollkommnen, ohne auch nur die Spur von den Gedanken erleuchtet zu werden, die sich außerhalb ihrer Sphäre im Rahmen der sozialen Befreiung bahnbrachen.

⟨—6⟩ — 1926

Der Weg zu Reformen ist immer der gleiche. Der unterernährte Arbeiter verlangt keine Stärkungsmittel, sondern eine wirtschaftliche Besserstellung, um die Unterernährung zu beseitigen; der Bergmann, der zum Leistenbruch neigt, weil er zu viele Stunden am Tage seine Arbeit mit verkrümmtem Bauch verrichtet, verlangt keine Bruchbänder, um die herausquellenden Eingeweide zurückzuhalten, sondern eine Verringerung seiner Arbeitsstunden und bessere Arbeitsbedingungen, um in Zukunft wie andere Menschen gesund leben zu können.

Wenn wir in der gleichen Sozialepoche in der Schule feststellen, daß die Kinder unter schlechten hygienischen Bedingungen arbeiten, die der normalen Lebensentwicklung so weit entgegenstehen, daß sich ihr Skelett deformieren kann, so ist unsere Antwort auf eine so schreckliche Entdeckung eine orthopädische Bank. Dem Bergmann ein Bruchband und dem Unterernährten Arsenik anzubieten, wäre in etwa dasselbe.

Eine Dame, die mich als Befürworterin wissenschaftlicher Neuerungen betrachtete, legte mir vor einiger Zeit mit offensichtlicher Befriedigung ein von ihr erfundenes *Mieder für Schüler* zur Beurteilung vor, um die vorbeugende Funktion der Bank zu ergänzen. In der Tat greifen wir Mediziner zur Behandlung von Verkrümmungen der Wirbelsäule eher zu Mitteln der physikalischen Therapie: orthopädische Instrumente, Mieder und das Aufhängen. Hierbei wird das rachitische Kind periodisch am Kopf und an den Schultern aufgehängt, damit das Körpergewicht die Wirbelsäule streckt und folglich geraderückt. In der Schule herrscht große Vorliebe für das orthopädische Instrument: die Bank. Heute schlägt jemand die Verwendung eines Mieders vor. Noch ein Schritt weiter, und das methodische Aufhängen der Schüler wird empfohlen.

All dies ist die logische Folge einer mechanischen wissenschaftlichen Anwendung auf die dekadente Schule. Dasselbe ließe sich über die Anwendung von Anthropologie und Experimentalpsychologie auf die Erziehung in unseren Schulen sagen.

▼ ⟨Offensichtlich besteht die rationelle Methode zur Bekämpfung der Skoliose bei den Schülern darin, die Form ihrer Tätigkeit zu ändern, damit sie nicht mehr gezwungen werden, viele Stunden des Tages in
▲ einer fehlerhaften Haltung zu verharren.⟩[3]

Worauf es ankommt, ist die Erringung der Freiheit und nicht der Mechanismus einer Bank.

Auch wenn die Bank für das Skelett des Kindes wirklich zweckmäßig sein sollte, so wäre sie doch schädlich für die Raumhygiene, und zwar wegen der Schwierigkeiten, sie beim Putzen zu verschieben; auf die Fläche, auf die das Kind seine Füße setzt, wird außerdem jeden Tag der von zahlreichen kleinen Schuhen von der Straße hereingetragene feine Staub angehäuft, da sie sich nicht umkippen läßt.

Heutzutage werden leichtere und einfachere Möbel hergestellt, die sich leicht verschieben lassen und unter Umständen alle Tage geputzt, wenn nicht gar abgewaschen werden können. Doch die Schule bleibt taub gegenüber den Veränderungen ihrer Umwelt.

Wir müssen darüber nachdenken, was mit dem *Geist* des Kindes geschieht, dessen *Körper* dazu verurteilt ist, so unnatürlich und fehlerhaft zu wachsen, daß die Knochen dadurch deformiert werden. Wenn wir von der Befreiung der Arbeiter sprechen, so meinen wir immer, daß unter der am stärksten sichtbaren Wunde wie Blutarmut, Brüche, usw. die andere tiefe Wunde vorhanden ist, welche die menschliche Seele in einen Zustand von Knechtschaft versetzt, und das ist gemeint, wenn von der Entlassung des Arbeiters in die Freiheit die Rede ist. Wir wissen sehr wohl, daß, wenn der Mensch tatsächlich ausblutet oder wenn die Eingeweide aus seinem Bauche quellen, die Seele im Dunkel

---

[3] In der 2. italienischen Auflage von 1913 bereits enthalten (d. Hrsg.).

unterdrückt, gefühllos gemacht und vielleicht umgebracht wurde. Denn es ist hauptsächlich die moralische Demütigung, die sich dem Fortschritt entgegenstellt und ihn wie Ballast hemmt. Der Schrei der Seele nach Erlösung erhebt seine Stimme sehr viel lauter als der Schrei des Körpers.

Was sollen wir nun sagen, wenn es sich um *die Erziehung der Kinder* handelt?

Wir kennen dieses traurige Schauspiel zur Genüge. In der Klasse ist der vielbeschäftigte Lehrer, der seine Kenntnisse in die Köpfe der Schüler eintrichtert. Um Erfolg in seiner Arbeit zu haben, benötigt er die Disziplin der Unbeweglichkeit und der erzwungenen Aufmerksamkeit der Schüler. Außerdem ist es für den Lehrer günstig, wenn er großzügig mit Belohnungen und Strafen umgehen kann, um diejenigen, die ihm notgedrungen zuhören müssen, zu einer solchen Haltung zu zwingen.

⟨—6⟩ — 1926

Diese äußeren Belohnungen und Strafen sind — der Ausdruck sei erlaubt — die *Bank* für die Seele, also das Instrument zur Knechtung des Geistes, das angewandt wird, nicht um Deformationen abzuschwächen, sondern um sie hervorzurufen.

In der Tat bedient man sich der Belohnungen und Strafen, um die — 1926
Kinder zu zwingen, ⟨—14⟩ ⟨die Gesetze der Welt statt die Gottes zu ▼ 1926
befolgen. „Die Gesetze der Welt" werden den Kindern fast immer durch das Gutdünken des Erwachsenen diktiert, der sich selbst mit einer grenzenlos übertriebenen Autorität versieht.

Viel zu häufig befiehlt er, weil er stark ist, und verlangt vom Kind zu gehorchen, weil es schwach ist. Stattdessen sollte der Erwachsene das Kind liebevoll und aufgeklärt leiten und der Seele des jungen Menschen dazu verhelfen, den Weg zum Himmelreich zu finden. Die von Jesus versprochenen Belohnungen und Strafen sind ganz anderer Art: die Erhöhung der Guten und der Abgrund von Verdammnis, in den die Bösen stürzen. Jeder, der seine eigenen Talente nutzt, kann erhöht werden, und die Belohnung ist allen zugänglich, ob sie nun über viele oder nur über ein einziges armseliges Talent verfügen.

Doch in der Schule gibt es für alle, die „guten Willens sind" und an diesem Wettrennen teilnehmen, nur eine einzige Belohnung, die Wetteifer, Neid und Eitelkeit erzeugt, an Stelle von jener Erhöhung, die sich aus Mühe, Demut und Liebe zusammensetzt und die zu errei-

▼ chen jedem gegeben ist. So schaffen wir einen Dualismus nicht nur zwischen Schule und sozialem Fortschritt, sondern auch zwischen Schule und Religion. Das Kind muß sich eines Tages fragen, ob die in der Schule erhaltenen Belohnungen kein Hindernis zur Erlangung des ewigen Lebens bedeuten; oder ob die Strafen, die es demütigten, als es sich nicht zu wehren verstand, es nicht zu dem nach Gerechtigkeit hungernden und dürstenden Menschen machten, den Jesus vom Gipfel des Berges herab verteidigte.

Nun gibt es in der Gesellschaft andere, nicht unter geistlichem Aspekt zu betrachtende Belohnungen und Strafen, und der Erwachsene bemüht sich, die kindliche Seele rechtzeitig darauf einzustellen, daß sie sich dem Getriebe dieser Welt anpaßt und sich danach richtet. *Er verteilt Belohnungen und Strafen*, um das Kind daran zu gewöhnen, sich
▲ prompt zu unterwerfen.⟩

Werfen wir aber einen zusätzlichen Blick auf die Moral der Gesellschaft, so sehen wir, wie das Joch allmählich leichter wird, das heißt, wir sehen, wie die vernünftige Natur, das bewußte Leben schrittweise triumphieren. Das Joch des Sklaven wich vor dem des Knechtes und dieses wiederum vor dem des Arbeiters.

Alle Formen von Sklaverei neigen zu allmählichem Verschwinden. Die Geschichte des kulturellen Fortschritts besteht gleichzeitig aus Eroberung und Befreiung, und wir sprechen von *Rückschritt* bei allem, was dem nicht entspricht. Nun müssen wir uns fragen, ob die Schule in einem Dauerzustand belassen werden soll, den die Gesellschaft als rückläufige Entwicklung ansehen würde[4].

In der Gesellschaft gibt es etwas, das der Schule sehr ähnelt, nämlich den großen staatlichen Behördenapparat mit seinen Bediensteten. Auch sie schreiben den ganzen Tag für ein großes, in weiter Ferne liegendes Ziel, dessen unmittelbaren Nutzen sie nicht empfinden. Es besteht darin, daß der Staat mit seinem großen Getriebe durch ihr Werk vorankommt und daß der Nutzen aller Menschen ihres Volkes von ihrer Arbeit abhängt. Sie nehmen dies jedoch nicht wahr. Für sie zählt die Beförderung so wie für den Schüler die Versetzung in eine andere Klasse. Dieser Mensch, der sein hohes Ziel aus den Augen verliert, ist wie ein zurückgesetzter Schüler, wie ein betrogener Sklave: seine

---

[4] Dieser Abschnitt ist gegenüber der 1. deutschen Auflage geändert (bereits in der italienischen Auflage von 1926) (d. Hrsg.).

Menschenwürde ist auf das Niveau einer Maschine zurückgefallen, die zum Laufen Öl braucht, weil sie den Impuls zum Leben nicht selbst besitzt. All die kleinen Dinge, wie der Wunsch nach Ehrenzeichen, sind ein künstlicher Anreiz auf seinem schweren und dunklen Weg: so verleihen wir dem Schüler Medaillen. Die Angst, nicht befördert zu werden, hält sie vor der Flucht zurück und fesselt sie an ihre eintönige emsige Arbeit, genau wie die Furcht sitzenzubleiben den Schüler über sein Buch zwingt. Der Vorwurf des Vorgesetzten entspricht in jeder Hinsicht der Schelte des Lehrers — die Korrektur eines schlecht geschriebenen Briefes entspricht der schlechten Note für die schlechte Arbeit des Schülers.

Doch wenn sich die Behörden nicht so ausgezeichnet verhalten, wie es für die Größe des Vaterlandes erforderlich wäre, wenn sich leicht Korruption einschleicht, so liegt die Schuld darin, daß die menschliche Größe aus dem Bewußtsein des Bediensteten ausgelöscht wurde und daß sein Blick auf die kleinen Dinge um ihn herum, die er als Belohnung und Strafen ansehen kann, beschränkt wurde. ⟨Durch Vergünstigungen kann die Staatsgewalt sehr viel erreichen, weil sie damit auf diese Schüler des Staates einwirkt.⟩[5]

Das Land wird regiert, weil der größte Teil seiner Bediensteten redlich genug ist, um der Korruption durch Belohnungen und Strafen zu widerstehen, und sich in seiner Ehrlichkeit nicht beirren läßt; genauso wie im sozialen Milieu das Leben über Armut und Tod die Oberhand gewinnt und neue Triumphe feiert, wie der Freiheitsdrang Hindernisse niederreißt und von Sieg zu Sieg schreitet.

Durch diese innere, oft im Unterbewußtsein schlummernde grandiose Lebenskraft wird die Welt vorwärtsgetrieben.

Wer jedoch ein wirklich großes und sieghaftes Werk vollbringt, handelt niemals bloß, weil es ihn reizt, das zu erhalten, was wir mit dem Begriff „Belohnung" bezeichnen, noch allein aus der Angst vor dem Übel, das wir „Strafe" nennen. Wenn in einem Krieg ein zahlenmäßig starkes Heer von Riesen nur mit dem Verlangen nach Beförderung, Schulterstücken oder Auszeichnungen und allein aus der Angst heraus, erschossen zu werden, kämpfen würde, und wenn diesem Heer eine Handvoll Zwerge gegenüberstünde, glühend vor Vaterlandsliebe, dann würden letztere den Sieg erringen. Wenn das Heldentum

---

[5] Schon in der 2. italienischen Auflage von 1913 (d. Hrsg.).

in einem Heer aufhört, dann können Belohnungen und Strafen nichts anderes mehr erreichen, als die Auflösung zu vollenden und die Korruption eindringen lassen [6].

Alle menschlichen Siege und Fortschritte beruhen auf innerer Kraft. So kann ein junger Student einmal ein großer Arzt werden, wenn seine Berufung ihn zum Studium treibt. Geschieht dies jedoch allein in der Hoffnung auf eine Erbschaft oder eine Heirat oder sonst einen Vorteil, dann wird er niemals ein wahrer Meister und großer Arzt, und die Welt wird keine außergewöhnlichen Fortschritte durch sein Wirken erzielen... Wenn sogar Belohnungen und Strafen in der Schule oder innerhalb der Familie nötig sind, damit ein junger Mann bis zur Promotion studiert, ist es besser, er wird nicht Arzt. In jedem steckt eine besondere Neigung und eine besondere, vielleicht bescheidene, jedoch immer nützliche Berufung. Die Belohnung kann diese Berufung auf den falschen Weg der Eitelkeit ablenken, und dadurch die Tätigkeit eines Menschen beeinträchtigen oder zunichte machen.

Wir werden nicht müde, zu wiederholen, die Welt mache *Fortschritte* und die Menschen müßten dazu angetrieben werden, Fortschritte zu erzielen. Doch der Fortschritt kommt durch das Neuentstehende, sehr viel häufiger jedoch durch bereits Bestehendes, das verbessert oder weiterentwickelt wird. Da sie unvorhergesehen sind, werden diese Dinge nicht belohnt, vielmehr treiben sie die Avantgardisten oft ins Martyrium.

Wehe, wenn Gedichte nur aus dem Wunsch heraus entstünden, den Lorbeerkranz des Kapitols zu erringen. Die Muse wäre vertrieben, wenn dieses Bild als einziges den Geist des Dichters beflügeln würde. Das Gedicht muß aus der Seele des Dichters hervorbrechen, wenn er weder an den Preis noch an sich selber denkt; und wenn es ihm trotzdem gelingt, den Lorbeerkranz zu erringen, dann empfindet er dessen Bedeutungslosigkeit.

1926 ▼ [6] Bei allem, was wir über Belohnungen und Strafen sagen, haben wir nicht die Absicht, ihren grundsätzlichen, auf der menschlichen Natur beruhenden pädagogischen Wert herabzusetzen. Wir wollen vielmehr ausschließlich ihren Mißbrauch und ihre Verfälschung bekämpfen, die aus *Mitteln*, die sie sind, einen *Zweck* machen. Denn der gesunde Menschenverstand sagt uns, daß Lohn und Strafe ein Mittel sind, um — besonders gedankenlosen oder durch Leidenschaft umnebelten Menschen — *praktisch* klarzumachen, daß ein Werk gut oder schlecht, lobens- oder tadelnswert ist. So sind sie in gewissem Sinne nicht vom Werk zu trennen, und zwar als Auswirkung einer
▲ Ursache, als Folge einer bestimmten Tat, sei sie nun moralisch gut oder böse.

Es gibt auch eine äußere Belohnung für den Menschen: Wenn zum Beispiel der Redner sieht, wie der Gesichtsausdruck seiner Zuhörer sich durch Gemütsbewegung verändert, dann empfindet er etwas so Gewaltiges, das sich einzig und allein mit der eindringlichen Freude des Menschen messen kann, der entdeckt, daß er geliebt wird. Unser Genuß und die einzige Belohnung, die eine wirkliche Belohnung darstellt, besteht immer darin, die Seelen zu berühren und zu gewinnen.

Manchmal erleben wir Augenblicke der Glückseligkeit, die den Menschen geschenkt werden, damit sie weiterhin in Frieden leben können. Wegen einer erfüllten Liebe, eines empfangenen Sohnes, eines veröffentlichten Buches oder einer glorreichen Erfindung geben wir uns der Illusion hin, kein Mensch könne glücklicher sein als wir. Wenn nun in diesem Augenblick eine anerkannte Autorität oder jemand, der sich als unser Meister gebärdet, vor uns träte, um uns eine Medaille oder einen Preis zu verleihen, so käme er höchst ungelegen und würde unsere wahre Belohnung zerstören. „Wer bist du denn", würde unsere zerronnene Illusion ausrufen, „mich daran zu erinnern, daß ich nicht der erste bin, da einer so hoch über mir steht, daß er mir einen Preis verleihen kann?" Der Preis kann für den Menschen nur ein göttlicher sein.

Was nun die Strafe betrifft, so wollen wir nicht ihre soziale Funktion und ihre individuelle Wirksamkeit, vielmehr ihre moralische Tauglichkeit und die Notwendigkeit, sie allgemein anzuwenden, verneinen. Sie ist für die Minderwertigen nützlicher, doch deren Zahl ist gering und der soziale Fortschritt verdankt ihnen nichts. Sind wir nicht ehrlich, so droht uns das Gesetzbuch Bestrafung im vorgeschriebenen Strafmaß an. Aber nicht die Furcht vor Gesetzen läßt uns ehrlich bleiben; wir stehlen und töten deshalb nicht, weil wir uns der eigentlichen Schuld bewußt sind, die uns die Strafe noch deutlicher macht, und weil das Leben unseren Blick nach vorne lenkt und uns so ständig und sicher vor den Gefahren mancher Übeltaten bewahrt.

Ohne auf das psychologische Moment einzugehen, läßt sich doch behaupten, daß der Delinquent, bevor er das Recht brach, das *Vorhandensein* einer *Strafe erkannte* und dieses auf ihm lastende Gesetz *fühlte*. Er hat es entweder herausgefordert oder ist in der Illusion gestolpert, es nur zu streifen. In seinem Bewußtsein gab es jedoch *einen Kampf zwischen dem Vergehen und der Strafe*. Ob dieses Strafgesetzbuch seinen Zweck, Vergehen zu verhindern, nun erfüllt oder nicht, es wurde jedoch unzweifelhaft für eine begrenzte Gruppe von Menschen geschaffen: die Delinquenten. Die überwältigende Mehrheit der Bürger ist ehrlich, auch wenn sie die Strafandrohungen nicht kennt.

Die wahre Strafe für den normalen Menschen liegt darin, das Bewußtsein seiner eigenen Kraft und Größe, die seine innerste Natur bilden, zu verlieren. Und diese Strafe trifft oft die Menschen, auch wenn sie Überfluß an dem haben, was die gewöhnliche Sprache als Belohnung bezeichnet. Leider bemerkt der Mensch nichts von der wirklichen Strafe, die ihn bedroht und heimsucht.

Hier kann die Erziehung ihre Wirksamkeit entfalten.

Wir hingegen halten die Kinder in der Schule eingepfercht in diese für Körper und Geist entwürdigenden Instrumente, als da sind: die Bank, die Belohnung und die äußeren Strafen, um sie zu einer Disziplin der Unbeweglichkeit und des Schweigens zu erniedrigen. Um sie wohin zu führen? Leider zu keinem Ziel.

Es handelt sich darum, ihnen mechanisch den Inhalt von Programmen einzutrichtern: Programme, die häufig in den Ministerien zusammengestellt und durch Gesetz erzwungen werden.

Vor einer solchen Nichtachtung des Lebens, und zwar des Lebens unserer Kinder und der Nachwelt, haben wir allen Grund, voller Verwirrung und Scham zu erröten.

Tatsächlich „ist heute die Erneuerung der Erziehungs- und Unterrichtsmethoden ein zwingendes Bedürfnis. Wer hierfür kämpft, der kämpft für die *menschliche Regeneration*."[7]

---

[7] Nach der 1. deutschen Auflage stammt das Zitat von Sergi (d. Hrsg.).

II

GESCHICHTE DER METHODEN

Um eine wissenschaftliche Pädagogik aufzubauen, muß also ein anderer als der bisher für richtig angesehene Weg eingeschlagen werden.
Die Schulung der Lehrkräfte hat gleichzeitig mit der *Umgestaltung der Schule* zu erfolgen. Haben wir Lehrkräfte so vorbereitet, daß sie beobachten und Versuche anstellen können, so ist es angebracht, daß sie beides in der Schule durchführen können.
Eine der Grundlagen der wissenschaftlichen Pädagogik muß deshalb eine Schule sein, wo die Entwicklung spontaner Äußerungen und individueller Lebhaftigkeit des Kindes gestattet sind. Falls sich eine Pädagogik aus dem *individuellen Studium des Schülers* entwickeln soll, so muß dieses Studium wie folgt verstanden werden: es hat sich aus der Beobachtung von freien, das heißt beobachteten und überwachten, aber nicht unterdrückten Kindern zu ergeben.
Die pädagogische Erneuerung durch methodische Untersuchung der Schüler nach den von der pädagogischen Experimental-Anthropologie vorgeschlagenen Leitfäden dürfte man vergebens erwarten.
Jeder Zweig der Experimentalwissenschaft hat sich aus der Anwendung einer eigenen *Methode* entwickelt. Die Bakteriologie verdankt ihren wissenschaftlichen Inhalt der Methode der Isolierung und Züchtung von Mikroben; die Kriminalanthropologie, genau wie die medizinische und die pädagogische Anthropologie verdanken ihren Inhalt der Anwendung anthropometrischer Methoden auf verschiedene Gruppen von Individuen, wie Kriminelle, Irre, Kranke in Kliniken, Schüler. Die Experimentalpsychologie verlangt als Ausgangspunkt eine exakte Definition der Versuchstechnik.
Im allgemeinen ist es wichtig, die *Methode, die Technik* zu bestimmen und aus ihrer Anwendung das Ergebnis des Versuches *abzuwarten*. So liegt eines der charakteristischen Merkmale der Experimentalwissenschaften darin, den Versuch *ohne jegliche vorgefaßte Meinung* über seinen möglichen Ausgang in Angriff zu nehmen. Will man zum

Beispiel Versuche über die Entwicklung des Kopfes bei mehr oder weniger intelligenten Kindern machen, so ist eine der Vorbedingungen des Versuches, daß man bei der Kopfmessung *nicht weiß*, welches die intelligentesten und welches die begriffsstutzigsten Kinder sind, damit die vorgefaßte Meinung, die intelligentesten müßten auch den besser entwickelten Kopf haben, nicht unbewußt die Forschungsergebnisse verfälscht.

Das heißt, wer Versuche unternimmt, muß sich in dem bewußten Augenblick von jeder vorgefaßten Meinung freimachen — und an den Vorurteilen hat auch die formale Bildung teil.

Wenn wir also mit Experimentalpädagogik Versuche betreiben wollen, so ist es zweckmäßig, nicht auf verwandte Wissenschaftszweige zurückzugreifen, sondern diese so gut wie nicht zu beachten, um mit „unberührtem" Geist, ohne störende Hindernisse die Suche nach der Wahrheit ausschließlich im eigentlichen pädagogischen Gebiet vornehmen zu können.

Wir dürfen also zum Beispiel nicht von einer vorgefaßten Meinung über Kinderpsychologie ausgehen, sondern müssen eine Methodik zugrundelegen, durch die wir die Freiheit des Kindes sicherstellen, um aus der Beobachtung seiner spontanen Äußerungen die wahre Kinderpsychologie zu entnehmen. Diese Methode hält für uns vielleicht große Überraschungen bereit[8].

1926 —   ⟨—3⟩

Das Problem stellt sich also wie folgt: die *geeignete Methode* für die Experimentalpädagogik ist festzulegen.

Sie kann nicht dieselbe sein, wie in anderen Wissenschaftszweigen: Wenn die wissenschaftliche Pädagogik in gewissem Sinne von Hygiene, Anthropologie und Psychologie ergänzt wird und auch teilweise die entsprechenden methodologischen Techniken anwendet, so beschränkt sich dies lediglich auf Einzelheiten über das Studium des zu erziehenden Individuums, also auf etwas, das parallel zu der *„völlig anders gearteten"* Aufgabe *der Erziehung* laufen soll und nur einen Nebenzweig der Pädagogik bilden kann.

---

[8] Wie in vieler Hinsicht macht Montessori beim Begriff der Freiheit stillschweigend normative Voraussetzungen, wie sich aus der Darstellung ihrer Praxis deutlich er-ergibt (d. Hrsg.).

Meine vorliegende Studie behandelt speziell die *Methode der Experimentalpädagogik;* sie ergibt sich aus meinen Erfahrungen in Kindergärten und in den ersten Grundschulklassen.

Was ich jedoch hier vorlege, ist nur der erste Schritt, und zwar die Methode, wie ich sie an Kindern von 3 bis 6 Jahren angewandt habe — ich glaube jedoch, daß dieser Versuch wegen seiner überraschenden Ergebnisse einen Anreiz bietet, das in Angriff genommene Werk weiterzuführen.

Dies ist deshalb besonders angebracht, weil das Erziehungssystem, das sich bei meinen Erfahrungen als ausgezeichnet erwies, in sich noch nicht abgeschlossen ist, jedoch schon ein relativ organisches Ganzes bildet, um mit Erfolg in Kindergärten oder den ersten Grundschulklassen angewandt zu werden[9].

Wenn ich sage, daß die vorliegende Arbeit aus zweijähriger Erfahrung entstand, so ist dies nicht ganz richtig: Ich glaube nicht, daß diese meine letzten Versuche die *Schaffung* all dessen ermöglicht hätten, was ich nachstehend vorbringe.

Das Erziehungssystem in den Kinderhäusern ist tatsächlich nicht ohne seine weit zurückliegenden Anfänge denkbar. Wenn der Verlauf dieses Versuches *bei normalen Kindern* so kurz ausfällt, fußt er jedoch auf früheren Versuchen mit *anormalen* Kindern, und als solcher bedeutet er einen sehr langwierigen Denkprozeß.

Als Assistenzärztin an der Psychiatrischen Klinik der Universität Rom hatte ich vor einigen Jahrzehnten Gelegenheit[9a], das Irrenhaus zu besuchen, um die Kranken zu beobachten, die für den klinischen Unterricht auszuwählen waren — und so interessierte ich mich für im Irrenhaus untergebrachte idiotische Kinder. In jener Zeit befand sich die Schilddrüsen-Organtherapie in voller Entwicklung und lenkte inmitten von Konfusion und Übertreibung therapeutischer Erfolge stärker als vorher das Interesse der Ärzte auf schwachsinnige Kinder. Ich hatte einen regulären medizinischen Dienst in Krankenhäusern für innere

---

[9] ⟨Die Methode wird inzwischen weitgehend angewandt; sie wurde in den Grund- ▼ 1948 schulklassen auf breiter Basis geprüft und in dem Buch „L'Autoeducazione nelle scuole elementari" beschrieben. In neuerer Zeit wurde die Methode bis zur Geburt zurückverfolgt und bis ins Erwachsenenalter ausgedehnt. Es gibt mehrere Sekundarschulen, die durch die Montessori-Methode inspiriert und in den Staaten, in denen sie arbeiten, anerkannt sind.⟩ ▲

[9a] Bezogen auf 1950; in allen früheren Auflagen heißt es: vor ungefähr zwölf Jahren.

Medizin und in pädiatrischen Ambulanzen geleistet und so schon vorher meine Aufmerksamkeit ganz besonders dem Studium von Kinderkrankheiten gewidmet.

Da ich mich für Idioten interessierte, lernte ich die von Édouard Séguin erdachte spezielle Erziehungsmethode für diese unglücklichen Kinder kennen und begann mich ganz allgemein mit den damals auch unter praktischen Ärzten aufkommenden Gedanken der Wirksamkeit „pädagogischer Behandlung" bei verschiedenen Krankheitsbildern — wie Taubheit, Lähmung, Idiotie, Rachitis usw. — zu befassen. Die Tatsache, daß die Pädagogik sich in der Therapie mit der Medizin zusammentun mußte, war die praktische Errungenschaft des Denkens der damaligen Zeit, und die Kinesiotherapie hat sich ja gerade in dieser Richtung entwickelt.

Im Gegensatz zu meinen Kollegen hatte ich jedoch die Eingebung, daß das Problem der geistig Zurückgebliebenen eher überwiegend ein *pädagogisches* als überwiegend ein medizinisches war; während auf medizinischen Kongressen viele von der medizinisch-pädagogischen Methode zur Behandlung und Erziehung schwachsinniger Kinder sprachen, nahm ich auf dem Turiner Kongreß 1898 die *moralische Erziehung* zum Thema. Ich glaube, daß ich dabei eine stark schwingende Saite berührte, da der Gedanke, der von den Medizinern zu den Grundschullehrern übersprang, sich im Nu als eine die Schule interessierende lebendige Frage verbreitete.

Ich erhielt in der Tat von meinem Lehrmeister, dem hervorragenden Erziehungsminister Guido Bacelli den Auftrag, vor den Lehrerinnen in Rom eine Vortragsfolge über die Erziehung schwachsinniger Kinder zu halten. Dieser Kurs entwickelte sich danach zur Scuola magistrale ortofrenica[10], die ich noch zwei Jahre lang leitete.

Dieser Schule hatte ich eine Klasse von Externen mit verlängerter Unterrichtszeit angegliedert, in die ich Kinder aufnahm, die wegen Geistesschwäche als in Grundschulen nicht erziehbar angesehen wurden. Später entstand dank einer Gesellschaft ein pädagogisches Institut, in dem neben den Externen alle idiotischen Kinder des römischen Irrenhauses untergebracht wurden.

So bereitete ich mit Hilfe von Kollegen die römischen Lehrer zwei Jahre lang nicht nur auf die Spezialmethoden zur Beobachtung und

---

[10] Heilpädagogisches Institut (d. Hrsg.).

Erziehung schwachsinniger Kinder vor, sondern, was wichtiger ist, ich begann, selbst Kinder zu unterrichten und die Arbeit der Erzieherinnen schwachsinniger Kinder in unserem Institut zu leiten, nachdem ich in London und Paris die Erziehung von geistig Zurückgebliebenen in der Praxis studiert hatte.

Ich war länger anwesend als eine Grundschullehrerin und unterrichtete die Kinder ohne festen Turnus ununterbrochen von acht Uhr morgens bis sieben Uhr abends. Diese zwei Jahre Praxis geben mir meinen ersten und wahren Anspruch in bezug auf Pädagogik.

Seit jener Zeit, in den Jahren 1898 bis 1900, widmete ich mich der Erziehung geistig zurückgebliebener Kinder und glaubte intuitiv zu erfassen, daß diese Methoden nicht nur ein Versuch waren, den Idioten zu helfen, sondern *vernünftigere* Erziehungsgrundsätze als die bisher üblichen enthielten; Methoden, die sogar eine unterentwickelte Geistigkeit für eine Weiterbildung empfänglich werden ließen. Diese Intuition wurde *meine Idee,* nachdem ich die Schule für geistig zurückgebliebene Kinder verlassen hatte; nach und nach gelangte ich zu der Überzeugung, daß ähnliche Methoden, auf normale Kinder angewandt, deren Persönlichkeit auf eine erstaunliche Weise entwickeln würden.

Damals begann ich ein wirklich gründliches Studium der sogenannten reparativen Pädagogik; danach wollte ich die normale Pädagogik und ihre Grundlagen studieren, also immatrikulierte ich mich als Philosophiestudentin an der Universität. Ich war von einem starken Glauben beseelt: Auch wenn ich nicht wußte, ob ich jemals Gelegenheit haben würde, den Wahrheitsgehalt meiner Idee zu erproben, gab ich trotzdem jede andere Beschäftigung auf, um sie zu vertiefen und mich sozusagen auf eine unbekannte Mission vorzubereiten.

Die Erziehungsmethoden für geistig zurückgebliebene Kinder nahmen ihren Anfang zur Zeit der Französischen Revolution durch einen Arzt, dessen medizinische Werke in die Geschichte eingegangen sind, da er der Begründer des Teilgebietes der Medizin ist, das heute unter der Bezeichnung Otiatrie (Ohrenheilkunde) bekannt ist.

Er unternahm als erster eine methodische Entwicklung des Gehörsinnes in dem von Pereire[10a] gegründeten Pariser Taubstummen-Institut mit dem Erfolg, daß Schwerhörige anfingen zu hören; später dehnte er diese Methoden, die schon beim Gehör zu ausgezeichneten Ergeb-

---

[10a] Hier irrt Montessori augenscheinlich; die Anstalt wurde 1770 vom Abbé Ch. M. de l'Epée gegründet.

nissen geführt hatten, auf alle Sinne aus, nachdem er acht Jahre lang einen idiotischen Jungen, den sogenannten Wilden aus dem Aveyron, behandelt hatte. Itard, ein Schüler Pinels, führte als erster Erzieher die *Beobachtung* der Schüler in der Praxis durch, und zwar auf ähnliche Weise wie dies in den Spitälern bei Kranken, besonders Nervenkranken, geschah.

Bei den pädagogischen Arbeiten Itards handelt es sich um sehr interessante eingehende Beschreibungen pädagogischer Versuche und Erfahrungen; wer sie heute liest, muß zugeben, daß hier zum erstenmal die Experimentalpädagogik angewandt wurde.

1948 ▼ 〈Er hat in der Tat aus dem wissenschaftlichen Studium eine Reihe von *Übungen* abgeleitet, *die es ermöglichen, die Persönlichkeit zu verändern,* und zwar durch Heilung von Defekten, die das Individuum in einem Stadium von Unterlegenheit hielten. In Wirklichkeit gelang es Itard, halbtaube Kinder, die sonst taub und stumm und folglich dauernd anormal geblieben wären, zum Hören und Sprechen zu bringen. Dies ist wirklich grundverschieden vom *einfachen Studium des Individuums* durch experimentalpsychologische *Tests.* Letztere führen nur zur Feststellung der geistigen Persönlichkeit, verändern sie nicht und rühren nicht an die Erziehungsmethoden. Hier jedoch werden die angewandten wissenschaftlichen Mittel zu Maßnahmen, mit deren Hilfe eine Erziehung erfolgt, so daß die Pädagogik selbst sich dadurch verändert.

Itard kann folglich als Begründer der wissenschaftlichen Pädagogik angesehen werden und nicht Wundt oder Binet, die ihrerseits die Begründer einer in den Schulen leicht anwendbaren physiologischen Psychologie sind.

Dies ist ein grundlegender Punkt, der es verdient, klargestellt zu werden. Während der Schweizer Pestalozzi zum „Vater einer neuen Pädagogik des Herzens" wurde, begründeten Fechner und Wundt ein halbes Jahrhundert später die Experimentalpsychologie in Deutschland. Beide Strömungen wuchsen und entwickelten sich voneinander getrennt in den Schulen. Die akademische Pädagogik entfaltete sich weiterhin auf den alten Grundlagen, während gleichzeitig den Studenten Gelegenheit zu Intelligenz*tests* geboten wurde, die allerdings in keiner Weise die Erziehung beeinflußten. Itards erst kurz davor angestellte Versuche waren jedoch der wirkliche Anfang einer wissenschaftlichen Erziehung, die es ermöglichte, gleichzeitig Methoden und

Schüler zu verwandeln. Da sie indessen unter geistig zurückgebliebenen ▼
Kindern entstand, wurde sie in Erzieherkreisen nicht ernsthaft erwogen.⟩ ▲

Das Verdienst, ein wirkliches und vervollständigtes Erziehungssystem für geistig zurückgebliebene Kinder entwickelt zu haben, gebührt jedoch Édouard Séguin, der zuerst Lehrer, dann Arzt war. Er ging von Itards Versuchen aus, die er unter Abänderung und Vervollständigung der Methode in zehnjähriger Erfahrung bei Kindern anwandte, die vom Irrenhaus in eine kleine Schule der Rue Pigalle in Paris verlegt worden waren. Diese Methode wurde zum erstenmal in einem 1846 in Paris veröffentlichten über 600 Seiten starken Buch unter dem Titel: „*Traitement moral, hygiène et éducation des idiots*" dargelegt.

Später wanderte Séguin in die Vereinigten Staaten von Amerika aus, wo zahlreiche Institute für geistig Zurückgebliebene gegründet wurden und wo er nach weiteren zwanzig Jahren Erfahrung eine zweite Veröffentlichung seiner Methode unter anderem Titel vornahm: „*Idiocy: and its treatment by the physiological method.*" Dieses Buch erschien 1866 in New York. Darin beschrieb Séguin eine Erziehungsmethode, die er die *physiologische Methode* nannte. Im Titel gibt er keinen Hinweis mehr auf eine „Erziehung der Idioten", als sei sie sozusagen speziell für diese gedacht, sondern spricht von der durch die „physiologische Methode" behandelte Idiotie. Wenn wir daran denken, daß die Psychologie — die Wundt als „physiologische Psychologie" definiert — immer die Grundlage der Pädagogik war, so muß das Zusammentreffen solcher Begriffe uns beeindrucken und uns in der physiologischen Methode gewisse Beziehungen zur „physiologischen Psychologie" vermuten lassen.

Während meiner Assistentenzeit in der psychiatrischen Klinik hatte ich mit großem Interesse das Werk Édouard Séguins in französischer Sprache gelesen. Aber das zwanzig Jahre später in New York veröffentlichte Buch gab es in keiner Bibliothek, obwohl Bourneville es in den Werken für Sondererziehung aufführte. Ich war sehr erstaunt, es nicht einmal in Paris auftreiben zu können, wo mir Bourneville sagte, die Existenz des zweiten Buches sei zwar bekannt, es sei aber niemals nach Europa gelangt. Ich hoffte jedoch, ein Exemplar davon in London zu finden, aber auch dort mußte ich mich davon überzeugen, daß das Werk weder in öffentlichen noch in privaten Bibliotheken greifbar war. Vergebens machte ich eine Umfrage, bei der ich viele englische Ärzte aufsuchte, von denen bekannt war, daß sie sich mit geistig zurückgebliebenen Kindern befaßt hatten oder Sonderschulen leiteten. Die Tatsache, daß dieses Buch, obwohl in englischer Sprache veröffentlicht, auch in England unbekannt war, ließ in mir den Gedanken aufkommen, daß man das Séguinsche System nicht verstanden hatte. Tatsächlich wurde der Name Séguin in Veröffentlichungen über Institute für geistig Zurückgebliebene eifrig genannt, doch die beschriebenen erzieherischen *Anwendungen* waren alles andere als ein Befolgen des Séguinschen Systems. Fast überall wurden bei geistig Zurückgebliebenen mehr oder weniger die für normale Kinder üblichen Methoden angewandt; so bemerkte eine deutsche Freundin von mir, die sich nach Deutschland begeben hatte, um mir bei meinen Nachforschungen behilflich zu sein, daß besonders dort einiges spezielles Lehrmaterial in den pädagogischen Sammlungen der Schulen für Schwachsinnige existierte, doch praktisch nie benutzt wurde. Stattdessen vertritt man dort den Grundsatz, es sei zweckmäßig, die gleichen Methoden für zurückgebliebene wie für normale Kinder anzuwenden. Man geht jedoch in Deutschland objektiver vor als bei uns in Italien.

Auch in Bicêtre, wo ich mich lange zum Studium aufhielt, sah ich, daß eher Lehrmechanismen als das System von Séguin angewandt wurden; der französische Text befand sich allerdings in den Händen der Erzieher. Der gesamte Unterricht war dort mechanisiert worden, und jeder Lehrer befolgte die Vorschriften buchstabengetreu. Doch bei allen, sowohl in London wie in Paris, erkannte ich den Wunsch, neue Ratschläge zu erhalten, neue Erfahrungen kennenzulernen, weil die von Séguin aufgestellte Behauptung, daß es wirklich möglich sei, mit diesen Methoden Idioten zu erziehen, praktisch eine Enttäuschung blieb.

1948 ▼ ⟨Der Grund für diesen Mißerfolg ist leicht zu verstehen. Jeder hielt an der Überzeugung fest, daß geistig zurückgebliebene Kinder letzten Endes wie normale Kinder erzogen werden müssen. Der Gedanke, daß eine „neuartige Erziehung" in der Welt der Pädagogik entstanden war, hatte sich noch nicht durchgesetzt, genausowenig wie der Gedanke, daß eine neuartige Erziehung geistig zurückgebliebene Kinder auf ein höheres Niveau bringen könne. Um so weniger erfaßte man, daß eine Erziehungsmethode, die imstande war, das Niveau von geistig Zurückgebliebenen anzuheben, dies auch bei normalen Kindern
▲ bewirken konnte.⟩

Danach setzte ich meine Versuche an geistig zurückgebliebenen Kindern in Rom fort und erzog sie zwei Jahre lang. Ich orientierte mich an Séguins Buch und beherzigte Itards großartige Erfahrungen. Außerdem ließ ich ein besonders reichhaltiges Lehrmaterial erstellen, wobei ich mich auf diese Texte stützte.

Dieses Material, das ich in keinem Institut vollständig vorfand, war ein hervorragendes Instrument in den Händen derer, die es zu benutzen verstanden, doch für sich allein blieb es bei den geistig Zurückgebliebenen unbeachtet. Ich verstand, aus welchen Gründen die Erzieher entmutigt waren und weshalb sie die Methode aufgegeben hatten. Durch das Vorurteil, daß der Erzieher sich auf das Niveau des zu Erziehenden stellen soll, gerät der Lehrer schwachsinniger Kinder in eine Art Apathie: er weiß, daß er minderwertige Menschen erzieht und deshalb gelingt ihm ihre Erziehung nicht; so glauben die Lehrer kleiner Kinder, diese zu erziehen, wenn sie sich bemühen, sich mit Spielen und häufig auch mit drolligen Reden auf ihre Ebene zu stellen.

Man muß vielmehr verstehen, in der Seele des Kindes den darin schlummernden Menschen anzusprechen.

Ich hatte diese Intuition: und ich glaube, daß nicht das didaktische Material, sondern diese meine Stimme, die sie anrief, die Kinder *weckte* und dazu antrieb, das didaktische Material zu benutzen und sich selbst zu erziehen. Der große Respekt, den ich ihrem harten Schicksal entgegenbrachte, und die Liebe, die diese unglücklichen Kinder in jedem wecken, der ihnen nahekommt, wiesen mir den Weg. Aber auch Séguin äußerte sich ähnlich darüber: Als ich von seinen geduldigen Versuchen las, da verstand ich gut, daß das erste von ihm benutzte didaktische Material geistiger Natur war. Deshalb kommt der Autor, als er am Ende seines französischen Buches einen Blick auf sein Werk wirft, zu dem betrüblichen Schluß, daß es in Vergessenheit geraten wird, wenn keine *Lehrer* ausgebildet werden. Er macht sich einen wirklich originellen Begriff von der Ausbildung der Lehrkräfte für geistig Zurückgebliebene. Seine Ratschläge scheinen für angehende Verführer bestimmt. Er möchte, daß sie selbst und ihre Stimme einen Zauber ausstrahlen und daß sie größte Sorgfalt auf ihr Äußeres legen, um so attraktiv wie möglich zu sein. Sie sollen ihre Gesten und die Modulation ihrer Stimme mit der gleichen Sorgfalt verfeinern wie große Schauspieler, die sich für ihren Auftritt vorbereiten, weil sie müde und zerbrechliche Seelen für die großen Gefühle des Lebens erobern müssen.

Diese Einwirkung auf den Geist, eine Art von *Geheimschlüssel*, eröffnete dann eine lange Reihe von didaktischen Experimenten, die Édouard Séguin großartig analysierte und die sich tatsächlich bei der Erziehung von Idioten als äußerst wirksam erwiesen. Ich erzielte damit erstaunliche Erfolge, muß jedoch bekennen, daß ich unter einer gewissen Erschöpfung litt, während ich meine Kräfte auf Fortschritte des Geistes konzentrierte: Ich spürte, daß ich einiges von der Kraft, die ich besaß, fortgab. Was man als Ermutigung, Trost, Liebe, Achtung bezeichnet, das sind Hebel für die Seele des Menschen, und je eifriger sich jemand in diesem Sinne bemüht, desto nachhaltiger erneuert und stärkt er das Leben um sich herum. Ohne dies bleibt auch der vollkommenste *äußere Anreiz* unbeachtet, so wie die Sonne vor Saul, der ausruft: „Dies? ... das ist dichter Nebel!"

So konnte ich meinerseits neue Versuche machen, deren Aufzeichnung hier nicht hingehört; erwähnen möchte ich nur, daß ich in jener Zeit eine wirklich originelle Methode zum Lesen und Schreiben erprobte, da dieses Detail in der Erziehung sowohl in Itards wie auch in Séguins Werken ganz unzulänglich und unvollständig behandelt worden war.

Es gelang mir, einigen geistig Zurückgebliebenen aus dem Irrenhaus Lesen und korrektes Schreiben in Schönschrift beizubringen. Diese Kinder konnten danach in einer öffentlichen Schule zusammen mit normalen Kindern eine Prüfung ablegen, die sie auch bestanden.

Dieses großartige Ergebnis erschien den Beobachtern fast wie ein Wunder. Doch für mich holten die Kinder des Irrenhauses die normalen bei öffentlichen Prüfungen nur deshalb ein, weil ihnen ein anderer Weg gewiesen worden war. Bei ihrer psychischen Entwicklung war ihnen Hilfe zuteil geworden, während die normalen Kinder stattdessen unterdrückt und erniedrigt worden waren. Mir war klar, daß, ließe sich die Sondererziehung, die Idioten auf so erstaunliche Weise vorangebracht hatte, eines Tages auf normale Kinder anwenden, dann wäre es vorbei mit dem Wunder, weil die Kluft zwischen den niedrigeren geistigen Fähigkeiten der Idioten und denen normaler Kinder nie wieder überbrückt werden könnte. Während alle die Fortschritte meiner Idioten bewunderten, machte ich mir Gedanken über die Gründe, aus denen glückliche und gesunde Kinder in den gewöhnlichen Schulen auf so niedrigem Niveau gehalten wurden, daß sie bei Prüfungen der Intelligenz von meinen unglücklichen Schülern eingeholt wurden.

Eines Tages gab mir eine meiner Lehrerinnen im Institut für Schwachsinnige eine Prophezeihung von Ezechiel zu lesen, die sie zutiefst beeindruckt hatte, weil sie ihr als Prophezeihung für die geistig Zurückgebliebenen erschien:

„In jenen Tagen kam des Herrn Hand über mich; er führte mich im Geist des Herrn hinaus und ließ mich mitten in einer Talebene nieder, die angefüllt war mit Gebeinen. Er ließ mich rings umher an ihnen vorbeigehen und er sprach zu mir: ‚Menschensohn, werden sich diese Gebeine wohl wieder beleben?' Ich aber antwortete: ‚Gebieter und Herr, du weißt es.' Dann sagte er zu mir: ‚Weissage über die Gebeine und rede sie an: Ihr verdorrten Gebeine, höret das Wort des Herrn: Siehe, ich lasse Geist in euch kommen, und ihr werdet lebendig. Ich lege Sehnen um euch und umkleide euch mit Fleisch, ich überziehe euch mit Haut und bringe Geist in euch, daß ihr lebendig werdet.' Ich weissagte, wie mir befohlen. Da entstand ein Rascheln, während ich weissagte, und siehe da, es gab ein Rauschen, die Gebeine rückten aneinander, Knochen zu Knochen. Ich schaute, und siehe, Sehnen bildeten sich an ihnen, Fleisch wuchs empor, und Haut spannte sich oben darüber, doch Geist war in ihnen noch nicht. Da sprach er zu mir: ‚Weissage zum Geist; weissage Menschensohn! Von den vier Windrichtungen komme, o Geist, und blase diese Getöteten an!' Ich weissagte, wie er mir befohlen hatte. Da strömte der Geist in sie hinein, sie wurden wieder lebendig und stellten sich aufrecht und sagten: ‚Unsere Hoffnung ist verdorrt, wir sind wie abgeschlagene Äste.' "

Tatsächlich scheinen sich die Worte: „Ich lasse Geist in euch kommen, daß ihr werdet lebendig" auf das unmittelbare, individuelle Werk des Lehrers zu beziehen, der den Schüler ermuntert, anruft, ihm hilft und ihn auf die Erziehung vorbereitet.

Und weiter: „Ich lege Sehnen an euch und umkleide euch mit Fleisch, ich überziehe euch mit Haut" erinnert an den grundlegenden Satz, der Séguins Methode zusammenfaßt: „Das Kind sozusagen an der Hand führen von der Entwicklung des Muskelsystems zu der des Nervensystems und der Sinne", womit Séguin die Idioten lehrt, zu laufen, sich bei den schwierigsten Körperbewegungen, wie Treppensteigen, Springen usw., im Gleichgewicht zu halten und schließlich zu empfinden, wobei der Weg von der Schulung der Muskel-, Tast- und Wärmeempfindungen bis zur Schulung der spezifischen Sinne führt. Doch sie wurden einfach dem vegetativen Leben angepaßt. „Weissage zum Geist" sagt die Prophezeihung, „da strömte der Geist in sie hinein; sie wurden lebendig". Tatsächlich führt Séguin den Idioten vom vegetativen Leben auf die Stufe der Beziehungen „von der Schulung der Sinne zu den Begriffen, von den Begriffen zu den Gedanken, von den Gedanken zur Moral". Doch wenn ein solch bewundernswürdiges Werk abgeschlossen ist und der Idiot dank einer eingehenden physiologischen Analyse und einer allmählichen Verfeinerung der Methode zum Mensch geworden ist, bleibt er trotzdem immer ein Minderwertiger unter den übrigen Menschen, ein Individuum, das sich niemals der sozialen Umwelt anpassen kann: „Wir sind wie abgeschlagene Äste, unsere Hoffnung ist verdorrt."

1948 ▼ ⟨Der Grundsatz, daß der Lehrer sich einer besonderen Vorbereitung unterziehen muß, die sein Gefühl anspricht und nicht nur aus einem verstandesmäßigen Studium besteht; des weiteren der Grundsatz, daß die Erziehung im wesentlichen ein „Seelenkontakt" ist und der Lehrer „Achtung und Sympathie" den Kindern, die er erzieht, entgegenbringen muß, ist Pestalozzis charakteristischer Beitrag für seine Schulen. Nun, dies ist nur ein erster, wesentlicher Schritt, um die Seele des Kindes wieder zu wecken. Danach muß man für die Aktivität des Kindes die (in diesem Falle wissenschaftlichen) Mittel zu seiner Entwicklung finden. Dieser zweite Teil ist der Beitrag der wissenschaftlichen Pädagogik. Und deshalb behaupten wir heute aufgrund unserer Erfahrung, daß der Lehrer der „Bindestrich"[11] zwischen dem — gestörten, verschlafenen und gehemmten — Kind und der für seine Aktivität vorbereiteten erzieherischen Umgebung ist. Sehr oft läßt sich dieser Kontakt zwischen Kind und Umgebung nicht herstellen, wenn das Kind nicht vorweg von der Last einer früheren Hemmung und ihrer fatalen Folgen befreit wird. In solch einem Fall muß ein Gesundungs- oder, wie wir sagen, ein Normalisierungsprozeß[12] in Angriff genommen werden, bevor sich dem Kind Entwicklungsmöglichkeiten geben lassen. Viele unserer Lehrkräfte wurden wegen ihres Miß-

---

[11] Vgl. Montessori, Über die Bildung des Menschen, S. 55 (d. Hrsg.).
[12] Vgl. Grundgedanken der Montessori-Pädagogik, S. 43, und: Über die Bildung des Menschen, S. 48 ff. (d. Hrsg.).

erfolges schwer enttäuscht, weil sie ihre Arbeit so begannen, als sei dieser Prozeß bereits erfolgt, und die Notwendigkeit eines solchen Schrittes übersahen.

Auch deshalb wurde die mühselige Séguinsche Methode beiseite geschoben: Die ungeheure Vergeudung von Mitteln rechtfertigte das erzielte winzige Ergebnis nicht.

Alle wiederholten: Für normale Kinder blieb noch viel zuviel zu tun.

Da die Erfahrung mir Vertrauen in die Séguinsche Methode eingeflößt hatte, begann ich nach Abbruch meiner aktiven Tätigkeit bei den Schwachsinnigen erneut Itards und Séguins Werke zu studieren. Ich empfand das Bedürfnis, darüber nachzudenken. So tat ich etwas, was ich noch nie getan hatte und was mir kaum einer nachmachen konnte: Ich schrieb vom ersten bis zum letzten Wort die Werke dieser Autoren mit der Hand fein säuberlich auf italienisch nieder, fertigte also sozusagen Bücher in ähnlicher Weise an wie vor der Erfindung der Buchdruckerkunst: in Schönschrift, um Zeit zu haben, den Sinn jedes einzelnen Wortes abzuwägen und herauszulesen, was der Verfasser damit sagen wollte. Ich stand kurz vor der Vollendung der 600 Seiten des französischen Werkes von Séguin, als ich aus New York ein Exemplar der zweiten Auflage, also des 1866 in englischer Sprache veröffentlichen Buches erhielt: es befand sich unter den aussortierten Bänden aus der Bibliothek eines New Yorker Arztes, und der Herr, der es mir schickte, hatte keine Schwierigkeit, es für mich zu erhalten. Ich übersetzte es zusammen mit einer Engländerin. Dieser Band enthielt keinen wesentlichen Beitrag über spätere pädagogische Versuche, es handelte sich vielmehr um die *Reflexion* der im ersten Band erörterten Versuche. Der Mann, der dreißig Jahre lang Forschungen an anomalen Kindern betrieben hatte, trug den Gedanken vor, daß die *physiologische Methode* — also eine Methode auf der Grundlage eines individuellen Studiums des Schülers und einer Analyse der im Verlauf der Erziehung auftretenden physiologischen und psychologischen Phänomene — auch für normale Kinder aufkommen mußte und somit die Regeneration der gesamten Menschheit ankündigte. Die Stimme Séguins erschien mir wie die des Rufers in der Wüste, und in Gedanken erfaßte ich die ungeheure Bedeutung eines Werkes, das Schule und Erziehung hätte reformieren können.

Zu jener Zeit war ich an der Universität als Philosophiestudentin immatrikuliert und hörte Vorlesungen über Experimentalpsychologie, die damals gerade an den italienischen Universitäten, und zwar in Turin, Rom und Neapel aufgenommen worden waren. Gleichzeitig stellte ich in Grundschulen einige Nachforschungen über pädagogische Anthropologie an und benutzte die Gelegenheit zum Studium der für die Erziehung normaler Kinder gebräuchlichen Methoden und Schuleinrichtungen; dies verhalf mir zu einem Lehrauftrag für pädagogische Anthropologie an der Universität Rom.

1948 ▼ ⟨So sah also meine Vorbereitung aus. Verstandesmäßig hatte ich eine Beziehung zu den Problemen meiner Zeit, und so fand ich allmählich meinen Weg zu neuen Zielen, die sich auf dem Gebiet der Psychiatrie zeigten. Ich begriff, was andere nicht begriffen, nämlich daß die wissenschaftliche Erziehung nicht auf dem Studium und den Meßergebnissen des zu erziehenden Menschen beruht, sondern eine fortlaufende Behandlung voraussetzt, die ihn verändern kann. Also war Itards Erziehung wissenschaftlich, weil die Messung des Gehörs nur ein Mittel war, um fast Taube in Menschen zu verwandeln, die hören konnten. Im Falle des „Wilden aus dem Aveyron" war es gelungen, durch wissenschaftliche Methoden, die denen der Begründer der Experimentalpsychologie sehr nahe kamen, einen Menschen, der einen so großen Abstand von der Gesellschaft hatte, daß er als idiotisch und außerdem als taubstumm galt, wieder in die Gesellschaft einzugliedern und aus ihm einen Menschen zu machen, der die Sprache so hörte und verstand, wie wir sie sprechen und schreiben.

In gleicher Weise studierte Séguin mit analytischen Methoden, die denen Fechners sehr ähnelten, allerdings umfassender waren, nicht nur Hunderte von Kindern im Pariser Irrenhaus, sondern formte sie außerdem zu menschlichen Wesen, die fähig waren, sich in einer Gemeinschaft zu betätigen und eine geistige und künstlerische Erziehung zu verarbeiten.

Allein unter Anwendung des sogenannten Studiums des Individuums hatte ich selbst mit Hilfe wissenschaftlicher Instrumente und Tests die aus unseren Schulen ausgeschlossenen, weil zur Erziehung untauglichen geistig Zurückgebliebenen in Menschen verwandelt, die in der Schule dem Vergleich mit normalen Schülern standhalten konnten. Das heißt, aus ihnen waren für die Gesellschaft nützliche und als intelligente Wesen erzogene Menschen geworden. Die wissenschaftliche Erziehung hatte also auf rein wissenschaftlicher Grundlage das Individuum verändert und verbessert.

Die von objektiver Forschung auf pädagogischer Grundlage abhängige wissenschaftliche Erziehung wäre also in der Lage, normale Kinder zu verwandeln. Wie? Sicherlich, indem sie diese Kinder über das normale Niveau hinaushebt und *zu besseren Menschen macht.* Eine Erziehungswissenschaft hat nicht nur die Aufgabe, zu „beobachten", sie muß die Kinder auch „verwandeln".

Ich kam zu nachstehenden Schlußfolgerungen: nicht nur beobachten, sondern auch verwandeln. Die Beobachtung hatte eine neue psychologische Wissenschaft begründet, doch sie hatte weder Schulen noch Schüler verwandelt. Sie hatte den gewöhnlichen Schulen einiges gebracht, sie jedoch in ihrem ursprünglichen Zustand belassen, da weder Unterrichts- noch Lehrmethoden geändert worden waren.

Die neuen Methoden müßten, wollten sie sich nach wissenschaftlichen Gesichtspunkten richten, *die Schule und ihre Methoden vollkommen ändern* und somit eine neue Erziehungsform ins Leben rufen.

Der entscheidende Punkt bei der wissenschaftlichen Erziehung geistig Zurückgebliebener bestand darin, daß Idioten und Individuen unterhalb des normalen Niveaus auf den üblichen Unterricht nicht ansprachen und Anordnungen nicht ausführen konnten; deshalb mußte zu anderen Mitteln gegriffen werden, die sich den Fähigkeiten jedes einzelnen anpassen ließen.

Über eine derartige Erziehung waren Forschungen angestellt worden. Es handelte sich dabei um ein wissenschaftliches Experiment, einen Versuch, die dem Schüler eigenen Möglichkeiten zu untersuchen und ihm die Mittel und Anregungen zu geben, die ihm verbliebene Energie, ganz gleich welcher Art, zu wecken, um sie dauernd zu nutzen, zu steigern und durch individuelle Übung zu koordinieren.

Vor einem Tauben oder einem Idioten ist der Lehrer genauso hilflos wie vor einem Neugeborenen. Nur die Experimentalwissenschaft kann den Weg zu einer neuen praktischen Erziehung weisen.⟩

Mein Wunsch war es, die mit so großem Erfolg von Séguin ausgearbeiteten Methoden an Kindern der ersten Grundschulklassen zu erproben, wenn sie im Alter von 6 Jahren als undisziplinierte Analphabeten zur Schule angemeldet wurden.

Ich hatte jedoch nie daran gedacht, diese Methoden in Kinder-

1948 ▼ gärten anzuwenden. Ein Zufall gab mir die Erleuchtung. ⟨Im allgemeinen erschlaffen unsere geistigen Fähigkeiten durch Gewohnheiten und Vorurteile.

Es war vielleicht logisch, die Methoden für geistig Zurückgebliebene auf kleine Kinder anzuwenden, wenn man diese ebenfalls als nicht erziehbare, dem Unterricht unzugängliche Wesen ansah, da ihr Geist noch nicht den erforderlichen Reifegrad erreicht hatte.

Es ist mir nicht möglich, Vergleiche zwischen geistig zurückgebliebenen und normalen Kindern anzustellen, wenn es sich um Kinder verschiedenen Alters handelt; also vergleichen wir diejenigen, die keine Entwicklungsmöglichkeiten haben (Anormale) mit denen, die nicht die Zeit hatten, sich zu entwickeln (ganz kleine Kinder). Zurückgebliebene Kinder werden, geistig gesehen, wie Kinder betrachtet, die in ihrer geistigen Entwicklung einige Jahre jüngeren, normalen Kindern sehr ähnlich sind. Trotz der Tatsache, daß bei einem solchen Vergleich die angeborene Initialkraft in den verschiedenen Entwicklungsstufen beider Naturen nicht berücksichtigt wird, ist der Vergleich doch nicht unlogisch.

Die kleinen Kinder haben noch keine endgültige Koordinierung der Muskelbewegungen erreicht, daher ihr unsicherer Schritt, ihre Unfähigkeit, die üblichen Dinge des täglichen Lebens zu tun wie Anziehen von Kleidern und Strümpfen, Schnüren, Knöpfen, Handschuhe überstreifen usw. Die Sinnesorgane, wie zum Beispiel die Anpassung des Auges, sind noch nicht voll entwickelt. Die Sprache ist rudimentär und enthüllt die allgemein bekannten Fehler der kindlichen Ausdrucksweise. Die Schwierigkeit, sich zu konzentrieren, die Unbeständigkeit usw. sind weitere Merkmale dieser Art.

Preyer hat in seinen Studien über Kinderpsychologie ausführlich den Vergleich zwischen pathologischen und normalen Sprachfehlern bei einem in der Entwicklung befindlichen Kind erläutert.

Methoden, die wirksam die geistige Entwicklung zurückgebliebener Kinder fördern, könnten dazu dienen, die Entwicklung aller Kinder zu fördern und somit einen gesunden Unterricht für jedes normale Wesen bilden.

Viele Fehler, die auf die Dauer bleiben, wie zum Beispiel Sprachfehler, eignet sich das Kind an, weil wir es in der wichtigsten Zeit seines Lebens, in der sich seine Hauptfunktionen ausbilden und festigen, also zwischen 3 und 6 Jahren, vernachlässigen.

Dieser ehrgeizige Gedanke, mit wissenschaftlichen Erziehungsmethoden die wahre Entwicklung des Menschen während der Zeit seines Lebens, in der sich Verstand und Charakter heranbilden, zu unterstützen, war mir trotz meines großen Interesses für dieses Problem überhaupt nicht gekommen.

Deshalb wurde die Geschichte dieser Art „psychologischer Entdeckung" und dieser wissenschaftlichen Erziehungsmethode interessant.

Der Zufall spielte mit, wie bei vielen Entdeckungen, einschließlich der Elektrizität. Tatsächlich hat der Zufall, also die Umstände, fast immer den Funken für die Intuition zu bieten; die Umstände geben den Blick frei auf das Neue, und danach können Intuition und das geweckte Interesse neue Wege für den Fortschritt öffnen.

In meinem Fall ist die Geschichte deshalb interessant, weil sie unabhängig von Studium und von Vorurteilen einen Komplex von Situationen bot, bei denen nicht nur die Kindererziehung, sondern auch das Leben in der Gesellschaft und die menschlichen Gefühle vollkommen übereinstimmten.⟩

Geschichte der Entdeckung einer wissenschaftlichen Erziehung für normale Kinder

Es war Ende 1906. Ich kam aus Mailand zurück. Man hatte mich dort zur Preisverteilung auf der Weltausstellung in der Abteilung wissenschaftliche Pädagogik und Experimentalpsychologie hinzugezogen. Der Generaldirektor des „Istituto dei Beni Stabili di Roma"[13] bot mir an, die Gestaltung von Kindergärten zu übernehmen, die in Häusern mit Sozialwohnungen errichtet werden sollten.

⟨Die großartige Idee bestand darin, einen Stadtteil voll von Flüchtlingen und armen Leuten neu zu gestalten, wie das Viertel San Lorenzo in Rom, wo etwa 30 000 Einwohner auf engem Raum zusammengedrängt lebten, unter Bedingungen, die jeglicher öffentlicher Kontrolle entzogen waren. Es gab dort Arbeitslose, Bettler, Prostituierte, frisch aus dem Gefängnis entlassene Strafgefangene. Sie alle hatten Zuflucht zwischen den Mauern von Häusern gesucht, die wegen der Wirtschaftskrise nicht fertiggestellt worden waren, da fast im ganzen

---

[13] Eine gemeinnützige Gesellschaft für sozialen Wohnungsbau (d. Hrsg.).

▼ Viertel die Bautätigkeit zum Erliegen gekommen war.⟩ Der von Ingenieur Talamo stammende Plan sah das Aufkaufen all dieser Mauern, dieser Häuserskelette und ihren allmählichen Ausbau zu festen Wohnungen für das Volk vor. Dieser Plan wurde mit der einfach grandiosen Idee verknüpft, alle Kinder, die noch nicht im schulpflichtigen Alter waren (von 3 bis 6 Jahren), in einer Art „Schule im Haus" unterzubringen.

Jedes dieser Häuser mit Sozialwohnungen sollte seine eigene Schule[14] besitzen, und da das Institut bereits über mehr als 400 solcher Häuser in Rom verfügte, bot diese Arbeit großartige Entwicklungsmöglichkeiten. Die erste Schule sollte im Januar 1907 eröffnet werden, und zwar in einem großen Sozialhaus des Viertels San Lorenzo. In demselben Stadtteil besaß das Institut schon 58 Gebäude, und der Plan des Direktors sah die Eröffnung von 16 Schulen in diesen Wohnhäusern vor.

Dieser besondere Schultyp erhielt den entzückenden Namen „Casa dei Bambini" (Kinderhaus). Das erste wurde unter dieser Bezeichnung am 6. Januar 1907 in der Via dei Marsi 53 eröffnet. Man vertraute mir seine Leitung an. Die soziale und pädagogische Bedeutung einer solchen Einrichtung wurde mir in ihrem ganzen Umfang bewußt, und ich ließ mich nicht davon abbringen, daß sie einer triumphalen Zukunft entgegenging, was damals eine übertriebene Vision zu sein schien. Heute beginnen viele zu erkennen, daß ich die Wahrheit voraussah.

1948 — ⟨—13⟩
1948 ▼ ⟨Am 6. Januar wird in Italien das Fest der Kinder gefeiert, das dem Epiphaniefest des katholischen Kalenders entspricht. Es ist genauso wie Weihnachten mit dem Christbaum in evangelischen Ländern, wo die Kinder Geschenke und Spielsachen bekommen. Am 6. Januar wurde die erste Gruppe von über 50 kleinen Kindern zusammengestellt. Es war interessant, diese kleinen Wesen zu sehen, die sich so stark von denen unterschieden, welche die üblichen schulgeldfreien Schulen besuchten. Sie waren schüchtern und unbeholfen, sahen dumm und unzurechnungsfähig aus. Sie waren nicht in der Lage, in einer Reihe hintereinander zu gehen, und die Lehrerin ließ jedes Kind den Schür-

---

[14] Montessori benutzt entsprechend gelegentlichem romanischem Sprachgebrauch das Wort Schule (scuola) auch für ihre „Kinderhäuser", also für Erziehungsstätten vorschulpflichtiger Kinder (d. Hrsg.).

zenzipfel des vor ihm laufenden packen, so daß sie sich wie im Gänsemarsch fortbewegten.

Sie weinten, und alles schien ihnen Angst einzuflößen — die Schönheit der anwesenden Damen, der Baum und die daran hängenden Dinge. Weder nahmen sie die Geschenke an, noch probierten sie die Süßigkeiten, noch antworteten sie auf Fragen. Sie waren wirklich wie eine Gruppe wilder Kinder. Gewiß, sie hatten nicht wie der Wilde aus dem Aveyron in einem Wald unter Tieren gelebt, aber in einem Wald verlorener Menschen, außerhalb der Grenzen der zivilisierten Gesellschaft. Beim Anblick dieses ergreifenden Schauspiels meinten viele Damen, daß diese Kinder sich nur durch ein Wunder erziehen lassen würden und daß sie sie gerne nach ein oder zwei Jahren wiedersehen würden.

Ich wurde um eine Ansprache gebeten, doch da ich nicht auf die strukturellen und wirtschaftlichen Einzelheiten des Unternehmens eingehen konnte, nahm ich ganz allgemein auf das hier begonnene Werk Bezug und las den Teil einer Weissagung zu dem von der katholischen Kirche am 6. Januar begangenen Epiphaniefest, dem Tag, der für die Eröffnung des Kinderhauses gewählt worden war.

Isaias, Kapitel 60: „Auf, werde hell, denn dein Licht ist da, die Herrlichkeit des Herrn strahlt über dir auf.

Denn sehet, die Erde bedeckt Finsternis und Wolkendunkel die Völker, doch über dir strahlt der Herr, und seine Herrlichkeit wird über dir sichtbar.

Völker wallen zu deinem Lichte und Könige zu deinem strahlenden Lichtglanz.

Erhebe deine Augen ringsum und schau: sie alle haben sich versammelt und kommen zu dir; deine Söhne kommen von ferne, und deine Töchter erheben sich von allen Seiten.

Dann wirst du schauen und strahlen, dein Herz wird sich weiten, denn die Fülle des Meeres und der Reichtum der Völker werden zu dir kommen."

„Vielleicht" fuhr ich zum Abschluß fort, „kann dieses Kinderhaus ein neues Jerusalem werden und dadurch Licht in die Erziehung bringen, daß weitere Häuser dieser Art unter den Entrechteten vermehrt entstehen."

Die Tageszeitungen kritisierten diese Worte auf ein so bescheidenes Unternehmen gemünzt als übertrieben.

▼ Ein Jahr später, als ein weiteres Sozialhaus mit angeschlossenem Kinderhaus eröffnet wurde, hielt das Istituto dei Beni Stabili eine Eröffnungsansprache für angezeigt, die der italienischen Öffentlichkeit eine klare Vorstellung vom Wesen dieses Versuches und von der Bedeutung einer wahren Reform sowie ihrer wirtschaftlichen und sozialen Motive geben sollte.

Diese Ansprache ist ein bemerkenswertes Zeugnis für den Bürgersinn, mit dem das Problem des Hauses und der Kinderfürsorge in nunmehr schon weit zurückliegenden Jahren im Elendsviertel San Lorenzo angepackt wurde[15]. Es war entstanden aufgrund der Bevölkerungsverschiebung als Folge der italienischen Unabhängigkeitskriege und des Massenzustroms nach Rom, der Hauptstadt des neuen Königreiches.

Zur Bedeutung meines ersten Lehrversuches, den ich zwei Jahre lang in den Kinderhäusern durchführte, wäre folgendes zu sagen: Er stellt die Ergebnisse einer Reihe von Versuchen dar, die ich bei der Erziehung kleiner Kinder nach den neuen Methoden unternahm. Es handelte sich dabei gewiß nicht einfach um die Anwendung der Séguinschen Methoden in Kindergärten, das ergibt sich schon beim Nachlesen seiner Werke. Richtig ist allerdings, daß die Versuche dieser beiden Jahre auf einer experimentellen Grundlage beruhen, die auf die Zeit der Französischen Revolution zurückgeht und die Summe der Mühen darstellt, die Séguin und Itard ihr ganzes Leben auf sich genommen haben. Was mich betrifft, so griff ich 30 Jahre nach dem zweiten Buch von Séguin dessen Ideen und — ich wage dies zu behaupten — dessen Werk mit der gleichen unverbrauchten Begeisterung neu auf, mit der er die Ideen und Werke seines Meisters Itard übernommen hatte und dem er wie ein Sohn bei seinem Tode beistand. Zehn Jahre lang experimentierte ich in der Praxis und machte mir Gedanken über das Werk dieser hervorragenden Männer, die sich aufgeopfert und der Menschheit den Beweis für ihr stilles Heldentum hinterlassen hatten. Meine zehn Studienjahre können der vierzigjährigen Arbeit von Itard und Séguin zugerechnet werden. So waren schon 50 Jahre über mehr als ein Jahr-

---

[15] Die in den Auflagen von 1926 bis 1948 meist nicht mehr abgedruckte Rede stimmt in der italienischen Vorlage dieser Übersetzung nicht völlig mit dem Originaltext überein. Der Neuabdruck dieses historisch hochinteressanten Textes setzt eine nähere Untersuchung voraus und wurde deshalb hier unterlassen (d. Hrsg.).

hundert verteilt, mit aktiver Vorbereitung vergangen, bevor dieser ▼
scheinbar kurze, und nur zwei Jahre dauernde Versuch unternommen
wurde. Ich glaube mich nicht zu täuschen, wenn ich sage, daß dieser
Versuch die Arbeit dreier Ärzte darstellt, die, von Itard bis zu mir,
die ersten Schritte auf dem Wege zur Psychiatrie gingen [16].⟩   ▲

⟨*Analyse der Bedingungen beim ersten Experiment*   ▼ 1950
Geschichte seiner ersten Verbreitung

Das Milieu, in dem die ersten „Kinderhäuser" entstanden, muß für
die Erziehung ganz besonders günstig gewesen sein, denn der in jenen
ersten Jahren mit diesen Kindern erzielte Erfolg einer erstaunlichen
Verwandlung wurde nie wieder erreicht.

Deshalb lohnt es sich, die einzelnen Elemente dieses Experimentes
zu analysieren.

Vor allem muß sich unter den Einwohnern und den Familien der
Kinder ein bis dahin unbekanntes Gefühl von Frieden und Behagen,
von Sauberkeit und Zusammengehörigkeit gebildet haben. Hinzu
kommt, daß die dort lebenden Leute, *moralisch gesehen, eine Auswahl*
darstellten. Sie waren arm und ehrlich, ohne Beruf und lebten tagaus
tagein von Gelegenheitsarbeit: Gepäckträger, Wäscherinnen, Sammler
von Blumen (wie Veilchen) auf den Feldern. Sie hatten unter rohen
und unmoralischen Menschen in derselben Umgebung gelebt. Diese in
die neuerrichteten Häuser aufgenommenen elenden Menschen waren
ausnahmslos Analphabeten.

Die Kinder lebten in einer Art Paradies, das für alle gleich war.
Die Unwissenheit der Eltern verschloß den Weg zu jedem möglichen
bildenden Einfluß innerhalb der Familie; es bestand nicht der geringste
Kontrast zu dem, was den Kindern durch die Erziehung in der Schule
gegeben wurde. Die als Lehrerin fungierende Frau war keine wirkliche

---

[16] ⟨Diese erste Gruppe von Kindern erhielt nicht nur eine Erziehung, sondern ▼ 1950
ermöglichte erstaunliche Entdeckungen, die in der ganzen Welt Interesse erregten; das
Kinderhaus in der Via dei Marsi 53 wurde zu einem Wallfahrtsort für Leute aus
allen Ländern, speziell aus Amerika. Heute gibt es Kinderhäuser in Indien, in der
Wüste von Rayputana, wo zahlreiche Kamele und Dromedare immer noch das einzige Verkehrsmittel zwischen den einzelnen Dörfern sind und eine beträchtliche Zahl
von Besuchern zum Kinderhaus bringen.⟩   ▲

▼ Lehrkraft, sondern stand auf einem sehr relativen Bildungsniveau. Sie kümmerte sich um Hausarbeiten und half bei der Feldarbeit, die ihrer Familie den Lebensunterhalt gab. Diese Lehrerin machte sich weder Gedanken über Erziehung, noch hatte sie schulische Grundsätze; sie war keiner Behörde gegenüber verantwortlich und auch nicht der Kritik irgendwelcher Schulinspektoren unterworfen.

Tagsüber ließen Vater und Mutter die Kinder allein, um auf Arbeitssuche zu gehen.

Diese Bedingungen, die sich dem Erfolg einer Schule völlig entgegenzustellen schienen, hatten, ich möchte so sagen, absolut keine Bedeutung, was den Einfluß der Erziehung betrifft.

Das wissenschaftliche Vorgehen in der Schule wirkte sich voll aus, weil es keine Hindernisse gab: Dies war ein bemerkenswerter Beitrag zum erfolgreichen Verlauf eines Versuches, der sich von anderen Vorstellungen entfernt hatte und in einem psychologischen Labor, zu dem das „Kinderhaus" geworden war, stattfand.

Es zeigten sich hier erstaunliche Tatsachen, wie „die unverhofften Äußerungen spontanen Schreibens und Lesens", „die spontane Disziplin", „das freie Leben in der Gesellschaft", Tatsachen, die Neugierde hervorriefen und in der Welt Interesse weckten.

Gerade diese Gruppe grobschlächtiger und halbwilder Kinder wurde zum bekannten Mittelpunkt des Interesses. Deshalb pilgerten Besucher aus allen Teilen der Welt, besonders aus den Vereinigten Staaten von Amerika, in das Mekka der Erziehung.

Wegen dieses Anziehungspunktes wurde das Viertel San Lorenzo von Monarchen, Ministern, Wissenschaftlern, Aristokraten aufgesucht, die alle diese prächtigen Kinder aus der Nähe sehen wollten. Von diesem Zentrum aus verbreiteten sich die „Kinderhäuser" in der ganzen Welt.

Nach der Einweihung des ersten „Kinderhauses" am 6. Januar eröffnete das Istituto dei Beni Stabili weitere Häuser in renovierten Gebäuden am 7. April, also wenige Monate später. Am 18. Oktober wurde unter der Leitung von Fräulein Anna Maria Maccheroni das „Kinderhaus" in der *Umanitaria* in Mailand eingeweiht, der größten italienischen Sozialeinrichtung, die sozialistische Juden zur Hebung des Niveaus des Volkes gegründet hatten. Dieses Zentrum setzte sich zusammen aus Muster-Siedlungen für Arbeiter, war aber gleichzeitig ein Propaganda-Zentrum, in dem — und dies verdient in Erinnerung gebracht zu werden — ein damals unbekannter und scharfer Journalist tätig war, dessen Name in der ganzen Welt berühmt und verhängnisvoll werden sollte: Benito Mussolini.

Die *Umanitaria* schuf eine umfangreiche Bewegung. Sie übernahm die Herstellung des Materials, das heißt der von mir für das erste „Kinderhaus" angegebenen wissenschaftlichen Hilfsmittel.

Später eröffnete das Istituto dei Beni Stabili in verschiedenen Teilen Roms Schulen in Mietshäusern, diesmal für den Mittelstand, der ebenfalls um das Privileg gebeten hatte, für seine Kinder ein „Kinderhaus" zu erhalten. Dann wurde das erste „Kinderhaus" für die Aristokratie erstellt, das der englische Botschafter in Rom einweihte und das Kinder der oberen Gesellschaftsschichten aufnahm.

Nach einem verheerenden Erdbeben, das die Stadt Messina in Sizilien zerstörte, wurden sechzig aus den Trümmern geborgene Kinder in Rom aufgenommen. Für diese Gruppe unbekannter, von der schrecklichen Naturkatastrophe benommener und verstörter Waisenkinder wurde das von Franziskanerinnen, Missionarinnen von Maria geleitete „Kinderhaus" in der Via Giusti gegründet. Dieses Haus erlangte Berühmtheit wegen der Verwandlung, die in diesen kleinen Kindern vorging, denen die Lebensfreude wiedergegeben wurde. Es inspirierte zu Romanen und Gedichten wie *„A Montessori Mother"* der Amerikanerin Dorothy Canfield-Fisher. In verschiedenen Orten wurden „Kinderhäuser" eröffnet, nachdem Baron und Baronin Franchetti einen ersten Schulungskurs für Lehrkräfte ermöglicht hatten, der zur Schulung italienischer Lehrkräfte für ländliche Schulen gedacht war. Aber in dessen erster Sitzung versammelten sich Lehrkräfte aus 9 europäischen Ländern. Dann wurde 1913, kurz vor Ausbruch des ersten Weltkrieges, durch amerikanische Initiative ein erster internationaler Kurs in Rom durchgeführt, den Teilnehmer aus Europa, Amerika, Afrika und Indien besuchten.

Die wissenschaftliche Pädagogik für Kinder war entstanden; sie verfolgte den kühnen Vorsatz, die Erziehung umzugestalten.

Die „Kinderhäuser" breiteten sich rasch in der ganzen Welt aus trotz der durch Krieg und Vorurteile hervorgerufenen Schwierigkeiten. Während des zweiten Weltkrieges haben sich die „Kinderhäuser" in Indien stark vermehrt.

Die Geschichte dieser Bewegung beweist uns, daß die gleiche Erziehung mit entsprechender Anpassung in allen Gesellschaftsklassen

▼ und bei allen Rassen möglich ist, ganz gleich, ob es sich um glückliche Kinder oder um solche handelt, die durch ein verheerendes Erdbeben verschreckt wurden. Das Kind ist die in unserer Zeit sichtbar werdende treibende Kraft, die den Menschen im Dunkeln neue Hoffnung
▲ bringt.⟩

[17] Das „Kinderhaus" ist von doppelter Bedeutung: seine soziale Bedeutung liegt in der „Schule im Haus"; seine rein erzieherische hängt von der Anwendung der von mir erprobten Methode ab.

Als die Völker unmittelbar angehender Kulturfaktor ist das „Kinderhaus" wohl eine nähere Erläuterung wert.

Es löst tatsächlich zahlreiche, utopisch erschienene soziale und erzieherische Probleme und ist als Teil der modernen Umwandlung des Heimes zu betrachten; es berührt also unmittelbar den wichtigsten Punkt der sozialen Fragen, nämlich den intimen Lebensbereich der Menschen [18].

1926 — ⟨—13⟩

[17] Anschluß 1. deutsche Auflage, S. 41 (d. Hrsg.).
[18] Hier folgte in der 1. deutschen Auflage die „Ansprache, gehalten bei Gelegenheit der Eröffnung des ‚Kinderheims' in Rom"; vgl. Anmerkung 15, S. 42 (d. Hrsg.).

III

IN DEN „KINDERHÄUSERN" ANGEWANDTE UNTERRICHTSMETHODEN

[19] Sobald ich wußte, daß ich eine Schule mit Kindern zu meiner Ver- — 1926
fügung haben würde, ⟨— 19⟩ ⟨beschloß ich, mich vom wissenschaftlichen ▼ 1926
Standpunkt ausgehend mit ihrer Erziehung zu befassen und dabei
nicht dem Weg zu folgen, den alle bisher mehr oder weniger eingeschlagen hatten, indem sie das Studium der Kinder mit deren Erziehung verwechselten und das Studium von Kindern in der gewöhnlichen Schule als „wissenschaftliche Pädagogik" bezeichneten. Dort
blieb jedoch alles beim alten. Die auf genaue objektive Studien gegründete neugestaltete Pädagogik muß im Gegenteil „die Schule um-
wandeln", dabei unmittelbar auf die Schüler einwirken und ihnen so
neues Leben geben.

Solange sich die „Wissenschaft" darauf beschränkte, „die Kinder
besser kennenzulernen" — ohne sie praktisch vor vielen von ihr in
den öffentlichen Schulen und bei den alten Erziehungsmethoden entdeckten Übeln zu bewahren —, hatte niemand das Recht, die Existenz
einer „wissenschaftlichen Pädagogik" zu proklamieren. Solange sich
die Forscher darauf beschränkten, „neue Probleme" aufzuzeigen, gab
es keinen Anlaß zu der Behauptung, eine „wissenschaftliche Pädagogik"
befinde sich in der Entwicklung, denn diese muß den Weg zur Lösung
von Problemen zeigen und nicht nur die Schwierigkeiten und die Gefahren in öffentlichen Schulen aufdecken, von denen die für Unterricht und Schulleitung Verantwortlichen nichts wußten. Die Tatsache,
daß ein bis dahin unbekanntes Übel entdeckt und nachgewiesen wurde,
ist der Hygiene und der Experimentalpsychologie [20] zu verdanken, be-
deutete jedoch nicht den Aufbau einer neuen Pädagogik.

---

[19] Anschluß 1. deutsche Auflage, S. 67 (d. Hrsg.).
[20] Hier gemäß italienischer Auflage 1926 ein Übertragungsfehler in der italienischen
Vorlage (d. Hrsg.); hier korrigiert.

▼ Was die Kinderspychologie betrifft, so kann sie von sich aus nicht die natürlichen Charakteristika und folglich die psychologischen Gesetze entdeckt haben, die auf das Wachstum des Kindes einwirken, denn die Lebensbedingungen in den Schulen sind so anormal, daß sie eher Abwehr- oder Ermüdungsreaktionen hervorrufen als lebensbejahende schöpferische Energien freigeben.

Selbst Wundt, der Schöpfer der physiologischen Psychologie, räumte
▲ ein, daß „die Kinderpsychologie unbekannt ist".⟩

Ich hatte daran gedacht, andere Untersuchungen zu berücksichtigen, ohne mich persönlich damit zu identifizieren. Ich betrachtete folgende, von Wundt aufgestellte Behauptung, besser gesagt Definition, als wesentlich: „Alle experimental-psychologischen Methoden lassen sich auf eine einzige Methode zurückführen, auf die präzise geregelte Beobachtung."

Handelt es sich um Kinder, ist sicherlich noch ein weiterer Faktor zu berücksichtigen: das Studium ihrer Entwicklung. Auch hier hielt ich mich an die allgemeine Regel, ohne mich allerdings auf Dogmen über die Aktivität der Kinder je nach dem Alter zu beschränken.

Morphologisches Wachstum

In meinen Schulen habe ich dafür gesorgt, daß das Wachsen des kindlichen Körpers durch Untersuchung und Messung von Anfang an verfolgt wurde, und zwar entsprechend der durch anthropologische For-
1948 ▼ schungen festgelegten Praxis. ⟨Immerhin vereinfachte ich die Messungen wesentlich und führte ein System ein, bei dem die Aufzeichnung der Daten vereinfacht wurde. Ich bemühte mich außerdem, die Kinder unmittelbar für diesen Vorgang zu interessieren. Den Familien wurden in regelmäßigen Abständen die Maße ihrer Kinder sowie die normalen, dem Alter entsprechenden Durchschnittsmaße zugeschickt; daraus ergab sich, daß die Eltern die körperliche Entwicklung ihrer
▲ Kleinen verständnisvoll verfolgten.⟩

Ich ließ einen Anthropometer, also ein Meßgerät für Kinder anfertigen, dessen verstellbare Skala von 0,50 m bis 1,50 m reichte. Auf der Fußplatte des Gerätes war ein 30 cm hoher beweglicher Schemel angebracht, um die Sitzhöhe der Kinder zu messen. Heute rate ich dazu, den Apparat mit doppelter Platte zu machen; auf der einen

Seite wird die Gesamtgröße und auf der anderen die Größe beim Sitzen gemessen. Hier befindet sich die Zahl Null der Skala 30 cm oberhalb der Fußplatte in derselben Höhe wie der feststehende Sitz. Die Anzeiger bewegen sich unabhängig voneinander in einer an der Vertikalachse angebrachten Nute. Sie ermöglichen jeweils gleichzeitige Messungen an zwei Kindern. Auf jeden Fall wird so der unangenehme Zeitverlust vermieden, der sich daraus ergibt, daß der Sitz abgenommen und wieder befestigt und der Unterschied auf der Skala errechnet werden muß.

Nachdem ich die Untersuchungstechnik so vereinfacht hatte, beschloß ich, jeden Monat die Größe der Kinder im Stehen und im Sitzen zu messen. Damit die Daten über die Entwicklung möglichst genau und damit die Untersuchungen möglichst gleichmäßig wurden, bestimmte ich, die Größe der Kinder jeden Monat jeweils an ihrem Geburtstag zu messen. Um sicherzustellen, daß dieses Verfahren auch wirklich funktionierte, konzipierte ich das nachstehende Register:

Monatstag	September		Oktober (usw.)	
	Größe		Größe	
	im Stehen	im Sitzen	im Stehen	im Sitzen
1				
2				
3				
4				
usw.				

Der freigelassene Raum bei jeder Zahl ist für die Eintragung des Namens des an dem betreffenden Tag des Monats geborenen Kindes bestimmt. So weiß die Lehrerin, welches Kind sie an einem bestimmten Kalendertag messen muß. Sie trägt dann die Maße im entsprechenden Monat ein. Auf diese Weise wird eine äußerst genaue Eintragung gewährleistet, fast ohne daß die Lehrerin darauf achten muß und ohne daß diese Arbeit ihr zuviel Mühe macht.

Bezüglich des Gewichts ordnete ich an, eine wöchentliche Kontrolle durchzuführen, und zwar mit einer Waage, die im Ankleideraum neben dem Badezimmer stand. Das Kind wird vor dem Baden nackt gewogen, und zwar an dem Wochentag, an dem es geboren wurde. Dadurch verteilt sich das Baden der etwa 50 Kinder über die ganze Woche, so daß jeden Tage 5 bis 7 Kinder ein Bad nehmen. In der Praxis bringt das wöchentliche Bad eine ganze Reihe von Schwierigkeiten mit sich, und oft steht es nur auf dem Papier. Immerhin habe ich das wöchentliche Wiegen in der bereits angegebenen Weise eingeführt in der Absicht, auch das wöchentliche Bad zu regeln und zu gewährleisten.

Die Regelung für das Wiegen ist sehr einfach. Die Wochentage stehen untereinander in einem Register. Neben jedem Tag sind mehrere Linien für die Namen der an diesem Tag geborenen Kinder eingezeichnet.

	September			
	1. Woche kg	2. Woche kg	3. Woche kg	4. Woche kg
Montag Dienstag Mittwoch usw.				

Jede Seite des Registers entspricht einem Monat.

Nummer...	Erbliche Vorgeschichte...
Name und Vorname...	Persönliche Vorgeschichte...
Name der Eltern...	Eintragungsdatum...
Alter des Vaters...	Alter...
Beruf...	Alter der Mutter...

Anthropologische Aufzeichnungen

Größe im Stehen	Gewicht	Maß des Brustkorbes	Größe im Sitzen	Größenindex	Gewichtsindex

Kopf			
Umfang	Durchmesser	Transversal-Durchmesser	Schädelindex

Körperliche Konstitution ...   Hautfarbe ...
Ernährungszustand der Muskeln ...   Haarfarbe ...

Bemerkungen

. . . . .
. . . . .
. . . . .

Ich bin zu der Überzeugung gekommen, daß dies die einzigen anthropologischen Daten sind, um die sich die Lehrerin zu kümmern hat, die einzigen, welche die Schule unmittelbar betreffen.

Ich beschloß, weitere Messungen durch einen Arzt vornehmen zu lassen, der bereits Facharzt für Kinderanthropologie war oder sich auf diesem Sektor der pädagogischen Anthropologie spezialisieren wollte. In der Zwischenzeit nahm ich mich selber der Sache an.

Die Arbeit des Arztes muß sehr umfassend sein; um sie zu vereinfachen, ließ ich biographische Karten drucken nach den auf den Seiten 50 und 51 abgedruckten Vorlagen. Wie man sieht, ist das Schema sehr einfach; dies, weil ich Wert darauf lege, daß sich Arzt und Lehrerin von den Bedingungen des Milieus, in dem sie ihre Beobachtungen anstellen, lenken lassen.

Die anthropologischen Untersuchungen wurden mit Sorgfalt so festgelegt, daß sie in bestimmter Reihenfolge durchgeführt werden und die grundlegende anthropologische Forschungsarbeit gewährleistet wird. Ich rate also, alljährlich folgende Maße bei jedem einzelnen Kind zu nehmen: Umfang des Kopfes, seine beiden größten Durchmesser; Umfang des Brustkorbs; Schädel-, Gewichts- und Größenindex sowie ähnliche Werte, und zwar nach den sich bietenden Gelegenheiten sowie den Empfehlungen der modernen Abhandlungen über pädagogische Anthropologie. Ich dringe ganz besonders darauf, daß der Arzt diese Untersuchung während der Woche oder zumindest des Monats vornimmt, an dem das Kind ein Lebensjahr vollendet, wenn möglich an seinem Geburtstag. Beachtet der Arzt diese Regel, so erleichtert er sich seine Aufgabe. In den 365 Tagen des Jahres vollenden höchstens 50 Kinder ein Lebensjahr; das gibt dem Arzt die Möglichkeit, von Fall zu Fall seine Beobachtungen zu machen, ohne im geringsten überbeansprucht zu werden. Die Lehrerin hat die Aufgabe, dem Arzt die Geburtstage der einzelnen Kinder mitzuteilen.

Wird die Anthropometrie so abgewickelt, hat sie auch erzieherische Anwendungsmöglichkeiten.

Wenn sie das „Kinderhaus" verlassen, können die kleinen Kinder bestimmt folgende Fragen beantworten:

— An welchem Wochentag bist du geboren?
— An welchem Tag des Monats?
— Wann hast du Geburtstag?

Darüber hinaus werden sie an eine gewisse Ordnung gewöhnt, und sie haben vor allem gelernt, sich selbst zu beobachten. (Ich darf mir dazu die Zwischenbemerkung erlauben, daß es den Kleinen viel Spaß macht, gemessen zu werden. Die Lehrerin braucht ein Kind nur einmal anzusehen und zu sagen: „Größe", und schon zieht es schleunigst die Schuhe aus und läuft fröhlich lachend zum Anthropometer, stellt sich von selbst richtig hin, daß die Lehrerin nichts weiter zu tun hat, als die Meßplatte herunterzuschieben und die Zahl zu notieren.)

Neben den mit gewöhnlichen Geräten durchgeführten Messungen (Außentaster, Metallbänder usw.) macht der Arzt Beobachtungen über die Pigmentierung, die trophische Verfassung der Muskeln, den Zustand der Lymphdrüsen, die Blutversorgung usw. Er notiert fehlerhaften Körperbau und gelegentlich pathologische Zustände, die genauestens zu beschreiben sind (Rachitis, Kinderlähmung, Schielen usw.). Ein ähnlich objektives Studium wird es dem Arzt auch ermöglichen, die an die Eltern zu richtenden Fragen über die Krankheitsgeschichte zusammenzustellen.

Außerdem nimmt der Arzt die üblichen Gesundheitsuntersuchungen vor, wobei er Ausschläge, Ohrenkrankheiten, Bindehautentzündungen, fiebrige Zustände, Darmbeschwerden usw. diagnostiziert. Die Bedeutung all dieser Maßnahmen wird ergänzt durch die Ambulanz im Hause, die eine sofortige Behandlung und eine ständige Aufsicht gewährleistet. Aufgrund meiner Tätigkeit in den „Kinderhäusern" des Istituto dei Beni Stabili kam ich zu dem Schluß, daß die direkt von Kliniken gemachten anamnestischen Untersuchungen für die Schule ungeeignet sind, weil die Vorgeschichte der Familien fast immer vollkommen normal ist. Deshalb ermunterte ich die Lehrerinnen, sich bei der Unterhaltung mit den Müttern Angaben sozialer Natur zu verschaffen — über die Erziehung der Eltern, ihre Gewohnheiten, ihr Einkommen und ihre Ausgaben — um eine Monographie der Familie im Stil von Le-Play zusammenzustellen. Ich halte diesen Rat nur dann für praktisch, wenn die Lehrerin in der Nachbarschaft der Familien ihrer Schüler wohnt.

Auf jeden Fall wäre es überall sehr zweckmäßig, wenn die Ratschläge des Arztes sowohl zur Hygiene jedes einzelnen Kindes sowie zur Kinderhygiene im allgemeinen durch die Lehrerin den Müttern zur Kenntnis gebracht würden. ⟨[21] Die Lehrerin könnte den Ratschlägen des Arztes ihre eigenen über die individuelle Erziehung des Kindes hinzufügen. Doch bei diesem Punkt, das heißt der hygienisch-sozialen Seite des „Kinderhauses", kann ich mich hier nicht aufhalten.⟩

Die Umgebung[22]

Die Beobachtungsmethode fußt allein auf der Grundlage, daß sich die Kinder frei ausdrücken können und uns so Bedürfnisse und Neigungen enthüllen, die verborgen bleiben oder unterdrückt werden, wenn keine geeignete Umgebung für spontane Aktivität vorhanden ist. Schließlich muß neben einem Beobachter auch der zu beobachtende Gegenstand vorhanden sein, denn wenn eine Schulung des Beobachters erforderlich ist, damit er es versteht, die Wahrheit zu „sehen" und „aufzunehmen", so müssen auch auf der anderen Seite Bedingungen vorbereitet werden, die eine Äußerung des natürlichen Charakters bei den Kindern ermöglichen.

Dieser letzte Teil des Problems, den bisher noch niemand in der „Pädagogik" in Betracht gezogen hatte, schien mir wirklich wesentlich und außerdem unmittelbar erzieherischer Natur zu sein, da er sich dem aktiven Leben des Kindes zuwandte.

Ich begann also damit, eine den Proportionen des Kindes entspre-

---

[21] Schon in der italienischen Auflage von 1913 (d. Hrsg.).
[22] Dieser Abschnitt enthält einige Änderungen (schon in der italienischen Auflage von 1926) (d. Hrsg.).

chende Schuleinrichtung herstellen zu lassen, die seinem Bedürfnis zum verständigen Handeln entsprach.

Ich ließ Tischchen in verschiedenen Formen so bauen, daß sie nicht wackelten und so leicht waren, daß zwei kleine, vierjährige Kinder sie mühelos verstellen konnten. Ich ließ Stühle machen, einige mit Strohgeflecht, andere ganz aus Holz, die leicht und, wenn möglich, elegant sein sollten, jedoch keine Nachahmung der Erwachsenenstühle im Kleinformat waren, sondern deren Proportionen sich der Form des kindlichen Körpers anpaßten. Zusätzlich bestellte ich kleine Holzsessel mit breiten Armlehnen und Korbsessel sowie kleine quadratische Tische für einen Platz, andere in verschiedenen Formen und Größen, auf die Leinendeckchen gelegt werden; Grünpflanzen und Blumen schmücken sie. Zur Einrichtung gehört auch ein Waschbecken, das so tief hängt, daß es auch von einem drei- oder vierjährigen Kind benutzt werden kann. Es ist an der Seite mit weißen abwaschbaren Abstellflächen für Seife, Bürsten und Handtücher versehen. Die Schränkchen sind niedrig, leicht und sehr einfach. Einige haben einen Vorhang zum Zuziehen, andere verschließbare Türen, zu jedem gehört ein besonderer Schlüssel: das Schloß ist in der richtigen Höhe angebracht, damit die Kinder es mit der Hand erreichen, es auf- und zuschließen sowie Gegenstände in die verschiedenen Fächer stellen können. Auf die lange und schmale Oberseite des Schränkchens werden verschiedene Zierstücke oder ein kleines Gefäß mit Fischen gestellt. Entlang den Wänden, und zwar so tief, daß die Kleinen sie erreichen, werden Schiefertafeln angebracht und kleine Bilder aufgehängt, die freundliche Familienszenen oder Gegenstände aus der Natur, wie Tiere und Blumen darstellen oder auch Bilder mit geschichtlichen oder biblischen Motiven, die jeden Tag ausgetauscht werden können.

Eine große farbige Reproduktion der „Madonna della Seggiola" von Raffael schaut von der Wand auf alles herab. Wir haben dieses Bild als Wahrzeichen und Symbol für die „Kinderhäuser" ausgewählt, denn diese „Häuser" bedeuten nicht nur einen sozialen Fortschritt, sondern auch einen Fortschritt der Menschheit. Sie sind eng verknüpft mit der erhabenen Würde der Mutter, dem Fortschritt der Frau und dem Schutz der Nachkommen. Die vom göttlichen Raffael erschaffene Madonna ist nicht nur schön und sanft wie eine erhabene Jungfrau und Mutter ihres anbetungswürdigen Kindes, sondern neben diesem so vollkommenen Symbol der lebendigen und wirklichen Mutterschaft steht die Gestalt von Johannes dem Vorläufer, der uns in der unberührten Schönheit eines Kindes die Mühsal eines Mannes zeigt, der den Weg bereitet. Es ist das Werk des größten italienischen Künstlers, und sollten sich eines Tages die „Kinderhäuser" über die Welt verbreiten, so wäre das Bild Raffaels eine beredte Aussage über ihr Heimatland.

Die kleinen Kinder können die symbolische Bedeutung der „Madonna della Seggiola" nicht verstehen, doch sie werden darin etwas erkennen, das größer ist als andere Bilder, auf denen Mütter, Väter, Großeltern und Kinder dargestellt sind, und werden dies in ihrem Herzen mit religiösen Gefühlen und Sehnsüchten verbinden.

Dies ist also die Umgebung.

Praktische Beobachtungen

Beginnen wir mit dem ersten Einwand, der den Jüngern der alten Disziplinarmethoden in den Sinn kommt. Die Kinder werfen Stühle und Tische um, wenn sie sich bewegen, und erzeugen dadurch Lärm und Unordnung. Dies ist jedoch ein Vorurteil. Ebenso hat das Volk geglaubt, Neugeborene hätten Windeln und Kinder bei ihren ersten Schritten geschlossene Körbchen nötig. So wird die schwere, förmlich am Boden festgenagelte Schulbank immer noch für zweckmäßig gehalten. All dies beruht auf der Vorstellung, das Kind müsse sich, während es wächst, unbeweglich verhalten, und auf dem seltsamen Vorurteil, es müsse eine besondere Körperstellung einnehmen, damit eine erzieherische Wirkung erzielt wird. ⟨— 2⟩ — 1926

Die Tische, die Stühle, die leichten beweglichen Sessel ermöglichen es dem Kind, sich die ihm angenehmste Stellung *auszusuchen: es kann es sich bequem machen,* anstatt *sich auf seinen Platz zu setzen;* dies ist dann gleichzeitig ein äußeres Zeichen für Freiheit und ein erzieherisches Mittel. Wirft das Kind durch eine unbeholfene Bewegung mit viel Krach einen Stuhl um, so erhält es den offensichtlichen Beweis seiner eigenen Unzulänglichkeit; die gleiche Bewegung zwischen den Bänken wäre unbemerkt geblieben. So erhält das Kind Gelegenheit, sich zu verbessern. Ist dies geschehen, hat es dafür offenkundige, deutliche Beweise: Stühle und Tische bleiben an ihrem Platz stehen, und es gibt keinen Lärm. Das bedeutet dann, daß *das Kind gelernt hat, sich zu bewegen.* Bei der alten Methode hingegen lag der Beweis für die erzielte Disziplin in der entgegengesetzten Tatsache, und zwar in der Unbeweglichkeit und im Schweigen des Kindes. Unbeweglichkeit und Schweigen, die es dem Kind *unmöglich machten* zu lernen, sich anmutig und einsichtig zu bewegen, so daß es ihm leicht passierte, daß es, wenn es sich in einem Raum befand, in dem es keine Bänke gab, leichte Gegenstände umwarf. Hier hingegen lernt das Kind ein Benehmen und eine Geschicklichkeit der Bewegungen, die ihm auch außerhalb der Schule von Nutzen sein werden: obwohl noch ein Kind, wird es zum Menschen mit zwanglosen, doch korrekten Umgangsformen.

Die Lehrerin des Mailänder „Kinderhauses" ließ ein langes Wandbrett neben einem Fenster anbringen, auf das sie die Ständer zur Auswahl der für die ersten Zeichnungen erforderlichen Einsatzfiguren aus Eisen stellte (siehe weiter hinten: das Lehrmaterial für die Vorbereitung zum Schreiben). Doch das zu schmale Brett hatte den Nachteil, daß die Kinder bei der Auswahl der Stücke oft einen Ständer zu Boden fallen ließen und dabei mit viel Lärm die daraufliegenden Einsatzfiguren aus Eisen umwarfen. Die Lehrerin wollte daraufhin das Brett besser herrichten lassen, doch da der Schreiner auf sich warten ließ, geschah folgendes: Die Kinder machten allmählich ihre Handgriffe so geschickt, daß sie die Ständer trotz ihres unsicheren Gleichgewichtes nicht mehr umwarfen.

Durch die Geschicklichkeit, mit der sie ihre Bewegungen ausführten, hatten die Kinder den Fehler des Möbelstückes ausgeglichen.

Die Einfachheit oder die Unvollkommenheit äußerer Gegenstände tragen also dazu bei, die *Aktivität* und die *Geschicklichkeit* der Schüler zu entwickeln.

All dies ist logisch und einfach: Heute, nachdem es ausgesprochen und erprobt wurde, erscheint es allen genauso überzeugend wie das Ei des Kolumbus.

Disziplin und Freiheit

Hier haben wir einen weiteren Einwand, den die Jünger der gewöhnlichen Schule gern vorbringen. Wie läßt sich *Disziplin* in einer Klasse erreichen, in der sich die Kinder frei bewegen können?

Gewiß haben wir bei unserem System einen anderen Begriff von

Disziplin. Auch Disziplin muß aktiv sein. Es ist nicht gesagt, daß ein Mensch nur dann diszipliniert ist, wenn er künstlich so still wie ein Stummer und so unbeweglich wie ein Gelähmter geworden ist. Hier handelt es sich um einen geduckten und nicht um einen disziplinierten Menschen.

Wir nennen einen Menschen diszipliniert, wenn er Herr seiner selbst ist und folglich über sich selbst gebieten kann, wo es gilt, eine Lebensregel zu beachten.

Dieser Begriff von *aktiver Disziplin* läßt sich weder leicht verstehen noch leicht in die Tat umsetzen, doch er beinhaltet sicherlich ein hohes *erzieherisches* Prinzip, das sich vom absoluten und bedingungslosen Zwang zur Unbeweglichkeit grundlegend unterscheidet.

Die Lehrerin muß eine besondere Technik anwenden, um das Kind auf einen solchen Weg der Disziplin zu führen, den es dann sein ganzes Leben lang weitergehen soll, unaufhörlich der Vollkommenheit entgegenschreitend. Genauso wie das Kind, wenn es lernt, sich zu bewegen, anstatt still zu sitzen, sich nicht für die Schule, sondern für das Leben vorbereitet, damit aus ihm auch in seinen gewöhnlichen sozialen Äußerungen ein *durch Gewohnheit und Praxis korrekter Mensch* wird, genauso gewöhnt es sich nunmehr an eine nicht auf die Umgebung der Schule begrenzte, sondern auf die Gesellschaft erweiterte Disziplin.

Die Freiheit des Kindes muß als *Grenze* das Gemeinwohl haben, als *Form* das, was wir als Wohlerzogenheit bei seinen Manieren und seinem Auftreten bezeichnen. Wir müssen also dem Kind all das verbieten, was die anderen kränken oder ihnen schaden kann oder was als unschickliche oder unfreundliche Handlung gilt. Doch alles andere — jede Äußerung, die einen nützlichen Zweck, ganz gleich in welcher Art und Form verfolgt — soll ihm nicht nur erlaubt, sondern soll auch vom Lehrer *beobachtet* werden: hier liegt der wesentliche Punkt. Seine wissenschaftliche Schulung sollte dem Lehrer nicht nur die Fähigkeit zur Beobachtung von Vorgängen in der Natur, sondern auch das Interesse daran vermitteln. In unserem System muß er sehr viel stärker „Geduld" als „Aktivität" aufbringen. Seine Geduld wird aus gespannter wissenschaftlicher Neugier und aus *Respekt* vor dem Vorgang, den er beobachten will, bestehen. Der Lehrer muß seine Stellung als *Beobachter* verstehen und *empfinden*.

Es ist zweckmäßig, dieses Kriterium auf die Schule der Kleinsten, die ihre ersten psychischen Lebensäußerungen entfalten, zu übertragen. Wir können nicht wissen, welche Folgen eine unterdrückte *spontane Handlung* hat, wenn das Kind gerade erst zu handeln beginnt; vielleicht unterdrücken wir *das Leben selbst. Die Menschlichkeit,* die sich in ihrem geistigen Glanz im zarten und lieblichen Kindesalter offenbart wie die Sonne im Morgengrauen und die Blume beim ersten Sprießen der Knospen, sollte mit religiöser Verehrung *respektiert* werden. Eine erzieherische Maßnahme ist nur dann wirksam, wenn sie der vollen Entfaltung des Lebens *Hilfe leistet.*

Hierbei sind die *Verhinderung von spontanen Bewegungen und das Aufzwingen von Handlungen durch andere* unbedingt zu vermeiden, *es sei denn,* es handle sich um unnütze oder schädliche Handlungen, *weil* diese *unterdrückt* und *ausgerottet* werden müssen.

Disziplinschwierigkeiten in der Schule

Um diesen Zweck zu erreichen, mußte ich im allgemeinen auf Lehrerinnen zurückgreifen, die sich bereits bei den alten Methoden in der gewöhnlichen Schule gut auskannten. Dies überzeugte mich von dem beträchtlichen Unterschied zwischen beiden Systemen. Auch eine intelligente Lehrerin, die das Prinzip selbst verstanden hat, steht vor großen Schwierigkeiten, wenn sie es in die Praxis umsetzen will. Sie kann ihre offensichtlich *passive* Aufgabe nicht so auffassen wie der Astronom, der unbeweglich vor dem Teleskop sitzt, während die Welten in rasender Geschwindigkeit im Universum rotieren. Es ist nicht leicht, den Gedanken zu *assimilieren* und *in die Tat umzusetzen,* daß das Leben und alle Dinge *von selbst weitergehen* und daß man, um es zu studieren, seine Geheimnisse zu erforschen oder es zu leiten, es beobachten oder kennen muß, ohne einzugreifen. Die Lehrerin hat es zu sehr gelernt, in der Schule als einzige frei aktiv zu sein, mit der Aufgabe, die Aktivität der Schüler zu unterdrücken. Wenn es ihr nicht gelingt, Ordnung und Ruhe zu bewahren, schaut sie bestürzt um sich, als wolle sie die Welt um Vergebung bitten und als Zeugen ihrer Unschuld anrufen: Vergebens wird ihr immer wieder gesagt, die Unordnung des ersten Augenblicks sei nötig. Wird sie gezwungen, nichts weiter zu tun als *zuzusehen,* fragt sie sich, ob sie nicht ihre Arbeit aufgeben soll, da sie nicht mehr Lehrerin ist.

Doch dann, wenn sie beginnt, unterscheiden zu müssen, welche Handlungen zu verbieten und welche zu beobachten sind, fühlt die Lehrerin in sich eine Leere und beginnt sogleich, sich die Frage zu stellen, ob sie ihrer neuen Aufgabe gewachsen ist.

Wer unvorbereitet ist, wird sich tatsächlich lange Zeit macht- und fassungslos vorkommen. Dabei wird die Lehrerin um so eher Erstaunen und Interesse *empfinden*, je größer ihre wissenschaftliche Bildung und ihre Versuchspraxis sind.

In einem Roman mit dem Titel „Mein Onkel Millionär" finden wir ein beredtes Beispiel für die alten Disziplinarmethoden. Der Onkel war offensichtlich ein sehr schwieriges Kind. Nachdem er genügend Schaden angerichtet und in einer Stadt alles durcheinandergewirbelt hat, wird er — in einem letzten verzweifelten Versuch — in eine Schule gesteckt. Fufù, der Onkel, begeht hier eine erste gute Tat und empfindet seine erste Gemütsbewegung, als er neben der zierlichen Fufetta steht und gewahr wird, daß sie hungrig ist und kein Frühstück hat.

„Er warf einen Blick um sich, sah sie an, nahm sein Frühstückskörbchen und legte es ihr wortlos in den Schoß.

Dann entfernte er sich einige Schritte und, ohne zu wissen warum, ließ er den Kopf auf die Brust sinken und brach unvermittelt in Tränen aus.

Mein Onkel konnte sich den Grund für dieses plötzliche Weinen nicht erklären.

Er hatte zum erstenmal zwei freundliche Augen gesehen, in denen Tränen des Kummers standen. Seine Gefühle waren unvermittelt aufgewühlt worden, und gleichzeitig hatte er sich geschämt zu essen, während neben ihm jemand hungerte.

Da er nicht wußte, wie er seine Gefühle ausdrücken konnte, noch was er sagen sollte, wenn er sein Körbchen anbot, fühlte er sich von dieser ersten Verwirrung seines kindlichen Geistes überwältigt, so als wolle er damit sein Tun entschuldigen.

Fufetta lief sofort ganz aufgeregt zu ihm hin. Mit sanfter Freundlichkeit schob sie den Ellenbogen beiseite, der sein Gesicht verdeckte.

Weine nicht, Fufù, flehte sie ihn mit leiser Stimme an. Fufùs Gesicht erschien traurig und verschämt, während ihr über ihn gebeugtes Antlitz eine große mütterliche Qual ausdrückte, so als spräche sie mit einer ihrer Puppen aus Lumpen.

Dann gab sie ihm einen Kuß, und mein Onkel, erneut dem Trieb seines Herzens gehorchend, schlang die Arme um ihren Hals, schürzte die Lippen und, ohne nachzudenken noch zu schauen, küßte er sie, immer noch schweigend und schluchzend, auf die Wange.

Dann stieß er einen langen Seufzer aus, wischte mit dem Ärmel über sein Gesicht, um die feuchten Spuren seiner Rührung in Augen und Nase abzutrocknen, und wurde wieder heiter.

Eine rauhe Stimme schrie vom äußersten Ende des Hofes: ‚Ihr zwei dort hinten, beeilt euch, kommt herein!'

Es war die Aufseherin. Sie würgte diese erste gute Wallung eines Rebellen mit der gleichen blinden Brutalität ab, die sie angewandt hätte, falls sich die beiden geprügelt hätten. Es war Zeit, wieder in die Schule zurückzugehen, und alle mußten gehorchen."

Diese Episode veranschaulicht, wie gedankenlos sich meine jungen Lehrerinnen zu Beginn verhielten; fast unbeabsichtigt brachten sie die Kinder schließlich zur Regungslosigkeit zurück, ohne ihre Bewegungen zu beobachten und zu unterscheiden. Da war ein kleines Mädchen, das die Mitschülerinnen zu einer Gruppe versammelte, dann unter ihnen hin und her lief, dabei sprach und gestikulierte. Die Lehrerin eilte sofort herbei, hielt ihren Arm fest und ermahnte sie, sich ruhig zu verhalten; als ich das Mädchen beobachtete, bemerkte ich jedoch, daß es den anderen die Lehrerin und Mutter vorspielte, ihnen beibrachte, Gebete aufzusagen und mit großen Gesten Heilige anzurufen und sich zu bekreuzigen: sie gab sich schon als eine *Führerin* zu erkennen. Ein kleiner Junge, der gewöhnlich fahrige Bewegungen machte und als anomal labil angesehen wurde, begann eines Tages mit großer Aufmerksamkeit, die Tischchen umzustellen. Sofort stürzten sich auf ihn, um ihn zur Ruhe zu bringen, weil er zuviel Krach mache; doch dies war eine erste, *mit einem bestimmten Zweck verbundene Bewegung,* bei der das Kind seine Neigungen äußerte, folglich war es eine Handlung, die respektiert werden mußte.

Tatsächlich begann er danach, sich immer dann so ruhig wie die anderen Kinder zu verhalten, wenn er einen kleinen Gegenstand zum Verschieben auf seinem Tischchen hatte.

Während die Schulleiterin die benutzten Gegenstände in die Schachteln zurücklegte, näherte sich ihr manchmal ein kleines Mädchen und nahm sie in die Hand, offensichtlich von dem Wunsch getrieben, es ihr nachzutun. Die erste Reaktion der Lehrerin bestand darin, sie mit dem üblichen Befehl auf ihren Platz zurückzuschicken: „Laß liegen, geh auf deinen Platz!" Doch das Mädchen drückte durch sein Tun die Absicht zu einer nützlichen Handlung aus; bei Ordnungsübungen usw. hätte es ohne Zweifel Erfolg gehabt. Ein anderes Mal hatten sich die Kinder lärmend um ein Wasserbecken im Saal versammelt, in dem sich Schwimmkörper bewegten. Wir hatten in der Schule einen kleinen, kaum zweieinhalb Jahre alten Jungen. Er war allein im Hintergrund geblieben und natürlich von großer Neugier beseelt. Ich beobachtete ihn mit großem Interesse aus einiger Entfernung: zunächst näherte er sich der Gruppe, schob die Kinder mit den Händen beiseite, begriff, daß er nicht die Kraft haben würde, sich einen Weg zu bahnen, blieb daraufhin stehen und schaute um sich. Der Ausdruck des Nachdenkens in diesem Kindergesicht war sehr interessant. Hätte ich einen Fotoapparat gehabt, ich hätte diesen Ausdruck festgehalten. Er faßte einen kleinen Sessel ins Auge und dachte offensichtlich daran, ihn hinter die Gruppe der Kinder zu tragen und darauf zu steigen. Er ging mit vor Hoffnung leuchtendem Gesicht auf den Sessel zu, doch in diesem Augenblick nahm die Lehrerin ihn brutal (oder vielleicht liebevoll ihrer Meinung nach) auf den Arm, ließ ihn das Becken über die Köpfe der anderen Kinder hinweg sehen und sagte: „Komm, mein Lieber, komm, du Ärmster, sieh es dir auch an!". Als er die Schwimmkörper sah, empfand der Junge gewiß nicht dieselbe Freude, wie wenn er mit eigener Kraft das Hindernis überwunden hätte; der Anblick dieser Gegenstände brachte ihm außerdem keinerlei Vorteil, während seine wohlüberlegten Bemühungen seine innere Kraft entwickelt hätten. Die Lehrerin *hinderte den Jungen*, sich selbst zu erziehen, ohne ihm dafür etwas Gutes zu geben. Er war nahe daran, sich als Sieger zu fühlen und fand sich wie ein Ohnmächtiger in zwei hilfreichen Armen wieder. Der Ausdruck von Freude, Sehnsucht und Hoffnung, der mich so interessiert hatte, verschwand aus seinem Gesicht, und es blieb der dumme Ausdruck des Kindes, das weiß, daß andere an seiner statt handeln werden.

Als die Lehrerinnen es leid waren, sich meine Bemerkungen anzuhören, begannen sie, die Kinder all das tun zu lassen, was sie wollten: Ich sah einige mit den Füßen auf dem Tisch und dem Finger in der Nase, ohne daß die Lehrerinnen eingriffen, um sie zu korrigieren; ich sah, wie einige den Spielkameraden Stöße versetzten mit einem gewalttätigen Ausdruck im Gesicht, ohne daß die Lehrerin auch nur die geringste Bemerkung darüber verlor. Ich mußte in solchen Fällen geduldig eingreifen, um zu zeigen, mit welch unbedingter Strenge alle Handlungen zu verbieten und allmählich zu ersticken sind, die das Kind nicht tun soll, damit es klar zwischen Gut und Böse zu unterscheiden lernt.

Dies ist der notwendige *Ausgangspunkt* für die Disziplin und auch die mühsamste Zeit für die Lehrerin. Der erste Begriff, den sich die Kinder zu eigen machen müssen, um zu aktiver Disziplin zu gelangen, ist der Begriff von *Gut* und *Böse;* Aufgabe der Erzieherin ist es, zu verhindern, daß das Kind das Gute mit Unbeweglichkeit und das Böse mit Aktivität verwechselt, wie es bei den alten Disziplinarformen geschah. Denn unser Ziel besteht darin, *zur Aktivität, zur Arbeit, zum Guten* zu disziplinieren, und nicht *zur Unbeweglichkeit, zur Passivität.*

Ein Saal, in dem sich alle Kinder nützlich, wohlüberlegt und aus eigenem Antrieb, ohne die geringste Unart zu begehen, bewegen würden, erschiene mir sehr gut diszipliniert.

Die Kinder in Reih und Glied aufstellen, wie dies in einer gewöhnlichen Schule geschieht, jedem Kleinen einen Platz anweisen und verlangen, daß er dort still stehen bleibt und die herkömmliche Ordnung einhält, kann ein späterer Schritt sein als ein *Anstoß zur Gemeinschaftserziehung.*

Auch im Leben kommt es vor, daß alle stillsitzen müssen, um einem Konzert oder einem Vortrag beizuwohnen.

Wir wissen, wie dies — uns Erwachsenen — ein nicht geringes Opfer abverlangt.

Die Kinder können also geordnet werden, indem man ihnen *ihren* Platz in einer *Ordnung* anweist. Ihnen diesen *Gedanken* so verständlich zu machen, daß sie das Prinzip einer Gemeinschaftsordnung *lernen*

1926 — und *assimilieren,* darauf kommt es an. ⟨— 4⟩

Wenn sie aufstehen, reden, ihren Platz wechseln, nachdem sie diesen *Gedanken* begriffen haben, dann tun sie es nicht mehr wie vorher, ohne es zu wissen und ohne daran zu denken, sondern weil sie aufstehen, sprechen usw. *wollen;* das heißt, sie gehen vom wohlbekannten *Zustand von Ruhe und Ordnung* aus, um eine freiwillige *Handlung* zu vollbringen, und da sie wissen, daß es verbotene Handlungen gibt, werden sie dazu angeregt, sich an den Unterschied zwischen Gut und Böse zu erinnern.

Mit der Zeit werden die *Bewegungen der Kinder* aus dem Zustand der Ordnung heraus immer koordinierter und vollkommener, da sie lernen, über ihre eigenen Handlungen nachzudenken. Die Beobachtung der Art und Weise, wie die Kinder handeln, wenn sie von den ersten ungeordneten Bewegungen zu den *spontan geordneten* übergehen, ist das Buch der Lehrerin, das Buch, welches ihr Tun inspiriert, das einzige, in dem sie lesen und studieren kann, um eine gute Erzieherin zu werden. Denn mit ähnlichen Übungen trifft das Kind eine Art Auswahl unter seinen zunächst in der unbewußten Unordnung *seiner Bewegungen* befangenen eigenen *Neigungen*.

Der *individuelle Unterschied*, der bei Anwendung dieser Methode klar hervortritt, ist großartig: Jedes Kind *offenbart sich selbst*.

Die Kinder, die weiterhin apathisch, schlafend auf ihrem Platz still sitzen; andere, die aufstehen, um zu schreien, zu schlagen, Dinge umzuwerfen und schließlich solche, die danach trachten, etwas ganz Bestimmtes zu vollbringen, wie einen Stuhl querzustellen und zu versuchen, sich darauf zu setzen; ein Tischchen zu verrücken; ein Bild anzuschauen: All diese Kinder offenbaren sich als kleine Wesen, die entweder in der geistigen Entwicklung zurückgeblieben, vielleicht auch krank sind, oder aber in der charakterlichen Entwicklung zurückgeblieben sind, oder auch als solche, die sich als intelligent, anpassungsfähig erweisen und in der Lage sind, ihren geschmacklichen Neigungen, ihrer Fähigkeit zur spontanen Aufmerksamkeit, den Grenzen ihrer Möglichkeiten Ausdruck zu verleihen [23].

Unabhängigkeit

Der Begriff von Freiheit kann beim Kind nicht so einfach sein wie bei Pflanzen, Insekten usw., auf deren Beobachtung wir hingewiesen haben. Denn das Kind ist im Zeichen der Ohnmacht, in der es geboren wird, als soziales Individuum von *Bindungen* umgeben, die seine Aktivität *einschränken*.

Eine auf Freiheit gegründete Erziehungsmethode muß darauf abgestellt sein, dem Kind zu helfen, eben diese Freiheit zu erobern, und

---

[23] Der Schluß dieses Abschnitts in der 1. deutschen Auflage ist in späteren Auflagen wie hier an den Anfang des folgenden Abschnittes „Unabhängigkeit" gestellt (d. Hrsg.).

muß die Loslösung des Kindes von den Bindungen bezwecken, die seine spontanen Äußerungen einschränken. Nach und nach, während das Kind auf diesem Weg weiterschreitet, werden seine spontanen Äußerungen *in ihrem Wahrheitsgehalt leichter durchschaubar* und enthüllen sie seine Natur.

Deshalb sollte die erste Form des erzieherischen Eingreifens darauf gerichtet sein, das Kind auf den Weg zur Unabhängigkeit zu führen.

Man kann nicht frei sein, wenn man nicht unabhängig ist; deshalb müssen die *aktiven* Äußerungen von persönlicher Freiheit vom zartesten Kindesalter an gelenkt werden, um zur Unabhängigkeit zu führen. Sowie sie entwöhnt sind, begeben sich unsere Kleinen auf den gefahrvollen Weg der Unabhängigkeit.

Was ist ein entwöhntes Kind? Ein Kleinkind, das sich von der mütterlichen Brust unabhängig gemacht hat. Nachdem es diese einzige Ernährungsquelle aufgegeben hat, versteht es, aus hunderterlei Breien auszuwählen. Dies bedeutet, daß sich seine Möglichkeiten zu überleben vervielfältigt haben; das Kind wird fähig, zu wählen, während es sich vorher auf eine einzige Ernährungsquelle beschränken mußte.

Es ist jedoch immer noch ein abhängiges Wesen, weil es nicht in der Lage ist, zu laufen, sich zu waschen oder anzuziehen und seine Wünsche nicht in einer verständlichen Sprache ausdrücken kann. Es ist Sklave von allen. Immerhin sollte sich das Kind im Alter von 3 Jahren zum großen Teil unabhängig und frei gemacht haben.

Den erhabenen Begriff der Unabhängigkeit haben wir noch nicht in seinem wahren Sinn erfaßt, da wir noch in servilen sozialen Verhältnissen leben. In einer Kulturperiode, in der es Knechte gibt, können die sozialen Verhältnisse den Gedanken an Unabhängigkeit nicht nähren. Analog war in Zeiten der Sklaverei der Gedanke an Freiheit verschwommen.

Unsere Knechte sind nicht von uns abhängig, wir sind es eher von ihnen. Es ist nicht möglich, in einer Sozialstruktur einen so grundlegenden menschlichen Irrtum zu dulden, ohne daß sich dies generell in sittlicher Minderwertigkeit auswirkt.

Wir halten uns sehr oft für unabhängig, weil uns keiner befiehlt, sondern wir den anderen Befehle erteilen; doch der Herr, der sich an seinen Diener wenden muß, ist abhängig von seiner eigenen Unterlegenheit. Der Gelähmte, der sich aus pathologischen Gründen die Schuhe nicht ausziehen kann, und der Fürst, dem dies aus gesellschaftlichen Gründen nicht möglich ist, leben letzten Endes unter den gleichen Bedingungen.

Das Volk, das die Knechtschaft zuläßt, das glaubt, es sei ein Vorteil für den Menschen, wenn er immer bedient und ihm nicht statt dessen von anderen *geholfen* wird, betrachtet die Unterwürfigkeit als Instinkt. Wir sind schnell dabei, zu *dienen*, wo wir uns doch nur kopfüber in die perfekte *Höflichkeit*, die perfekte *Freundlichkeit* und *Güte* stürzen.

Wer *bedient wird*, statt daß man ihm *hilft*, nimmt in gewissem Sinne an seiner Unabhängigkeit Schaden. Folgender Begriff ist die Grundlage der menschlichen Würde: „Ich will mich nicht bedienen lassen, *weil* ich nicht ohnmächtig bin, aber wir müssen uns gegenseitig *helfen*, weil wir gesellige Wesen sind"; dies müssen wir erringen, bevor wir uns wirklich *frei* fühlen.

Eine wirksame pädagogische Einwirkung auf Kinder im zarten Alter muß darin bestehen, *ihnen zu helfen*, auf dem Weg zur Unabhängigkeit voranzukommen, und so verstanden werden, daß sie in die ersten Formen der Betätigung einführt, die ihnen erlauben, sich selbst zu genügen und den anderen nicht durch ihre Unfähigkeit zur Last zu fallen. Ihnen helfen zu lernen, ohne Hilfe zu gehen, zu laufen, Treppen auf- und abzusteigen, umgefallene Gegenstände wieder aufzurichten, sich an- und auszuziehen, zu waschen, zu sprechen, um klar und deutlich ihre Bedürfnisse auszudrücken, sich um die Befriedigung ihrer Wünsche zu bemühen, das ist die Erziehung zur Unabhängigkeit.

Wir *dienen* den Kindern. Eine servile Handlung ihnen gegenüber ist nicht weniger fatal als eine Handlung, die danach strebt, ihre nützlichen spontanen Bewegungen zu *ersticken*.

Wir halten die Kinder für leblose Puppen, wir waschen und füttern sie, wie sie es mit Puppen tun. Wir denken nie daran, daß ein Kind, das etwas *nicht tut*, dies auch nicht *tun kann*, es aber später tun muß, und von Natur aus über alle Mittel verfügt, es zu lernen: Unsere Pflicht ihm gegenüber besteht schließlich darin, *ihm behilflich zu sein*, sich eine nützliche Handlungsweise zu eigen zu machen. Die Mutter, die das Kind füttert, ohne die geringste Mühe daran zu wenden, ihm beizubringen, wie man einen Löffel hält und den Mund sucht, oder, während sie selbst ißt, es nicht mindestens auffordert, zuzuschauen, wie sie es macht, ist keine gute Mutter. Sie beleidigt die Menschenwürde ihres Kindes, behandelt es wie eine Puppe, während es doch ein von der Natur ihrer Fürsorge anvertrauter Mensch ist. Wer sollte wohl nicht verstehen, daß es einer sehr viel langwierigeren, schwierigeren und geduldigeren Arbeit bedarf, ein Kind *zu lehren*, wie man ißt, sich wäscht, sich anzieht, als es zu füttern, zu waschen und anzuziehen?

Die erstgenannte Arbeit ist die 'des Erziehers, die zweite, die niedrige und leichte, ist die des Knechtes.

Es ist nicht nur eine niedrige und leichte, sondern auch eine gefährliche Arbeit, die Möglichkeiten verbaut, dem sich entwickelnden Leben Hindernisse in den Weg legt und neben den unmittelbaren Folgen auch schwerwiegendere spätere Nachwirkungen hat. Der Herr, der über eine zu große Zahl von Dienern verfügt, wird nicht nur in immer stärkerem Maße von ihnen abhängig und zu ihrem Sklaven, seine Muskeln werden auch durch Untätigkeit geschwächt und verlieren schließlich die natürliche Fähigkeit zum Handeln. Der Geist des Menschen, der nicht arbeitet, um das zu erhalten, was er benötigt, sondern befiehlt, wird stumpf und verkümmert. Auf diese Art pfropfen wir die Todsünde der Trägheit der kindlichen Seele auf.

Falls eines Tages der so Umdiente in einem lichten Moment seines Bewußtseins seine Unabhängigkeit erringen wollte, würde er vielleicht gewahr, daß er nicht mehr die Kraft dazu besitzt. Diesen Gesichtspunkt sollten sich die Eltern der privilegierten Schichten deutlich vor Augen halten. ⟨— 34⟩

1926 u.
1948 —

Im Maße ihrer Nutzlosigkeit ist die Hilfe ein Hemmnis bei der Entwicklung der natürlichen Kräfte

Die Gefahr des Servilismus besteht nicht nur in der „nutzlosen Vergeudung des Lebens", die zur Ohnmacht führt, sondern in der Entwicklung von Reaktionen, die auch ihrerseits die Bedeutung von Perversion und Ohnmacht haben; sie lassen sich vergleichen mit hysterischem Weinen und epileptischen Zuckungen.

Es sind Handlungen aus *Anmaßung*. Die Anmaßung entwickelt sich parallel zur Unfähigkeit; es ist der aufsteigende Zorn, der Weggenosse der Trägheit.

Stellen wir uns einen geschickten, umsichtigen Arbeiter vor, nicht nur fähig, einwandfreie Arbeit zu leisten, sondern auch in seinem Betrieb zu erteilen, den sein klares Denken befähigt, den ganzen Betrieb zu leiten. Er wird oft zum Vermittler, der den Zorn der anderen belächelt. Wir wären jedoch überhaupt nicht verwundert, zu erfahren, daß dieser Arbeiter daheim mit seiner Frau schimpft, wenn die Suppe nicht schmackhaft genug oder nicht rechtzeitig fertig ist, und der leicht in Zorn gerät: Zu Hause ist er nicht mehr der geschickte Arbeiter, seine Frau ist die geschickte Arbeiterin, die ihm dient und Nachsicht mit ihm hat. Deshalb ist er ein heiterer Mensch, wo er mächtig ist, und ein anmaßender, wo er bedient wird. Vielleicht wäre er vollkommen, wenn er lernen würde, Suppe zu kochen. Der Mensch, der aus sich heraus handelt, der seine Kraft für sein eigenes Tun einsetzt, wird Herr seiner selbst, erweitert seine Fähigkeiten und vervollkommnet sich. Die Menschen kommender Generationen werden stark sein, was soviel bedeutet wie unabhängig und frei.

Belohnungen und Strafen für unsere Kinder

Es genügt, diese Grundsätze anzuwenden, um im Kinde eine Ruhe entstehen zu sehen, die sein gesamtes Tun charakterisiert und es gewissermaßen verklärt. Es entfaltet sich tatsächlich „ein neues Kind", sittlich sehr viel höher stehend als dasjenige, welches wie ein ohnmächtiges und unfähiges Kind behandelt wird. Ein Gefühl von Würde gesellt sich zu seiner inneren Befreiung; das Kind interessiert sich nunmehr für das von ihm Erreichte, steht den zahlreichen Versuchungen von außen her, die vorher seine niederen Gefühle so unwiderstehlich angeregt hätten, gleichgültig gegenüber [24].

⟨Ich muß gestehen, daß mich diese Erfahrung mit Verwunderung ▼ 1926 erfüllte. Auch ich war der Illusion der unsinnigsten Methoden der üblichen Erziehung erlegen; auch ich hatte geglaubt, man müsse mit einer *äußerlichen Belohnung* die niedrigsten Gefühle des Kindes wie Naschhaftigkeit, Eitelkeit und Eigenliebe fördern, um es zu veranlassen, sich bei der Arbeit besonders anzustrengen und sich ruhig zu verhalten. Und auch ich war verwundert, als ich dann feststellte, daß ein Kind, dem es erlaubt wird, nach Höherem zu streben, seine

---

[24] Dieser Abschnitt ist gegenüber der 1. deutschen Auflage verändert (1926) (d. Hrsg.).

▼ niederen Instinkte spontan fallenläßt[25]. Daraufhin ermahnte ich die Lehrerinnen, von den üblichen Belohnungen und Strafen — die sich für unsere Kinder nicht mehr eigneten — abzulassen und sich darauf zu beschränken, ihre Arbeit behutsam zu lenken.

Doch nichts war schwieriger für die Lehrerin als der Verzicht auf
▲ alte Gewohnheiten und Vorurteile.⟩

[26] Besonders eine von ihnen bemühte sich, meine Ideen dadurch *abzuwandeln*, daß sie in meiner Abwesenheit einiges von den Methoden einführte, an die sie gewöhnt war. So überraschte ich eines Tages bei einem unerwarteten Besuch eines der intelligentesten Kinder mit einem großen griechischen Silberkreuz, das durch ein an die Brust geheftetes aufdringliches weißes Band gehalten wurde, sowie ein zweites, mitten im Zimmer auf einem Sesselchen sitzendes Kind.

Das erste war belohnt, das zweite bestraft worden. Zumindest während meiner Anwesenheit griff die Lehrerin mit keiner einzigen Maßnahme ein, so daß die Dinge so blieben, wie ich sie vorgefunden hatte. Ich schwieg und begann zu beobachten. Das Kind mit dem Kreuz lief hin und her, trug eifrig Dinge von seinem Tisch zu dem der Lehrerin und war damit voll beschäftigt; es ging mehrmals am Sesselchen des Bestraften vorbei. Das Kreuz fiel herunter, und das Kind auf dem Sessel hob es auf, betrachtete es eingehend von allen Seiten und sagte dann zu seinem Spielgefährten: „Schau, was dir heruntergefallen ist!" Das Kind drehte sich um, warf einen gleichgültigen Blick auf den Gegenstand; sein Ausdruck schien zu sagen: „Unterbrich mich nicht!" Laut sagte es jedoch: „Was liegt mir daran?" „Liegt dir denn nichts daran?" meinte der Bestrafte sehr ruhig; „dann zieh ich es an." Und der andere antwortete: „Ja, ja, zieh du es an", in einem Ton, der zu sagen schien „aber laß mich zufrieden". Der Junge im Sessel heftete sich langsam das Kreuz an die Brust, betrachtete es eingehend und stützte die Arme auf die Lehnen, um bequemer zu sitzen. Die Dinge verblieben so, und das war richtig. Dieser Anhänger konnte den Bestraften befriedigen, doch nicht das aktive, mit seiner Arbeit zufriedene Kind.

Bei einem Besuch in einem anderen „Kinderhaus" führte ich eines

---

[25] Vgl. hierzu Montessoris Geständnis ihres anfänglichen, der Zeit entsprechenden pädagogischen Vorurteils, in: Montessori, Erziehung für Schulkinder, S. 72 (d. Hrsg.).
[26] Anschluß 1. deutsche Auflage, S. 96 (d. Hrsg.).

Tages eine Dame, welche die Kinder sehr lobte und schließlich vor ihren Augen eine Schachtel öffnete, der sie zahlreiche Messingmedaillen entnahm, die alle glänzten und mit einem roten Band zusammengehalten waren. „Die Lehrerin wird die den Bravsten und Besten an die Brust heften" sagte sie. Ich schwieg, da ich mich nicht verpflichtet fühlte, diese Dame über meine Methoden zu unterrichten; die Lehrerin nahm die Schachtel. Da legte ein besonders intelligenter Junge von vier Jahren, der ruhig am ersten Tischchen saß, als Zeichen des Protestes seine Stirn in Falten und rief mehrmals aus: „Aber nicht für uns Buben, für uns Buben nicht!"

Welche Offenbarung! Dem Kleinen war bereits bewußt, daß er zu den Besten und Bravsten zählte, obwohl es ihm niemand eröffnet hatte, und er wollte sich durch diese Belohnung nicht kränken lassen. Nicht wissend, wie er sich davor retten konnte, verwies er auf seine Eigenschaft als Junge!

Was nun die Strafen betrifft, so hatten wir mehrfach mit Kindern zu tun, welche die anderen störten, ohne unsere Ermahnungen zu beachten; sie wurden sofort eingehend vom Arzt beobachtet, doch sehr häufig handelte es sich um normale Kinder. Wir stellten dann einen Tisch in eine Ecke des Saales, setzten das Kind dort allein so auf einen Sessel, daß es sein Gesicht den anderen zudrehte und gaben ihm alles, was es haben wollte. Durch diese Absonderung gelang es fast immer, das Kind zu beruhigen: von seinem Platz aus sah es alle seine Mitschüler, und ihre Art zu handeln war eine äußerst wirksame, *objektive Lektion* über Benehmen, wie es die Worte der Lehrerin nie hätten sein können. Allmählich erkannte es die Vorteile, in Gesellschaft zu sein, und wollte dasselbe tun wie die anderen. So haben wir alle Kinder, die uns zunächst widerspenstig erschienen, zur Disziplin zurückgeführt. Das abgesonderte Kind wurde noch dazu mit besonderer Fürsorge behandelt, als sei es hilfsbedürftig oder krank. Ich selbst ging, wenn ich ins Zimmer kam, zuallererst direkt zu ihm und streichelte es wie ein Kind; dann wandte ich mich an die anderen und interessierte mich für ihre Arbeit, als seien sie Erwachsene. Ich weiß nicht, was in ihrer Seele vorging, doch es ist gewiß, daß die „Bekehrung" der Abgesonderten immer endgültig und tiefgreifend war. Sie wurden danach stolz darauf, arbeiten zu können und eine würdige Haltung einzunehmen. Zusätzlich hegten sie noch eine zärtliche Zuneigung zur Lehrerin und zu mir.

Entwicklungsfreiheit

Biologisch gesehen, ist der Begriff der *Freiheit* bei der Erziehung im frühen Kindesalter als geeignete Vorbedingung für die optimale *Entwicklung* zu verstehen sowohl von der physiologischen als auch der psychischen Seite her; gleichsam als wäre der Erzieher der Antrieb für eine *tiefe Verehrung* des Lebens, sollte er die *Entwicklung* des kindlichen Lebens dadurch *respektieren*, daß er es mit menschlicher Teilnahme beobachtet. Nun ist aber das kindliche Leben nichts Abstraktes: *es ist das Leben der einzelnen Kinder*. Es gibt einen einzigen wirklichen biologischen Ausdruck: *das lebendige Individuum*; die Erziehung, das heißt die aktive *Hilfe* bei der normalen Ausbreitung des Lebens, hat sich nach einzelnen Menschen zu richten, die jeder für sich beobachtet werden. Das Kind ist ein wachsender Körper und ein sich entwickelnder Geist; die doppelte physiologische und psychologische Form hat einen ewigen Quell: das Leben; wir dürfen seine geheimnisvolle Potentialität weder bis zum Grunde erforschen noch ersticken, sondern müssen die sukzessiven Äußerungen *abwarten*.

Die *Umgebung* ist bei den Lebensvorgängen zweifellos als *zweitrangiger* Faktor zu bewerten: sie kann genausogut verändern wie

1926 — helfen oder zerstören, doch niemals *erschaffen*. ⟨—5⟩ Der Ursprung der Entwicklung liegt im Innern. Das Kind wächst nicht, *weil* es sich ernährt, *weil* es atmet, *weil* es unter klimatisch geeigneten Bedingungen lebt, es wächst, weil sich das potentielle Leben in ihm entfaltet, in dem es sich aktuiert, weil der fruchtbare Keim, aus dem sein Leben entsproß, sich weiterentwickelt gemäß der durch Vererbung in ihm festgelegten biologischen Bestimmung. Der Erwachsene ernährt sich, atmet auch und lebt unter denselben barometrischen und thermischen Bedingungen, ohne zu wachsen. Die Pubertät kommt nicht, *weil* das Kind lacht, tanzt, turnt oder sich besser ernährte als gewöhnlich, sondern weil *der Zeitpunkt für dieses physiologische Phänomen erreicht ist*. Das Leben äußert sich, das Leben wächst, das Leben schenkt: und es bewegt sich dabei innerhalb unüberwindlicher Grenzen und Gesetze.

1926 — ⟨—33⟩

1926 ▼ ⟨Wenn wir also von „Freiheit" bei kleinen Kindern sprechen, so wollen wir nicht die äußerlichen, ungeordneten Handlungen betrachten, die sich selbst überlassene Kinder als Ausbruch einer ziellosen Tätigkeit durchführen würden, sondern wir geben dem Wort den tieferen Sinn der „Befreiung" ihres Lebens von Hindernissen, die ihre normale Entwicklung hemmen.

Das Kind wird durch eine große Mission angetrieben, zu wachsen und ein Erwachsener zu werden. Da es sich selbst seiner Mission und seiner inneren Bedürfnisse nicht bewußt ist, und da es den Erwachsenen kaum möglich ist, sie zu interpretieren, haben sich in unserem sozialen Familien- und Schulleben um das Kind herum viele abwegige Verhältnisse gebildet, die eine Expansion des kindlichen Lebens behindern. Diese Verhältnisse soweit wie möglich durch eingehendes Studium der innersten und verborgenen Bedürfnisse im frühen Kindesalter zu ändern, um diesen mit unserer Hilfe gerecht zu werden, bedeutet das Kind *befreien*.

Diese Auffassung verlangt von seiten des Erwachsenen eine größere Sorgfalt und schärfere Beobachtung der wahren kindlichen Bedürfnisse; als erste praktische Tat führt sie dazu, die geeignete *Umgebung zu schaffen*, in der das Kind handeln kann, um erstrebenswerte Ziele zu erreichen, um es so auf den Weg der Ordnung und der Vervollkommnung seiner unbändigen Aktivität zu lenken.

In der weiter oben beschriebenen heiteren Umgebung, inmitten von Möbeln, die dem Kinde angepaßt sind, gibt es Gegenstände, deren Verwendung zu einem bestimmten Ziel führt, wie zum Beispiel manche einfache Rahmen, mit denen das Kind lernen kann, zu knöpfen, zuzuschnüren, einzuhaken, zu knoten usw.; oder auch Waschbecken, in denen es sich die Hände waschen, Besen, mit denen es Fußböden kehren, Lappen und andere Dinge, mit denen es den Staub von den Möbeln wischen kann; verschiedene Bürsten für Schuhe oder Kleider; dies sind alles Dinge, die das Kind zum Handeln, zur Durchführung einer richtigen Arbeit mit einem zu erzielenden tatsächlich praktischen Zweck „einladen". Teppiche auslegen und wieder aufrollen, wenn sie nicht mehr benutzt werden, oder das Tischtuch auflegen, um den Tisch auch wirklich zum Essen zu decken, es nach dem Essen wieder zusammenfalten und sorgfältig an seinen Platz legen, oder den Tisch sogar vollständig decken, anständig essen und dann abräumen, das Geschirr spülen und jedes einzelne Stück wieder an seinen Platz im Schrank stellen, das sind Arbeiten mit einer gewissen Abstufung, die nicht nur die Überwindung nacheinander auftretender Schwierigkeiten bei ihrer Durchführung verlangen, sondern auch eine allmähliche charakterliche Entwicklung, und zwar wegen der für ihre Verrichtung notwendigen Geduld und der erforderlichen Verantwortung, die sie verlangen, um zu Ende geführt zu werden.

Die von mir erwähnten Arbeiten heißen „Übungen des praktischen Lebens", weil es das praktische Leben im „Kinderhaus" wirklich gibt. So werden alle Aufgaben im Haushalt den Kleinen anvertraut, die begeistert und sorgfältig ihre „Haushaltspflichten" erfüllen und dabei erstaunlich ruhig und würdig werden.

Außer diesen Gegenständen, die alle mit dem „praktischen Leben" verbundenen Handlungen in die Erziehung einbeziehen, gibt es noch viele andere Dinge, die sich für eine graduelle Entwicklung der zur Bildung führenden Intelligenz eignen, wie Materialsysteme zur Ausbildung der Sinne, zur Erlernung des Alphabetes, der Zahlen, des Schreibens, Lesens und Rechnens; diese werden „Entwicklungsmaterial" genannt, um sie von den im „praktischen Leben" benutzten zu unterscheiden.

Wenn wir von „Umgebung" sprechen, so verstehen wir darunter die Gesamtheit all der Dinge, die das Kind frei in ihr auswählen und so lange benutzen kann, wie es will, also gemäß seinen Neigungen und seinem Bedürfnis nach Tätigkeit. Die Lehrerin tut weiter nichts, als ihm am Anfang zu *helfen*, sich unter so vielen verschiedenen Dingen zurechtzufinden und ihren genauen Verwendungszweck zu erlernen; sie führt das Kind also in das geordnete und aktive Leben seiner Umwelt ein. Doch dann läßt sie ihm seine *Freiheit* bei der Auswahl und Verrichtung seiner Tätigkeit. Gewöhnlich haben die Kinder gleichzeitig verschiedene Wünsche. Das eine beschäftigt sich mit einer Sache, das zweite mit einer anderen, ohne daß es zum Streit kommt. Es entwickelt sich vielmehr ein großartiges *Gemeinschaftsleben* voller Energie und lebhafter Aktivität, und die Kinder lösen von sich aus friedlich und freudig viele Probleme des *Lebens in der Gemeinschaft,* welche die freie und vielfältige individuelle Tätigkeit nach und nach aufwirft. In der Umgebung liegt eine erzieherische Kraft, die alles um sie herum durchdringt. Die Menschen, Kinder und Lehrerin, haben ihren Anteil daran [27].⟩

[27] Von den in der 1. deutschen Auflage hiernach folgenden Abschnitten sind die Abschnitte „Entwurf eines Stundenplans für das Kinderheim" (1926) und „Die Mahlzeit..." entfallen. Der Abschnitt „Wie die Lehrerin unterrichten soll" folgt in dieser Auflage später. Die Abschnitte „Übungen in alltäglichen Verrichtungen" und „Erziehung der Muskeln" sind in den folgenden Kapiteln teilweise mit verarbeitet (d. Hrsg.).

IV

DIE NATUR IN DER ERZIEHUNG

[28] Itard beschreibt in seinem klassischen Buch „*Des premiers développements du jeune sauvage de l'Aveyron*" (Die ersten Entwicklungsstufen des jungen Wilden aus dem Aveyron) insbesondere das Drama der ungewöhnlichen Erziehung, die darauf abzielte, die geistige Umnachtung eines Idioten zu beseitigen und einen Menschen aus dem Zustand animalischer Wildheit zu retten.

Der Wilde aus dem Aveyron war ein verlassenes, in der freien Natur aufgewachsenes Kind. Nachdem Mörder, in der Annahme, er sei tot, den Jungen im Walde liegen ließen, lebte der mit natürlichen Mitteln Genesene lange Jahre frei und nackt in den Wäldern. Schließlich wurde er von Jägern gefunden und nach Paris in eine zivilisierte Umgebung gebracht. Die Narben, die seinen kleinen Körper bedeckten, waren ein Beweis für seine Kämpfe mit wilden Tieren und seine Stürze.

Als man den Jungen fand, war er taub, und blieb es auch; sein Geist, den Pinel als den eines Idioten diagnostizierte, erwies sich als untauglich, eine intellektuelle Erziehung aufzunehmen.

Und doch verdankt die wissenschaftliche Pädagogik diesem Kind ihre ersten Erfolge. Itard, ein auf die Taubstummheit spezialisierter Arzt und Gelehrter der Philosophie, übernahm seine Erziehung mit bereits teilweise erprobten Methoden, die darin bestanden, fast tauben Menschen das Gehör zurückzugeben. Seiner Meinung nach war die Unterlegenheit des Wilden eher auf fehlende Erziehung als auf organische Fehler zurückzuführen. Als Jünger der Grundsätze von Helvetius: „Der Mensch ist nichts ohne das Werk des Menschen", glaubte er,

---

[28] Anschluß 1. deutsche Auflage, S. 140 (d. Hrsg.).

daß die Erziehung alles vermochte. Er war ein Gegner des von Rousseau vor der Revolution aufgestellten pädagogischen Grundsatzes: *„Tout est bien sortant des mains de l'Auteur des choses, tout dégénère dans les mains de l'homme"*; kurz, das Werk der Erziehung ist nachteilig und schadet dem Menschen.

Der anfänglichen Illusion Itards zufolge bewies der kleine Wilde durch seine Eigenschaften experimentell die Wahrheit der ersten Behauptung. Als Itard jedoch mit Hilfe Pinels erkannte, daß er es mit einem Idioten zu tun hatte, traten seine philosophischen Theorien zugunsten der bewunderungswürdigsten experimentalpädagogischen Versuchsbehandlung zurück.

Itard gliedert die Erziehung seines Jungen in zwei Teile. Im ersten versucht er, ihn in die Bindungen des üblichen Lebens in der Gemeinschaft einzuführen, im zweiten bemüht er sich, dem Idioten eine Geisteserziehung zu geben. Der Junge hatte ein schrecklich verlassenes Leben geführt und darin das Glück gefunden; die Natur, in der er sich wohl fühlte, hatte ihn als Teil ihrer selbst in sich aufgenommen. Regen, Schnee, Unwetter, grenzenloser Raum waren für ihn Schauspiel, Kameraden, Liebe gewesen. Ein bürgerliches Leben bedeutet Verzicht auf all dies, doch es vermittelt Errungenschaften, die den menschlichen Fortschritt fördern. In seinem Buch schildert Itard in lebhaften Farben das sittliche Werk, das den Wilden zur Zivilisation führte und auch die Vervielfältigung der Bedürfnisse des mit liebevoller Sorge umgebenen Kindes mit sich brachte. Hier haben wir ein Beispiel für die bewundernswürdige geduldige Arbeit Itards als Beobachter der spontanen Äußerungen seines Schülers; dieses Beispiel wird es den Lehrern, die sich auf die Verwendung experimenteller Methoden vorbereiten müssen, ermöglichen, sich ein Bild von der zur Beobachtung von Phänomenen erforderlichen Geduld und Selbstaufopferung zu machen.

„Beobachtete man ihn zum Beispiel in seinem Zimmer, so sah man ihn in trauriger Eintönigkeit hin und her taumeln, den Blick immer aus dem Fenster in die Weite des Raumes geheftet. Wenn sich ein unerwarteter Sturm erhob, wenn die Sonne plötzlich hinter den Wolken zum Vorschein kam und den Himmel in Licht tauchte, dann brach der Junge in ein fast krampfartiges Lachen der Freude aus. Manchmal folgte eine Art frenetischen Zorns auf diese Augenblicke der Freude; er vedrehte die Arme, führte die zur Faust geballten Hände vor die

Augen, fletschte die Zähne und wurde gefährlich für alles, was ihn umgab.

Eines Morgens, als der Schnee in dichten Flocken fiel, während er noch im Bett lag, stieß er beim Aufwachen einen Freudenschrei aus, sprang aus dem Bett, rannte zum Fenster, dann zur Tür; er lief zwischen beiden ungeduldig hin und her und stürzte sich schließlich nackt in den Garten. Dort gab er durch schrille Schreie seiner Freude freien Lauf, begann zu rennen, wälzte sich im Schnee, klaubte einige Handvoll davon auf und schluckte ihn mit unvorstellbarer Gier herunter.

Doch seine Empfindungen äußerten sich nicht immer so lebhaft und lärmend, wenn er von den großartigen Naturschauspielen bewegt war. Es muß festgestellt werden, daß diese Empfindungen sich in manchen Fällen in einer ruhigen Form von Trauer und Melancholie ausdrückten. Wenn zum Beispiel das schlechte Wetter alle aus dem Garten vertrieb, dann suchte sich der Wilde aus dem Aveyron diesen Augenblick aus, um dorthin zu gehen. Er hatte die Gewohnheit, mehrmals um den Garten herumzulaufen und sich dann auf den Rand des Brunnens zu setzen.

Ich habe *ganze Stunden* voll intensiver Freude damit verbracht, ihn in dieser Stellung zu beobachten und dabei zu bemerken, wie sein ausdrucksloses und durch Grimassenschneiden verzogenes Gesicht fast unmerklich einen Ausdruck von Traurigkeit und melancholischer Erinnerung annahm, während sich seine Augen auf die Oberfläche des Wassers hefteten, auf das er von Zeit zu Zeit ein paar welke Blätter warf.

Wenn an schönen Vollmondabenden ein Silberstrahl in sein Zimmer drang, wachte er fast immer auf und stellte sich ans Fenster. Er blieb dann *einen großen Teil* der Nacht unbeweglich dort stehen, den Kopf nach vorne gestreckt, die Augen auf die vom Mond beschienene Landschaft gerichtet, in eine Art verzückter Betrachtung vertieft; ein langer, in großen Abständen ausgestoßener Atemzug, wie ein Stöhnen, das sich in einen Klagelaut auflöste, war die einzige Unterbrechung seiner Unbeweglichkeit."

An anderen Stellen seines Buches berichtet Itard, daß der Junge nicht in der Lage war, ordentlich zu *gehen*, sondern nur *laufen* konnte; er beschreibt, wie er selbst, Itard, wenn er ihn beim Spaziergang durch die Straßen von Paris begleitete, ihm zunächst gewöhnlich nachlief, um seinen Lauf nicht gewaltsam zu unterbrechen.

Die liebevolle schrittweise Einführung des kleinen Wilden in die Gewohnheiten des Soziallebens, die Art, wie sich der Lehrer zunächst seinem Schüler anpaßt, und nicht umgekehrt, der dann folgende Anreiz zu einem neuen Leben, das den Jungen mit seiner Anziehungskraft für sich gewinnen sollte, anstatt ihm mit Härte bis zur Beklemmung und Qual aufgezwungen zu werden, all dies bildet eine Gesamtheit wertvoller erzieherischer Grundsätze, die sich verallgemeinern und auf die ganze Kindererziehung anwenden lassen.

Ich glaube, es gibt kein anderes schriftliches Zeugnis, das uns einen so beredten Kontrast zwischen dem Leben in der Natur und in der Gesellschaft vermittelt und das so deutlich vor Augen führt, wie sehr letzteres aus Verzicht und Einschränkungen besteht. Es genügt, daran zu denken, daß das Laufen auf den Rhythmus des Schrittes zurückgeführt und der gellende Schrei zu den Modulationen der gewöhnlichen Sprechstimme gedämpft wurde.

1926 — ⟨—46⟩
1948 ▼ ⟨In unserer Zeit und in der zivilisierten Umgebung unserer Gesellschaft leben die Kinder jedoch sehr weit von der Natur entfernt und haben wenig Gelegenheit, mit ihr eng in Berührung zu kommen oder
▲ direkte Erfahrungen mit ihr zu sammeln.⟩
1926 ▼ ⟨Lange Zeit wurde der Einfluß der Natur auf die Erziehung des Kindes nur als sittlicher Faktor gewertet. Was man suchte, war die Entwicklung besonderer Gefühle, ausgelöst durch die wunderbaren Dinge in der Natur: Blumen, Pflanzen, Tiere, Landschaften, Wind, Licht.

Später versuchte man, die Tätigkeit der Kinder dadurch auf die Natur hinzulenken, daß man sie in die Bestellung der sogenannten „Erziehungsgärtchen" einführte. Der Begriff, in der Natur zu *„leben"*, ist jedoch die letzte Errungenschaft des Erziehungswesens. Das Kind muß nämlich natürlich leben und nicht nur die Natur kennen. Der wichtigste Punkt liegt ja gerade darin, das Kind, wenn möglich, von den Bindungen frei zu machen, die es in einem durch das Zusammen-
▲ leben in der Stadt geschaffenen künstlichen Leben isolieren.⟩ Heute wird jedoch in Form von *Kinderhygiene* der Teil der Leibeserziehung gepflegt, der darin besteht, die Kinder in öffentlichen Anlagen etwas mehr mit der frischen Luft in Berührung zu bringen; sie einige Zeit Sonne und Wasser am Meeresstrand auszusetzen. Auch einfachere und kürzere Kleider, Sandalen oder nackte Füße sind schüchterne Versuche

zur Befreiung von übertriebenen Fesseln, welche die Kinder ohne Notwendigkeit an das sogenannte zivilisierte Leben binden[29]. ⟨Wenn wir ▼ 1926 jedoch überlegen, in wieviel stärkerem Maße schwache, tuberkulöse oder rachitische Kinder in den modernen Sanatorien der Natur ausgesetzt werden, weil die Erfahrung gelehrt hat, daß Schlafen im Freien und Leben in der Sonne die einzige Möglichkeit zu ihrer Heilung ist, so muß uns klar werden, daß normale und starke Kinder viel eher nicht nur widerstandsfähiger, sondern auch kräftiger werden könnten, wenn sie sich in stärkerem Maße der Natur aussetzen würden, als dies bislang geschieht. Aber dieses Argument trifft noch auf zu viele Vorurteile, weil wir uns alle freiwillig zu Gefangenen gemacht haben, am Ende unser Gefängnis sogar geliebt und auf unsere Kinder übertragen haben. In unseren Vorstellungen hat sich *die Natur* nach und nach auf die Blumen und die für unsere Ernährung, unsere Arbeit oder unseren Schutz nützlichen Haustiere beschränkt. Damit ist auch unsere Seele *zusammengeschrumpft*, sie hat sich daran gewöhnt, Gegensätze und Widersprüche soweit einzubeziehen, daß wir sogar das Vergnügen, Tiere zu sehen, damit verwechseln, daß wir armes Vieh, das bestimmt ist, für unsere Ernährung zu sterben, oder den Gesang und die Schönheit der in kleinen Käfigen gefangenen Vögel mit einer Art nebelhaften „Liebe zur Natur" auf uns wirken lassen. Existiert nicht sogar das Vorurteil, daß man dem Kind „eine ungeheure Hilfe zuteil werden läßt", wenn man etwas Sand vom Strand in ein tischförmiges Gefäß schüttet? Sehr oft denkt man, sogar der Strand habe einen erzieherischen Wert, *weil* es dort Sand gibt genau wie in dem Behälter. So führt die Verwirrung aus jahrhundertelanger Gefangenschaft zu den unsinnigsten Auffassungen.

In Wirklichkeit flößt die Natur den meisten Leuten Angst ein. Sie fürchten Luft und Sonne wie Todfeinde; nächtlichen Reif wie eine im

---

[29] Von hier bis zu dem Kapitel „Die Übungen" unterscheidet sich der Text dieser Auflage erheblich von dem der 1. deutschen Auflage. Die Ausführungen über die „Natur in der Erziehung" (S. 140—151) sind erweitert. Das Kapitel über „Handarbeiten" (S. 152—156) ist entfallen. Das Kapitel über „Die Erziehung der Sinne" (S. 157—201) fällt hier zunächst fort, wird aber an späterer Stelle (vor allem S. 198 dieser Ausgabe) dem Inhalte nach zum Teil verarbeitet. Das Kapitel „Allgemeine Bemerkungen über die Erziehung der Sinne" (S. 202—210) folgt in dieser Ausgabe an späterer Stelle (S. 159 ff.). Die Kapitel V und VI dieser Ausgabe sind im wesentlichen Neueinschübe (d. Hrsg.).

▼ Gestrüpp verborgene Schlange; Regen fast so sehr wie Feuersbrunst. Wenn heute die Gesundheitsfürsorge den so zufrieden in seinem Kerker lebenden Kulturmenschen sachte in die freie Natur drängt, so leistet er diesen Ermahnungen nur schüchtern und mit größtmöglicher Vorsicht Folge. Im Freien schlafen, sich Wind und Regen aussetzen, die Sonne nicht scheuen, ins Wasser springen, das sind Dinge, über die man schließlich reden, die man aber nicht immer in die Praxis umsetzen kann.

Wer schließt nicht schleunigst eine Tür aus Angst vor Durchzug oder das Fenster, bevor er schlafen geht, besonders im Winter oder wenn es regnet? Kaum einer bezweifelt, daß lange Wanderungen draußen auf dem Lande auch bei Sonne oder Regen mit dem von der Natur gebotenen Schutz als Zuflucht eine heroische Anstrengung, ein Risiko bedeuten. Daran muß man gewöhnt sein, sagen die Leute, und rühren sich nicht vom Fleck. Wie soll man sich dann aber daran gewöhnen? Vielleicht sollen es die kleinen Kinder tun, doch nein, sie werden sogar am meisten geschützt. Selbst die Engländer, die Pioniere des Sports, lassen bei den Kleinen Anstrengungen im Freien nicht zu: Die gute Nurse schleppt sie, auch wenn sie schon größer sind, im Kinderwagen bei schönem Wetter durch den Schatten und gestattet ihnen, weder längere Zeit zu laufen noch spontan etwas zu tun. Dort, wo seine Wiege steht, ist der Sport als regelrechte Schlacht unter den robustesten und mutigsten jungen Leuten entstanden; denselben jungen Leuten, die zu den Waffen gerufen werden, um gegen den Feind zu kämpfen.

Es wäre verfrüht zu sagen: Bindet die Kinder los; steht ihnen bei: sie laufen hinaus, wenn es regnet, ziehen ihre Schuhe aus, wenn sie Wasserpfützen sehen; wenn das Gras in den Wiesen vom Reif bedeckt ist, laufen sie mit nackten Füßen und trampeln darauf herum; sie ruhen friedlich, wenn der Baum sie zum Schlafen in seinem Schatten einlädt; sie schreien und lachen, wenn die Sonne sie des Morgens weckt, wie sie es mit jedem lebendigen Wesen tut, dessen Tag sich in Wachen und Schlaf gliedert. Wir hingegen fragen uns ängstlich, was wir tun können, damit das Kind nach dem Morgengrauen weiterschläft, und wie wir ihm beibringen können, sich die Schuhe nicht auszuziehen und nicht auf Wiesen zu springen. Wenn das von uns eingezwängte, durch die Gefangenschaft degenerierte und irritierte Kind Insekten oder kleine harmlose Tiere tötet, so kommt uns dies „natürlich" vor; wir bemerken dabei gar nicht, daß die Natur diesem kleinen Wesen bereits fremd ist. Wir verlangen also von unseren Kindern, daß sie sich dem Gefängnis anpassen und uns dabei nicht lästig fallen.

Auch die kleinsten Kinder haben eine größere Muskelkraft als wir annehmen, doch um sie zu erkennen, brauchen wir die freie Natur.

Nach einem kleinen Spaziergang in der Stadt erklärt das Kind, es sei müde, und deshalb glauben wir, es habe keine Kraft. Der eigentliche Grund für seine Ermattung liegt jedoch in der unnatürlichen Umgebung: Langeweile, ungeeignete Kleidung, die Qual der kleinen zarten, in Lederschuhe eingezwängten Füße, die auf das harte Pflaster der Stadt treten, das entmutigende Beispiel der Leute, die alle schweigend, gleichgültig und ohne ein Lächeln an dem Kind vorbeilaufen. Die Anziehungskraft modischer Kleidung, eines Klubs, den sie erreichen wollen, das sind Dinge, die das Kind nicht kennt. Es wird an der Leine geführt, ist von Trägheit umgeben und möchte am liebsten geschleppt werden.

Wenn die Kinder jedoch mit der Natur in Berührung kommen, dann zeigt sich ihre Kraft. Auch wenn sie noch keine zwei Jahre alt sind, laufen normale, richtig ernährte Kinder von kräftiger Konstitution kilometerweit. Ihre unermüdlichen Beinchen überwinden lange steile Steigungen unter der prallen Sonne. Ich entsinne mich, daß ein etwa sechsjähriges Kind stundenlang verschwand; es war immer weiter einen Berg hinauf gelaufen, von dem Gedanken getragen, einmal am Gipfel angelangt, würde es die Welt auf der anderen Seite sehen. Es war jedoch nicht müde, nur enttäuscht, weil es das, was es suchte, nicht gefunden hatte. Ich kannte einmal ein junges Paar mit einem kaum zweijährigen Kind. Vater und Mutter, die einen weit entfernten Strand aufsuchen wollten, hatten sich gedacht, sie könnten das Kind abwechselnd auf dem Arm tragen, doch die Anstrengung war zu groß. Es ergab sich, daß der Kleine mit Begeisterung den ganzen Weg selbst zurücklegte und diesen Spaziergang jeden Tag machte. Anstatt ihn auf dem Arm zu tragen, brachten die Eltern das Opfer, etwas langsamer zu gehen und stehen zu bleiben, wenn der Junge anhielt, um ein Blümchen zu pflücken oder wenn er die Schönheit eines Eselchens entdeckte, das auf einer Wiese graste, und sich ernst und gedankenvoll daneben setzte, um diesem bescheidenen und privilegierten Tier einen Augenblick Gesellschaft zu leisten. Diese Eltern hatten das Problem gelöst: anstatt ihr Kind zu tragen, folgten sie ihm.

▼ Nur die Dichter empfinden den Zauber eines Rinnsals aus Quellwasser zwischen den Felsen genauso wie das kleine Kind, das darüber in Begeisterung gerät, lacht und stehenbleiben will, um es mit der Hand zu berühren, wie um es zu streicheln. Soviel ich weiß, hat niemand außer dem heiligen Franziskus das unscheinbare Insekt oder den Duft reizloser Kräuter so bewundert wie eins dieser Kleinen.

Doch haltet einmal ein Kind, das selbst noch nicht laufen kann, auf dem Arm, auf einem Weg draußen auf dem Lande, der einen wunderbaren und großartigen Ausblick bietet. Stellt Euch selbst mit dem Rücken zur Aussicht. Bleibt mit ihm stehen! Es wird diese Schönheit genießen, auch wenn es sich nicht auf den Füßen halten kann und seine Zunge noch nicht den Wunsch zum Verweilen äußern kann. Ja, dies läßt sich so umschreiben: es lebt nicht von Milch allein.

Habt ihr nie gesehen, wie Kinder sich voller Ernst um ein kleines totes, aus dem Nest gefallenes Vögelchen zu schaffen machen, hin und her laufen, erzählen, fragen, sich voll von echtem Schmerz darüber aufregen? Nun, dies sind die Kinder, die in der nächsten Degenerationsperiode soweit kommen können, daß sie Nester ausnehmen.

Das Gefühl für die Natur wächst mit der Übung, wie alles andere; wir erwecken es bestimmt nicht, indem wir es einem untätigen, gelangweilten, zwischen Mauern eingeschlossenen Kind, das gewohnt ist, zu sehen oder zu hören, Grausamkeit Tieren gegenüber sei lebensnotwendig, durch eine pedantisch vorgetragene Beschreibung oder Ermunterung vermitteln wollen. Die Erfahrungen beeindrucken es: Der Tod der ersten von einem Mitglied seiner Familie absichtlich umgebrachten Taube ist der schwarze Punkt im Herzen von fast allen Kindern. Wir schulden ihnen eher eine Wiedergutmachung als eine Lektion. Wir müssen die unbewußten Wunden heilen, die seelischen Leiden, mit denen diese kleinen anmutigen Söhne und Töchter der Gefangenen des künstlichen Milieus bereits behaftet sind.

Die Natur in der Schulerziehung

Die Erziehung in der Schule kann die Aufmerksamkeit des Kindes auf spezielle Dinge lenken, die genau erkennen lassen, wie stark es seine Liebe zur Natur entwickeln konnte, oder aber in ihm verborgene oder verdrängte Gefühle wieder aufleben lassen. Ihm Anlaß zur Betätigung zu geben und ihm so Kenntnisse zu vermitteln, die es interessieren, hier liegen, wie in jedem anderen Sektor, die Möglichkeiten zur Erziehung in der Schule.

Dem Kind, dem größten spontanen Beobachter der Natur, muß zweifellos ein *Material* zur Verfügung gestellt werden, mit dem es sich beschäftigen kann.

Die gewissenhafte Pflege

Gewissenhafte Pflege von lebendigen Wesen ist die Befriedigung eines der am stärksten ausgeprägten Instinkte der kindlichen Seele. Deshalb ist es leicht, Kinder zur aktiven Pflege von Pflanzen und vor allem von Tieren anzuhalten. Nichts ist geeigneter, eine fürsorgliche Haltung in dem kleinen Kind zu wecken, das dem flüchtigen Augenblick lebt, ohne sich um die Zukunft zu sorgen. Wenn es jedoch weiß, daß diese Tiere es brauchen, daß die Pflänzchen austrocknen, wenn es sie nicht gießt, dann verknüpft seine Liebe durch ein neues Band den vergänglichen Augenblick mit dem Erwachen des kommenden Tages.

Eines Morgens, nach langer geduldiger Pflege durch Versorgen der brütenden Tauben mit Futter und Wasser, sind dann plötzlich die Jungen da! An einem anderen Tag ist eine ganze Reihe herziger Küken da statt der Eier, welche die Glucke lange Zeit unter ihren Flügeln hütete. Welche Zärtlichkeit und welche Begeisterung! Daraus entwickelt sich der Wunsch, noch größere Hilfe zu leisten: das Zurechtlegen von Strohhalmen, Baumwollfäden oder Wattebäuschen für Vögel, die unter dem Dach oder auf den Bäumen im Garten ihr Nest bauen. Das immer lauter werdende Gezwitscher rundherum ist der Dank.

Die Kinder beobachten beharrlich die Metamorphose der Insekten und die Fürsorge der Mütter für ihre Kleinen und kommen dabei häufig zu Überlegungen, die uns in Erstaunen versetzen. Es gab einmal ein kleines Kind, das von der Metarmorphose der Kaulquappen so beeindruckt worden war, daß es ihren Entwicklungsgang wie ein kleiner Gelehrter erzählte und sich dabei an die verschiedenen Verwandlungsformen des Frosches erinnerte.

Auch die Pflanzenwelt hat ihre Verlockungen. In einem römischen Kinderhaus hatten wir Blumentöpfe rund um eine große Terrasse gestellt, da wir nicht über Gartenland verfügten. Die Kinder vergaßen niemals, die Blumen mit einer kleinen Kanne zu gießen. Eines Morgens sah ich sie alle auf der Erde sitzen im Kreis um eine wunderschöne rote Rose, die nachts aufgeblüht war: still und ruhig, ganz in stumme Betrachtung versunken.

Ein Mädchen, das in der Verehrung für „Blumen" und „Gärten" aufgewachsen war, die seine Mutter und seine Lehrerinnen immer gepflegt hatten, schaute offensichtlich lebhaft begeistert über eine Terrasse. „Dort unten", sagte es zu seiner Mutter, „ist ein Garten mit Sachen zum Essen."

Es handelte sich um einen Gemüsegarten, den die Mutter keiner Bewunderung wert erachtete. Das kleine Mädchen war jedoch davon begeistert.

Das Garten-Vorurteil

Unweigerlich tragen wir auch mitten in die Natur Vorurteile, die es erschweren, das Wahre zu erkennen. Wir haben uns einen zu symbolischen Begriff der Blumen gemacht und sind stärker bestrebt, die Tätigkeit der Kinder unseren eigenen Vorstellungen anzupassen als dem kleinen Kind zu folgen, um seine wirklichen Neigungen und Bedürfnisse zu interpretieren. So hatten die Erwachsenen das Kind auch bei der Gartenarbeit in eine künstlich festgelegte Tätigkeit gezwungen. Ein Samenkorn in die Erde setzen und auf das daraus entstehende Pflänzchen warten, das ist eine zu geringe Arbeit und eine zu lange Wartezeit für Kinder. Sie wünschen große Arbeiten zu vollbringen und ihre Tätigkeit direkt mit den Erzeugnissen der Natur in Verbindung zu bringen.

Zweifellos lieben Kinder Blumen, sie sind jedoch weit davon entfernt, sich damit zu begnügen, sich inmitten von Blumen aufzuhalten und ihre farbigen Blütenblätter zu betrachten. Kinder sind zutiefst zufrieden, wenn sie handeln, kennenlernen, entdecken können, auch unabhängig von äußerer Schönheit.

Die angenehmste Arbeit

Bei unseren Versuchen mit Kindern, die frei waren in der Wahl ihrer Tätigkeit, erhielten wir zahlreiche Hinweise, die sich von denen unterschieden, mit denen auch ich meine Arbeit begonnen hatte.

1. [30] Die angenehmste Arbeit für das Kind ist nicht das Säen, sondern vielmehr das Ernten, das, wie bekannt, nicht weniger anstrengend ist. Das Ernten, so kann man sagen, steigert dann das Interesse für das Säen, und je mehr einer das Ernten erfährt, desto stärker empfindet er den verborgenen Reiz des Säens.

Eine der schönsten Erfahrungen ergab sich beim Ernten von Getreide und Weintrauben; das Mähen eines Feldes voller Ähren, das Bündeln in Garben, die mit Bändern in lebhaften Farben zusammengehalten werden, war eindrucksvoll und konnte Anlaß für herrliche Feste im Freien geben. Reben pflegen, Trauben säubern sowie schöne Früchte in Körbe legen, kann bei den verschiedenen Feiern praktiziert werden.

Alle Obstbäume eignen sich für ähnliche Arbeiten; die Mandelernte interessiert schon die Kleinsten, die dabei wirklich nützliche Arbeit leisten, da sie voller Eifer die heruntergefallenen Mandeln suchen und in Körben sammeln. Unter Blättern verborgene Erdbeeren zu suchen ist eine nicht minder willkommene Arbeit als duftende Veilchen zu pflücken.

Das, was diese Erfahrungen beweisen, ist das Interesse für das Säen im großen, wie zum Beispiel die Einsaat eines Kornfeldes mit allen dazugehörigen Handgriffen. Nur der Erwachsene kann die Furchen ziehen, aber die Kinder sind in der Lage, Samenkörner in verschiedene Häufchen aufzuschichten, sie auf die Körbe zu verteilen und dann in die Furchen zu streuen. Das Entstehen so vieler Striche von kleinen, zarten und blassen Halmen ist eine große Befriedigung für Auge und Geist. Die gleichmäßig verteilte Menge, diese Zeichnung langer, parallel verlaufender Linien, die sich von selbst färben, lassen das Wachstum anschaulicher erscheinen. Es scheint, als entstünde Grandioses durch das Summieren einzelner Fakten, die für sich allein ohne besonderes Interesse sind. Die gelben Ähren, die sich im Winde wiegen und langsam bis in Schulterhöhe der Kinder wachsen, begeistern die kleine, auf die Ernte wartende Schar. Obwohl unser Säen und Pflanzen eine eucharistische Zielsetzung hatte, konnten wir doch feststellen, daß *das Leben des Feldes* den kleinen Kindern besser entspricht als die Philosophie und der Symbolismus von Blumen.

Auch die wohlriechenden Kräutergärtchen sind von praktischem Interesse, wobei die Tätigkeit des Kindes darin besteht, Kräuter mit

---

[30] Auf 1. folgt keine Numerierung der folgenden Absätze (d. Hrsg.).

▼ verschiedenem Geruch zu suchen, zu unterscheiden und auszuwählen. Die Übung, ähnliche Dinge voneinander zu unterscheiden, und einen Geruch anstatt einer Blume zu suchen, ist feiner, erfordert größere Anstrengung und löst das Gefühl aus, etwas Verborgenes zu entdecken.

Natürlich interessieren Blumen ebenfalls, doch ist Blumenpflücken viel naturwidriger als Ernten von Früchten, die uns der Boden auf dem Wege über die Blumen schenkt. Denn diese Blumen scheinen eher die Insekten als den Menschen um Hilfe für eine ewige Mission anzurufen. In der Tat setzen sich zu geistiger Befriedigung erzogene Kinder häufig neben Blumen, um sie zu bewundern, doch plötzlich erheben sie sich und suchen eine Tätigkeit, denn gerade durch die Tätigkeit bringen sie die an Schönheit reichen Knospen ihrer eigenen kleinen Persönlichkeit zum Aufbrechen.

Einfachheit

Die Arbeit als solche muß variiert werden. Der Endzweck des Säens oder Erntens ist nicht erforderlich, um das Kind anzuregen; es beschäftigt sich gern mit einfacheren Dingen, die zu einem unmittelbaren Ziel führen, wie zum Beispiel Unkrautjäten auf Wegen oder in Beeten, Zusammenharken von trockenem Laub oder Abschneiden eines alten Zweiges. Ein weites Tätigkeitsfeld zu haben, die Gelegenheit, neue Erfahrungen zu sammeln, sich an schwierige Unternehmungen zu wagen, das gibt letzten Endes dem lebendigen Geist die Befriedigung und spornt das Kind dazu an, den Schritt in die Welt zu tun.

Wir können auf Bildern sich furchtlos zwischen Kühen bewegende ganz kleine Kinder zeigen, oder andere, die mit Schafherden auf vertrautem Fuße leben; wieder andere, die Erde sieben und mit Schubkarren transportieren oder große Stapel aus Baumästen zusammensetzen.

Die Sorge für die Treibhäuser und die Zubereitung von Wasser für Wasserpflanzen, das Auflegen der Netze, die das Wasser vor Insekten und ähnlichem Getier schützen, lassen sich vielleicht selten praktisch durchführen, da die entsprechende Umgebung gewöhnlich fehlt, doch bei solchen Arbeiten wird es das Kind weder an Kräften noch an Willen jemals fehlen lassen.

Unser Garten

Eine weitere Schlußfolgerung, zu der wir gelangten, als wir die Kinder in die Lage versetzten, ihre Neigungen frei zu äußern, bestand darin, den Acker oder Garten auf geistige Bedürfnisse zu „begrenzen". Der Glaube, es sei wünschenswert, den Kindern dafür „einen unbegrenzten Raum" zu geben, ist allgemein verbreitet. Das Kind wurde hierbei vornehmlich unter dem Gesichtswinkel des physischen Lebens betrachtet, die Grenzen schienen durch die Geschwindigkeit seiner Beine beim Laufen gegeben. Allerdings erkennen wir, auch wenn wir den „Lauf" als Grenze des Geländes ansehen, falls wir diese Begrenzung einigermaßen genau festlegen wollen, daß diese Grenzen sehr viel enger gezogen sind, als wir es uns vorstellen können. Auf einem riesigen Platz spielen und rennen die Kinder immer an derselben Stelle, in derselben Ecke, demselben beengten Raum. Alle lebenden Wesen neigen dazu, sich zu lokalisieren und sich Grenzen zu setzen.

Dieses Kriterium läßt sich auch beim Betrachten des Seelenlebens anwenden. Die Grenzen müssen das richtige Maß zwischen Übertreibung und Mangel an Raum und an Dingen haben. Das Kind liebt das sogenannte „Erzieherische Gärtchen" nicht, wenn es zu klein und nur ein armseliger Besitz ist, der noch nicht einmal seine individuelle Eigenliebe befriedigt. Ob es ihm nun gehört oder nicht, das spielt für das in seinen Bedürfnissen befriedigte Kind keine Rolle. Was es will, das ist eben diese Befriedigung. *Es muß soviel Pflanzen überwachen können, wie in sein Bewußtsein eindringen, wie sich in seinem Gedächtnis festsetzen, so daß sie ihm bekannt sind.*

Auch für uns ist ein Garten mit zu vielen Pflanzen, zu vielen Blumen ein Ort voller „Unbekannter", deren Leben unserem Geist fremd bleibt. Die Lungen werden darin gut durchatmen, doch es kommt keine Verbindung zur Seele zustande. Auch ein kleines Beet kann uns nicht befriedigen, denn es enthält nur armselige, für unsere Bedürfnisse nicht ausreichende Dinge, stillt den Hunger des Geistes nicht, der in ein direktes Verhältnis zur Schöpfung kommen will. Es gibt also Grenzen, die Grenzen *unseres Gartens,* in dem uns jede Pflanze liebgeworden ist und uns ihre sinnenhafte Hilfe bei der Aufrichtung unseres innersten Selbst gibt.

Das Kriterium der Begrenzung hat sehr großes Interesse gefunden, und in vielen Ländern wurde seine praktische Auslegung mit einem

▼ so verstandenen Garten versucht: er entsprach also den Bedürfnissen des kindlichen Geistes. Heute geht unsere Gartenarchitektur in gleicher
▲ Weise vor wie die Architektur der Kinderhäuser [31].⟩

1948 ▼ ⟨[31] Bei späteren Versuchen von Mr. Mario Montessori wurde die wissenschaftliche Erziehung in der Natur auf breiterer Basis entwickelt. Es ist unmöglich, an dieser Stelle über die umfangreichen Arbeiten und das reichhaltige und überraschende Material zu berichten, das ausschließlich aus dem Interesse der Kinder und ihrer Tätigkeit entstand. Es genügt, daran zu erinnern, daß es einen großen Teil der Morphologie und der Klassifizierung des Tier- und Pflanzenreiches umfaßt und so eine Vorbereitung und Einführung in das experimentelle Studium der Physiologie darstellt. Eine besondere, wissenschaftlich fundierte Sorgfalt wird ebenfalls auf die Vorbereitung von Aquarien und Pflanzenkulturen verwandt, die in keiner Schule fehlen sollten. Eine spontane und bewußte Erforschung der Natur folgte auf diese Vorbereitung in der Schule und führte zu einer ganzen Reihe von Entdeckungen durch die Kinder selbst. Auf dieser Grundlage war der Boden für eine umfassende und weitblickende Entwicklung in der Grundschule vorbereitet entsprechend einer für die Kinder charakteristischen Notwendigkeit der Sinne und der Bewegung, die benutzt wurde, um grundlegende Erkenntnisse zu vermitteln. Diese Entwicklung half bei der Lösung des Problems, das Interesse größerer Kinder zu befriedigen, ohne sie vorher zu einer erschöpfenden Anstrengung, zur Beherrschung von Terminologie und von statischen Begriffen zu zwingen, wenn das Interesse daran schon nachgelassen hat. **Es ist das kleinere Kind, das spontan und voller Begeisterung die Grundlage schafft,**
▲ **die dann das größere Kind benutzt, um seine höheren Interessen zu befriedigen.**⟩

V

ERZIEHUNG DER BEWEGUNGEN ▼ 1926

Der rote und der weiße Mensch

⟨Ich glaube, es ist angebracht, einen Punkt für die Erziehung klarzustellen, nämlich die Unterscheidung zwischen vegetativem Leben und Relationsleben. Das vegetative Leben umfaßt das System des Blutkreislaufes und das Relationsleben das Nervensystem.

Das Nervensystem läßt sich unterteilen in das Nervensystem des großen Sympathikus, das spiezell die Funktionen der Eingeweide steuert und sehr stark mit Erregungszuständen gekoppelt ist, sowie in das zentrale Nervensystem mit seinen unendlichen Nervenverzweigungen, die, von den Sinnen kommend, die Zentren mit der Außenwelt verbinden und in den Muskeln endend diese vom Willen abhängig machen. Diese zwei Angaben, das heißt die „Erregungen" und der „Wille", genügen, um sogleich zu verstehen, daß das System des großen Sympathikus dem anderen unterworfen und von ihm *abhängig* ist. Wer sich der Erziehung widmen will, muß sich dies stets vor Augen halten.

Wir wollen nun unsere Aufmerksamkeit einen Augenblick besonders auf die beiden großen Systeme in ihrer Gesamtheit lenken, und zwar rein schematisch: das Blutkreislaufsystem, das mit dem Herzen als Mittelpunkt zur Peripherie hin in das System der winzigen Kapillargefäße ausläuft, und das Nervensystem, das sich mit dem Gehirn als Hauptzentrum in unendlich viele Abzweigungen gabelt, die sich bis hin zu den mikroskopisch kleinen peripheren Nervenenden verteilen.

Es ist bekannt, daß sich die Kapillargefäße und die äußersten Nervenenden in jedem noch so kleinen Teil des Körpers befinden; und dabei leiten sie das Blut für die stoffliche Ernährung und den Nerven-

▼ strang, um jedem Teil den vitalen Tonus zu geben, auch dem histologischen. Um sich eine klare Vorstellung von der Verteilung des peripheren Kapillar- und Nervensystems machen zu können, genügt es, sich zu vergegenwärtigen, daß ein Stecknadelstich in jedem Teil des Körpers (innen wie außen) zu Blutaustritt führt und ein Schmerzgefühl hervorruft. Angenommen, es wäre uns möglich, das Blutgefäß- und das Nervensystem vollständig aus dem Körper herauszulösen, dann erhielten wir eine Reproduktion des Körpers in all seinen Einzelheiten, und zwar einmal einen roten und einmal einen weißen Menschen.

Zum roten Menschen gehört das vegetative Leben. Folglich sind ihm die Systeme angeschlossen, die dazu dienen, aus der Umwelt die zum Austausch notwendigen Stoffe aufzunehmen: Nahrung und Sauerstoff und weiterhin die zur Ausscheidung der unbrauchbaren Stoffe erforderlichen Organe. Dem weißen Menschen sind hingegen zuzuordnen die Sinnesorgane, die dazu dienen, aus der Umwelt die Empfindungen aufzunehmen, sowie das immense Muskelsystem, dessen Aufgabe Bewegung und Antrieb ist. Obwohl beide „Menschen" sich deutlich voneinander unterscheiden und in ihren Funktionen klar getrennt sind (der eine nimmt das Körperliche, der andere das Geistige auf), sind sie so innig miteinander verflochten und stehen in so enger Beziehung zueinander, daß kein einziger Teil des Organismus ohne ihre wechselseitige Tätigkeit funktionieren könnte: Das Herz schlägt und treibt das Blut, weil es innerviert ist, Nervenzentren und Nerven handeln, weil sie mit Blut versorgt werden.

Die Muskeln, die auf dem Skelett haften, das dazu da ist, ihnen als Stütze zu dienen und außerdem auch noch die Zentren des Nervensystems und des Kreislaufes schützen, bilden den massivsten Teil im Aufbau des Körpers. Ihnen obliegt die gesamte Relationstätigkeit mit der Außenwelt sowie der gesamte Ausdruck. Die kleinen Sinnesorgane sind gleichsam Spalten, aus denen die Seele die zum psychischen Aufbau erforderlichen Bilder saugt. Doch den Muskeln ist die *praktische* Konsequenz des Lebens vorbehalten. Die ganze Willensarbeit erklärt sich durch diese wunderbaren Bewegungsinstrumente. Die Seele hat ja gerade den Zweck, über all diese Ausdrucksmittel zu verfügen, mit deren Hilfe der Gedanke zur Tat wird, das Gefühl sich in Werken verwirklicht.

Während die Muskeln eine so bedeutende Aufgabe haben und ihre

Kontraktion dabei in einer äußerst komplizierten Koordinierung erfolgt, erleichtern sie im gleichen Zuge den Blutkreislauf so erheblich, daß sie dem Herzen die größte Hilfe sind. Dies ist jedoch die körperliche „Auswirkung" der Bewegung, die den Relationsfunktionen dient.

Allerdings ist es vorgekommen, daß der Mensch (insbesondere das Kind) gezwungen war, ein untätiges Leben zu führen, geistige Arbeit zu verrichten, die von den Organen, mit denen sie verbunden bleiben muß, künstlich isoliert wurde; dabei handelt es sich nicht nur um das Gehirn, sondern auch um die Sinnesorgane und das Muskelsystem. Die Folge davon war ein körperlicher Verfall, weil das vegetative Leben auch ein Teil der Einheit des ganzen Individuums ist. Die aus dieser Tatsache zu ziehenden erzieherischen Folgerungen verwiesen auf ein *aktives Leben,* das heißt auf Leben in der *Bewegung,* mit dem Hauptzweck, das *vegetative* Leben wieder zu kräftigen und zu intensivieren, dessen Erschöpfung mit der körperlichen Schwäche, der Verfälschung des stofflichen Austausches und folglich mit der Anfälligkeit gegen Krankheiten Hand in Hand geht. Dieses Muskelsystem, das die bedeutendsten Funktionen des Relationslebens hat, wurde soweit eingeschränkt, daß es nur noch dem Blut hilft, seinen schwierigen und komplizierten Lauf schneller zu absolvieren. Die Organe der Ausdrucksfähigkeit der Seele wurden zu einer Art Ansaug- und Ausstoßpumpe der Blutflüssigkeit.

Eine derartige Funktionsverlagerung kann gewiß den Menschen nicht zu seiner „normalen Tätigkeit" zurückführen. Dem Fehler der Apathie folgte ein funktioneller Fehler. Mit dem einen Irrtum versuchte man dem anderen abzuhelfen. Und das psychische Leben, oder vielmehr sein sittlicher Ausdruck, wird dabei immer stärker geschädigt; denn Akrobatik ist ein körperlicher Kampf. Spiele und ähnliche Reaktionen zersplittern das Leben des Menschen.

Was tut man, wenn ein Glied ausgerenkt ist und Deformationen sowie verschiedenartige Schmerzen und Leiden hervorruft? Der Knochen wird eingerenkt, damit er die normalen Funktionen wiederherstellt. Ist dies getan, verschwinden alle Folgeerscheinungen, die durch einen einzigen Grund bewirkt wurden, von selbst. Der erzieherische Irrtum bestand also darin, Denken und Phantasie leer schweifen zu lassen und so zu erlauben, daß die Sinne erschöpft und die Muskeln träge blieben, während doch Sinne, Nervenzentrum und Muskeln ein

▼ Ganzes bilden. Die erforderliche Korrektur besteht darin, die mit dem Seelenleben verbundenen Organe aktiver in Funktion zu bringen. Die geistige Arbeit sollte Hand in Hand gehen mit sie neu belebenden Wahrheits- und Schönheitsempfindungen und mit Bewegungen, welche die Gedanken in die Tat umsetzen und Spuren dieser Gedanken in einer Umwelt hinterlassen, in der sich die Menschen gegenseitig unterstützen sollen. Die Muskelübungen müssen immer im Dienste der Seele stehen und sollten nicht so weit in den Hintergrund treten, daß sie nur noch Sklaven des materiellen Teiles des vegetativen Lebens sind, das man gemeinhin als „physisches Leben" bezeichnet.

Die körperliche Arbeit ist zum Beispiel eine Übung im Dienste des Geistes, und wenn der Mensch arbeitet, dann unterstützt die Arbeit unmittelbar Blut und Lungen beim Atmen.

Das Problem der Gesundheit ist also auch eines der Arbeit.

Bei gutem Ernährungszustand im Freien arbeiten, und zwar innerhalb der durch die erhabensten Funktionen des menschlichen Geistes gesetzten Grenzen, heißt normal leben, zur vollen Gesundheit ge-
▲ langen.⟩

Gymnastik und Disziplin

In den gewöhnlichen Schulen ist es üblich, mit „Gymnastik" eine kollektive Muskeldisziplin zu bezeichnen, die darauf abzielt, befohlene Bewegungen von der gesamten Schar der Schüler ausführen zu
1926 ▼ lassen. ⟨Es gibt außerdem noch das Turnen, das ein erster Schritt zur Akrobatik ist.

Diese verschiedenen Bewegungsarten haben sich als nützlich erwiesen, um ein Gegengewicht zur Muskelträgheit der Schüler zu bilden, die im Sitzen lernen müssen, wobei sie eine von der Klassendisziplin festgesetzte Haltung einnehmen, also steif auf Holzbänken sitzen. So bedeutet die Gymnastik eine vorgeschriebene Abhilfe für ein aufgezwungenes Übel; nichts ist bezeichnender und fast symbolisch für die alte Welt wie diese vom Lehrer aufgezwungene Tätigkeit und Gegentätigkeit, mit der er im höchsten Grad das passive, *disziplinierte* Kind den Übeln und den Abhilfen unterwirft.

Die modernen Strömungen, bei denen die Gymnastik auf verschiedene Ebenen verlegt wird, wie zum Beispiel die aus England kommenden Spiele im Freien oder die von Dalcroze als erstem angewandte

rhythmische Gymnastik, sehen das Kind menschlicher. Mit größerer
Achtung vor der Persönlichkeit geben sie ihm die Möglichkeit, sich aus
der erzwungenen Stellung heraus zu *strecken*. Alle diese Methoden
sind jedoch Reaktionen auf ein falsch verstandenes Leben und haben
keinerlei umgestaltenden Einfluß auf das Leben selbst. Wie Vergnügungen liegen sie außerhalb der normalen Existenz.

Die Leibeserziehung in das Leben der Kinder durch Anknüpfung
an das praktische Alltagsleben einzufügen, war einer der praktischen
Hauptpunkte unserer Methode, welche die Ausbildung der Bewegungen vollständig in die eine und untrennbare Gesamterziehung der
kindlichen Persönlichkeit eingeführt hat.

Wie wir alle feststellen, wird das Kind ständig in Bewegung gehalten; das Bedürfnis, sich zu bewegen, ist unüberwindlich während der
Kindheit; es wird offensichtlich geringer mit der Entwicklung des
Hemmungsvermögens, das, indem es sich mit den Bewegungsimpulsen
harmonisiert, die Werkzeuge hervorbringt, die dazu bestimmt sind,
dem Willen zu gehorchen. So hat das stärker entwickelte Kind besser
gehorchende Bewegungsfunktionen, und wenn ein äußerer Wille seinen
eigenen beeinflußt, kann es den Impuls zügeln. Dies bleibt jedoch
immer die Grundlage des Relationslebens, denn durch dieses Merkmal
unterscheidet sich nicht nur der Mensch, sondern das gesamte Tierreich
von der Pflanzenwelt. Die Bewegung ist also von wesentlicher Bedeutung für das Leben, und Erziehung kann nicht als mäßigender, oder
noch schlimmer, als hemmender Faktor für die Bewegung aufgefaßt
werden, sondern einzig und allein als Hilfe zum vernünftigen Einsatz
der Energien und zu ihrer normalen Entwicklung.

Kinder haben in der Natur einen Lehrmeister, der sie veranlaßt, die
Art, sich zu bewegen, zu ändern; dies bedarf keiner Demonstration.
Das Kleinkind hat unaufhörlich unkoordinierte Bewegungen, wie ein
choreatischer Mensch. Ein Dreijähriger bewegt sich ständig, wirft sich
oft auf die Erde, läuft herum und berührt alles; ein Neunjähriger geht
und bewegt sich, ohne dabei noch das Bedürfnis zu haben, sich auf dem
Boden auszustrecken oder alles anzufassen, was er sieht. Diese Veränderungen ergeben sich von allein, und zwar unabhängig von jeglichem erzieherischen Einfluß. Sie sind verbunden mit einer äußeren
Veränderung der Proportionen des Körpers, und zwar der Länge des
Rumpfes und der Beine:⟩ Beim Neugeborenen entspricht die Länge des
Rumpfes vom Kopfscheitel bis zur Schenkelbeuge 68/100 der Gesamt-

körperlänge, das heißt, die Beine machen 32/100 der Größe aus, während beim Erwachsenen Rumpf und Beine fast gleich lang sind. Die Veränderung dieser Proportionen ist ein Teil des Wachstums. Wenn das Kind mit 3 Jahren in unsere Schulen kommt, dann haben seine Beine eine Länge von 38/100 seiner Gesamtgröße; ⟨danach wachsen sie im Verhältnis zum Rumpf so stark, daß sie die Proportionen beim Erwachsenen erheblich übertreffen: Wenn das Kind 7 Jahre ist, entsprechen seine Beine bereits 57/100 der Gesamtlänge. Es ist bekannt, daß demgegenüber nach der Pubertät vorwiegend der Rumpf so lange wächst, bis er die endgültigen Proportionen des Erwachsenen erreicht hat. Es dürfte genügen, sich ein so elementares Wachstumsdetail vor Augen zu halten, um zu verstehen, daß Kinder ein unterschiedliches Bedürfnis, sich zu bewegen, haben und in ihren spontanen Bewegungen beobachtet werden müssen, damit die Erziehung ihnen helfen kann, das Endstadium ihres Wachstums zu erreichen. Es genügt, hier auf einige grundlegende Charakteristika hinzuweisen, nämlich, daß Kinder infolge ihrer kurzen Beine große Mühe haben, ein vollkommenes Gleichgewicht herzustellen und die Schwierigkeit des einfachen Gehens durch Laufen verdecken. Wenn sie das Bedürfnis fühlen, sich auszuruhen, strecken sie den Rumpf auf dem Boden aus und heben die Beine in die Luft. Während jedoch das Liegen auf dem Rücken mit hochgestreckten Beinen, welche die gestreckten Hände berühren, beim Kleinkind fast die normale Stellung ist, sucht der Drei- bis Fünfjährige seine Ruhestellung, indem er sich nach vorn gebeugt auf dem Boden ausstreckt und häufig die Schultern dadurch aufrichtet, daß er sich auf die Knie stützt; er liegt also mit dem Bauch nach unten. Er muß sich auch Ruhestellungen aussuchen, die sich vom Sitzen auf dem Stuhl unterscheiden; Kinder sitzen gerne auf dem Boden, und zwar auf der ganzen Fläche der gekreuzten oder eines zur Seite gelegten Beines oder auf einer größeren Aufstützbasis. Unter Berücksichtigung dieser natürlichen Erfordernisse, also der Ruhe zur Unterbrechung ständiger Bewegung, haben wir die Kinderhäuser mit kleinen Teppichen ausgestattet, die gewöhnlich aufgerollt an irgendeiner Stelle des Raumes liegen. Die Kinder, die auf dem Boden arbeiten wollen, anstatt an einem Tisch zu sitzen, müssen sich zunächst einen kleinen Teppich holen, ihn auf dem Boden ausrollen und dann darauf arbeiten. Kein Erwachsener beeinflußt den Wechsel zwischen diesen Stellungen, und so richtet sich das Kind einfach nach den Geboten der Natur.

Gymnastik und Arbeit

Wenn man genau darüber nachdenkt, sind die Übungen des praktischen Lebens eine regelrechte Gymnastik, deren alle Bewegungen verfeinernde Schule die Umgebung selbst ist, in der man lebt. Es ist etwas anderes als Handarbeit, die Neues erzeugt. Bei uns wird allerdings Bestehendes beibehalten, und es erfolgt eine ständige Umstellung von Dingen, die von einer auf ein bestimmtes Ziel gerichteten Intelligenz gesteuert wird. Einen Teppich aufrollen, ein Paar Schuhe bürsten, ein Becken oder einen Fußboden putzen, den Tisch decken, Schubladen und Klappen, Türen und Fenster auf- und zumachen, ein Zimmer aufräumen, einen Stuhl ordentlich hinstellen, einen Vorhang zuziehen, ein Möbelstück umstellen usw., das sind Übungen, bei denen bald der ganze Körper etwas tut, bald die eine oder andere Bewegung geübt und perfektioniert wird. Durch die gewohnte Arbeit lernt das Kind Arme und Hände bewegen und die Muskeln stärker auszubilden als durch gewöhnliche Gymnastik. Die Übungen des praktischen Lebens sind jedoch nicht als einfache Muskelgymnastik anzusehen, sie sind eine „Arbeit". Es ist die entspannende Arbeit der Muskeln, die etwas tun, ohne zu ermüden, weil das Interesse und die Unterschiedlichkeit sie bei jeder Bewegung neu beleben. Es ist die natürliche Übung des Menschen, der, wenn er sich bewegt, auch ein zu erreichendes Ziel haben sollte: Die Muskeln sollten immer dem Verstand dienen und somit einen Teil der funktionellen Einheit der menschlichen Persönlichkeit bilden. Wenn der Mensch ein intelligentes und dazu von den Muskeln her ein aktives Wesen ist, dann erholt er sich bei einer intelligenten Tätigkeit, wie dies jedes Wesen bei der normalen Ausübung seiner Funktionen tut. Wir müssen also dem Kinde in seinerUmgebung „Mittel" zur Ausübung seiner Tätigkeit geben und uns dabei vor Augen halten, daß das Kinderhaus Kinder verschiedenen Alters, und und zwar von 3 bis 6 Jahren, beherbergt, die alle zusammenleben wie Geschwister in einer Familie und folglich unterschiedliche Beschäftigung brauchen.

Die dem praktischen Leben dienenden Gegenstände haben keine wissenschaftliche Aufgabe; es sind dieselben, wie sie überall benutzt werden, wo es Kinder gibt; die das Kind auch im Elternhaus in Gebrauch sieht, und zwar in den auf den kleinen Menschen zugeschnittenen Proportionen. Ihre Menge wird nicht durch die Methode bestimmt, sondern hängt von den Möglichkeiten der Schule ab und vor allem von der Zeit, die das Kind dort tagsüber verbringt. Wenn der Schule ein Garten angeschlossen ist, gehören zu den praktischen Arbeiten die Pflege der Beete, das Säubern der Pflanzen oder die Ernte der dort reifenden Früchte usw. Halten sich die Kinder sehr lange dort auf, dann gehört zu den Beschäftigungen das Mittagessen, das zu größeren Mühen und zu den schwierigsten und interessantesten Übungen des Lebens Veranlassung gibt, wie zum Beispiel den Tisch mit großer Sorgfalt decken, die Speisen auftragen, anständig essen, Teller und Gläser spülen, Tischtücher auflegen und wieder an ihren Platz bringen, und noch vieles mehr.

Die Arbeit

Das Kind zieht sich von alleine aus, wenn es in die Schule kommt. Kleine Kleiderhaken, so tief angebracht, daß der Arm eines Dreijährigen sie mühelos erreicht, stehen ihm zur Verfügung. Kleine Wasserhähne, so niedrig, daß sie noch nicht einmal in Kniehöhe eines Erwachsenen reichen, mit ganz kleinem Zubehör, wie winzigen Seifestücken, Nagelbürstchen, kleinen Handtüchern, befinden sich in Reichweite des Kindes, oder, falls kein fließendes Wasser vorhanden ist, gibt es ein Waschbecken, vielleicht auch eine auf ein Tischchen gestellte kleine Waschschüssel mit einem kleinen Krug und einem Behälter für das schmutzige Wasser. Ein Kistchen mit Schuhbürsten, einige an der Wand befestigte Säckchen mit so kleinen Kleiderbürsten, daß ein winziges Händchen sie richtig greifen kann, sind praktische Dinge. Wo es geht, sollte man ein kleines Wandbrett mit darüberhängendem Spiegel anbringen; letzterer sollte jedoch so niedrig hängen, daß er etwa die Mitte zwischen Fuß und Knie eines Erwachsenen erfaßt; das Kind kann dann im Sitzen in den Spiegel blicken und die Haare ordnen, falls sie beim Mützeabnehmen oder durch den Wind draußen zerzaust wurden. Dort liegen auch ein Haarbürstchen und ein winziger Kamm. Das Kind zieht die Schürze oder den Kittel an, und schon kann es eintreten.

Falls in der Schule etwas nicht in Ordnung ist, so ergibt sich daraus Arbeit. Vielleicht sind angewelkte Blumen in den Vasen, die weggeworfen werden sollten, oder das Wasser muß erneuert werden. Die so geliebte und wunderschöne Figur des Jesuskindes ist nicht abgestaubt worden, sie muß sauber gemacht werden. Verschiedenartige und -farbige Lappen hängen an Haken neben Staubwedeln aus Federn in bunten Farben; daraus wird das am besten geeignete Stück herausgesucht, und das Abstauben beginnt. Ein Tisch hat einen Fleck! Was zum Reinigen gebraucht wird, ist da: Seife und Bürste. Wenn dann etwas Wasser auf den Boden getropft ist, muß es schleunigst aufgewischt werden. Oder falls Brotkrumen oder welke Blätter auf den Boden gefallen sind, gibt es einen kleinen leichten Besen, einladend mit seinen schönen Farben oder den Bildern, die den vor Lack und Sauberkeit glänzenden Stiel schmücken. Was wäre hübscher als der Abfalleimer, grün mit roten Punkten, oder weiß, wie ein frisch gewaschenes Laken. Es muß sich immer die Gelegenheit für solche Beschäftigung bieten: sie hat keinen festen Zeitplan, weder morgens noch abends. Stets beobachtet das Kind aufmerksam seine Umgebung, sein „Heim", und wenn ein Stuhl nicht an seinem Platz steht und den Eindruck von Unordnung gibt, dann können wir ganz sicher sein, daß die Kleinsten das zuerst merken, denn wenn sie noch keine drei Jahre alt sind, ist das Zurechtrücken von Möbeln und das Ordnen der Dinge die höchste und am meisten adelnde Arbeit, die folglich auch am stärksten zur Tätigkeit anregt und einlädt.

Die Stimme der Dinge

Die Lehrerin überwacht, das ist richtig, doch sind es Dinge verschiedener Art, welche Kinder verschiedenen Alters „ansprechen". In Wahrheit sind der Glanz, die Farben, die Schönheit lustiger und verzierter Dinge ebenso viele „Stimmen", welche die Aufmerksamkeit des Kindes auf sich ziehen und es zum Handeln anregen. Diese Gegenstände haben eine Beredtsamkeit, die keine Lehrerin jemals erreichen könnte: nimm mich, sagen sie; mach mich nicht kaputt; stell mich auf meinen Platz! Und die ausgeführte Handlung im Einklang mit der Aufforderung der Dinge gibt dem Kind diese freudige Zufriedenheit, dieses Aufblühen von Energie, die es für die schwierigeren Arbeiten seiner geistigen Entwicklung prädisponieren. Oftmals ist es jedoch mehr als eine Stimme, mit der die Dinge rufen: Der Ruf ist ein komplexer Befehl; manche wichtigen Arbeiten erfordern nicht nur ein einziges Kind, sondern eine organisierte Gemeinschaft und verlangen eine

▼ Lehrzeit und eine lange Vorbereitungszeit. Dies ist beim Tischdecken, beim Essenauftragen und beim Geschirrspülen der Fall.

Die Talente

Es wäre ein Irrtum, wollte man die Fähigkeiten der Kinder ohne vorherige Erfahrung nach ihrem Alter beurteilen und einige Kinder ausschließen in der Annahme, sie könnten keinerlei Hilfe geben. Die Lehrerin soll immer die Wege bahnen und niemals jemand aus Mangel an Vertrauen zurückweisen. Auch die kleinsten Kinder wollen etwas **tun, werden dazu getrieben, sich stärker als die großen zu betätigen.** Die gute Lehrerin wird sich also überlegen, welchen Beitrag auch das winzigste Wesen leisten kann. Vielleicht kann der Zweieinhalbjährige Brot, der Viereinhalbjährige hingegen den Topf mit warmer Suppe tragen. Die Bedeutung der Arbeit beschäftigt die Kinder nicht, sie sind zufrieden, wenn sie *das Höchste* gegeben haben, *dessen sie fähig sind*, und sich nicht von den Möglichkeiten ausgeschlossen sehen, die ihnen ihre Umgebung zur Betätigung bietet. Die Arbeit, bei der die größten Möglichkeiten jedes einzelnen zum Ausdruck kommen, erregt höchste Bewunderung. Sie haben etwas wie einen inneren Ehrgeiz, der darin besteht, die „Talente", die Gott ihnen anvertraut hat, wie in der Parabel des Evangeliums voll zu nutzen, und wenn ihnen dies gelingt, dann ziehen sie das bewegte Interesse vieler Bewunderer auf sich. **Zum Mahl eingeladene Kinder wollen nicht nur essen, sondern lieben** diese wunderbare Gelegenheit, ihre inneren Kräfte und häufig auch ihre edlen Gefühle zu entfalten, auf die Spielgefährten zu warten, Gebete zu sprechen. Sie verlieren keine Zeit und verstehen die Gelegenheit zu nutzen. Der winzige Kellner in seiner weißen Schürze, der still und gedankenvoll vor dem Tisch steht, auf den er gerade voller Eifer das Tischtuch gelegt hat, denkt über die Anzahl der Gäste nach, also auch über die beste Anordnung der Gedecke, die er bald auflegen muß. Das lachende Mädchen, das so langsam Wasser in die Gläser gießt, führt das kleine Händchen, damit die Flasche den Glasrand nicht berührt und der letzte Wassertropfen nicht auf das Tischtuch fällt. Eine Gruppe von Serviererinnen kommt laufend und tänzelnd herbei; jede trägt einen Stoß aufeinandergestapelter Teller, das Geschirr für jeden Tisch; die Zufriedenheit hat wie Musik ihren Körper leichter gemacht und belebt.

Präzision ▼

Wer mit diesen Kindern in Kontakt bleibt, erkennt, daß hinter der Aktivität, die sie zum Erreichen verschiedener praktischer Ziele führt, ein besonderes Erfolgsgeheimnis liegt, die Präzision, die Genauigkeit, mit der die Dinge getan werden müssen. Der äußere Zweck, Wasser in ein Glas zu gießen, interessiert sehr viel weniger als das Gießen, ohne daß der Rand des Glases mit der Flasche berührt wird und ohne daß der letzte Wassertropfen auf das Tischtuch fällt. Händewaschen ist reizvoller, wenn man sich genau daran erinnern muß, an welchen Platz die Seife gehört und wo das Handtuch aufzuhängen ist.

Die unbestimmte Bewegung ist eine grobe Funktion; wenn sich darin jedoch das Motiv für eine Vervollkommnung einfügt, gewinnt sie an Wert: Die Hände werden dann nicht mehr gewaschen, lediglich um sauber zu werden, sondern vor allem, um die Geschicklichkeit zu erwerben, sie vollendet zu waschen. Werden die Hände so gewaschen, sind sie nicht nur sauber, sondern man wird geschickter, man erzielt eine Verfeinerung, die ein Kind mit sauberen Händen über die anderen stellt. Diese Entdeckung, daß Kinder nicht nur die Tätigkeit lieben, die einen bestimmten Zweck verfolgt, sondern auch durch Einzelheiten, also durch exakte Ausführung angezogen werden, hat der Erziehung ein weiteres Feld erschlossen, und zwar ragt in erster Linie *die Erziehung der Bewegungen* hervor; während das Lernen von praktischen Dingen nur als äußerer Anreiz dient, ist das offensichtliche Motiv ein tiefes Bedürfnis nach Organisation.

Das sensible Alter[32]

Die Kinder sind also in einem Alter, in dem die Bewegungen grundlegendes Interesse haben. Sie scheinen darauf erpicht, zu erfahren, wie man sich bewegen muß. Sie durchlaufen eine Lebensepoche, in der sie Herr über ihr eigenes Tun werden müssen. Wir erkennen von außen her die innersten physiologischen Gründe nicht, und doch durchlaufen die Werkzeuge der Muskeln und Nerven dann eine Periode, in der die

---

[32] Der hier auftauchende Begriff des sensiblen Alters wird in der Lehre von den sensiblen Perioden in späteren Schriften Montessoris ausführlicher behandelt; vgl. besonders: Kinder sind anders (d. Hrsg.).

▼ Koordination der Bewegungen befestigt wird. Sie sind in der kostbaren und flüchtigen Epoche des endgültigen Aufbaus. In solchen Lebensabschnitten ist eine Einführung in die Vervollkommnung eine besonders produktive erzieherische Aufgabe; die Lehrerin steht vor einer außergewöhnlich reichen Ernte und braucht beim Säen nur eine ganz geringe Mühe aufzuwenden. Sie unterrichtet Menschen, die nach diesem speziellen Wissen begierig sind.

Sie hat das Gefühl, mehr als nur zu unterrichten, nämlich zu beschenken, eine Wohltat zu begehen. Wenn die Lehrerin in diese Vielzahl kleiner Kinder die für das entsprechende Alter *erforderliche* Saat streut, fühlt sie, daß sie eines der kostbarsten barmherzigen Werke vollbringt, so als gäbe sie den Ausgehungerten zu essen. Später neigen dieselben Kinder dazu, die Exaktheit der Bewegungen zu vernachlässigen; dann geht der konstruktive Zeitraum der Muskelkoordination langsam seinem Ende zu. Die Seele des Kindes setzt sich darüber hinweg, es wird dann nicht mehr diese Liebe dazu haben. Seine Seele muß einen vorgezeichneten Weg gehen, genauso unabhängig von seinem eigenen Willen wie von der Geschicklichkeit der Lehrerin. Später wird es dann von der Pflicht dazu gebracht, in freiwilligem Bemühen das zu bewahren, was es in Fülle während des Alters der Liebe schuf, also während der Zeit, in der es in sich selbst neue Fähigkeiten bilden mußte. In einer solchen Epoche besteht also die Möglichkeit, kleine Kinder in die Analyse der Bewegungen einzuführen.

Analyse der Bewegungen

Jede komplexe Handlung hat aufeinanderfolgende, jedoch voneinander sehr verschiedene Momente. Die Analyse der Bewegungen besteht darin, zu versuchen, diese aufeinanderfolgenden Schritte zu erkennen und dann exakt und getrennt auszuführen.

Beim An- und Ausziehen zum Beispiel werden sehr komplexe Handlungen verrichtet, die wir Erwachsene sehr unvollkommen ausführen, außer wenn wir eine besondere gesellschaftliche Stellung innehaben. Die Unvollkommenheit besteht darin, verschiedene aufeinanderfolgende Bewegungen der Handlung gleichzeitig durchzuführen und miteinander zu verwechseln. Ähnlich verhält es sich bei der *unsauberen Aussprache* langer Wörter, in denen verschiedene Silben in einen unbestimmten, manchmal unverständlichen Laut zusammengefaßt werden. Der Betreffende spricht schlecht, er analysiert die einzelnen, das Wort bildenden Laute nicht. Verschlucken oder Durcheinanderbringen von Lauten hat nichts mit langsamer oder schneller Sprechweise zu tun. Man kann klar und schnell sprechen. Wer die Wörter nachlässig ausspricht, hat oft eher eine langsame Sprache. Es handelt sich also nicht um Schnelligkeit, sondern um Exaktheit. Nun haben wir im allgemeinen in Verbindung mit vielen Bewegungen eine Ungenauigkeit, die von mangelhafter Erziehung herrührt und uns wie ein Stigma von Minderwertigkeit anhaftet, obwohl wir uns dessen nicht bewußt sind. Nehmen wir zum Beispiel an, wir wollen uns die Jacke zuknöpfen; nachdem wir mehr oder weniger hineingeschlüpft sind, beginnen wir damit, den Daumen in ein Knopfloch zu stecken und die gegenüberliegende Seite auf der Suche nach dem Knopf abzukratzen; am Schluß bleibt uns unbewußt, was den Knopf veranlaßte, in das Knopfloch zu schlüpfen. Dabei wäre es als allererstes erforderlich, die beiden Jackenränder übereinander zu legen, dann den Knopf in Richtung auf das Knopfloch zu drehen, ihn durchzuziehen und schließlich wieder gerade zu richten. So machen es ja auch Diener und Schneider, wenn sie ihren Herrn oder Kunden anziehen. Die Kleider bleiben dann lange Zeit unbeschädigt, während sie sich sonst nach drei- oder viermaligem Zuknöpfen verziehen und ihre elegante Gepflegtheit verlieren. Aus der gleichen Unfähigkeit heraus verschandeln wir Schlösser, wenn wir die Schlüssel blindlings hineinstecken und die beiden aufeinanderfolgenden Arbeitsgänge, nämlich den Schlüssel zu drehen und die Tür aufzuziehen, durcheinander bringen. Wir ziehen oft die Tür mit dem Schlüssel auf, auch wenn er nicht zu diesem Zweck gemacht wurde, wie es die mehr oder weniger auffälligen Türgriffe erkennen lassen. In gleicher Weise beschädigen wir unsere besten Bücher beim Durchblättern, weil wir etwas tun, das unangemessen für den Zweck ist. Was den so schlecht behandelten Gegenständen widerfährt, fällt auf uns zurück: weil unsere Bewegungen weiterhin so ungeschliffen, so grobschlächtig bleiben, daß sie der Harmonie der ganzen Person abträglich sind. In der Tat, wenn wir beobachten, wie sich ein Aristokrat, ein Mensch, den wir als vornehm bezeichnen, bewegt, so finden wir nichts weiter als Bewegungen, deren einzelne Momente lückenlos aufeinander folgen. Und gerade dieser Personenkreis ist es, der sich unbefangen und ungezwungen bewegt.

Ökonomie der Bewegungen

Die Analyse der Bewegungen ist mit der Sparsamkeit der Bewegungen verbunden: Keine für einen bestimmten Zweck überflüssige Bewegung zu machen ist letzten Endes der höchste Grad an Vollkommenheit. Daraus ergibt sich dann die ästhetische Bewegung, die künstlerische Haltung. Die griechischen Bewegungen sowie die, welche ihnen heute ähneln, beim japanischen Tanz zum Beispiel, sind nichts weiter als eine Auslese der unbedingt notwendigen Bewegungen in der analytischen Folge der Handlungen. Doch dies bezieht sich nicht ausschließlich auf die Kunst, es ist ein allgemeines Prinzip jeder Handlung im Leben. Eine ungraziöse, eine vulgäre Bewegung steckt gewöhnlich voller unnötiger Handlungen für einen bestimmten Zweck. Wer aus dem Wagen steigt und dabei den Schlag öffnet oder den Fuß auf das Trittbrett stellt, bevor der Wagen hält, begeht unbewußt zwei oder drei unnütze Handlungen, da er ja noch nicht aussteigen kann. Aber all dies ist nicht nur unnütz im Hinblick auf den Zweck, aus dem Wagen zu steigen, sondern enthüllt auch, daß es sich um einen gewöhnlichen Menschen handelt.

Diese Dinge scheinen kompliziert und schwer erlernbar, doch es gibt ein Alter, in dem Bewegungsübungen interessant, begeisternd sind; in dem die Muskel- und Nervenwerkzeuge für die Ausführung formbar sind und in dem auch für die Zukunft der vornehme Mensch und der grobschlächtig bleibende gezeichnet werden: das ist das Alter der Kindheit.

Die Knüpfrahmen

Knüpfrahmen sind Gegenstände, die den Kindern als Übung zur Analyse der Bewegungen dienen: es handelt sich dabei um einen Holzrahmen mit zwei Rechtecken aus Stoff, die miteinander verbunden werden können. Jeder Rahmen hat eine andere Verbindungsart: Knöpfe, Haken, Schnürsenkel, Bänder, Schnallen, mechanische Verschlüsse usw. Dieses Entwicklungsmaterial geht von den praktischen Handgriffen beim Anziehen aus. Die beiden Stoffstreifen sind zunächst so nebeneinander zu legen, daß die Schließvorrichtungen gegeneinander stehen. Falls es sich dabei um Ösen handelt, in die ein Schnürsenkel eingefädelt werden soll, oder um Knopf und Knopfloch oder um zu knüpfende Bänder, so sind dazu verschiedene Handgriffe erforderlich, kompliziert genug, um dem Kind die Aufeinanderfolge der verschiedenen Handgriffe verständlich zu machen, von denen jeder zu Ende geführt werden muß, bevor man zum nächsten übergehen kann. Beispiel: Der Knopf muß mit der einen Hand geneigt werden, während die andere das Knopfloch so zieht, daß es über dem hochkant gestellten Knopf liegt: dann wird der Knopf durchgezogen, danach flach gelegt. Nachdem die Lehrerin ganz genau gezeigt hat, wie zu verfahren ist, versucht das Kind immer wieder, auf- und zuzuknöpfen, bis es Geschick und Schnelligkeit erworben hat.

Weitere Mittel

Folgende Aufzählung mag als Beispiel für analoge Handlungen dienen: ein Schloß schließen oder öffnen, wobei die verschiedenen Bewegungen voneinander getrennt werden, nämlich den Schlüssel einstecken und dabei waagerecht halten, dann umdrehen, dann die Schublade herausziehen oder die Tür öffnen.

Ein Buch richtig aufschlagen, dann jede einzelne Seite umblättern und dabei vorsichtig anfassen.

Weiter: Aufstehen und sich dabei auf einen Stuhl setzen, Gegenstände von einem Platz zum anderen bringen (vor dem Hinstellen stehenbleiben); Laufen und dabei Hindernissen aus dem Weg gehen, also weder an Menschen noch Dinge anstoßen. Das sind einige Beispiele für die häufigsten Übungen, die in den Kinderhäusern immer wieder gemacht werden.

Außerdem wird eine andere Gruppe von Handlungen in das praktische Leben des Kindes eingeführt, und zwar alles, was zu den äußeren Formen der gesellschaftlichen Beziehungen gehört, wie grüßen, einen heruntergefallenen Gegenstand aufheben und anderen reichen, vermeiden, jemandem vor die Füße zu laufen, den Vortritt lassen und vieles mehr.

Die Linie

[33] Bei allem, wo ein und dieselbe grundlegende Sache in vielfältigen Ausdrucksformen vorkommt, wird sie wie der Schlüssel zu einem all-

---

[33] Vgl. 1. deutsche Auflage, S. 135 (d. Hrsg.).

▼ gemeinen Problem gesucht. Die Vervollkommnung der verschiedenartigsten Bewegungen hat auch ihren Schlüssel: die unerläßliche zentrale Bedingung, mit der die ganze Vervollkommnung zusammenhängt, nämlich das Gleichgewicht des Menschen. Wir haben deshalb ein Mittel erdacht, um den Kleinen zu helfen, ein sicheres Gleichgewicht zu finden und gleichzeitig die grundlegendste aller Bewegungen zu vervollkommnen: das *Gehen*.

Eine in Form einer langen Ellipse auf den Fußboden aufgezeichnete Linie (mit Kreide oder einer lange sichtbar bleibenden Farbe) wird so begangen, daß der Fuß ganz auf die Linie gesetzt wird, also letztere längs der Fußachse verläuft. Als erstes muß die genaue Stellung des Fußes gezeigt werden: Fußspitze und Absatz sind beide auf der Linie. Jeder, der den Versuch macht, die Füße nacheinander in dieser Stellung vorwärts zu bewegen, hat den Eindruck zu fallen. Es handelt sich also um eine unerläßliche Anstrengung, die zur Festigung des Gleichgewichtes beim Menschen führt. Beginnt das Kind nun, sicher zu gehen, wird es unterwiesen, eine weitere Schwierigkeit zu überwinden: die Füße sollen so nach vorne bewegt werden, daß die Ferse des vorderen die Spitze des hinteren berührt. Die Übung erfordert nicht nur die Anstrengung, das Gleichgewicht zu behalten, sondern eine intensive Aufmerksamkeit des Kindes, um die Füße in die gewünschte Stellung zu bringen. Dabei wird auf die natürliche Neigung zurückgegriffen, die wir alle bei Kindern beobachtet haben, wenn sie über einen Träger oder einen Balken gehen. Das erklärt ihr intensives Interesse an unseren Übungen auf der Linie und deren Weiterentwicklung in unseren Schulen.

Eine Lehrerin spielt Klavier oder bringt die Töne einer Geige oder einer kleinen Orgel zu Gehör, und zwar nicht, damit die Kinder nach einem bestimmten musikalischen Rhythmus gehen, sondern um der Bewegung die bei Anstrengungen so nützliche Lebhaftigkeit zu verleihen.

Gleichzeitige Übungen

Heute[34] gehört zur festen Materialausstattung in unseren Schulen ein Gestell, auf das zahlreiche verschiedene, durch ihre lebhaften Farben

---

[34] „Heute" bezieht sich auf den Zeitpunkt des Erscheinens der 3. italienischen Auflage (1926); seit 1937 statt dessen eine Kollektion von Nationalflaggen (d. Hrsg.).

anziehend wirkende Fähnchen gesteckt sind. Wir wissen, wie gern die ▼
Kinder sie in den Händen halten. Wer auf dieser Linie geht, darf also
nach Überwindung der ersten Schwierigkeiten und Erzielung des
Gleichgewichts eines dieser Fähnchen nehmen, vorausgesetzt, er kann
es in die Höhe halten. Wird der Arm nicht sehr aufmerksam kontrolliert, senkt sich das Fähnchen allmählich. Die Aufmerksamkeit muß
sich also verteilen, um nicht nur die Füße, die sich eifrig auf die Linie
setzen, sondern auch den Arm, der das Fähnchen hält, zu überwachen.

Die nächsten Schwierigkeitsgrade bilden Übungen, bei denen die
Bewegungen immer eingehender kontrolliert werden: Einmal haben
wir eine Reihe von Gläsern, die mit gefärbter Flüssigkeit fast bis zum
Rand gefüllt sind; das Glas muß beim Gehen ganz gerade gehalten
werden, um die Flüssigkeit nicht zu verschütten. Die ganze Hand muß
also von demselben Willen beherrscht werden, der gleichzeitig die
Füße lenkt, damit sie die Linie nie verlassen.

Als weitere Gegenstände dienen Glocken, die man beim Vorübergehen aufnehmen und unbeweglich gerade, also senkrecht halten muß.
Beim Gehen rund herum auf der Linie darf kein Laut zu hören sein;
der Klang der Glocke verrät jede Unaufmerksamkeit.

Ist dieser Punkt erreicht, besteht ein Interesse, immer größere
Schwierigkeiten zu überwinden. Das kleine Kind stürzt sich in eine
fröhliche Gymnastik, die es ihm mit der Zeit ermöglicht, alle seine
Bewegungen zu beherrschen. Sein Selbstvertrauen macht es häufig
kühn. Ich habe gesehen, wie Kinder verschiedene zu einer Säule aufgestapelte Würfel in der Hand hielten und im Kreis herumtrugen,
ohne sie fallenzulassen, wie andere sich Körbchen auf den Kopf setzten und vorsichtig vorwärtsgingen.

Unbeweglichkeit und Stille

Eine ganz andere Art von Übungen zur Kontrolle der Bewegungen
besteht darin, eine absolute Stille (soweit es die Kinder betrifft) zu
ermöglichen. Man ist nicht von ungefähr unbeweglich und schweigt,
sondern es ist eine stufenweise erreichte Vervollkommnung, keinen
Laut von sich zu geben, nicht das geringste Geräusch zu verursachen,
das man beim Bewegen eines Fußes, beim Streifen einer Hand oder
beim hörbaren Atmen machen kann. Die absolute Stille entspricht

▼ absoluter Unbeweglichkeit. Allerdings reihen wir das Schweigen unter die Übungen der Sinnesorgane ein, und dieser einfache Hinweis soll nur zur Vervollständigung des Rahmens dienen, der zur Analyse und Koordinierung der Bewegung beiträgt.

Offene Wege

Der Endzweck solcher Übungen ist die Vervollkommnung des Individuums, das sie ausführt. Doch die Wege, die sich neuen Möglichkeiten erschließen, sind vielfältig. Der verfeinerte Mensch auf dem Wege zur Vervollkommnung wird zu vielen Dingen fähig, und die Vervollkommnung zeitigt auch praktische Folgen.

Das Kind, das seine Handlungen durch lange und wiederholte Übung zu beherrschen gelernt hat, das zufrieden ist, seinem Tätigkeitsdrang auf angenehme und interessante Weise nachgehen zu können, ist voller Freude und Gesundheit und zeichnet sich durch seine Ruhe und seine Disziplin aus.

Es hat sich auch auf natürliche Weise eine große praktische Geschicklichkeit angeeignet. Sein Körper ist bereit, auf musikalische Schwingungen anzusprechen, er hat sich vorzüglich auf die rhythmische Gymnastik vorbereitet. Beim nächsten Schritt bleibt die Musik nicht neutrale Belebung der Anstrengung, sondern leitet, von innen heraus, die ihrem Rhythmus gehorchenden Bewegungen.

Kommen wir nun zu einem ganz anderen Zusammenhang: Unsere Kleinen sind bereit, eine heilige Stätte zu betreten, wo Unbeweglichkeit und Stille für jeden eine Pflicht sind, der sich würdig erweisen will, sie aufzusuchen. Jetzt sind sie voll aktiver Aufmerksamkeit, die alle ihre Muskeln durchdringt. Sie können gehen, ohne Lärm zu machen, aufstehen und sich setzen, Stühlchen verstellen, ohne den Frieden des Gotteshauses zu stören. Das ist noch keine religiöse Empfindung, doch die Kleinen sind praktisch bereit, die für die Religion bestimmte Stätte würdevoll zu betreten. Das Kind hat sich verfeinert und vervollkommnet und ist deshalb in der Lage, jeden zu seiner Erhöhung führenden Weg zu betreten [35].

---

[35] Vgl. Kapitel XXII dieses Buches und die näheren Ausführungen in der dort angegebenen Literatur (d. Hrsg.).

Das freie Leben

Wer sich selbst erobert, der erobert auch die Freiheit, denn in ihm verlieren sich sehr viele ungeregelte und unbewußte Reaktionen, die die Kinder unausweichlich unter die ständige steife Kontrolle der Erwachsenen stellen. Diese Kinder können ruhig in einen Garten gehen, ohne Beete und Blumen zu beschädigen, auf den Rasen laufen, ohne etwas Unpassendes zu tun. Würdevolle und graziöse Haltung, ungezwungene Bewegungen sind Geschenke, die ihre mit Geduld und Mühe erworbenen Fähigkeiten überhöhen. Dem englischen Begriff entsprechend sind sie „kontrollierte" Wesen[36], und soweit ihre eigene Kontrolle reicht, haben sie sich von der Kontrolle der anderen befreit. Wer sich in das theoretische Studium unserer Methode vertieft, erhält einen Eindruck, der grundsätzlich dem Vorurteil entgegensteht, das er sich mit einer gewissen Sorge gebildet hatte: „Das Kind ist frei, zu tun, was es will." Nun beginnt er statt dessen um dieses kleine Kind zu bangen, das er frei wähnte, das jedoch gezwungen wird, beim Gehen die Füße ganz genau auf einer Linie zu bewegen, das sich darin übt, seinen kleinen Körper ganz unbeweglich zu halten, das mit der Geduld eines Knechtes arbeitet und jede Bewegung analysiert. Allein die unmittelbare Anschauung beweist ihm, daß diese Kinder „sich glücklich ganz und gar in diese Opfer stürzen", und er überzeugt sich, daß die Bedürfnisse dieser in der Entwicklung begriffenen Kleinen grundlegend dem „Entwicklungsbedürfnis" unterliegen.

Die Wirklichkeit

Die Gleichgewichts- und Analyseübungen, welche den Gleichgewichtsmechanismus des einzelnen festigen und ihn daran gewöhnen, aufmerksam jede Bewegung zu verfolgen, beeinflussen, je vollkommener sie werden, die Durchführung jeder Bewegung. Die Übungen des praktischen Lebens lenken das lebendige Bewußtsein des Kindes auf die zahlreichen Handlungen, die es im Laufe des Tages vollbringt, was zu einer gegenseitigen Beeinflussung führt: die Analyse hilft bei der Synthese und ihren Anwendungen und umgekehrt.

Das Geheimnis der Vervollkommnung liegt in der Wiederholung,

---

[36] Gemeint ist der englische Begriff „self-control" (d. Hrsg.).

▼ und deshalb in der Verbindung der Übungen mit den üblichen Verrichtungen des wirklichen Lebens. Würde das Kind nicht für eine Gemeinschaft von Personen den Tisch decken, die tatsächlich zu Mittag essen, verfügte es nicht über richtige Bürsten, die säubern, und richtige Teppiche, die nach jedem Gebrauch sauber zu machen sind, müßte es nicht selbst Teller und Gläser spülen und abtrocknen usw., dann würde es keine wirkliche Geschicklichkeit erreichen. Und würde es nicht in der Gesellschaft leben unter Beachtung der Erziehungsregeln, dann könnte es niemals diese einnehmende Ungezwungenheit erlangen, die bei unseren Kindern so anziehend wirkt. Auch der Wissende braucht den ständigen Kampf, um sich durchzusetzen, um nicht in den Abgrund von Trägheit zu geraten, der uns auffordert, auf unserem Gang zur Vollkommenheit anzuhalten, wie die Schwerkraft am Ende auch die glänzendste und glatteste auf dem flachsten Weg rollende Kugel zum Stehen bringt. Die höchste Verfeinerung erlernt zu haben, wäre bedeutungslos, würde diese nicht in lebendigem Kontakt mit der üblichen Praxis verbleiben, der mannigfaltige Motive Antrieb und Kontinuität verleihen und die Früchte der erworbenen Geschicklichkeit wechselseitig vermitteln. Grobheit, Ungenauigkeit kämen an die Oberfläche genau wie Unkraut, das sogar inmitten von trockenen Steinen und Kieseln wächst, die doch von Natur aus vor ihnen geschützt sein sollten.

Die Einordnung der Handlungen

Ein gewöhnlich sehr schlecht verstandenes Detail ist die Unterscheidung zwischen der Methode, die lehrt, wie man handeln soll, wobei jedoch die praktischen Anwendungen des Handeln freigestellt bleiben, und den erzieherischen Kriterien anderer Methoden, wo das Kind in jede Handlung eingeführt wird und ihm dabei die Geschicklichkeit und der Wille des Erwachsenen aufgezwungen werden. Diejenigen, welche sich an die alten Begriffe halten, glauben, daß wir das Kind, indem wir seine Freiheit verteidigen, ohne Geschicklichkeit und willenlos lassen wollen, da wir ihm diese spezielle Unterstellung gegenüber dem Willen des Erwachsenen nehmen. Wir hingegen verstehen die Dinge nicht so einfach; unsere Erziehung ist nicht negativ, sie nimmt nichts weg, sondern verlagert, intensiviert und verfeinert.

Alles muß gelehrt, alles mit dem Leben in Verbindung gebracht werden, doch die Handlungen, welche die Kinder zu verrichten und in die Praxis des Lebens *einzuordnen* gelernt haben, dürfen nicht dadurch unterdrückt werden, daß wir sie im einzelnen dirigieren. Diese Einordnung der Handlungen an ihren Platz gehört zu den erhabensten Bemühungen für das Kind. Es hat nicht nur die Stille gelernt, sondern auch sie einzuordnen: in der Kirche ist es schweigsam. Es hat nicht nur die Kniebeugung gelernt, sondern auch ihre Einordnung vor dem Altar. Es hat nicht nur gelernt, auf verschiedene Weise zu grüßen, sondern auch davon Gebrauch zu machen, je nachdem, ob es einem Kind, einem Verwandten, einem Fremden oder einer ehrwürdigen Persönlichkeit gegenübersteht. Es muß also die zahlreichen Dinge, die es vollendet erlernt hat, während der verschiedenen Zeitpunkte in seinem Leben gebrauchen und einordnen. Es entscheidet selbst: Diese Anwendungsweise ist die Leistung seines Bewußtseins, die Ausübung seiner Verantwortlichkeit. So wird es von der größten Gefahr befreit: dem Erwachsenen die Verantwortung für seine Taten aufzubürden und das eigene Bewußtsein zu einem trägen Dämmerschlaf zu verurteilen.

Die neue Erziehungsmethode besteht nicht nur darin, die Mittel für die Entwicklung der einzelnen Handlungen zu geben, sondern auch darin, dem Kind die Freiheit zu lassen, darüber zu bestimmen.

Und dies verwandelt das Kind in den kleinen denkenden und eifrigen Menschen, der in seinem tiefsten Innern Entscheidungen und eine Wahl trifft, die ganz anders sind, als wir angenommen hätten, oder der mit einem raschen, großzügigen Impuls oder mit taktvoller Zuneigung Dinge tut, die ihm sein Innerstes gerade eingeben. Auch hierin, ja ganz besonders hierin, übt er sich. So beschreitet er mit erstaunlicher Sicherheit die Wege seines eigenen Bewußtseins.

Die innerliche Arbeit des Kindes ist von einer gewissen keuschen Sensibilität. Sie zeigt sich nur, wenn der Erwachsene nicht mit seinen Anweisungen eingreift, die aus Überprüfung, Ratschlägen und Ermahnungen bestehen. Lassen wir das Kind seine Geschicklichkeit ungehindert anwenden, wird es sich als empfänglich für die größeren Errungenschaften erweisen, die es nach und nach erreicht. Es verhält sich peinlichst gewissenhaft, wenn es jeder Tätigkeit den ihr gebührenden Platz zuweist, genau wie das jüngere, etwa zweijährige Kind voller Stolz empfindet, daß es die Dinge an ihrem Platz einzuordnen versteht.

▼ Begrüßt das Kind eine die Schule besuchende Respektsperson, fühlt es nicht nur, daß es grüßen kann, sondern auch, daß es seine Grußform an der richtigen Stelle einordnet. Wenn es sich in der Schule setzt oder in der Kirche niederkniet, ordnet es selbst die erlernten vervollkommneten Handlungen in die richtige Reihenfolge ein. Dies ist gleichzeitig ein Können und ein Wissen; beide heben sein Selbstbewußtsein. Das kleine Kind, das den ersten Teller Suppe ausgelöffelt hat, wird nicht ein zweites Mal um Suppe bitten, wenn es gelernt hat, daß es dies nicht tun soll, daß dieser Instinkt in diesem Moment zu unterdrücken ist. Und es wird geduldig warten, bis der Kellner, genau wie es darauf bedacht, die Dinge richtig zu machen und alles Gelernte gut einzuordnen, zum zweitenmal um den Tisch geht und allen, deren Teller leer ist, ein zweites Mal Suppe anbietet.

Sei es nun Tischgast oder Kellner, Künstler oder Lernender, die innerste Befriedigung des Kindes besteht darin, etwas bewußt *gut zu machen*, und zwar im Einklang mit hohen Prinzipien.

Gymnastik und Spiele

Was sollten Gymnastik, wie man sie normalerweise versteht, und Spiele im Freien sein? Ein Mittel, überströmende Energie, also den „Überschuß" an Energie, zu verausgaben. Es sollte die sorglose Verschwendung der Kräfte sein, welche die planmäßig gestaltete tägliche Arbeit nicht verbraucht hat. Das ist etwas ganz anderes, als wenn man Spiele und Gymnastik als einzigen Weg zur körperlichen Ertüchtigung betrachtet, gewissermaßen als Reaktion, um sich vor den Gefahren der Trägheit zu bewahren.

Heute spricht man von dem großen sittlichen Einfluß des Sports, nicht nur, weil er auf unnatürliche Weise zurückgehaltene Energien verbraucht — die eine Gefahr für das Gleichgewicht bedeuten, das der Wille des Menschen bei seinen Handlungen bewahren sollte —, sondern — und dies ist einer der wichtigsten Punkte — weil sportliche Spiele eine exakte Benutzung von Gegenständen, folglich auch eine genaue Koordination der Bewegungen und disziplinierte Aufmerksamkeit erfordern. Daraus ergibt sich, daß Spiele den Geist des Wettkampfs erwecken und zu Anstrengungen für den Wettbewerb anregen. Im Vergleich zum gedankenlosen Spiel bedeuten sie einen sittlichen Fortschritt.

Nun enthalten die Arbeiten des praktischen Lebens einige dieser Vorteile wie zum Beispiel die exakte Benutzung von Gegenständen, die disziplinierte Aufmerksamkeit und die durch Bewegungen erzielte endgültige Perfektion. Der sittliche Zweck ist jedoch ein anderer, weil diese Übungen nicht durch den Geist von Wettkampf und Wettbewerb angespornt werden, sondern durch die Liebe der Kinder zu ihrer Umgebung. Mit einer solchen Gymnastik wird deshalb ein wirkliches „Sozialgefühl" entwickelt, insoweit als die Kinder in dem Milieu arbeiten, in dem sie in einer Gemeinschaft leben, ohne darauf zu achten, ob sie nun für sich oder für das Allgemeinwohl tätig sind, denn sie korrigieren gleich schnell und gleich begeistert alle Fehler: ihre eigenen wie die der anderen, ohne sich bei der Suche nach dem Schuldigen aufzuhalten, damit dieser dem Übel abhelfe.

Alle, nicht nur die Kinder, sollten die Muskeln durch Arbeit trainieren und sich in erster Linie diese besondere menschliche und überlegene Art, Energie zu verbrauchen, erwählen. Das heißt nicht nur, die Individualität in ihrer Einheit begründen, sondern sie auch mit den sozialen Bedürfnissen verschmelzen, auf die die Arbeit des Menschen abgestellt ist. Bis heute kann sich kein Regierender rühmen, aus sportlichen Spielen eine ähnliche Hilfe gewonnen zu haben wie Cincinnatus aus der Arbeit mit dem Pflug, und kein junger Sportler hat gewiß aus seinen Übungen den sittlichen Nutzen gezogen wie der Novize aus Arbeiten des praktischen Lebens, mit denen er seine Lehrzeit absolviert, um einen Zustand von Frieden zu erreichen.

Die freie Wahl

Nun sind wir in der Praxis, nun sind wir in der Schule. Das aufgrund von Experimentalforschungen bestimmte Material für die Entwicklung der Sinne ist ein Bestandteil der Umgebung.

Nach und nach „bietet" die Lehrerin — entsprechend den Angaben der Methode, die sich auf lange Erfahrung stützt — erst das eine, dann ein anderes Material an, je nach dem Alter des Kindes und dem systematischen Aufbau der Gegenstände.

Doch ein solches Anbieten ist lediglich der erste Schritt zu dem Zweck, Bekanntschaft zu schließen, nichts weiter. Danach beginnen erst die wichtigen Handlungen. Aufgrund der unterschiedlichen An-

▼ ziehungskraft wählt das Kind spontan eines unter den Dingen aus, mit denen man es bekannt gemacht hat und die ihm bereits vorgeführt wurden.

Das Material ist ausgestellt, das Kind braucht nur die Hand auszustrecken und es zu ergreifen. Es kann das ausgewählte Stück an den Platz tragen, der ihm am besten gefällt: auf einen Tisch — neben das Fenster — oder in eine dunkle Ecke — oder auf einen schönen kleinen auf dem Boden ausgebreiteten Teppich — und es sooft wieder benutzen, wie es dazu Lust hat.

Was treibt wohl das Kind dazu, eher das eine als das andere Ding auszuwählen? Bestimmt nicht der Nachahmungstrieb, weil jedes Stück nur einmal vorhanden ist und, wenn einer es benutzt, kann dies kein anderer gleichzeitig tun.

Der Nachahmungstrieb ist es also nicht. Dies beweist uns auch die Art und Weise, wie die Kleinen das Material benutzen, denn sie vertiefen sich in ihre Übung mit so intensiver Aufmerksamkeit, daß sie die Dinge um sich herum gar nicht mehr wahrnehmen und immer weiter arbeiten und dabei die gleiche Übung dutzendemal wiederholen. Es ist das mit der inneren Entwicklung verbundene Phänomen der *Konzentration* und der *Wiederholung*. Niemand kann sich aus Nachahmungstrieb konzentrieren, denn der Nachahmungstrieb bindet nach außen, und hier handelt es sich um ein vollkommen entgegengesetztes Phänomen, das heißt, die Abstraktion von der äußeren Welt und die engste Bindung an die innerste und geheime Welt, die im Kinde wirkt. Nicht einmal ein Interesse am Lernen oder an einer äußerlichen Zielsetzung ist dabei von Einfluß; nichts von alledem läßt sich in Beziehung setzen zu dem Bewegen und Verrücken von Dingen, die jedesmal unweigerlich in ihre ursprüngliche Stellung zurückgebracht werden. Es ist also eine rein innerliche Angelegenheit, die mit den jeweiligen Bedürfnissen des Kindes und daher mit den charakteristischen Bedingungen seines Alters verbunden ist. Bei so einfachen Gegenständen hätte ein Erwachsener auch nie ein so großes Interesse, sie dutzendemal immer in gleicher Weise zu verrücken und daran Vergnügen zu finden; um so weniger könnte sich ein Erwachsener mit seinen inneren Fähigkeiten darauf so konzentrieren, daß er den äußeren Ereignissen gegenüber fast unempfänglich würde. Psychisch gesehen, steht die Lehrerin deshalb auf einer ganz anderen Stufe als das Kind, und sie könnte diesen Vorgang nicht im geringsten beeinflussen.

Hier haben wir also eine regelrechte Enthüllung des Innenlebens. Die äußerlichen Reize bewirken von draußen wie ein Magnet einige mit den Tiefen der Seele verbundene Manifestationen. Wir stehen hier also ganz einfach vor einem Entwicklungsphänomen.

Dies wird bei der Beobachtung von viel kleineren Kindern klar. Sie weisen manchmal ein ganz analoges Phänomen auf, auch wenn dieses sich auf den Sektor der Bewegungen beschränkt, wenn sie ähnliche Gegenstände einzeln von einem Platz an einen anderen tragen. Erst später gefällt es dem Kind, Dinge zu einem äußeren Zweck herumzutragen, wie beim Tischdecken, beim Zurücklegen von Sachen in eine Schublade usw. Es gibt also eine formative Periode, in der die Handlungen keinerlei Zweck, keinerlei äußere Anwendung haben. Ähnliches finden wir bei der Entwicklung der Sprache, wenn das Kind lange Zeit Laute, Silben oder Wörter wiederholt, ohne die Sprache bereits zu gebrauchen oder sie auf äußere Dinge anzuwenden.

Dieser bei allen Äußerungen in der Entwicklung des psychischen Lebens so allgemeingültige Vorgang ist also von größtem Interesse.

Dazu ist es erforderlich, dem Kind die *freie Wahl* der Gegenstände zu überlassen. Das Phänomen tritt um so leichter hervor, je stärker die Hindernisse ausgeschaltet werden können, die sich zwischen das Kind und den Gegenstand stellen, nach dem die Seele unbewußt strebt.

Jeder äußere Gegenstand und noch stärker jede äußere Tätigkeit wird zum Hindernis, wenn sie den zarten und verborgenen Lebensimpuls ablenkt, der, obwohl noch unbewußt, das kleine Kind leitet. Deshalb kann die Lehrerin zum Haupthindernis werden, weil sie über eine energischere und bewußtere Aktivität verfügt als die Kinder. In der Umgebung, in der die Sinnesreize der freien Wahl des Kindes unterliegen, muß die Lehrerin also versuchen, sich auszuschalten (nachdem sie ihm zunächst den Gebrauch der Gegenstände gezeigt und erklärt hat). Die Aktivität des Kindes wird von innen heraus und nicht von der Leiterin angetrieben.⟩

VI

DAS ENTWICKLUNGSMATERIAL

1948 ▼ ⟨Unser Material für die Entwicklung der Sinne hat seine eigene Geschichte. Es stellt eine Auswahl dar: Sie basiert auf sorgfältigen psychologischen Versuchen mit dem von Itard und Séguin benutzten Material bei ihren Bemühungen, schwachsinnige und geistig zurückgebliebene Kinder zu erziehen; auf den zu Versuchen in der Experimentalpsychologie verwendeten Gegenständen und auf einer Reihe von Materialien, die ich während der ersten Zeit meiner Versuchsarbeit bestimmt hatte. Wie die Kinder diese verschiedenen Mittel benutzten, welche Reaktionen sie in ihnen hervorriefen, wie häufig sie diese Gegenstände gebrauchten und vor allem, welche Entwicklung dadurch ermöglicht wurde, all dies gab uns mit der Zeit vertrauenswürdige Kriterien für die Ausschaltung, Abänderung und Annahme dieser Mittel als Material in unseren Schulen. Farbe, Abmessungen, Form, kurz: all ihre Eigenschaften wurden durch Versuche festgelegt. Da wir hier auf diese Periode unserer Arbeit nicht näher eingehen, sollte diese Tatsache nicht unerwähnt bleiben.

Um Mißverständnisse zu vermeiden und die Kritik zu widerlegen, die geäußert wurde, nachdem unsere Methode in der ganzen Welt bekannt war, ist es vielleicht auch angebracht, den Zweck unserer Sinneserziehung zu fixieren. Der naheliegende Wert einer Erziehung und Verfeinerung der Sinne gibt durch die Erweiterung des Feldes der Wahrnehmungen eine immer zuverlässigere und reichhaltigere Grundlage für die Entwicklung der Intelligenz. Durch den Kontakt mit der Umgebung und ihre Erforschung baut der Verstand diesen Schatz wirkender Gedanken auf, ohne die seinem abstrakten Funktionieren Grundlagen und Präzision, Genauigkeit und Inspiration entzogen wären. Dieser Kontakt wird durch die Sinne und die Bewegung hergestellt. Es ist zwar möglich, die Sinne zu erziehen und zu verfeinern, auch wenn es sich dabei nur um einen zeitlich begrenzten Gewinn im ▼ Leben des einzelnen handelt, der davon später nicht ständig und in so großem Umfang Gebrauch macht, wie in manchen spezifisch praktischen und sensoriellen Berufen. Der Wert dieser Erziehung der Sinne wird jedoch deshalb nicht geringer, denn gerade während dieser Entwicklungsperiode nehmen die Grundgedanken und -gewohnheiten des Verstandes Gestalt an.

Es gibt noch eine andere wichtige Seite dieser Erziehung. Das zweieinhalb- oder dreijährige Kind, das in unsere Kinderhäuser kommt, hat während der vorhergehenden Jahre seines Lebens, in denen es sehr aktiv und geistig wach war, eine Menge von Eindrücken gesammelt und absorbiert. Diese bemerkenswerte Tatsache, deren Bedeutung sich schwerlich übertreiben läßt, ergab sich jedoch ohne jegliche Hilfe oder Führung von außen. Wesentliche und zufällige Eindrücke sind zusammen angehäuft und schaffen einen zwar konfusen, doch außerordentlich großen Reichtum in seinem Unterbewußtsein [36a].

Mit dem sich allmählich äußernden Bewußtsein und Willen ergibt sich ein zwingendes Bedürfnis, Ordnung und Klarheit zu schaffen und zwischen Wesentlichem und Zufälligem zu unterscheiden. Das Kind ist reif, seine eigene Umgebung und den inneren Reichtum an Eindrücken, den sie ihm gegeben hat, neu zu entdecken. Um dieses Bedürfnis zu erkennen, braucht das Kind eine exakte wissenschaftliche Führung, wie sie durch unsere Ausstattung mit Anschauungsmaterial und unsere Übungen ermöglicht wird. Es läßt sich mit dem Erben vergleichen, der nicht weiß, wie groß seine Schätze sind und nun sehnlichst ihre Bewertung durch Heranziehung eines Fachmannes, ihre Katalogisierung und ihre Einordnung erwartet, damit sie ihm sofort voll und ganz zur Verfügung stehen.

Wenn auch Zweifel an der Dauerhaftigkeit einer gesteigerten und verfeinerten Aktivität der Sinne in manchen Tätigkeitsbereichen des Lebens möglich erscheinen, so dürfte das letztgenannte Faktum sicherlich ein Gewinn von größter Dauerhaftigkeit sein. Gewöhnlich wurde aufgrund der ihr in unserer Methode zugesprochenen Bedeutung die

---

[36a] Es liegt nahe, solche Äußerungen Montessoris der alten Assoziationspsychologie zuzurechnen; man findet aber immer auch schon Äußerungen, die im Gegensatz hierzu auf ein ganzheitliches Verständnis der seelischen Vorgänge hinweisen; z. B. Montessori, Erziehung für Schulkinder, S. 162; vgl. G. Schulz(-Benesch), Der Streit um Montessori, Freiburg 1961, S. 39 ff. (d. Hrsg.).

▼ Sinnesbildung als erstes Ziel angesehen. In Wirklichkeit ist das zweite Ziel für uns nicht von geringerer Bedeutung, sondern vielmehr sein Hauptmotiv. Die Erfahrungen, die wir und unsere Anhänger gemacht haben, dienten nur dazu, unsere Idee aufzuwerten.

Zum Abschluß sei noch erwähnt, welch große Dienste unser Sinnesmaterial und die mit ihm ausgeführten Übungen bei der Aufdeckung von Defekten der Sinnesfunktionen zu einem Zeitpunkt leisten, in
▲ dem zu ihrer Abhilfe noch sehr viel getan werden kann.⟩

1926 ▼ ⟨Das Sinnesmaterial besteht aus einem System von Gegenständen, die nach bestimmten physikalischen Eigenschaften der Körper wie Farbe, Form, Maße, Klang, Zustand von Rauheit, Gewicht, Temperatur usw. geordnet sind. Zum Beispiel: eine Reihe von Glocken, welche die musikalischen Töne wiedergeben; eine Gruppe von Täfelchen in verschiedenen Farbschattierungen; eine Serie von Körpern in gleicher Form und abgestuften Abmessungen, andere dagegen, die sich untereinander durch ihre geometrische Form unterscheiden; Dinge verschiedenen Gewichts und gleicher Größe usw.

Jede einzelne Gruppe verfügt über die gleiche Eigenschaft, jedoch in verschiedenen Abstufungen; es handelt sich also um eine Abstufung, bei der sich der Unterschied von einem Gegenstand zum anderen gleichmäßig verändert und, wenn möglich, mathematisch festgelegt ist.

Solch ein allgemeines Kriterium unterliegt jedoch den praktischen Gegebenheiten, die von der Psychologie[37] des Kindes abhängen. Es wird nur ein Material ausgewählt, das sich erfahrungsgemäß für die Erziehung eignet, das kleine Kind auch tatsächlich „interessiert" und es bei einer spontanen und wiederholt ausgesuchten Übung beschäftigt.

Jede Gruppe von Gegenständen — Klang-, Farbmaterial usw. — enthält also, da sie abgestuft ist, an ihren äußeren Enden das „Maximum" und das „Minimum" einer Serie, die ihre Grenzen festlegen. Diese werden im eigentlichen Sinn durch den Gebrauch, den das Kind davon macht, bestimmt. Die beiden Extreme zeigen, werden sie miteinander verglichen, den größten Unterschied in der Serie und fixieren deshalb den am stärksten ausgeprägten Kontrast, der sich mit Hilfe des Materials ermöglichen läßt. Da der Kontrast beträchtlich ist, macht er die Unterschiede deutlich, und das Kind wird in die Lage versetzt, sich dafür zu interessieren, noch bevor es sich damit beschäftigt.

---

[37] Montessori unterscheidet häufig nicht zwischen den beiden Begriffen Psyche und Psychologie (d. Hrsg.).

Isolierung einer einzigen Eigenschaft im Material ▼

Jeder Gegenstand, den wir für die Sinnesausbildung benutzen wollen, hat natürlich viele verschiedene Eigenschaften wie Gewicht, Rauheit, Farbe, Form, Maße usw. Wie müssen wir also vorgehen, damit die Serie statt dessen nur eine einzige Eigenschaft herausstellt? Unter den vielen Eigenschaften des Gegenstandes ist eine einzige zu isolieren. Diese Schwierigkeit läßt sich nun durch die Serie und ihre Abstufungen überwinden: es müssen Gegenstände vorbereitet werden, die untereinander vollkommen gleich sind, mit Ausnahme der sich ändernden Eigenschaft.

Falls wir Gegenstände zurechtlegen wollen, die zum Beispiel zur Unterscheidung von Farben dienen, müssen sie gleich in Stoff, Form und Abmessungen sein und nur in der Farbe differieren. Oder falls Gegenstände zu dem Zweck vorbereitet werden sollen, die verschiedenen Töne der Tonleiter hervorzuheben, müssen sie vollkommen gleich aussehen, wie zum Beispiel die bei unserem System gebräuchlichen Glokken, die alle die gleiche Form und Größe haben und auf gleichen Ständern stehen; doch werden sie mit einem kleinen Hammer angeschlagen, erklingen verschiedene Töne, und diese sind der einzige für die Sinne wahrnehmbare Unterschied.

Die kleinen Instrumente, die den Kindern als musikalisches Spielzeug in die Hand gegeben werden, eignen sich deshalb nicht für eine wirkliche Übung des musikalischen Empfindens zur Differenzierung der „Töne", weil sie längere und kürzere Hammerstiele oder verschieden hohe wie Orgelpfeifen angebrachte Röhren haben, und zwar weil das Auge bei der Unterscheidung aufgrund der verschiedenen Maße mithelfen kann, während das Ohr als einziges aufnehmen und urteilen soll.

Bei diesem Verfahren läßt sich eine große Klarheit bei der Differenzierung der Dinge erreichen, und es ist offenkundig, daß gerade Klarheit die Grundlage für das Interesse am „Unterscheiden" bildet.

Von der psychologischen Seite her ist bekannt, daß die Sinne soweit wie möglich isoliert werden müssen, will man einzelne Eigenschaften besser hervorheben. Ein Tasteindruck wird klarer bei einem Gegenstand, der keine Wärme leitet, der also nicht gleichzeitig Temperatureindrücke vermittelt; und wenn sich das Versuchsobjekt an einem dunklen und stillen Ort befindet, wo es also weder Seh- noch Gehör-

▼ eindrücke gibt, welche die Tasteindrücke beeinflussen können. Der Isolierungsprozeß kann also zweifacher Natur sein: er kann sich auf den von jedem Umwelteinfluß isolierten Menschen beziehen und auf das Material, das eine einzige, graduell abgestufte Eigenschaft aufweist.

Diese als äußerste Vollkommenheit anzustrebende Präzision ermöglicht die Durchführung einer inneren und äußeren Analyse, die geeignet ist, dem kindlichen Geist Ordnung zu geben.

Das Kind, welches von Natur aus begeistert seine Umgebung erforscht, weil es bisher weder Zeit noch die Möglichkeit gefunden hat, sie genau kennenzulernen, „schließt die Augen" gern oder verbindet sie sich, um das Licht auszuschalten, wenn es die Formen mit seinen Händen abfühlt; es ist auch gern bereit, sich im Dunkeln aufzuhalten, um zu versuchen, das kleinste Geräusch wahrzunehmen.

Grundlegende Eigenschaften, die allen Dingen gemeinsam sind, die das Kind in seiner erzieherischen Umwelt umgeben

Zu den oben aufgeführten Merkmalen kommen noch weitere, die sich jedoch nicht speziell auf sensorielle Gegenstände beziehen, sondern sich möglicherweise auf die gesamte Umgebung des Kindes erstrecken sollten. Es sind:

1. Die Fehlerkontrolle — Das dem Kind gegebene Material soll, wenn möglich, die „Fehlerkontrolle" einschließen, wie dies zum Beispiel bei den Einsatzblöcken der Fall ist. Dies sind mit Aushöhlungen versehene Holzblöcke, in die Zylinder mit abgestuften Abmessungen passen: dünn bis dick, hoch bis niedrig, klein bis groß. Da jede Öffnung genau dem dort hineinzusteckenden kleinen Zylinder entspricht, ist es unmöglich, sie alle verkehrt einzustecken, da am Ende einer übrig sein müßte, und dies verrät den begangenen Fehler. Genau wie sich bei einer Knopfreihe die falsche Reihenfolge oder der vergessene Knopf am Schluß durch ein leeres Knopfloch bemerkbar macht. Bei anderem Material wie den drei Serien Klötze, machen Größe, Farbe usw. der Gegenstände und die Tatsache, daß das Kind bereits Übung erlangt hat, Fehler zu erkennen, letztere besonders augenfällig.

Die sachliche Fehlerkontrolle führt das Kind dazu, bei seinen Übungen überlegt, kritisch, mit einer an Genauigkeit immer stärker interessierten Aufmerksamkeit, mit einer verfeinerten Fähigkeit, kleine Unterschiede zu erkennen zu verfahren. So wird das Bewußtsein des Kindes auf die Kontrolle der Fehler vorbereitet, auch wenn diese nicht mehr stofflich oder sinnlich wahrnehmbar sind.

Nicht nur die Gegenstände zur Sinneserziehung und zur Bildung, sondern alles in der Umgebung ist so vorbereitet, daß die Fehlerkontrolle leicht gemacht wird. Von den Möbeln bis zu dem Entwicklungsmaterial sind alle Gegenstände Verräter, vor deren warnender Stimme man nicht fliehen kann.

Helle Farben und Glanz verraten Flecken, die Möbel in ihrer Leichtigkeit verraten die noch unvollkommenen und grobschlächtigen Bewegungen durch Umfallen oder dadurch, daß sie geräuschvoll über den Boden gezogen werden. So wird die gesamte Umgebung zu einem strengen Erzieher, zu einem immer aufmerksamen Wachtposten. Jedes Kind empfindet seine Warnungen, als stünde es ganz allein vor diesem unbeseelten Lehrer.

2. *Die Ästhetik* — Ein weiteres Merkmal der Gegenstände ist ihre Anziehungskraft. Farbe, Glanz, Harmonie der Formen, all dies wird bei den Dingen gepflegt, die das kleine Kind umgeben. Nicht nur das Sinnesmaterial, sondern die gesamte Umgebung ist so vorbereitet, daß sie die Kinder anzieht, genauso wie in der Natur die farbigen Blütenblätter dies bei Insekten tun, damit sie den verborgenen Nektar aussaugen.

„Behandle mich pfleglich", sagen die hellen glänzenden Tischchen, „laß mich nicht müßig herumstehen", sagen die kleinen Besen, deren Stiel mit Blümchen bemalt ist, „tauche deine Hände hier ein", sagen die mit ihren Seifenstückchen und Bürstchen bereitstehenden sauberen Waschbecken.

Und die Schnürrahmen mit ihren Silberknöpfen auf grünem Stoff — oder die schönen rosa Würfel — oder die Spulen[38] mit ihren 63 abgestuften Farben — oder die schönen farbigen Buchstaben, die in ihren Fächern liegen — all dies sind einladende Dinge.

Das Kind gehorcht dem Gegenstand, der in diesem Augenblick sein

---

[38] Später hat Montessori wegen der Empfindlichkeit an die Stelle der Seiden-„Spulen" farbige Holztäfelchen gesetzt (d. Hrsg.).

stärkstes Tätigkeitsbedürfnis anspricht. So locken auf einem Feld die Blütenblätter aller Blumen mit ihrem Duft und ihren Farben andere Lebewesen, das Insekt sucht sich jedoch die Blume heraus, die ihm bestimmt ist.

3. Die Aktivität — Ein weiteres Merkmal des Entwicklungsmaterials muß *seine Eignung für die Tätigkeit des Kindes* sein. Die Möglichkeit, die interessierte Aufmerksamkeit des Kindes zu erhalten, hängt nicht so sehr von der in den Dingen enthaltenen „Qualität" ab, sondern vielmehr davon, welche Anregungen sie zum Handeln bieten.

Also, um eine Sache interessant zu machen, genügt es nicht, daß sie von sich aus interessant ist, sondern sie muß dem Tätigkeitsdrang des Kindes angemessen sein. Zum Beispiel müssen kleine Gegenstände zum Verrücken da sein, und in diesem Fall ist es die Bewegung der Hand, mehr als die Dinge selbst, die das Kind beschäftigt hält, viele Male nacheinander die Sachen zusammen- und auseinanderzustellen, umzurücken und neu zu ordnen, und dadurch eine längere Dauer der Betätigung ermöglicht. Ein wunderschönes Spielzeug, ein anziehender Anblick, einer erstaunliche Erzählung können zweifellos das kindliche Interesse *auf sich lenken,* doch wenn das Kind einen unveränderlichen Gegenstand nur „sehen" oder „hören" oder „anfassen" darf, ist sein Interesse oberflächlich und springt von einer Sache zur anderen über. So ist die Umgebung ganz danach zusammengestellt, daß sie sich für die kindliche Tätigkeit eignet, sie ist schön, doch das würde das Kind nur einen einzigen Tag interessieren, während die Tatsache, daß jedes Ding umgestellt, benutzt und wieder an seinen Platz gebracht werden kann, der Umgebung eine unerschöpfliche Anziehungskraft verleiht.

4. Die Begrenzung — Schließlich ist noch folgendes, allen für die Erziehung geschaffenen „stofflichen Mitteln" gemeinsame Prinzip, das bis jetzt sehr wenig verstanden wurde, von größtem pädagogischem Interesse: Es besagt, daß das Material „mengenmäßig begrenzt" sein muß. Ist dieses Faktum erst einmal festgestellt, wird es für unser Begriffsvermögen logisch klar: Ein normales Kind benötigt keine „Reizmittel, die es aufwecken", die „es mit der wirklichen Umgebung in Verbindung bringen". Es ist wach und verfügt über unzählige ständige Beziehungen zu seiner Umgebung. Hingegen muß es das Chaos[39] ordnen, das sich in seinem Bewußtsein durch die Vielzahl von Empfindungen gebildet hat, die es aus der Welt erhielt. Es ist kein „Schlafender im Leben", wie das geistesschwache Kind, sondern ein „kühner Entdecker in der für es neuen Welt", und was es als Entdecker braucht, ist *ein Weg* (also etwas Begrenztes und Direktes), der es zu seinem Ziel hinführt und von den ermüdenden Umwegen befreit, die es am Vorwärtskommen hindern. Dann „klammert sich das Kind leidenschaftlich" an diese begrenzten und auf den Zweck gerichteten Dinge, welche das Chaos ordnen, das sich in ihm gebildet hat, mit der Ordnung dem forschenden Geist Klarheit bringen und es bei seinen Forschungen leiten. Der zunächst sich selbst überlassene Entdecker wird dann ein aufgeklärter Mensch, der bei jedem Schritt Neues findet und vorwärts schreitet mit der inneren Kraft, die ihm Befriedigung gibt.

Wie sehr müssen diese Erfahrungen die Vorstellung ändern, die viele noch haben — nämlich, daß dem Kind *desto besser geholfen* wird, je mehr Erziehungsmaterial ihm zur Verfügung steht. Wir glauben zu Unrecht, das „an Spielzeug reichste", das „an Hilfsmitteln reichste" Kind könne sich am besten entwickeln. Statt dessen beschwert die ungeordnete Vielzahl von Dingen die Seele mit neuem Chaos und bedrückt sie durch Entmutigung.

In der „Begrenzung" der Hilfsmittel, die das Kind dazu führen, Ordnung in seinen Geist zu bringen und ihm das Verständnis der unendlich vielen Dinge erleichtern, die es umgeben, liegt das höchste Erfordernis, das es dem Kinde ermöglicht, seine Kräfte zu schonen und das es sicher auf den schwierigen Pfaden seiner Entwicklung voranschreiten läßt.⟩

---

[39] Vgl. Anmerkung 36 (d. Hrsg.).

VII

DIE ÜBUNGEN

Wie die Lehrerin Lektionen geben sollte — Vergleich mit den alten Systemen

1926 — ⟨— 35⟩
1948 ▼ ⟨Die Lektionen zur Einführung der Kinder in die Sinneserziehung sind *individuell*. Die Lehrerin macht einen fast schüchternen *Annäherungsversuch* bei dem Kind, von dem sie annimmt, daß es bereit ist, die Lektion aufzunehmen. Sie setzt sich neben das Kind und bringt ihm einen Gegenstand, vom dem sie glaubt, daß es sich dafür interessiert.

Hierin besteht die Vorbereitung der Lehrerin: Sie muß darauf eingestellt sein, sich nur durch Versuche vorzutasten. Als Reaktion erwartet sie vom Kind, daß sich in ihm eine Tätigkeit entwickelt, die es einlädt, das vorgelegte Material zu gebrauchen.⟩
▲

1926 ▼ ⟨Die Lektion ist ein Appell an die Aufmerksamkeit. Falls der Gegenstand den innersten Wünschen des Kindes entspricht und etwas darstellt, das es befriedigt, regt er das Kind zu einer Tätigkeit von längerer Dauer an, da es Besitz von ihm ergreift und ihn auch weiterhin benutzt.

Worte sind nicht immer nötig, häufig genügt es, zu zeigen, wie der Gegenstand gebraucht wird. Ist es jedoch erforderlich, zu reden und dem Kind eine Einführung in die Verwendung des Entwicklungs- und Bildungsmaterials zu geben, muß Kürze das charakteristische Merkmal der Lektion sein; die Vollkommenheit besteht darin, das notwendige und ausreichende Minimum zu suchen.⟩
▲

[40] Eine Lektion ist der Perfektion nahe, wenn es uns gelingt, mit so wenig Worten wie möglich auszukommen. Bei der Vorbereitung der

---

[40] Anschluß 1. deutsche Auflage, S. 103 (d. Hrsg.).

Lektion sind die zu verwendenden Worte mit besonderer Sorgfalt zu zählen und auszuwählen.

Ein weiteres charakteristisches Merkmal der Lektion ist ihre Einfachheit; sie sollte nichts als die reine Wahrheit enthalten. Die Lehrerin soll sich nicht in leeren Worten verlieren, doch dies ist bereits Teil des ersten Merkmals. Der zweite zu beachtende Punkt ist deshalb auch charakteristisch für die erste Eigenschaft, und zwar sollten die gewählten Worte von größter Einfachheit sein und die exakte Wahrheit enthalten.

Das dritte charakteristische Merkmal der Lektion ist ihre Objektivität; das bedeutet, daß die Persönlichkeit der Lehrerin in den Hintergrund tritt und allein der Gegenstand hervorgehoben wird, auf den sie die Aufmerksamkeit des Kindes konzentrieren will. Die kurze, einfache Lektion ist zum größten Teil nichts weiter als eine Erklärung des Gegenstandes und des Gebrauchs, den das Kind davon machen kann.

Die Lehrerin bemerkt, ob sich das Kind für den Gegenstand interessiert oder nicht, wie und wie lange es sein Interesse bekundet usw. Sie wird sich davor hüten, dem Kind etwas aufzudrängen, wenn es sich für das Gebotene nicht interessiert. Wenn es dann die mit der nötigen Kürze, Einfachheit und Wahrheit vorbereitete Lektion nicht als Erklärung des Gegenstands versteht, muß die Lehrerin zwei Verhaltensmaßregeln beachten: erstens nicht durch Wiederholung der Lektion drängen; zweitens davon Abstand nehmen, dem Kind zu verstehen zu geben, daß es einen Fehler begangen oder nicht begriffen hat, weil dadurch für lange Zeit der Antrieb zum Handeln, der die ganze Grundlage des Fortschritts bildet, gehemmt werden könnte [41].

Nehmen wir zum Beispiel an, die Lehrerin will das Kind über die beiden Farben rot und blau unterrichten. Sie will seine Aufmerksamkeit auf den Gegenstand lenken und sagt zu ihm: „Schau her, paß auf!" Beabsichtigt sie, es die Namen von Farben zu lehren, sagt sie und zeigt dabei auf rot: „Das ist rot", wobei sie die Stimme erhebt und das Wort „rot" sehr langsam ausspricht. Dann zeigt sie ihm die andere Farbe und sagt: „Das ist blau." — Um sich zu vergewissern, ob das Kind auch verstanden hat, sagt sie zu ihm: „Gib mir rot, gib mir blau!" Nehmen wir an, das Kind macht einen Fehler, dann vermeidet

---

[41] Dieser letzte Abschnitt stimmt dem *Sinne* nach mit dem entsprechenden Abschnitt der 1. Auflage überein (d.Hrsg.).

es die Lehrerin, noch einmal zu erklären, sie drängt auch nicht, sondern lächelt und legt die Farben weg.

Gewöhnlich wundern sich die Erzieher über so viel Einfachheit; meistens sagen sie: „Das können alle." In Wirklichkeit stehen wir wieder vor etwas Ähnlichem wie dem Ei des Kolumbus; doch es steht fest, daß keiner es kann. In der Praxis ist es sehr viel schwieriger, seine eigenen Handlungen zu bewerten. Dies gilt insbesondere für normale Lehrer, die nach den alten Systemen geschult sind. Sie bedrängen das Kind mit einer Flut von unnötigen Worten und ungenauen Erzählungen.

Nehmen wir zum Beispiel den soeben erwähnten Fall. Eine normale Lehrerin hätte zur Gemeinschaftsunterweisung gegriffen und dabei der einfachen Sache, die sie unterrichten soll, eine übertriebene Bedeutung beigemessen, außerdem alle Kinder gezwungen, ihr zu folgen, auch wenn vielleicht nicht alle Neigung dazu verspürten. Sie würde schätzungsweise ihre Lektion wie folgt beginnen: „Kinder, könnt ihr raten, was ich in der Hand habe?" Sie weiß ganz genau, daß die Kinder das nicht erraten können, und weckt ihre Aufmerksamkeit mit einer Unaufrichtigkeit. Dann würde sie wahrscheinlich sagen: „Kinder, schaut ihr euch manchmal den Himmel an? Habt ihr ihn je nachts angesehen, wenn er vor Sternen glitzert? Nein? Schaut auf meine Schürze, wißt ihr, welche Farbe sie hat? Glaubt ihr, es sei dieselbe wie die Farbe des Himmels? Nun seht, welche Farbe ich hier habe, es ist dieselbe wie der Himmel und meine Schürze, nämlich blau. Schaut euch um, seht ihr andere blaue Dinge? Und wißt ihr, welche Farbe Kirschen haben? Und Kohlenglut?" usw., usw.

So wird der Geist des Kindes nach der Verwirrung mit dem Raten durch eine Anhäufung von Gedanken überfordert: Himmel, Schürzen, Kirschen usw. Und in dieser Verwirrung fällt es ihm schwer, das Thema, den Zweck der Lektion genau auszumachen, nämlich die beiden Farben blau und rot zu erkennen. Außerdem ist der Geist des Kindes nicht in der Lage, eine so große Auswahl zu treffen, besonders wenn man berücksichtigt, daß es nicht fähig ist, einer langen Rede zu folgen.

Ich entsinne mich, daß ich einer Rechenstunde beiwohnte, in der die Kinder gelehrt wurden, daß zwei und drei fünf ist. Zu diesem Zweck wurde eine Art Tafel oder Spielbrett benutzt, auf dem man einige Kugeln in genauso viele Löcher stecken konnte. So lagen zum Beispiel zwei Kugeln auf einer höheren, drei auf einer tieferen Ebene, und schließlich fünf. Ich erinnere mich nicht genau an den Verlauf der Lektion, ich weiß jedoch, daß die Lehrerin neben die zwei oberen Kugeln eine Tänzerfigur aus Papier mit einem blauen Überwurf stellte, die von Zeit zu Zeit auf den Namen eines Kindes aus der Klasse getauft wurde: „Dies ist Mariettina." — Dann wurde neben die anderen drei Kugeln ein weiterer, anders angezogener Tänzer gestellt, der sich „Gigino" nannte. Ich weiß nicht genau, wie die Lehrerin zur Demonstration der Summe gelangte, doch sie plauderte sicher lang und breit mit den Tänzern, stellte sie um und so weiter.

Wenn *ich* mich besser an die Tänzer erinnere als an das Ergebnis der Summe, was wird dann im Geiste der Kinder haften geblieben sein? Falls sie mit dieser Methode gelernt haben, daß zwei und drei fünf ist, so mußten sie zumindest eine beachtliche geistige Anstrengung vollbringen, und die Lehrerin muß mit den Tänzern viele Stunden geplaudert haben.

Bei einer anderen Lektion wollte die Lehrerin den Unterschied zwischen Geräusch und Klang demonstrieren. Sie begann damit, den Kindern eine ziemlich lange Geschichte zu erzählen. Jemand, der sich mit ihr verabredet hatte, klopfte plötzlich laut an die Tür. Die Lehrerin unterbrach ihre Geschichte und rief: „Was ist das? Was ist passiert? Was ist geschehen? Nun, was ist das, Kinder? Ich habe den Faden meiner Gedanken verloren, ich kann meine Geschichte nicht weitererzählen, ich erinnere mich an nichts mehr, ich muß aufhören. Wißt ihr, was passiert ist? Habt ihr gehört? Habt ihr verstanden? Es ist ein Geräusch! Dies ist ein Geräusch. Ich wiege lieber dieses Kind — (sie greift zu einer in einem Überzug gesteckten Mandoline). — Lieber Kleiner, ich spiele lieber mit dir. Seht ihr es? Seht ihr dieses Kind, das ich im Arm halte?" — Eines der Kinder ruft aus: „Das ist kein Kind!" und andere „Es ist eine Mandoline." — Die Lehrerin antwortet: „Aber nein, es ist ein Kind, ein richtiges Kind. Wollt ihr den Beweis dafür? Ach sei lieb. Mir scheint, es weint, es schreit. Vielleicht sagt es ‚Papa' und ‚Mama'?" — Sie berührt die Saiten unter dem Futter. „Habt ihr gehört? Habt ihr gehört, was es getan hat? Hat es geweint oder geschrien?" — Eines der Kinder bemerkt: „Es ist die Mandoline, es sind die Saiten, Sie haben sie berührt." — Die Lehrerin antwortet: „Ruhig, Kinder: Hört aufmerksam zu, was ich tue!" — Sie holt die Mandoline aus dem Überzug und rührt leicht an die Saiten: „Dies ist ein Ton!"

Es ist unmöglich, zu erwarten, daß ein Kind als Ergebnis einer ähnlichen Lektion die Absicht der Lehrerin, den Unterschied zwischen Geräusch und Ton zu demonstrieren, versteht. Das Kind hat wohl verstanden, daß die Lehrerin scherzen wollte, und sich gedacht, daß sie doch eher dumm ist, wegen eines einfachen Geräusches den Faden ihrer Rede zu verlieren, und daß sie eine Mandoline mit einem Kind verwechselt. Das Kind behält gewiß die Gestalt der Lehrerin ganz deutlich vor Augen, das Thema der Lektion jedoch nicht.

Es ist schon reichlich schwierig, eine einfache Lektion von einer nach den üblichen Methoden geschulten Lehrerin zu erhalten. Ich entsinne mich, daß ich nach langen Erklärungen über dieses Thema eine meiner Lehrerinnen bat, mit Hilfe der Einsatzfiguren (siehe weiter hinten) den Unterschied zwischen einem Viereck und einem Dreieck zu lehren. Sie sollte einfach ein Viereck und ein Dreieck aus Holz in entsprechende Vertiefungen einpassen, das Kind mit dem Finger die Umrisse der Stücke und der entsprechenden Vertiefungen nachziehen lassen und sagen: „Dies ist ein Viereck. — Dies ist ein Dreieck." — Während die Lehrerin die Kinder die Umrisse berühren ließ, begann sie: „Dies ist eine Linie, noch eine, noch eine, noch eine; es sind vier Linien. Zähle nun mit deinen Fingern, wie viele es sind. Und die Ecken? Zähle die Ecken, taste sie mit dem Finger ab. drücke darauf; es sind auch vier. Schau aufmerksam hin: es ist ein Viereck!" — Ich korrigierte die Lehrerin, indem ich bemerkte, daß sie nicht lehrte, die Form zu erkennen, sondern dem Kind die Idee von Seiten, Ecken, Zahl eingab; das war sehr verschieden von dem, was sie unterrichten sollte. Doch sie verteidigte sich mit den Worten: „Es ist dasselbe!" — Es ist nicht dasselbe, es ist vielmehr die geometrische und mathematische Analyse der Sache [42]. Es wäre möglich gewesen, den Gedanken an eine viereckige Form aufzugreifen, ohne bis vier zählen und ohne deshalb die Anzahl der Seiten und Ecken herausfinden zu können. Seiten und Ecken sind Abstraktionen, die für sich allein nicht existieren. Was existiert, das ist ein Stück Holz von einer bestimmten Form. Die Erklärungen der Lehrerin verwirrten nicht nur den Geist des Kindes, sondern überschritten den Graben zwischen dem Konkreten und dem Abstrakten, zwischen der Form eines Gegenstandes und der Mathematik.

Nehmen wir an, sagte ich zu der Lehrerin, ein Architekt würde Ihnen

---

[42] Die hier als verfrüht für das Kleinkind abgelehnte mathematische Analyse erfolgt bei Montessori dann später durchaus; vgl. unten S. 184 (d. Hrsg.).

eine schön geformte Kuppel zeigen, die Sie anziehend finden. Er könnte Ihnen zwei Erläuterungen dazu geben. Er könnte auf die Schönheit des Gesamteindruckes, auf die Harmonie der Teile hinweisen; er könnte Sie auffordern, hinaufzusteigen und um die Kuppel herumzugehen, um Ihnen die Proportionen der einzelnen Teile so nahezubringen, daß sich daraus der Gesamteindruck ergibt, der erkannt und gewürdigt werden soll. Oder er könnte auch die Fenster, die breiten und schmalen Gesimse zählen lassen und schließlich eine Zeichnung der Konstruktion machen, um die Stabilitätsgesetze zu erläutern und die unentbehrlichen algebraischen Formeln für Berechnungen gemäß den Gesetzen von Statik und Konstruktionstechnik zu lehren. Im ersten Fall würden Sie sich über die Form der Kuppel klar werden, im zweiten würden Sie nichts verstehen und sich anstatt eines Eindrucks von der Kuppel einen Eindruck von dem Architekten bewahren, der sich einbildete, mit einem Fachmann zu sprechen und nicht mit einer Dame auf einer Vergnügungsreise. Es verhält sich genauso, wenn wir eine geometrische Analyse vornehmen, anstatt dem Kind zu sagen: „Dies ist ein Viereck", und es ihm zum Anfassen geben, damit es seine Umrisse fühlen kann. Wir halten es für verfrüht, dem Kind Formen aus der Planimetrie beizubringen, nur deshalb, weil wir sie dem mathematischen Begriff zuordnen. Doch dem Kind mangelt es nicht an der Fähigkeit, die einfache Form zu beurteilen; es kann ja auch viereckige Fenster und Tische ohne die geringste Mühe sehen. Sein Blick fällt auf alle Formen, die es umgeben. Um seine Aufmerksamkeit auf eine spezielle Form zu lenken, muß diese deutlich hervorgehoben und ihr Begriff fixiert werden. Wir könnten ebenso am Rand eines Sees stehen und geistesabwesend sein Ufer betrachten, während plötzlich ein Künstler erscheint und ausruft: „Wie schön ist doch die geschwungene Linie des Ufers im Schatten jenes Felsens!" — Dann fühlen wir, wie sich die bisher leblose Szene in unserem Bewußtsein belebt, als sei sie von einem Sonnenstrahl beleuchtet, und empfinden die Freude, das, was wir vorher nur unvollkommen gefühlt hatten, voll und ganz zu bemerken.

Dies ist unsere Mission: einen Lichtstrahl geben und weitergehen.

Ich vergleiche die Auswirkungen dieser ersten Lektionen mit den Eindrücken eines einsamen Wanderers, der heiter und glücklich im Schatten eines Wäldchens nachdenklich seiner Wege zieht, also seinen Gedanken freien Lauf läßt. Plötzlich ruft ihn das Glockengeläut einer nahen Kirche zu sich selbst zurück; er fühlt dann stärker die friedliche

Glückseligkeit, die bereits in ihm aufgekeimt, jedoch eingeschläfert war. Das Leben anregen, ihm jedoch dabei freien Lauf bei seiner Entfaltung lassen, hier liegt die erste Pflicht des Erziehers.

Bei einer so delikaten Mission ist eine große Kunst erforderlich, die uns den geeigneten Augenblick eingibt und die Einmischung begrenzt; die den Geist, der sich dem Leben erschließt und aufgrund seiner eigenen Kraft leben wird, nicht stört oder ablenkt, sondern ihm vielmehr behilflich ist.

Diese Kunst muß mit der wissenschaftlichen Methode Hand in Hand gehen, weil die Einfachheit unserer Lektionen sehr stark den Versuchen der Experimentalpsychologie ähnelt.

Sobald die Lehrerin ihren Schülern einem nach dem anderen ans Herz gerührt hat, indem sie in ihnen das Leben wie mit einem Zauberstab erweckte und neu belebte, werden ihr diese Herzen gehören, und ein Zeichen, ein Wort reicht dann aus, damit jedes von ihnen ihre Anwesenheit spürt, sie wiedererkennt und ihr zuhört.

Es wird der Tag kommen, an dem die Lehrerin mit großem Erstaunen gewahr wird, daß alle Kinder ihr wie sanfte Lämmlein gehorchen, und nicht nur bei jedem Zeichen von ihr bereit sind, sondern daß sie darauf sogar warten. Sie sehen in ihr einen Menschen, der ihnen Leben gibt und von dem sie, unersättlich wie sie sind, immer neues Leben zu empfangen hoffen.

Die Erfahrung hat uns dies gelehrt, und die wie durch Zauberkräfte erzielte Disziplin erzeugt auch bei den Besuchern der „Kinderhäuser" größte Verwunderung. Auf ein einfaches Zeichen hüllen sich 50 oder 60 Kinder zwischen zweieinhalb und sechs Jahren alle zusammen in ein so vollständiges Schweigen, daß man sich in einer Wüste wähnt; wird den Kindern mit leiser Stimme freundlich der Befehl erteilt: „Steht auf, lauft einen Augenblick auf Zehenspitzen im Kreis herum und kehrt dann schweigend auf euren Platz zurück", — dann stehen sie alle wie ein Mann auf und führen die Bewegungen so geräuschlos wie möglich aus. Die Leherin hat nur mit ihrer Stimme jeden angesprochen, und jeder erhofft sich durch ihre Hilfe etwas Licht und innere Freude und verhält sich voller Aufmerksamkeit und Gehorsam wie ein ernsthafter Forscher, der seinen eigenen Weg verfolgt.

Noch etwas anderes, das wie das Ei des Kolumbus ist. Ein Orchesterdirigent muß jeden seiner Musiker einzeln üben lassen, wenn er sicher sein will, daß aus ihren gemeinsamen Bemühungen edle Harmonie erwächst; jeder Künstler muß vollkommen sein, bevor er sich dazu eignet, der schweigsamen Führung des Taktstockes des Dirigenten zu gehorchen. Wir hingegen nehmen in den allgemeinen Schulen als Direktor einen Menschen, der zur gleichen Zeit Instrumente und Stimmen der verschiedensten Klangfarbe die gleiche, eintönige, ja sogar mißtönige Melodie lehrt.

So ist es in der Gesellschaft: die disziplinierteste Menschen sind die vollkommensten, vorausgesetzt, das vollkomme Benehmen ist nicht schwer, roh und militärisch.

Wir sind viel stärker mit Vorurteilen als mit Weisheit erfüllt, was die Kinderpsychologie betrifft. Bis jetzt wollten wir die Kinder von außen her mit der Rute beherrschen, anstatt zu versuchen, sie von innen heraus wie menschliche Wesen zu führen und dadurch zu bezwingen. Deshalb sind sie neben uns hergelaufen, ohne daß es uns gelungen wäre, sie zu verstehen.

Sie zeigen sich jedoch unter einem ganz anderen Aspekt, wenn wir auf die Kunstgriffe, mit denen wir versuchten, sie einzuwickeln, und auf die Gewalt verzichten, zu der wir Zuflucht nahmen, in der Vorstellung, sie so an Zucht gewöhnen zu können.

Sie sind von sanfter und absoluter Freundlichkeit und haben eine solche Liebe zum Wissen, die sie dazu befähigt, Hindernisse zu überwinden, von denen wir glaubten, sie würden sie abschrecken[43]. ⟨— 5⟩ — 1926

Über die Einführung des Kindes in die Übungen mit dem ▼ 1926
Sinnesmaterial. Kontraste, Identitäten und Abstufungen

⟨Das Verfahren ist mit *ganz wenigen, untereinander kontrastierenden Reizen* zu beginnen; danach ist eine *Anzahl gleicher Gegenstände von unterschiedlicher, und zwar immer feiner und weniger merkbar werdender Abstufung* festzulegen. Wenn es sich zum Beispiel darum handelt, vom Tastsinn zu erfassende Unterschiede zu erkennen, fängt man mit nur zwei Oberflächen an, von denen die eine vollkommen glatt und die andere sehr rauh ist. Will man das Gewicht von Gegenständen ermitteln, werden zunächst einige der leichtesten und einige der schwer-

---

[43] Die letzten beiden Abschnitte entsprechen dem *Sinne* nach den entsprechenden Abschnitten der 1. Auflage (d. Hrsg.).

▼ sten Täfelchen aus der Reihe vorgeführt; bei Geräuschen werden die beiden Extreme der abgestuften Reihe geboten, bei den Farben die lebhaftesten Töne mit den stärksten Kontrasten, wie rot und gelb, ausgesucht, bei den Formen ein Kreis und ein Dreieck und so weiter.

Um einen noch vollständigeren Begriff der Unterschiede zu geben, ist es gut, mit den starken Kontrasten die „Identitäten" (die ja eben zu den großen Unterschieden einen Kontrast bilden), zu vermischen, indem eine doppelte Reihe von Gegenständen genommen wird. So sollen zum Beispiel aus zwei gemischten Serien, in denen alle Gegenstände unordentlich durcheinanderliegen, die gleichen herausgesucht werden, die paarweise zusammengehören: zwei gleich starke und zwei gleich schwache Geräusche, zwei Gegenstände von der gleichen gelben Farbe und zwei andere von der gleichen roten Farbe. Die Übung, Gleiches unter Kontrasten zu suchen, fixiert sehr stark die Unterschiede und macht sie dadurch augenfällig.

Die Abschlußübung der Abstufungen besteht darin, die Abstufung einer Reihe unordentlich durcheinandergemischter Gegenstände in die richtige Ordnung zu bringen, zum Beispiel eine Serie von Würfeln gleicher Farbe, doch verschiedener Abmessungen; mit dem systematisch abgestuften Unterschied (zum Beispiel von einem cm Kantenlänge zwischen den einzelnen Würfeln). Ähnlich verhält es sich mit der Vorführung einer Reihe gelber Gegenstände, deren Ton stufenweise heller wird, von dunkel bis hell; oder einer Reihe von Rechtecken, deren eine Seite gleich ist, während die andere systematisch kleiner wird. Diese Dinge sind nebeneinander zu legen, und zwar auf den Platz, den ihre
▲ Eigenschaft in der Abstufung festlegt.⟩

Technik der Einführung in die Tastübungen

Obwohl sich der Tastsinn über die ganze Epidermis verteilt, beschränken sich die Einführungsübungen für Kinder auf die Fingerspitzen, und zwar speziell auf die der rechten Hand.

Diese Begrenzung wird durch die Praxis erforderlich. Sie ist auch eine *erzieherische* Notwendigkeit, da sie auf das Leben in der Umwelt vorbereitet, wo der Mensch den Tastsinn ja gerade mit diesen Stellen ausübt und gebraucht.

Für unseren Erziehungszweck ist dies besonders nützlich, da die verschiedenen Übungen der Hand, wie wir noch sehen werden, eine indirekte und weit vorweggenommene Vorbereitung auf das Schreiben sind.

[44] Ich lasse also das Kind seine Hände in einem Waschbecken mit Seife gut waschen, sie kurz in ein danebenstehendes Waschbecken mit lauwarmem Wasser tauchen und dann abtrocknen. Diese Massage schließt also die vorbereitende Tätigkeit des Waschens ab. Dann lehre ich das Kind das Betasten, das heißt, die Art, eine Oberfläche zu *berühren*: Dazu muß man die Finger des Kindes anfassen und *ganz leicht* auf der Fläche gleiten lassen. Eine weitere technische Einzelheit besteht darin, das Kind zu lehren, die Augen bei der Berührung geschlossen zu halten, wobei man ihm durch die Erklärung, es würde besser fühlen und, ohne hinzuschauen, den Wechsel der Tastempfindung erkennen, einen Anreiz gibt. Das Kind lernt sofort und zeigt, daß es großes Vergnügen dabei empfindet. So geschieht es, daß die Kinder nach der Einführung dieser Übungen uns entgegenlaufen, wenn wir ins „Kinderhaus" kommen, mit geschlossenen Augen ganz zart unsere Handfläche betasten und dabei die Stellen suchen, an denen die Haut am glattesten ist, oder unsere Kleider, besonders den Besatz aus Samt und Seide, berühren. Kinder *gebrauchen* wirklich den Tastsinn, denn sie scheinen es nie leid zu werden, glatte Flächen, wie Atlasseide, zu berühren, und werden sehr geschickt beim Erkennen der Unterschiede der Sandpapier-Tastbrettchen.

Das Material für die erste Vorführung besteht aus:
a) einem besonders langen, rechteckigen Holzbrettchen, das in zwei gleichgroße Rechtecke unterteilt ist, von denen das eine mit ganz glatter Pappe, das andere mit Glaspapier bedeckt ist;
b) einem gleichen Brettchen wie das vorige, jedoch mit Streifen, die abwechselnd aus glattem und aus Glaspapier sind;
c) einem gleichen Brettchen, auf das Glas- und Sandpapier in immer feiner werdenden Abstufungen aufgeklebt sind;
d) einem Brettchen, auf dem Papiersorten gleicher Form, doch verschiedener Glätte aufgeklebt sind, vom Pergament bis zum ganz glatten Karton des ersten Brettchens.

---

[44] Anschluß des Textes der 1. Auflage S. 173; die drei vorhergehenden Abschnitte sind dieser gegenüber leicht geändert (1926) (d. Hrsg.).

[45] Neben der Vorbereitung der Hand auf leichtes Berühren dienen diese Brettchen, auf denen die verschiedenen zu betastenden Gegenstände befestigt sind, auch dazu, die ersten Unterschiede systematisch wahrzunehmen.

Das Kind berührt mit geschlossenen Augen nacheinander die verschiedenen Teile des Brettchens und beginnt die Entfernungen mit der Bewegung des Armes abzuschätzen.

Wie in einer großen Zahl der sogenannten Sinnesübungen dient der sensitive Anreiz als Mittel zur *Bestimmung* der Bewegungen.

Nach dieser ersten Reihe habe ich ein „bewegliches" Material vorbereitet, von dem jeder Typ eine Gruppe für sich bildet, das heißt, für eine getrennte Übung bestimmend ist.

Es sind die Serien von:
a) glattem Papier in verschiedenen Abstufungen,
b) abgestuftem Sandpapier,
c) verschiedenen Stoffen.

Mit diesem Material wird die übliche Technik angewandt, die Gegenstände einer Reihe werden also gemischt, wobei einmal Paarungen, ein anderes Mal Serien gesucht werden.

Die paarweise gleichen *Stoffe* sind in einem besonderen kleinen Schrank untergebracht, der Samt, Seide, Wolle, Baumwolle, Leinen, Voile usw. enthält, also Stoffe, deren Namen die Kinder lernen können.

Alle oben angegebenen Übungen erfolgen mit verbundenen Augen.

Temperaturempfindungen

Für diese Übung benutze ich verschiedene, hermetisch verschlossene kleine ovale Metallbehälter. Ich halte Wasser bei einer konstanten Temperatur (75°) und schütte es in einer sich graduell veränderten Menge in alle Behälter, die ich mit kaltem Wasser von 15° auffülle; oder aber ich bereite paarweise gleiche Behälter vor. Obwohl sich die Temperatur schon bei der Handhabung verändert, gibt dieses Verfahren der Übung immerhin eine gewisse Genauigkeit.

---

[45] Die folgenden Abschnitte sind gegenüber der 1. deutschen Auflage leicht geändert (1926) (d. Hrsg.).

Eine Serie unterschiedlicher Wärmeleiter — wie Holz, Filz, Glas, Marmor, Eisen — dient für empfindlichere Übungen [46].

Gewichtsempfindungen

Zur Ausbildung des Gewichtssinnes dienen 6 mal 8 cm große, 1/2 cm dicke rechteckige Täfelchen aus drei verschiedenen Holzarten: Glyzinie, Nußbaum und Tanne. Das Gewicht beträgt 24, 18 bzw. 12 g, sie differieren also um 6 g. Sie müssen sehr schön geglättet und mit Glanzlack überzogen werden, damit alle Unebenheiten verschwinden, die natürliche Farbe des Holzes jedoch bleibt. Wenn es auf die Farbe achtet, weiß das Kind, daß sie ein verschiedenes Gewicht haben, es kann seine Übung also kontrollieren. Es nimmt zwei Täfelchen in die Hand, legt sie auf die Handflächenseite der ausgestreckten Finger und macht eine Bewegung von unten nach oben, um das Gewicht genau zu prüfen: Diese Bewegung muß mit der Zeit immer weniger spürbar werden. Dem Kind wird nahegelegt, mit geschlossenen Augen den Unterschied zu vergleichen; so gewöhnt es sich daran, dies mit großem Interesse von selbst zu tun, um zu sehen, „ob es richtig rät". ⟨— 4⟩ — 1926

⟨Die oben angegebenen Ausführungsarten beziehen sich auf eine ▼ 1926 Technik, die erforderlich ist, um bei der Beurteilung der Gewichte eine ausreichende Genauigkeit zu erzielen. Streng genommen, sollte man den Gegenstand leicht auf die Haut legen, wobei Temperatureindrücke zu vermeiden sind — deshalb wird Holz benutzt —, um eine regelrechte Gewichtsempfindung zu erhalten, die auf den Gegenstand beziehbar ist. Die Bewegung der Hand nach oben und unten wandelt das Gewicht durch Veränderung des Luftdruckes ab, der noch dazukommt; dadurch läßt sich das Gewicht leichter wahrnehmen. Deshalb ist diese Bewegung des „Wägens" instinktiv, sie muß jedoch auf ein Mindestmaß zurückgeführt werden, will man zu einer genaueren Abschätzung des Gewichtes des Gegenstandes als solchem kommen.

Die oben genannte Verfahrenstechnik führt zu einer Genauigkeit, die schon für sich allein sehr interessant ist.⟩ ▲

---

[46] Dieser Abschnitt ist gegenüber der 1. deutschen Auflage leicht verändert (1926) (d. Hrsg.).

Empfindung der Formen ausschließlich durch Betasten

▼ 1926 ⟨*Ausbildung des stereognostischen Sinnes*. Die Form eines Gegenstandes dadurch zu erkennen, daß man ihn von allen Seiten berührt oder auf verschiedene Art abtastet (wie es Blinde tun), ist nicht nur eine Übung des Tastsinnes.

Tatsächlich lassen sich beim „Tasten" nur die Oberflächenmerkmale von Glätte oder Rauheit wahrnehmen.

Doch wenn Hand (und Arm) sich um einen Gegenstand herum *bewegen*, kommt zu dem Tasteindruck der Eindruck der ausgeführten Bewegung, der einem besonderen (einem sechsten) Sinn zugesprochen wird, der sich Muskelsinn nennt und es ermöglicht, viele Eindrücke in einem „Muskelgedächtnis" oder Gedächtnis der vollzogenen Bewegungen zu speichern.

Wir können uns bewegen und dabei nichts berühren, da wir die ausgeführte Bewegung in ihrer Richtung sowie die Abgrenzung der Ausmaße reproduzieren und uns an sie erinnern können (eine reine Folgeerscheinung von Sinneswahrnehmungen der Muskeln). Wenn wir jedoch beim Bewegen etwas berühren, dann vermischen sich zwei Wahrnehmungen: die des Tast- und die des Muskelsinnes, wobei sie den Sinn ansprechen, den die Psychologen den „stereognostischen Sinn" nennen.

In diesem Fall überträgt sich nicht nur ein Eindruck der vollführten Bewegung, sondern das „Bewußtsein" von einem äußeren Gegenstand. Diese Kenntnis kann auch den visuellen Eindruck einschließen, wodurch der Gegenstand konkreter und genauer wahrnehmbar wird. Sie ist um so besser bei kleinen Kindern, die größere Sicherheit beim Erkennen der Dinge und vor allem ein besseres Erinnerungsvermögen beim Betasten als beim Sehen zu haben scheinen. Diese Tatsache wird durch die Verhaltensweise von Kleinkindern kenntlich. Tatsächlich „*berühren sie alles*", was sie sehen, wobei sie den doppelten Eindruck (durch Seh- und Muskelempfindungen) der verschiedenen und unzähligen Dinge aufnehmen, denen sie in ihrer Umgebung begegnen.

Doch stärker als eine einfache „Überprüfung" des Sehens ist nach unserer Erfahrung dieses „alles Berühren" der sichtbare Ausdruck einer äußerst lebhaften muskulären Sensibilität, die im Kleinkind während der Lebensperiode steckt, in der sich die fundamentale Koordination der Bewegungen fixiert.

Es handelt sich also nicht darum, nur das Sehen zu „überprüfen", sondern darum, *die Bewegung als solche zu üben* und den physiologischen Bau der Bewegungskoordinierung zu errichten, der zur Schulung der Organe des „Ausdrucks" nötig ist.

Auch die Tatsache, daß „Bewegungen" fast alle Sinnesübungen begleiten, beweist, daß die „muskuläre Sensibilität" im zarten Kindesalter eine vorherrschende Funktion hat. Aus diesem Grunde haben wir in unserer Methode den stereognostischen Sinn — da er auch der Bildung dient — weitgehend angewandt, soweit seine Ausdrucksäußerungen betroffen sind (Zeichnen, Schreiben usw.); dieses Endziel vor Augen, das unseres Erachtens diesen Sinneswahrnehmungen einen speziellen Wert gibt, haben wir ganz besonders deren Entwicklung in der formativen Periode des Kleinkindes gepflegt.⟩

⟨—3⟩ — 1926

[47] Auf diesem Gebiet können wir hervorragende Versuchsdaten für erzieherische Erfolge aufweisen, die zu erwähnen angebracht ist, sei es auch nur als Hilfe für die Lehrkräfte.

Als erstes Material benutzten wir Fröbels kleine Würfel und Bausteine. War die Aufmerksamkeit des Kindes auf die Form der Körper gelenkt, dann ließen wir sie diese ganz genau mit offenen Augen abtasten, wiederholten dabei einige kurze Erklärungen, um seine Aufmerksamkeit für die Einzelheiten der vorher erläuterten Form festzuhalten. Danach sagten wir dem Kind, es solle die Würfel nach rechts und die kleinen Bausteine nach links legen und sie dabei weiter betasten, „auch ohne sie anzusehen". Schließlich wiederholte das Kind die Übung mit verbundenen Augen. Fast allen gelang sie, und nach einigen wenigen Wiederholungen war jeder Irrtum ausgeschaltet; es gab insgesamt 24 kleine Bausteine und Würfel, damit die Aufmerksamkeit lange Zeit auf diese Art von „Spiel" gelenkt werden konnte. Doch ohne Zweifel trug das Bewußtsein des Kindes, daß seine neugierigen und über seine Fehler zu lachen bereiten Spielgefährten es genau beobachteten, dazu bei, seine Aufmerksamkeit zu erhalten, und außerdem spielte sein eigener Stolz als „Hellseher" mit.

Einmal zeigte mir eine der Leiterinnen eine Dreijährige, also eine der kleinsten, die die Übung fehlerfrei wiederholte. Wir setzten die Kleine bequem in ihren schön an den Tisch gerückten Sessel, legten 24 Gegenstände auf das Tischchen, mischten sie und sagten ihr, nachdem wir ihre

---

[47] Anschluß 1. deutsche Auflage, S. 176 (d. Hrsg.).

Aufmerksamkeit erneut auf deren Form gelenkt hatten, sie solle die Würfelchen nach rechts und die Bausteinchen nach links legen. Als ihre Augen verbunden waren, begann sie die Übung so wie wir sie lehren, nahm also gleichzeitig mit beiden Händen willkürlich zwei Gegenstände, betastete diese und legte sie an ihren Platz. Manchmal bekommt man zwei Würfel oder zwei Bausteine in die Hand oder auch in die Rechte einen Baustein und in die Linke einen Würfel; das Kind muß also die Form erkennen und sich während der ganzen Übung an die verschiedenen Plätze der Gegenstände erinnern. Das erschien mir für ein dreijähriges Kind sehr schwierig.

Als ich sie jedoch beobachtete, stellte ich fest, daß es ihr nicht nur leicht fiel, die Übung durchzuführen, sondern daß auch die Handgriffe des Betastens bei ihr überflüssig waren. Denn kaum hatte sie zwei Gegenstände mit einer sehr leichten Bewegung in die Hand genommen — sie war ein Kind mit sehr graziösen und eleganten Gebärden — so tauschte sie sie *sofort* um, wenn der Baustein in ihrer rechten und der Würfel in ihrer linken Hand war, erst *danach* begann sie das langwierige Betasten, das wir ihr beigebracht hatten und das sie vielleicht als Pflicht ansah. Sie hatte jedoch die Gegenstände *allein durch leichtes Berühren* erkannt, das heißt, das *Erkennen* erfolgte gleichzeitig mit dem *Zugriff*. Als ich daraufhin das Problem untersuchte, erkannte ich, daß das Mädchen über eine *funktionelle Beidhändigkeit* verfügte, eine bei drei- oder vierjährigen Kindern sehr häufige Erscheinung, die sich dann später fast immer verliert. Ich ließ also mehrere Kinder die Übung wiederholen und bemerkte, daß sie die Gegenstände *erkannten*, bevor sie sie abtasteten; dies geschah oft bei den ganz *Kleinen*. Unsere Erziehungsmethoden bildeten also eine wunderbare assoziative Gymnastik und führten zu einem wirklich verblüffend schnellen Urteil, wodurch sie sich für das Kleinkind großartig eigneten.

Diese Übungen des sterognostischen Sinnes lassen sich sehr stark erweitern und machen Kindern sehr viel Spaß, weil sie in ihnen nicht die einfache Wahrnehmung eines Reizes wie bei Wärme haben, sondern einen ganzen wohlbekannten Gegenstand[48] wieder aufbauen. Sie können die kleinen Soldaten, die Bällchen und vor allem die *Geldstücke* abtasten. Sie bringen es sogar dahin, kleine und sehr ähnliche Formen wie *Vogelhirse* und Reis voneinander zu unterscheiden.

[48] In der Vorstellung (d. Hrsg.).

Sie sind stolz, *ohne Augen sehen zu können*, sie rufen es sehr laut und strecken dabei ihre Hände aus: „Das sind meine Augen, ich sehe mit den Händen, ⟨ich brauche meine Augen nicht mehr!" Und ich antwortete häufig auf ihren freudigen Ruf: „Also gut, reißen wir uns alle die Augen aus, was tun wir noch damit?", und sie brachen in Gelächter und Beifall aus.⟩ ▼ 1926

Tatsächlich überraschten uns unsere Kleinen, die über das hinausgingen, was wir vorhergesehen hatten, mit ihren unerwarteten Fortschritten, und während sie manchmal vor Freude verrückt erschienen, waren wir tief in Gedanken versunken.

⟨In der Folge hatten die Kinder eine spontane Eingebung, die mit zu den interessantesten Übungen führte, die heute in den „Kinderhäusern" gemacht werden. Sie fingen also von neuem an, systematisch *das ganze Material* zu benutzen, das sich dazu eignet, duch Betasten erkannt zu werden: die Einsatzblöcke — wie die geometrischen Einsatzfiguren — oder die drei Sätze von Klötzen. Die Kinder, die sie schon seit längerer Zeit hatten liegen lassen, um zu anspruchsvolleren Übungen überzugehen, nahmen sich nun wieder die drei Blöcke mit den Einsatzzylindern und begannen mit verbundenen Augen, die kleinen Zylinder und die entsprechenden Aushöhlungen zu betasten, nahmen dabei oft *alle drei* Blöcke und vermischten die kleinen Zylinder der drei Serien miteinander. Oder sie holten sich die geometrischen Einsatzfiguren, fühlten mit geschlossenen Augen ganz genau ihre Umrisse ab, einen fast nachdenklichen Zug im Gesicht, und suchten dabei das entsprechende Profil unter den Rahmen. Oftmals legten sich die Kinder auf die Teppiche auf den Boden und berührten mehrfach die langen Stangen, wobei sie die Finger von vorne bis hinten darüber gleiten ließen, als wollten sie den Umfang der Armbewegung feststellen; oder sie sammelten beim Sitzen die Würfel des rosa Turmes um sich herum und bauten ihn mit verbundenen Augen auf. ▼ 1926

Durch die Muskelübung *beginnt* also diese ganze Erziehung noch einmal *von vorn*. Diese führt durch das Sehen (wie es nachfolgend beschrieben wird) zur exakten Abschätzung der Unterschiede in Form und Maße der Gegenstände.⟩ ▲

Erziehung des Geschmacks- und des Geruchssinnes

Die Übungen für diese Sinne lassen sich nur schwer attraktiv gestalten.

Ich kann nur sagen, daß mir, zumindest für kleine Kinder, Übungen, ähnlich den in der Psychometrie angewandten Versuchen, ungeeignet
1926 — und unpraktisch erscheinen. ⟨—6⟩
1926 ▼ ⟨So bestand unser zweiter Versuch darin, „Spiele für die Sinne" zu
▲ organisieren, die die Kinder untereinander wiederholen konnten.⟩
Wir ließen sie an frischen Veilchen und an Jasmin riechen, mitten im Mai nahmen wir die in Blumenvasen gesteckten Rosen. Dann verbanden wir einem Kind die Augen und sagten: „Nun bekommst du Geschenke, es werden dir Blumen angeboten." Tatsächlich hielt ihm ein Spielgefährte Veilchen unter die Nase, die es erkennen sollte; um die Intensität zu messen, wurden eine oder mehrere Blumen genommen.

[49] Danach kam uns der Gedanke, der Umgebung einen Großteil dieser erzieherischen Aufgabe zu überlassen. Zunächst müssen die Gerüche zur Übung der Sinne erst einmal vorhanden sein, und da sie nicht unbedingt um uns herum existieren, wie das Licht und das Geräusch, das sich aus allen Bewegungen ergibt, wollten wir nach einem bestimmten System Düfte in der Umgebung plazieren mit dem Gedanken, sie immer differenzierter zu machen.

Einige nach chinesischer Mode geschmückte Säckchen wurden wie Schmuck an die Wände geheftet. Blumen und Kräuter aus dem Garten, Seife mit einem natürlichen Duft, wie zum Beispiel nach Mandeln und Lavendel, wurden vorbereitet und um die Kinder herum ausgelegt.

Erst später, nachdem wir duftende Kräuter angepflanzt hatten, die fast wie ein grünes Beet aussahen, damit ihre Farbe nicht die Aufmerksamkeit weckte, wie dies bei auffälligen Blumen der Fall ist, fanden wir heraus, daß etwa Deijährige am stärksten daran interessiert waren, die verschiedenen Gerüche ausfindig zu machen, und wir sahen mit großem Erstaunen, daß uns einige der Kleinen manche Kräuter brachten, die wir weder angepflanzt hatten noch als Duftkräuter kannten, doch auf Drängen der Kinder rochen wir daran und entdeckten, daß sie tatsächlich einen feinen Duft ausströmten.

Eine so bepflanzte Wiese, bei der farbliche Eintönigkeit und geringe Abweichung in den Formen bis zu einem gewissen Grad die Geruchs-

---

[49] Im Vergleich zur 1. Auflage ist von hier ab der Text des Abschnitts erheblich verändert (1926) (d. Hrsg.).

wahrnehmungen isolieren, ist eine Stätte der „Forschung" und deshalb auch der Übung des Geruchssinnes. Wird die Aufmerksamkeit systematisch dazu gebracht, auf verschiedene Sinnesreize anzusprechen, dann wird auch der Geruchssinn „auf intelligente Weise" ausgebildet und entwickelt sich zu einem Organ zur Erforschung der Umwelt.

Daß der Geruch der natürliche Helfer des „Geschmacks" ist, bewiesen uns sogar die Kleinsten durch ihr Vermögen, Nahrungsmittel auszuwählen oder zu „verwerfen". Dieser Teil der Erziehung spielt in das vegetative Leben hinein, doch er ist so delikat, daß er eine Sonderbehandlung verdient. Bedenkt man nun, daß hier nichts weiter als die vier einfachsten Geschmacksrichtungen angezeigt werden, ergibt sich die Mahlzeit als natürliche Gelegenheit für Geschmacksübungen.

Die ausschließlich auf den Geschmack zurückzuführenden Sinneswahrnehmungen von den Kindern dadurch unterscheiden zu lassen, daß man sie die vier grundlegenden Geschmacksrichtungen lehrt, löst unzweifelhaft Interesse aus. Während sowohl das Süße wie das Salzige beides angenehme Geschmacksrichtungen sind, wird auch das Bittere als Erfahrung gesucht und das Saure, besonders bei diversen Früchten, nach seinen Abstufungen differenziert.

Ist erst einmal das Interesse auf die Geschmacksrichtungen und ihre so klare Abgrenzung gelenkt, unterscheidet sich die Welt der Düfte klarer in der großen Vielfalt dieser gemischten Geschmacks- und Geruchswahrnehmungen, die bei der Ernährung, also Milch, trockenem und frischem Brot, Bouillon, Früchten usw. erprobt werden. Die Tastwahrnehmungen der Zunge, zum Beispiel bei nicht leitenden, bei öligen Substanzen usw. unterscheiden sich von denen des Geschmacks und des Geruchs durch eine ununterbrochene geistige Tätigkeit, die eine wirkliche Erforschung ihrer selbst und der Umwelt ist.

Die Methode, die Zunge mit einer bestimmten bitteren, sauren, süßen oder salzigen Lösung in Berührung zu bringen, wie dies in der Extensiometrie geschieht (Messung der Sensibilität), ließ ich auf fünfjährige Kinder anwenden, die sich für solche Versuche wie zu einem Spiel hergaben und denen es großen Spaß bereitete, sich den Mund auszuspülen, ohne zu ahnen, daß sie Experimenten unterworfen wurden, die von Erwachsenen in den feierlichen Mantel der Wissenschaft gehüllt werden. Die ganz kleinen Kinder konzentrieren sich hingegen ernsthaft auf die Suche nach den Düften, mit welchen die Natur die Wiesenkräuter bedacht hat.

VIII

VISUELLES UND AUDITIVES UNTERSCHEIDUNGSVERMÖGEN

Material: Einsatzblöcke und Klötze[50]

926 ▼ ⟨*Verfeinerung des Unterscheidungsvermögens von Dimensionen ausschließlich durch visuelle Wahrnehmungen*
Die Serien weisen Unterschiede in den Dimensionen auf:
— in einer Serie beziehen sie sich auf eine einzige Dimension (Höhe),
— in einer anderen besteht ein gradueller Unterschied nach zwei Dimensionen (Querschnitt),
— in einer weiteren besteht ein Unterschied in allen drei Dimen-
▲ sionen.⟩

Einsatzblöcke. — Sie bestehen aus drei massiven, naturfarbenen, glänzend lackierten Holzblöcken; alle drei gleich in Form und Abmessung (55 cm lang, 6 cm hoch, 8 cm breit). In jedem von ihnen befinden sich *zehn Einsätze,* lauter glatte, leicht gleitende Zylinder, die ein Knöpfchen auf der Oberseite als Griff haben. Sie lassen sich leicht in die Öffnungen, die in die Blöcke gemacht wurden und deren Maße genau und ausschließlich für einen bestimmten Zylinder passen, einsetzen und wieder herausnehmen.

Jeder dieser Blöcke mit den dazugehörigen kleinen Zylindern sieht wie der gewöhnliche „Gewichtssatz" einer Waage aus.

Zwischen den in die drei Blöcke eingelassenen Zylindern besteht jedoch ein gleichmäßig abgestufter Unterschied:

1. Im ersten Block haben die Zylinder alle den gleichen Querschnitt, doch verschiedene Höhe; der niedrigste ist 1 cm hoch, und die anderen

---

[50] Dieses Kapitel ist gegenüber der 1. deutschen Auflage gemäß der italienischen Auflage von 1926 verändert und erweitert (d. Hrsg.).

werden jeweils um einen halben Zentimeter höher, bis zum zehnten mit seinen 55 mm.

2. Im zweiten Block haben die Zylinder alle die gleiche Höhe, aber ihr kreisförmiger Querschnitt nimmt gleichmäßig zu. Während der kleinste Zylinder einen Durchmesser von 1 cm hat, nehmen die Durchmesser der übrigen Querschnitte jeweils um einen halben Zentimeter zu, bis zu einem Durchmesser von 55 mm.

3. Schließlich nehmen die Zylinder im dritten Block in allen drei Dimensionen ab, wobei die Unterschiede bei den beiden vorhergehenden Einsätzen kombiniert werden.

⟨Grundsätzlich nehmen die Kinder einen einzigen Block, es können ▼ 1926 sich folglich drei Kinder gleichzeitig mit den Einsätzen beschäftigen.

Die Übung ist für alle drei Einsatzzylinderblöcke gleich: sie werden auf den Tisch gestellt, alle Einsätze heausgenommen, gemischt und dann wieder in die entsprechenden Öffnungen eingesteckt, wobei für jeden der richtige Platz gesucht wird. (Die Übung ist von grundlegender Bedeutung, deshalb sollten die Gegenstände auf drei Tischchen gezeigt werden, die einen besonderen Platz für die herausgenommenen Zylinder haben.) Die exakte Übereinstimmung von Zylinder und Öffnung im Block ermöglicht die „Fehlerkontrolle".

Wenn nämlich das Kind zum Beispiel beim ersten Einsatz die Öffnung falsch wählt, dann verschwindet ein Zylinder in einem zu tiefen Loch und ein anderer ragt heraus, weil das Loch nicht tief genug ist. Die sich daraus ergebende sichtbare und fühlbare Ungleichmäßigkeit wird zur absoluten materiellen Kontrolle des begangenen Fehlers. Daraus ergibt sich die Notwendigkeit, die Gegenstände aufmerksam umzustecken, ihre Anordnung immer neu zu versuchen, bis alle den richtigen Platz einnehmen, also die gleiche Höhe wie der Block haben.

Bei einem anderen Einsatzblock, der dem Anschein nach dem beschriebenen entspricht, sich aber bei genauem Hinsehen davon unterscheidet, wird der Fehler noch besser sichtbar. Die kleinen Zylinder haben alle die gleiche Höhe, aber ihr runder Querschnitt verändert sich graduell vom ersten bis zum letzten, vom kleinsten bis zum größten, sie sind also dünner oder dicker anstatt höher oder niedriger wie vorher. Wird ein zu dünner Zylinder am Knopf angefaßt und in eines der Löcher gesteckt, so fällt der Irrtum vielleicht im ersten Augenblick nicht auf; werden dann immer weiter Zylinder mit kleineren Durchmessern als der der Öffnung eingesteckt, so kann man eine

▼ Zeitlang die Illusion haben, es richtig zu machen. Doch zum Schluß bleibt ein nicht einsteckbarer Zylinder übrig, der überhaupt nicht in den Block hineinpaßt.

Hier ist der Irrtum so augenfällig, daß die lange bewahrte Illusion sofort in sich zusammenfällt. Die Aufmerksamkeit wird auf ein offenbares Problem gelenkt.

Alle schlecht eingesteckten Zylinder müssen wieder herausgenommen und jeder einzelne in seine Öffnung gesteckt werden.

Wir haben noch einen gleichen Einsatzblock. Hier sind die Zylinder allen Dimensionen entsprechend abgestuft: nicht nur die runden Querschnitte werden nach und nach kleiner als beim zweiten Einsatzblock, sondern auch die Höhen nehmen vom größten zum kleinsten Zylinder ab; dadurch gibt es größere und niedrigere Zylinder, deren Form bei verschiedener Abmessung gleichbleibt. Bei diesem Einsatzblock, der ebenfalls die materielle Fehlerkontrolle ermöglicht, wird die gleiche Übung wiederholt.

Die drei Einsatzblöcke, die auf den ersten Blick voneinander nicht zu unterscheiden sind, lassen das Kind, das sie benutzt, ihre minimalen Unterschiede erkennen, und alle drei interessieren es in immer stärkerem Maße, je mehr es sie beim Gebrauch entdeckt. Daraus folgt eine Wiederholung der Übung, die das Unterscheidungsvermögen des Auges verbessert, die Beobachtungsgabe schärft, die systematisch gelenkte Aufmerksamkeit ordnet und anleitet, Anlaß gibt, über den Fehler und seine Ausmerzung eingehend nachzudenken und, das kann man wohl sagen, dem Kind zu einer ständigen gründlichen Übung verhilft und so seine psychologische Persönlichkeit durch die Sinne
▲ fesselt.〉

Die Klötze. — Bei drei Sätzen von Klötzen, die ganz anders aussehen, wird die Abstufung von einer, zwei und drei Dimensionen erneut aufgegriffen.

Es handelt sich um große, in lebhaften Farben gestrichene Holzstücke in drei Systemen, die wir wie folgt bezeichnen wollen:

      Das System der Stangen und Längen;

      Das System der Prismen;

      Das System der Würfel.

Die rot gestrichenen Stangen haben alle denselben quadratischen

Querschnitt von 2,5 cm Seitenlänge[51] und weisen einen Längenunterschied von jeweils 10 cm auf: die größte in der Serie ist 1 Meter lang, die kleinste folglich ein Dezimeter.

Um so lange und sperrige Gegenstände zu handhaben, muß das Kind den ganzen Körper bewegen; es muß hin- und hergehen, um diese Stangen zu transportieren und sie abgestuft nach ihrer Länge nebeneinanderzulegen wie die Orgelpfeifen.

Als Platz für das Anordnen dient der Fußboden, auf den das Kind jedoch vorher einen Teppich gelegt hat, der groß genug für es und das Material ist. Hat das Kind die Stangen erst einmal wie die Orgelpfeifen nebeneinandergelegt, nimmt es alles wieder auseinander, mischt die Stangen und baut sie so oft wieder zusammen, bis es zufrieden ist.

Eine ähnliche Übung, die auch auf dem Teppich durchgeführt wird, besteht darin, eine Reihe brauner Prismen nebeneinanderzustellen, die alle gleich lang sind (20 cm), jedoch einen verschiedenen quadratischen Querschnitt haben. Die Seitenlänge des größten Quadrats beträgt 10 cm, die des kleinsten 1 cm. Die Prismen werden abgestuft nebeneinandergelegt vom dicksten bis zum dünnsten, so daß sich daraus eine treppenförmige Anordnung ergibt.

Mit einem Satz Würfel in lebhaftem Rosa, deren Kantenlänge von 10 cm bis zu 1 cm gleichmäßig abnimmt, verfügen wir schließlich über Gegenstände, die nach allen drei Dimensionen variieren, also *größer und kleiner* sind. Der größte Würfel wird zuerst auf den Teppich gestellt, dann alle anderen darauf, was eine Art Turm ergibt, der zum Einsturz gebracht und dann wieder aufgebaut wird.

Anstrengung und Muskelgedächtnis. — Die Kinder ergreifen die Klötze mit einer Hand, ein Kind von drei oder dreieinhalb Jahren muß sich Mühe geben, wenn es 10 Zentimeter breite Klötze mit der Hand packen will. Außerdem sind sie ziemlich schwer für das Kind, besonders das zwei Dezimeter lange Prisma. Es strengt also seine kleine Hand an, die sich streckt und kräftigt. Wird die Übung, alle braunen Klötze zu ergreifen, mehrfach wiederholt, nimmt die Hand schließlich automatisch genau die Stellung ein, die nötig ist, um einen Abstand von 10, von 9, von 8, von 7, von 6, 5, 4, 3, 2, 1 zu umspannen, das muskuläre Gedächtnis richtet sich also auf präzise abge-

---

[51] Im italienischen Original hier ein Druckfehler (d. Hrsg.).

stufte Abstände ein. Dasselbe wiederholt sich mit den rosa Würfeln. Hier gibt es ein weiteres Mittel zur Vervollkommnung: Der kleine Würfel muß in die Mitte des nächstgrößeren gestellt werden, so daß rund herum ein ½ cm[52] breiter Streifen verbleibt. Arm und Hand müssen daher dieser präzisen Absicht gehorchen, führen also eine gewollt präzise Bewegung aus. Die schwerste all dieser Übungen ergibt sich beim leichtesten Würfel von 1 cm Kantenlänge; der Arm muß sehr sicher sein, um dieses kleine Ding in die Mitte zu stellen. Das beweisen auch die intensive Aufmerksamkeit des Kindes und seine offensichtliche Anstrengung.

Ohne Zweifel wird gerade der visuelle Sinn bei den Übungen mit den Einsatzzylindern und den Klötzen geschult; langsam beginnt das Kind, Unterschiede zu erkennen, die es vorher nicht sah.

Wenn dann die drei Einsatzserien gemeinsam benutzt werden (die Kinder setzen sie zu einem Dreieck zusammen und legen die Zylinder der drei Serien durcheinander in den so abgegrenzten Mittelraum), beginnt eine Denk- und Gedächtnisübung, weil ein Vergleich der Zylinder untereinander schwieriger ist. Und da spielt dann auch die Erinnerung an die Serie mit hinein, zu der sie gehören, und folglich auch des Blocks, in den sie eingefügt werden können. Hier liegt der Zauber der Übungen: Der Verstand des Kindes müht sich mit intensiver Arbeit ab und strengt sich dabei auf natürliche und angenehme Weise, seinen Fähigkeiten entsprechend, an.

Auch bei den Klötzen ist es vor allem das Auge, das sich übt, ihre Abstufung wiederzuerkennen und auf diese Weise den Fehler zu bemerken: Falsch gelegte Orgelpfeifen, das Aussehen einer Treppe mit unregelmäßigen Stufen, ein Turm mit einer Ausbuchtung wegen eines großen Würfels, der sich zwischen zwei kleinere geschoben hat, fallen ins Auge, das außerdem von den leuchtenden Farben angezogen wird. Alles ist getan, um das Auge aufzufordern, den Fehler zu erkennen und die Hand, ihn zu korrigieren.

Die Begleiterscheinung zur Übung des Auges ist ein *Tätigkeits*drang, einmal zur Handhabung der kleinen Gegenstände (die Einsatzzylinder), zum anderen zum Transport und zur Anordnung dicker Holzklötze. Die Übung der Sinne wird also durch „Bewegungen" gelenkt, die sich gemäß einem zu erreichenden intelligenten Ziel koordinieren.

---

[52] Im italienischen Original hier ein Druckfehler (d. Hrsg.).

Wie bereits ausgeführt, hilft *diese Bewegung,* wie wir schon sagten, der Aufmerksamkeit, sich ständig und fest auf eine wiederholte Übung zu *konzentrieren.*

Betrachten wir die relativen Unterschiede der drei Serien von Klötzen, so finden wir darin eine mathematische Proportionalität:

Denn die zehn Stangen stehen miteinander so in Beziehung wie die Zahlenreihe:

$$1:2:3:4:5:6:7:8:9:10.$$

Die zehn Prismen gleicher Länge, doch mit verschiedenem quadratischem Querschnitt, stehen untereinander so in Relation wie das Quadrat der Zahlen:

$$1:2^2:3^2:4^2:5^2:6^2:7^2:8^2:9^2:10^2.$$

Und schließlich stehen die zehn Würfel mit ihren drei variierenden Dimensionen miteinander im Verhältnis der dritten Potenz der Zahlen:

$$1:2^3:3^3:4^3:5^3:6^3:7^3:8^3:9^3:10^3.$$

Es stimmt zwar, daß diese Proportionen dem Kind nur sensoriell zugänglich sind, aber sein Geist übt sich auf einer Grundlage, die so exakt ist, daß sie seine mathematischen Fähigkeiten vorbereitet.

Das Kind findet die Übungen mit den Würfeln am leichtesten (die größten Unterschiede) und die mit den Stangen am schwierigsten (die geringsten Unterschiede).

Wenn es jedoch beginnt, sich in den Grundschulklassen für Mathematik und Geometrie zu interessieren, nimmt es die im zarten Kindesalter benutzten Klötze wieder zur Hand, untersucht erneut ihre relativen Proportionen und wendet dann die Wissenschaft der Zahlen an.

Farbmaterial

⟨—8⟩ — 1926

Folgendes Material, das ich nach einer langen Reihe von Versuchen an normalen Kindern festgelegt habe, führt zum Erkennen der Farben (Ausbildung des chromatischen Sinnes). (Im Institut für geistig Zurückgebliebene wurden, wie ich bereits ausführte, *Einsatzrahmen* aus Holz benutzt, die aus vielen Serien farbiger runder Plättchen bestanden). Das endgültige Material besteht aus Täfelchen, die mit Seidenfäden in starken Farbtönen umwickelt sind. Die Täfelchen haben auf beiden Seiten einen Rand, damit die Faben niemals den Tisch berühren, und auch, damit sie in die Hand genommen werden können, ohne dabei die Fäden anzufassen. So bleibt die Farbe lange Zeit einwandfrei.

Ich habe 9 Farbtöne mit jeweils 7 verschieden starken Abstufungen ausgewählt, das ergibt also 63 Farbtäfelchen. Die Farben sind: grau (von schwarz bis weiß), rot, orange, gelb, grün, blau, violett, braun, rosa.

1926 — ⟨—4⟩

Übungen. — Es werden je zwei Täfelchen von drei Farben in der lebhaftesten Nuance, zum Beispiel rot, blau und gelb ausgesucht und auf den Tisch vor das Kind gelegt. Man zeigt ihm eine Farbe und fordert es auf, auf dem Tisch die gleiche zu suchen, und so werden die Täfelchen zu zweit, also paarweise, in der gleichen Farbe in einer Reihe zusammengelegt. Dann erhöht man die Anzahl der Farbtäfelchen immer mehr, und zwar bis zu neun Farben, also achtzehn Täfelchen. Schließlich werden statt der lebhaftesten Farben die dunkelsten oder die hellsten herausgesucht.

Danach zeigt man zwei oder drei Täfelchen gleicher Farbe, aber verschiedener Intensität, zum Beispiel die hellste, die mittlere und die dunkelste Abstufung, die das Kind in die richtige Reihenfolge bringen soll, und dies bis zu den neun Abstufungen.

Anschließend legt man vor das Kind die Abstufungen von zwei verschiedenen Farben (zum Beispiel rot und blau), läßt sie in die Gruppen *einteilen* und in jeder nach ihrer Abstufung anordnen. Danach mischt man immer ähnlichere Farbtöne (zum Beispiel blau und violett, gelb und orange usw.).

Ich sah, wie in einem „Kinderhaus" folgendes Spiel mit sehr großem Interesse erfolgreich und erstaunlich *schnell* zu Ende geführt wurde: Die Leiterin legt auf einen Tisch soviel Gruppen von Abstufungen, also soviel Faben, wie Kinder daran sitzen, zum Beispiel drei. Die Lehrerin tut gut daran, jedem Kind zu sagen, welche Farbe ihm zugedacht ist oder welche sie ausgesucht hat. Dann legt sie alle Gruppen zusammen kunterbunt auf den Tisch. Jedes Kind nimmt sich rasch alle Abstufungen seiner Farbe heraus, legt sie auf ein Häufchen und ordnet dann die einzelnen Stücke, indem es sie so abgestuft nebeneinanderlegt, daß der Eindruck eines Bandes mit schattierten Farbtönen entsteht.

In einem anderen „Kinderhaus" sah ich, wie Kinder die ganze Schachtel mit den 63 Farben nahmen, sie auf den Tisch kippten, lange die Täfelchen mischten, um dann schnell die Gruppen wieder zusammenzustellen und entsprechend den Abstufungen anzuordnen, wobei sie so etwas wie einen Teppich von ineinander übergehenden Farbschattierungen auf dem Tisch aufbauten.

Es gelingt den Kindern schnell, eine erstaunliche Geschicklichkeit zu erwerben. Dreijährige sind in der Lage, alle Farben in ihren Abstufungen zu ordnen.

Man kann das *Farbengedächtnis* dadurch erproben, daß man einem Kind eine Farbe zeigt und es auffordert, auf einem weit entfernten Tisch, auf dem alle Farben aneinandergereiht sind, die gleiche herauszusuchen. Die Übung gelingt den Kindern, sie machen dabei nur kleine Fehler. Fünfjährigen macht diese Übung besonderen Spaß. Außerdem vergleichen sie sehr gern zwei Farben und entscheiden über ihre Identität.

⟨—12⟩ — 1926

Sensorielle geometrische Kenntnisse
Die flachen Einsatzfiguren und die geometrischen Formen

Anfangsmaterial: flache Einsatzfiguren aus Holz (Geschichte). —
⟨—2⟩ — 1926
In der Schule für geistig Zurückgebliebene hatte ich diese Einsatzfiguren in einer Form anfertigen lassen, wie sie auch von meinen berühmten Vorgängern benutzt wurden; ich hatte also zwei Platten übereinanderlegen lassen, von denen die untere ganz aus einem Stück war, während in die obere verschiedene Figuren eingeschnitten waren. In die leeren Vertiefungen sollten die entsprechenden Holzfiguren ganz genau passen, die zur leichteren Handhabung mit einem Messingknopf versehen waren.

Séguin benutzte einen Stern, ein Rechteck, ein Viereck, ein Dreieck und einen Kreis in verschiedenen Farben, so daß Farbe und Form zusammenpaßten; die Vertiefungen waren außerdem alle in denselben Platten.

In meiner Schule für geistig Zurückgebliebene hatte ich eine größere Anzahl von Platten genommen und sie nach dem Verwendungszweck — Farben oder Formen — unterschieden. Die Einsatzfiguren für Farben bestanden alle aus runden Plättchen, die für Formen hingegen waren alle von derselben Farbe (blau). Ich hatte eine große Zahl von Täfelchen in mehreren Farbabstufungen herstellen lassen und dabei immer mehr Figuren in derselben starren Tafel zusammengefaßt und fixiert.

1926 — ⟨—3⟩

Aber bei meinen neuen Experimenten an normalen Kindern habe ich nach zahlreichen Versuchen die flachen Einsatzfiguren für die Farben vollständig ausgeschieden, da dieses Material keinerlei Fehlerkontrolle bietet, weil das Kind die Vergleichsfarbe *verdecken* muß.

Endgültiges Material. — Hingegen habe ich die flachen Einsatzfiguren für die Formen beibehalten, allerdings das Material durch Trennung der einzelnen Figuren verändert, und somit für jede Einsatzfigur einen einfachen Rahmen gemacht, der mit der Figur übereinstimmte, ähnlich wie Schreiner dies bei ihren exakt eingepaßten Arbeiten tun, die ein erster Beweis ihrer Geschicklichkeit sind.

Jede Platte mit verschiedenen Formen (Quadrate, Rechtecke, Kreise, Dreiecke, Trapeze, Ovale usw.) war glänzend himmelblau lackiert, während die Rahmen für jedes einzelne Stück alle dieselben Abmessungen hatten, quadratisch und weiß waren. So ließen sich die voneinander getrennten Teile in verschiedene Kombinationen ordnen und die Gruppierungen vervielfältigen, da die viereckigen Rahmen leicht nebeneinandergelegt werden konnten.

Um die Gruppen zu verbinden, ließ ich Holzplatten herstellen, auf denen sechs Quadrate Platz fanden, die also sechs Figuren in zwei übereinanderliegenden Dreierreihen aufnehmen konnten. Wenn die Rahmen darauf liegenblieben, nachdem die Einsätze weggenommen sind, tritt der blaue Grund dieser Holzbretter deutlich hervor und entspricht in Form und Farbe den Einsätzen.

Für die allerersten Übungen ließ ich einen Rahmen herstellen, dessen rechteckige Grundfläche die gleichen Abmessungen (Innenrahmen) wie die vorgenannten Platten aufwies; um den in Dunkelblau gehaltenen Grund läuft ein ca. einen halben cm (6 mm) starker und 2 cm breiter erhabener Rahmen, darauf wird ein eingerahmter Deckel an einem Scharnier befestigt, der sich aus kleinen, ca. 2 cm starken Leisten zusammensetzt. Diese stoßen so aneinander, daß sie sich mit dem unteren Rahmen vollkommen decken. Das Oberteil ist durch eine

Längs- und zwei Querleisten in sechs gleiche Quadrate unterteilt. Dieser Fensterdeckel dreht sich um ein kleines Scharnier und wird auf der Vorderseite mit einem kleinen Haken geschlossen. Auf dem blauen Grund lassen sich genau sechs Platten von 10 cm Seitenlänge und 6 mm Stärke einpassen, die von dem Deckel, wenn er geschlossen ist, *festgehalten* werden, denn jede ein Fensterchen bildende kleine Leiste überdeckt die äußeren Enden von zwei nebeneinanderliegenden Platten, die somit sicher befestigt sind. Das Ganze läßt sich dadurch wie ein einziges Stück handhaben.

Außer dem Vorteil, den die anderen beschriebenen Platten aufweisen (also, daß sie alle möglichen Kombinationen geometrischer Figuren durch Umlegen der Einzelrahmen erlauben), weist dieser Rahmen noch den weiteren Vorteil auf, daß er gewährleistet, daß sich die Einzelrahmen nicht verschieben können.

Der Rahmen und die äußeren und inneren Rahmenränder sind mit weißem Emaillack angestrichen, während die Einsätze (die flachen geometrischen Figuren) blau wie der Grund des Rahmens sind.

Ich ließ auch vier volle Platten in demselben Blau anfertigen, weil es dadurch möglich wird, nur eine, zwei, drei, vier oder fünf anstatt sechs Figuren in den Rahmen einzupassen. Es ist nämlich sehr zweckmäßig, während der ersten Lehrübungen nur zwei oder drei Figuren aufzulegen, die kontrastieren oder zumindest von sehr unterschiedlicher Form sind (zum Beispiel Kreis und Quadrat oder Kreis, Quadrat und gleichschenkeliges Dreieck).

Auf diese Weise lassen sich die Kombinationsmöglichkeiten vervielfältigen.

Dann habe ich ein Schränkchen mit 6 Fächern vorbereitet, es kann aus Holz oder aus Karton sein. Es besteht im wesentlichen aus einem Kasten, dessen Vorderteil sich nach vorne herunterklappen läßt, genau wie bei den von Anwälten benutzten Kästen. Jede der sechs auf kleinen waagerechten Leisten übereinanderliegenden Platten kann sechs Einsätze aufnehmen: auf die erste Fläche ließ ich die vier vollen Platten sowie zwei weitere mit einem Trapez und einem Rhombus legen; auf die zweite ein Quadrat und fünf Rechtecke gleicher Höhe und abnehmender Breite; auf die dritte sechs Kreise mit abnehmendem Durchmesser; auf die vierte sechs Dreiecke; auf die fünfte Vielecke vom Fünf- bis zum Zehneck; auf die sechste elliptisch, oval gekrümmte Figuren und eine Blumenfigur (vier gekreuzte Bogen).

1926 ▼ ⟨*Die drei Serien von Karten.* — Zu diesem Material gehören weiße quadratische Kartons von 10 cm Seitenlänge; auf einer *ersten Serie* ist eine geometrische Figur aus Papier in demselben Blau wie die Einsätze geklebt, hier wiederholen sich Abmessungen und Formen aller geometrischen Figuren der Sammlung; auf einer *zweiten Serie* gleicher Karten ist der *Umriß*, ebenfalls in Blau, der gleichen geometrischen Figuren geklebt, er hat eine Stärke von 1 cm; auf einer *dritten Serie* gleicher Karten ist der Umriß derselben Figuren maß- und formgerecht *mit einer schwarzen Linie gezeichnet*. Diese Idee finden wir auch bei Séguin.

Wir haben also: den Rahmen, die Sammlung der Einsätze und die
▲ Sammlung der *drei Serien* von Karten.⟩

Übung mit den Einsatzfiguren. — Sie besteht darin, dem Kind den Rahmen mit verschiedenen Figuren zu zeigen, die Teile herauszunehmen, sie gemischt auf dem Tisch auszubreiten und es aufzufordern, sie wieder auf ihren Platz zu legen.

Dieses Spiel eignet sich auch für Kinder unter drei Jahren, es regt ihre Aufmerksamkeit intensiv an, wenn auch weniger als die Einsatzblöcke. Ich habe nie gesehen, daß in diesem Fall die Übung öfters als fünf- bis sechsmal hintereinander wiederholt wurde.

Das Kind verbraucht nämlich sehr viel Energie bei dieser Übung: es muß die Form *erkennen* und lange beobachten. Zu Beginn gelingt es vielen Kindern, die Teile einzupassen, indem sie zum Beispiel nacheinander ausprobieren, ob sich ein Dreieck in ein Trapez, ein Rechteck usw. einsetzen läßt. Oder aber, wenn sie ein Rechteck nehmen und erkennen, wohin es gehört, dann legen sie es jedoch mit der langen Seite gegen die kurze, und erst nach vielem Probieren gelingt es ihnen, die richtige Stellung zu finden. Nach drei oder vier aufeinanderfolgenden Versuchen erkennt das Kind die geometrischen Figuren *sehr leicht;* es legt die Einsatzstücke mit Sicherheit auf und läßt dabei einen Ausdruck von Gleichgültigkeit, von *Verachtung für die allzu leichte Übung* erkennen.

Dies ist der Moment, in dem das Kind einer methodischen „Beobachtung" der Formen näherkommen kann, indem es die Figuren auf dem Tisch in geeigneter Weise auswechselt — und von Kontrasten zu Analogien übergeht. Dann wird die Übung leicht für das Kind, das sich daran gewöhnt, die Figuren zu erkennen und mühelos ohne vorheriges Probieren die Einsätze auf den entsprechenden Platz legt.

In der *ersten Zeit* — also während der *Versuche* — in der dem Kind Figuren mit kontrastierender Form gezeigt werden, wird das *Erkennen* sehr stark gefördert, wenn zu den visuellen Wahrnehmungen auch noch die Tast- und Muskelwahrnehmungen kommen. Ich lasse mit dem *Zeigefinger der rechten Hand* sowohl die Umrisse des Einsatzes als auch den diesem entsprechenden Innenrand des Rahmens, in den er eingefügt werden soll, abtasten und verfahre dabei so, daß dies dem Kind zur *Gewohnheit* wird. Das läßt sich praktisch leicht erreichen, weil die Kleinen die Dinge sehr gern *berühren*. Einige Kinder, die eine Figur beim *Anschauen* noch nicht erkennen, tun dies jedoch beim *Betasten*, also wenn sie die erforderliche Bewegung ausführen, um den Umrissen zu folgen. Sind sie in Verlegenheit, weil sie nicht wissen, wie sie ein Stück einsetzen sollen, das sie vergeblich nach allen Seiten drehen, dann gelingt ihnen ihr Vorhaben, sobald sie den Umriß des Einsatzes und den des Rahmens *betasten*. Ohne Zweifel unterstützt die Assoziation des *Tast-Muskelsinnes* mit dem *visuellen* diesen ganz beträchtlich bei der *Wahrnehmung* der Formen und hält sie im *Gedächtnis* fest.

Bei diesen Versuchen gibt es eine absolute Kontrolle genau wie bei den Einsatzblöcken: die Figur kann nur in den entsprechenden Rahmen passen; das Kind kann also *allein* üben und eine wirkliche Selbsterziehung der Sinne beim Erkennen der Formen erreichen.

Übungen mit den drei Serien von Karten

Erste Serie: Das Kind erhält einige Karten mit den vollen Figuren und die entsprechenden Einsatzfiguren (also die Zentralfiguren ohne die Platte, die als Rahmen dient). Sie werden gemischt, das Kind soll die Karten in eine Reihe auf dem Tisch ordnen (was ihm sehr viel Spaß macht), dann die Figuren zuordnen. Hier nimmt das Auge die Kontrolle wahr. Das Kind muß die Figur *erkennen* und das Stück genau auflegen, so daß es sie überdeckt und verbirgt. Das Auge des Kindes entspricht hier dem Rahmen, der vorher *effektiv* dazu diente, die beiden Figuren einander anzupassen. Außerdem muß sich das Kind daran gewöhnen, als einfache Übung die Umrisse der vollen Figur zu *berühren* (es macht die Bewegung immer gern); nachdem es den Einsatz aufgelegt hat, fühlt es diesen noch einmal rundherum ab und *rückt ihn* dabei sozusagen mit dem Finger so *zurecht,* daß er ganz genau aufliegt.

Zweite Serie: Das Kind erhält einen Stoß Karten sowie die passenden Einsatzstücke zu den mit einer blauen Linie *gezeichneten* Figuren.

1926 — ⟨—16⟩

Dritte Serie: Dem Kind werden Karten gegeben, auf denen die Figuren nur in Schwarz aufgezeichnet sind, sowie die Stücke wie oben.

1926 — ⟨—12⟩

Das Kind schult also sein Auge, die Umrisse der aufgezeichneten Figuren zu deuten und außerdem seine Hand, dieselben Figuren durch Bewegungen zu zeichnen.

Übungen zur Unterscheidung von Geräuschen

1926 — ⟨—18⟩

1926 ▼ ⟨Die Ausbildung des Gehörs zeigt uns speziell die Beziehungen des Menschen zu einer in Bewegung befindlichen Umgebung, die als einzige Töne und Geräusche erzeugen kann. Denn wo alles still steht, herrscht absolute Stille. Das Gehör ist also ein Sinn, der Wahrnehmungen nur aus der Bewegung empfangen kann, die um den Menschen herum erfolgt.

Eine Ausbildung des Gehörs hat ihren Ausgangspunkt in der „Stille", wenn sie von der „Unbeweglichkeit" ausgeht, um zur Wahrnehmung der durch Bewegungen verursachten Geräusche oder Klänge zu kommen.

Wir werden auch später noch von der (vielseitigen) Bedeutung sprechen, die in unserer Methode der „Stille" zukommt, die zur Kontrolle über den freiwilligen Verzicht auf Bewegungen wird, der sich daraus ergibt.

Stille ist auch die Suche nach „kollektiven Bemühungen", denn alle in einem Raum befindlichen Dinge (oder Menschen) müssen absolut unbeweglich sein, damit darin Stille herrscht.

Es besteht kein Zweifel darüber, daß das Streben nach Stille ein lebhaftes Interesse hervorrufen muß, was tatsächlich bei den Kindern der Fall ist, die mit diesem „Streben um seiner selbst willen" befriedigt werden (Analyse der unabhängigen Faktoren).

Der Gehörsinn gibt uns auch einen klaren Begriff davon, was die anfängliche grundlegende Ausbildung der Sinne zu sein hat, nämlich ▼ „mehr hören zu können".

Das Gehör vernimmt mehr (erreicht eine größere Schärfe), wenn es „leisere" Geräusche hört als vorher. Die Ausbildung der Sinne führt also zur Beurteilung der Minimalreize —, und je geringer das Wahrgenommene ist, desto größer wird die sensorielle Fähigkeit. Die Fortschritte in der Ausbildung der Sinne ergeben sich also im wesentlichen bei der „minimalen" Bewertung äußerer Reize.

So kann zum Beispiel ein Halbtauber — wie uns Itard so meisterhaft bewiesen hat — zum Hören schwächerer Geräusche erzogen werden als derjenigen, welche er vorher zu hören imstande war, als er auf sich selbst angewiesen, also ohne Ausbildung war. Er kann stufenweise dazu gebracht werden, mittlere Geräusche wahrzunehmen, die der normale Mensch ohne Ausbildung des Gehörs vernimmt.

Darauf basierend brachte Itard mit einer Folge von Reizen — die vom Kontrast bis zur Abstufung der Minima gehen — viele Halb**taube dazu, die sprechende Stimme zu vernehmen und folglich selbst zu** sprechen, und so heilte er eine große Zahl von Tauben.

Ein weiteres Prinzip der Sinneserziehung besteht darin, zwischen den Reizen zu „unterscheiden".

Dies schließt als pädagogische Vorbereitung eine „Klassifizierung" verschiedener Gruppen von Sinneswahrnehmungen ein und danach die Abstufung innerhalb einer jeden Gruppe, die praktisch dafür geeignet ist.

Wir können hier zunächst Geräusche von Tönen unterscheiden, dabei bei kontrastierenden Unterschieden beginnen und dann zu unmerklichen Unterschieden übergehen; danach zur verschiedenen Klangfarbe von Tönen verschiedenen Ursprungs, die menschliche Stimme und die Instrumente; und schließlich zur musikalischen Tonleiter kommen.

Zusammenfassend und zur Fixierung der grundlegenden Unterschiede wollen wir die Gehörwahrnehmung in vier Klassen unterteilen:

— die Stille,
— die sprechende menschliche Stimme,
— die Geräusche,
— die Musik.

▼ Die Lektion der Stille sind unabhängige, getrennte Übungen, von großer praktischer Auswirkung auf die Disziplin.
  Die Analyse der auf die Sprache bezogenen Klänge ist die mit der
▲ Erlernung des Alphabetes verbundene Übung.⟩
Bei den Geräuschen verfügt unser heutiges System über ein sehr einfaches und primitives Material, das aus paarweise gleichen Holz- oder Pappdosen besteht, die so hergestellt sind, daß sie sechs abgestufte Geräusche erzeugen, wenn sie der Reihe nach aufgestellt werden. Ähnlich wie bei anderem Material für die Sinne werden bei diesem System die Geräuschdosen gemischt und dann diejenigen paarweise zusammengestellt, die beim Schütteln dasselbe Geräusch machen. Versucht man also, den Unterschied zwischen den Dosen einer Serie zu beurteilen, ergibt sich so ihre Abstufung.

⁵³ Zur Ausbildung des musikalischen Sinnes wurde eine Reihe von Glocken benutzt, die Anna Maccheroni mit großer Genauigkeit herstellen ließ. Jede dieser Glocken hat ihren eigenen Fuß und ist von den anderen getrennt. Es handelt sich dabei um dem Aussehen nach gleiche Gegenstände, doch schlägt man sie mit einem kleinen Hammer an, erklingen folgende Noten:

so daß der einzige wahrnehmbare Unterschied im Klang liegt.
  Die in doppelter Serie existierenden Glocken lassen sich einzeln umstellen; sie können also „gemischt" werden, genau wie die anderen Gegenstände zur Erziehung der Sinne.
  Die erste Übung besteht darin, sie mit dem kleinen Hammer anzuschlagen und die beiden Glocken zu erkennen, die denselben Ton unter Ausschließung der Halbtöne erzeugen, und sie mittels des Fußes nebeneinanderzustellen. Danach kommt die Einordnung der einzelnen Töne der Tonleiter in ihrer Reihenfolge; in diesem Fall stellt die Lehrerin eine Serie von Glocken in die gewünschte Reihenfolge, während die andere gemischt bleibt. Bei dieser Übung handelt es sich wie-

---

⁵³ Gegenüber der 1. deutschen Auflage im wesentlichen auf das Glockenmaterial eingeschränkt; in bezug auf diese aber erweitert (1926) (d. Hrsg.).

der um paarweises Zusammenstellen, da eine der feststehenden Glocken der Serie zum Klingen gebracht werden soll, um durch Probieren aus der Mischung der anderen Serie die entsprechende zu finden. Hier wird die Paarung jedoch durch eine bestimmte Ordnung gesteuert.

Ist das Ohr genügend ausgebildet, um die Folge der einfachen Klänge der Tonleiter zu erkennen und im Gedächtnis zu behalten, dann haben die Kinder die Möglichkeit, ohne jegliche Führung die ungeordneten oder gemischten Glocken in die Reihenfolge der chromatischen Töne zu bringen, nur von ihrem eigenen musikalischen Ohr gelenkt, und auch die Halbtöne hier einzureihen.

Wie bei den anderen Systemen von Gegenständen die Sinneswahrnehmung namentlich bezeichnet wurde, nachdem sie deutlich erkannt worden war (glatt, rauh, rot, blau usw.), begleitet auch hier die Notenbezeichnung den Ton, nachdem er mit Sicherheit unterschieden wird.

Die Höchstgrenze, die ein (6- oder 7jähriges) Kind erreichen kann, ist das Erkennen und die Nennung eines isolierten Klanges.

Zu den Tönen kommen dann die Halbtöne, die, um die Energie nicht unnötig zu zersplittern, durch den Glockenfuß erkennbar sind: er ist schwarz anstatt weiß (und erinnert an die Klaviertasten). Die Sinnesübung besteht darin, sie richtig zwischen die entsprechenden Töne einzureihen[54].

Die sensorielle Erziehung des musikalischen Sinnes darf nicht mit der allgemeinen Technik verwechselt werden, auf die ihn die musikalische Ausbildung begrenzt.

Die Übung, Töne zu unterscheiden, kann man durchführen, ohne sich im geringsten in den Bereich der Musik zu begeben, genauso wie *Physik*studenten dies auf einem anderen Gebiet, also der Wissenschaft, tun, wenn sie das Schwingen der Materie auch in der speziellen Form unterscheiden, die musikalische Klänge erzeugt.

Die Sinnesübung bildet die *notwendige Grundlage* für die musikalische Erziehung. Das Kind, das eine solche Übung gemacht hat, ist bestens für das Verständnis der Musik, und deshalb für schnelle Fortschritte, vorbereitet.

---

[54] Bei diesen Übungen mit den Glocken war die höchste Zahl der Wiederholungen der gleichen Übung in einem einzigen Zyklus bei Kindern von 6 bis 7 Jahren festgestellt worden: bis zu 200 (1926).

Unnötig zu erwähnen, daß genau die Musik die Sinneserziehung fortführt und festigt, genau wie das Studium der Malerei den visuellen Sinn für Farben usw. Doch die exakte Grundlage einer im Kind fixierten „klassifizierten Wahrnehmung" ist wie ein fundamentaler Vergleichsmaßstab, der einen unschätzbaren Wert für den späteren Fortschritt hat.

Die Stille

26 ▼ ⟨In den gewöhnlichen Schulen glaubte man immer, Stille ließe sich durch einen Befehl erzielen.

Dabei dachte man jedoch über den Sinn dieses Wortes nicht nach und wußte nicht, daß man „Unbeweglichkeit", ja fast die Einstellung des Lebens für diesen Augenblick verlangte, in dem die Stille erreicht war. Stille ist die Einstellung jeder Bewegung und nicht, wie man gewöhnlich in den Schulen meinte, die Einstellung von „Geräuschen, die über das normale, im Raum geduldete Geräusch hinausgehen".

„Stille" bedeutet in den gewöhnlichen Schulen das „Aufhören des Lärms", das Anhalten einer Reaktion, das Unterdrücken von Unarten und Unordnung.

Dabei läßt sich die Stille positiv als ein der normalen Ordnung „übergeordneter" Zustand verstehen, als eine plötzliche Behinderung, die Mühe kostet, eine Anspannung des Willens, durch die man sozusagen durch Isolierung des Geistes von den äußeren Stimmen von den Geräuschen des gewöhnlichen Lebens Abstand gewinnt.

In unseren Schulen haben wir absolute Stille erreicht, trotz einer Klasse mit mehr als 40 kleinen Kindern zwischen 3 und 6 Jahren.

Ein Befehl hätte nie zu diesem wunderbaren Erfolg von Willensäußerungen führen können, die darin zusammenliefen, jede Handlung in einem Lebensabschnitt zu verhindern, in dem die Bewegung das unwiderstehliche, kontinuierliche Merkmal des Alters zu sein scheint.

Die *kollektive Aktion* wurde bei den Kindern erreicht, von denen jedes gewohnt war, bei der Suche nach innerer Befriedigung selbständig zu handeln.⟩
▲
[55] Es ist erforderlich, die Kinder *Stille* zu lehren. Dazu lasse ich verschiedene Übungen der Stille von ihnen durchführen, die in be-

---

[55] Anschluß 1. deutsche Auflage, S. 197 (d. Hrsg.).

merkenswertem Maße zu der erstaunlichen Fähigkeit zur Disziplin unserer Kinder beitragen.

Ich lenke die Aufmerksamkeit der Kinder auf mich — *und schweige.*

Ich nehme verschiedene Positionen ein — stehe, sitze — *unbeweglich, schweigsam.* Ein sich bewegender Finger könnte ein, wenn auch nicht wahrnehmbares Geräusch verursachen; ich könnte hörbar atmen, aber nein, alles ist ganz still. Das ist keine leichte Sache. Ich rufe ein Kind und fordere es auf, mir dies nachzutun: Es bringt den Fuß in eine bessere Lage, und schon entsteht ein Geräusch; es bewegt einen Arm, und auch das gibt ein Geräusch; sein Atem ist noch nicht ganz lautlos, ruhig, ganz unhörbar wie meiner.

Während solcher Handlungen und meiner kurzen von Unbeweglichkeit unterbrochenen anregenden Worte hören und schauen die Kinder entzückt zu. Sehr viele unter ihnen interessieren sich für etwas, das sie niemals vorher beobachtet hatten, und zwar, daß so viele Geräusche gemacht werden, die man nicht bemerkt, und daß es *mehrere Grade von Stille* gibt. Wo sich nichts, aber auch gar nichts bewegt, herrscht *absolute* Stille. Sie sehen mich verblüfft an, wenn ich mitten im Saal stehen bleibe und es wirklich so ist, als „*wäre ich nicht da*". Dann wetteifern sie alle darin, mich nachzuahmen, und versuchen, es mir gleichzutun. Ich stelle fest, daß sich hier und dort ein Fuß fast unmerklich bewegt. In dem sehnlichen Willen, die Unbeweglichkeit zu erreichen, lenken die Kleinen ihre Aufmerksamkeit auf alle Teile des Körpers. Während sie sich in diesem Bemühen versuchen, entsteht wirklich eine *Stille,* die anders ist als das, was man gewöhnlich darunter versteht: Es scheint, daß das Leben allmählich entschwindet, daß sich der Saal nach und nach leert, als befände sich keiner mehr darin. Dann beginnt man das *Ticken* der Wanduhr zu vernehmen, und mit der langsam absolut werdenden Stille scheint dieses *Ticken an Intensität zu gewinnen.* Von draußen, vom Hof, der still erschien, kommen nun verschiedene Geräusche — ein zwitschernder Vogel, ein vorbeigehendes Kind. Die Kleinen sind von dieser Stille fasziniert, als hätten sie einen wirklichen Sieg errungen. „So", sagt die Leiterin, „jetzt ist alles ruhig, als sei niemand mehr da."

War diese Stufe erreicht, dann verdunkelte ich die Fenster und sagte zu den Kindern: „Hört nun eine leise Stimme, die euch beim Namen ruft."

Dann rief ich aus einem Nebenzimmer hinter den Kindern durch die weit geöffnete Tür mit flüsternder, doch die Silben langziehender Stimme, so wie man nach jemanden in den Bergen rufen würde, und diese kaum bemerkbare Stimme schien das Herz der Kinder zu erreichen und ihren Geist anzusprechen. Jeder Aufgerufene erhob sich leise, versuchte dabei, den Sitz nicht zu bewegen und lief auf den Zehenspitzen so unhörbar, daß man ihn fast nicht vernahm, und trotzdem hallte sein Schritt in der absoluten Stille, die sich nicht unterbrechen ließ, solange die übrigen weiterhin unbeweglich verharrten. Es erreichte die Tür mit fröhlichem Gesichtsausdruck, machte im Nebenzimmer einige Sprünge und unterdrückte ein plötzliches kleines Lachen, oder aber es hängte sich an meinen Rockzipfel und lehnte sich an mich, oder stellte sich hin, um die Spielgefährten zu betrachten, die noch still warteten. Der Aufgerufene empfand dies fast als ein Vorrecht, ein Geschenk, eine Belohnung, obwohl er wußte, daß *alle* noch aufgerufen würden, wobei der Anfang „mit dem gemacht wurde, der im Raum in der absolutesten Stille verharrte". So versuchte ein jeder, in vorbildlichem Abwarten, den sicheren Aufruf zu verdienen. Ich sah einmal, wie eine Kleine von 3 Jahren sich bemühte, ein Niesen zu unterdrücken und dabei Erfolg hatte! Sie hielt den Atem in ihrer kleinen geschüttelten Brust an und widerstand, bis sie es schaffte.

Dieses Spiel faszinierte die Kleinen: Ihre gespannten Gesichter, ihre geduldige Unbeweglichkeit enthüllten uns ihr Suchen nach einer großen Freude. Zu Anfang, als mir die Seele des kleinen Kindes noch unbekannt war[56], hatte ich daran gedacht, ihnen Süßigkeiten und kleine Geschenke zu zeigen und zu versprechen, sie dem *Aufgerufenen* zu geben, in der Annahme, die Geschenke müßten den notwendigen Anreiz bilden, um kleine Kinder zu solchen Anstrengungen zu veranlassen. Doch bald sollte ich erkennen, daß dies unnötig war.

Nachdem die Kinder die Anstrengungen, Aufregungen und Freuden der *Stille* hinter sich gebracht hatten, erreichten sie wie Schiffe den Hafen, sie waren glücklich, daß sie etwas Neues gefühlt und einen Sieg davongetragen hatten. Das war ihre Belohnung. Sie *vergaßen* die versprochenen Süßigkeiten und nahmen sich nicht die Mühe, den Gegenstand zu ergreifen, von dem ich angenommen hatte, er würde sie anziehen. So gab ich dieses unnötige Mittel auf und sah mit Er-

---

[56] Vgl. Anmerkung 25 (d. Hrsg.).

staunen, wie das Spiel bei der Wiederholung immer vollkommener wurde; es ging soweit, daß Dreijährige unbeweglich und still blieben während des ganzen Zeitraumes, der nötig war, um gut 40 andere Kinder aufzurufen und aus dem Zimmer gehen zu lassen. Da erkannte ich, daß die Seele des Kindes ihre eigenen Belohnungen und geistigen Genüsse hat. Nach solchen Übungen schienen sie mich mehr zu lieben, sie waren auf jeden Fall folgsamer, sanfter geworden. In der Tat hatten wir uns von der Welt isoliert und einige Minuten miteinander vereint verbracht: ich damit, sie herbeizuwünschen und aufzurufen, und sie damit, in tiefster Stille die Stimme zu hören, die sich persönlich an einen jeden von ihnen wandte und ihn in diesem Augenblick als den Besten von allen ansah.

Die Lektion der Stille. — Dies ist eine Lektion, die sich als sehr wirksam erwies, um die vollkommene Stille zu lehren. Eines Tages, als ich in ein „Kinderhaus" ging, begegnete ich im Hof einer Mutter mit ihrem vier Monate alten Kind auf dem Arm, das noch so *gewickelt* war, wie es altem Volksbrauch in Rom entsprach. Die Säuglinge sind so eng und fest in ihre Windeln eingewickelt, daß ihr kleiner Körper modelliert wird. Man nennt sie *„puppi"*. Die ruhige und rundliche Kleine schien die Verkörperung des Friedens.

Ich nahm sie auf den Arm, und sie blieb unbeweglich und lieb. Ich ging mit der Kleinen auf dem Arm weiter. Die Kinder waren aus dem „Kinderhaus" herausgelaufen, um mir entgegenzukommen, wie sie dies gewöhnlich tun, wobei sie dann wetteifern, mir die Knie zu umfassen, manchmal so heftig, daß ich fast zu Boden falle. Ich lächelte sie an und zeigte auf die *„Puppe"*. Sie verstanden und sprangen um mich herum. Dabei schauten sie mich mit vor Freude leuchtenden Augen an, doch ohne mich zu berühren, aus Rücksicht auf die Kleine in meinem Arm. So ging ich in den Saal, die Kinder immer um mich herum. Wir setzten uns, ich nahm ihnen gegenüber Platz auf einem großen Stuhl, nicht auf dem kleinen Sesselchen wie gewöhnlich. Ich setzte mich also feierlich hin. Sie schauten auf meine Kleine mit einer Mischung aus Zärtlichkeit und Freude; sie hatten noch kein Wort gesprochen. Ich sagte: „Ich habe euch eine kleine Lehrerin gebracht." Erstaunte, verwunderte Blicke, Gelächter. „Eine kleine Lehrerin, jawohl, weil keiner so still bleiben kann wie sie." Alle Kleinen rückten auf ihrem Platz zurecht. „Aber keiner hält seine Beine so ruhig wie sie." Alle rückten ihre Beine sorgfältig zurecht, so daß sie nebeneinanderstanden. Ich schaue sie lächelnd an: „Ja, aber sie werden nie so ruhig wie ihre sein, ihr werdet sie immer ein wenig bewegen, sie nicht. Keiner kann so sein wie sie." Die Kinder sind ernst, es scheint, als sei die Überzeugung von der Überlegenheit der kleinen Lehrerin in sie eingedrungen. Einige lächeln und wollen, wie es scheint, mit den Augen zu verstehen geben, daß dies allein das Verdienst der Windeln ist. „Keiner ist außerdem so still wie sie." Allgemeines Schweigen. „Es ist gar nicht möglich, genauso still zu sein, denn... hört ihren zarten Atem, nähert euch ihr auf Zehenspitzen." Einige stehen auf und kommen ganz vorsichtig auf Zehenspitzen heran, mit vorgestrecktem Kopf, das Ohr zur Kleinen gerichtet. Großes Schweigen. „Keiner wird so ruhig atmen können wie sie." Die Kinder schauen ganz erstaunt. Sie hatten niemals bedacht, daß man auch Geräusche verursacht, wenn man still steht, und daß Kleine in tieferer Stille als Große verharren können. Sie versuchen, fast den Atem anzuhalten. Ich stehe auf. „Ich gehe jetzt ganz leise fort" (ich gehe auf Zehenspitzen, ohne das geringste Geräusch zu verursachen), „und doch hört man etwas von mir, so leise ich auch sein mag, man hört es: doch sie! Sie geht mit mir und macht nicht das geringste Geräusch, sie geht weg und ist still." Die Kinder lächeln bewegt, begreifen die Wahrheit und den Scherz meiner Worte. Ich gebe der Mutter die *Puppe* durch ein Fenster zurück.

Die Kleine hinterläßt fast einen Zauber, der die Seelen einfängt. Nichts in der Natur ist zarter als der Atem eines Neugeborenen. Bei diesem Vergleich verblaßt Wordsworths Ausdruck über den stillen Frieden der Natur: „Welche Ruhe, welche Stille! Einziger Laut das Tropfen des schwebenden Ruders."

Auch die Kleinen spüren die Poesie der Stille eines knospenden friedlichen menschlichen Lebens [57].

1926 ▼ [57] ⟨Die Stille, die zu einem der bekanntesten Merkmale der Montessori-Methode wurde, ist in zahlreichen gewöhnlichen Schulen angewandt worden und vermittelte einiges vom montessorianischen Geist. Ihr Einfluß hat auch die „Schweigeminute" in
▲ soziale oder politische Veranstaltungen eindringen lassen.⟩

IX

ALLGEMEINES ÜBER DIE ERZIEHUNG DER SINNE

[58] Die Methode der Sinneserziehung bei normalen Kindern zwischen 3 und 6 Jahren, die ich soeben erläutert habe, stellt gewiß nicht die erreichte Perfektion dar, doch, wie ich glaube, öffnet sie einen neuen Weg für psychologische Untersuchungen, der zu besonders fruchtbaren Ergebnissen führen könnte.

Bisher bezweckte die Experimental-Psychologie eine *Perfektionierung der Meßinstrumente*, also die Abstufung der Reize; es waren jedoch noch keine geeigneten Versuche unternommen worden, um *das Individuum auf Sinneswahrnehmungen methodisch vorzubereiten*.

Wie ich glaube, wird die Psychometrie ihre Entwicklung eher der Vorbereitung des *Individuums* als der des *Instrumentes* verdanken.

Auch wenn wir hier dieses rein wissenschaftliche Interesse vernachlässigen, so können wir doch sagen, daß die *Erziehung der Sinne* von höchstem *pädagogischen* Interesse ist.

Bei der allgemeinen Erziehung verfolgen wir in der Tat zwei Ziele: ein biologisches und ein soziales. Das biologische besteht darin, die natürliche Entwicklung des Individuums zu *unterstützen*, das soziale, das Individuum auf die Umwelt vorzubereiten (hierunter fällt auch die Berufserziehung, die den einzelnen lehrt, sich der Umwelt zu bedienen). Die Erziehung der Sinne ist tatsächlich äußerst wichtig in beiderlei Hinsicht, denn die Entwicklung der Sinne geht der einer höheren intellektuellen Tätigkeit voraus; und beim Drei- bis Sechsjährigen fällt sie in die formative Periode.

Wir können also die Entwicklung der Sinne gerade in dieser Periode *unterstützen*, und zwar durch Abstufung und Anpassung der Reize, so wie man bei der Bildung der Sprache mitwirken muß, *bevor sie* sich vollständig entwickelt hat.

---

[58] Anschluß 1. deutsche Auflage, S. 202 (d. Hrsg.).

Diese ganze Erziehung im zartesten Kindesalter muß nach dem Grundsatz ausgerichtet sein, *die normale Entwicklung des Kindes zu unterstützen.*

Der andere Teil der Erziehung, also der, welcher darin besteht, *das Einzelwesen der Umwelt anzupassen,* ist später vorrangig, wenn es die Periode intensiver Entwicklung hinter sich gelassen hat.

Beide Teile sind immer miteinander verflochten, doch — je nach dem Alter — herrscht der eine oder der andere vor.

Nun fällt in den Lebenszeitraum zwischen 3 und 6 Jahren eine Periode schnellen körperlichen Wachstums und der *Bildung* der psychischen sensoriellen Tätigkeit. In diesem Alter entwickelt das Kind die Sinne, seine Aufmerksamkeit wird also auf die Beobachtung der Umgebung gelenkt.

Die Reize, doch noch nicht die Ursache der Dinge erregen seine Aufmerksamkeit. Dies ist deshalb die Periode, in der sich die sensoriellen Reize methodisch lenken lassen, damit sich die Sinneswahrnehmungen rational entwickeln und so die geordnete Grundlage zur Errichtung einer positiven Geistigkeit beim Kind *vorbereiten.*

Es ist außerdem möglich, mit der Sinneserziehung eventuelle Defekte *zu entdecken und zu korrigieren,* die heute in den Schulen noch unbemerkt bleiben, zumindest bis zu dem Zeitpunkt, an dem sich der Fehler mit einer sichtbaren und nunmehr irreparablen *Anpassungsunfähigkeit an die Umwelt* (Taubheit, Kurzsichtigkeit) äußert.

Es ist also die *physiologische Erziehung,* die direkt die *psychische* vorbereitet, indem sie die Sinnesorgane und die Projektions- und Assoziations-Nervenbahnen vervollkommnet.

Doch auch der andere Teil der Erziehung, der sich auf die Anpassung des Individuums an seine Umwelt bezieht, wird indirekt berührt. Und so bereiten wir die Kinder der *Menschheit unserer Zeit* vor. Die Menschen unserer Zivilisation sind ausgezeichnete *Beobachter* der Umwelt, da sie alle ihre Reichtümer im größten *Umfang verwenden* müssen.

Auch die *Kunst* gründet sich heute wie zu Zeiten der Griechen auf die Beobachtung der Wahrheit. Die positive Wissenschaft macht gerade Fortschritte durch die Beobachtung; alle Entdeckungen und ihre Anwendung, die seit dem vorigen Jahrhundert die bürgerliche Umwelt so weitgehend zu verändern vermochten, wurden auf diesem Weg erreicht. Wir müssen also die neuen Generationen auf diese *Haltung* vorbereiten, die sich als Form des modernen bürgerlichen Lebens als unbedingt notwendiges Mittel erweist, um unseren Fortschritt weiterhin wirksam zu fördern.

Wir verdanken der Beobachtung die Entdeckung der Röntgenstrahlen, der Hertzschen Wellen, der Schwingungen des Radiums, die Auswertung der Erfindung Marconis. In keiner Epoche brachte und versprach das von positiven Untersuchungen ausgehende Denken der philosophischen Spekulation und der Welt des Geistes soviel Licht wie in der unsrigen. Die Theorien über die Materie haben nach der Entdeckung des Radiums zu metaphysischen Konzeptionen geführt.

Man könnte behaupten, daß wir durch Schulung der *Beobachtung* auch die Wege vorbereitet haben, die zu den geistigen Entdeckungen führen.

Wenn sie *Menschen* formt, *die beobachten,* dann erfüllt die Erziehung der Sinne nicht nur eine allgemeine Pflicht, die Zivilisation unserer Epoche anzupassen, sondern sie bereitet *unmittelbar auf das praktische Leben* vor.

Ich glaube, wir haben uns bisher ein sehr unvollständiges Bild über die Erfordernisse des *praktischen Lebens* gemacht. Wir sind immer von *Gedanken* ausgegangen, um *zu den motorischen Wegen herabzusteigen.* So bestand die Erziehung zum Beispiel immer darin, *verstandesmäßig zu unterrichten* und dann *ausführen zu lassen.* Im Unterricht *sprechen* wir im allgemeinen über den uns interessierenden Gegenstand und versuchen, den Schüler, nachdem er *verstanden hat,* zur Durchführung einer mit diesem Gegenstand zusammenhängenden Arbeit zu veranlassen. Doch oft sieht sich der Schüler, der *die Idee verstanden hat,* enormen Schwierigkeiten bei der Durchführung der von ihm verlangten Arbeit gegenüber, weil der Erziehung ein Faktor von größter *Bedeutung* fehlt: die *Vervollkommnung* der Sinneswahrnehmungen.

Zur Erläuterung dieses Grundsatzes mögen einige Beispiele dienen. Wir sagen einer Köchin, sie solle frischen Fisch kaufen. Sie versteht den Gedanken und schickt sich an, ihn in die Tat umzusetzen. Sind jedoch Auge und Geruchsinn der Köchin nicht geübt, Zeichen von Frische beim Fisch zu erkennen, so ist sie nicht in der Lage, den erhaltenen Auftrag auszuführen.

Diese Unzulänglichkeit wird beim Kochen noch augenfälliger. Die Köchin kann gebildet sein und ausgezeichnet die in einem Kochbuch angegebenen Mengen und Zeiten kennen, die nötigen Handgriffe machen, um den Gerichten die gewünschte Form zu geben. Wenn es sich jedoch darum handelt, mit dem Geruchssinn den richtigen Zeitpunkt beim Kochen und mit dem Auge oder dem Tastsinn den Moment abzuschätzen, an dem ein bestimmtes Gewürz zugegeben werden soll, dann wird die Köchin versagen, wenn sie nicht über genügend geschulte Sinne verfügt. Sie muß sich dann diese Geschicklichkeit in langer *Praxis* erwerben, die im Grunde nichts weiter als eine *verspätete,* oft beim Erwachsenen nicht mehr wirksame Sinneserziehung ist.

1926 — ⟨—1⟩
1948 ▼ ⟨Dasselbe läßt sich für Handarbeit sagen und im allgemeinen für die Ausbildung zu allen handwerklichen und künstlerischen Berufen. Jeder muß durch immer neue Versuche lernen, und „lernen" schließt eine Erziehung der Sinne ein, die in fortgeschrittenem Alter unternommen wird. Beim Spinnen muß man sich zum Beispiel die Fähigkeit zum Gebrauch des Tastsinnes seiner Finger aneignen, um die Fäden zu unterscheiden; beim Weben oder Sticken muß man eine bemerkenswerte visuelle Fähigkeit erlangen, um die Einzelheiten seiner Arbeit zu erkennen, besonders um die Farben zu unterscheiden.

Schließlich erfordert das Erlernen eines Berufes, vor allem, wenn es sich um einen künstlerischen oder anspruchsvollen Beruf handelt, die Entwicklung der Sinne und der Handbewegungen, und diese Bewegungen der Hand werden durch eine anschließende Verfeinerung des Tastsinnes unterstützt.

Wird die Ausbildung der Sinne in einem Alter unternommen, in dem von Natur aus die formative Periode zu Ende ist, dann erweist sie sich als schwierig und unvollkommen. Das Geheimnis, auf einen Beruf vorzubereiten, besteht in der Nutzung dieser Lebensspanne zwischen 3 und 6 Jahren, in der eine natürliche Neigung besteht, Sinne und Bewegungen zu vervollkommnen.

Der gleiche Grundsatz gilt nicht nur für Handarbeit, sondern auch für alle höheren Berufe, die mit praktischer Tätigkeit verbunden
▲ sind.⟩

Etwas Ähnliches geschieht bei Ärzten. Der Medizinstudent studiert theoretisch die Semiotik des Pulses — und stellt sich an das Bett des Patienten mit dem besten Willen, sie zu erkennen — doch wenn es seinen Fingern nicht gelingt, das Phänomen zu erfassen, dann waren sein Studium und sein Streben umsonst. Um Arzt zu werden, fehlt ihm die *Fähigkeit zur Differenzierung der Sinnesreize*. Dasselbe läßt sich über *Herztöne* sagen, die der Student theoretisch studiert, die sein Ohr in der Praxis jedoch nicht zu *unterscheiden* vermag. Gleiches gilt auch für *Fieberschauer* und Zittern, die zu erfassen die Hand untauglich ist. Das Thermometer ist für den Arzt desto unentbehrlicher, je weniger seine Haut sich zur Aufnahme von Wärmereizen eignet.

Es ist bekannt, daß ein Arzt *begabt* und *ausgesprochen intelligent* sein kann, ohne ein *guter Praktiker* zu sein, und daß *lange Übung* notwendig ist, um einen guten Praktiker heranzubilden. In Wirklichkeit ist diese *langwierige Übung* nichts weiter als eine *verspätete* und häufig erfolglose *Sinnesübung*. Nachdem er die glänzenden Theorien in sich aufgenommen hat, sieht sich der Arzt vor der undankbaren Aufgabe der *Semiotik*, also der Übung des *Zusammentragens von Symptomen*, um mit diesen Theorien ein praktisches Ergebnis zu erzielen. Hier haben wir also den Anfänger, der methodisch zur *Palpation*, zur *Perkussion*, zur *Auskultation* greift, um die Schauer, die Resonanzen, die Töne, die Atemzüge und Geräusche zu erkennen, die ihn *alleine* in die Lage versetzen können, seine Diagnose zu stellen. Daraus ergibt sich die tiefe, schmerzhafte Entmutigung, die Enttäuschung der jungen Leute sowie auch das unmoralische Verhalten, oft einen so verantwortungsvollen Beruf auszuüben, *ohne die Erfassung und die Auswertung der Symptome zu beherrschen*. Die ganze ärztliche Kunst gründet sich auf eine Übung der Sinne. In den Schulen werden Ärzte jedoch durch das Studium der Klassiker *vorbereitet*. Nun, die verstandesmäßige Ausbildung des Arztes ist vor der Unzulänglichkeit seiner Sinne machtlos.

Eines Tages hörte ich, wie ein Chirurg den Müttern aus dem Volk eine Lektion über das Erkennen der ersten Rachitis-Deformationen bei Kindern erteilte, um sie zu veranlassen, ihre rachitischen Kinder zum Arzt zu bringen, wenn die Krankheit in ihrem Anfangsstadium ist, der therapeutische Eingriff also noch wirksam sein kann. Die Mütter hatten den Gedanken verstanden, waren jedoch *nicht in der Lage*, den Beginn der Deformationen *zu erkennen*, weil ihnen die Sinnesübung zur Feinunterscheidung der kaum vom Normalen abweichenden Formen fehlte. Deshalb waren diese Lektionen sinnlos.

Bei tieferem Nachdenken erkennen wir, daß fast alle Verfälschungen von Nahrungsmitteln durch die in der breiten Masse vorhandene Trägheit der Sinneswahrnehmungen ermöglicht werden. Der Betrug durch die Industrie lebt von der fehlenden Sinnesausbildung des Volkes, genau wie der Betrug durch den Schwindler auf der Einfalt seines Opfers beruht. Wir sehen, wie sich der Käufer häufig auf das *seriöse Verhalten* des Anbietenden oder auf das Vertrauen in die Firma verläßt, wenn er sich zum Kauf entschließt, und zwar deshalb, weil ihm die materielle Fähigkeit abgeht, selbst zu *urteilen* oder mit den Sinnen die unterschiedlichen Eigenschaften der Stoffe auseinanderzuhalten.

Schließlich sagen wir in zahlreichen Fällen, daß die *Intelligenz* durch die fehlende *Praxis* nutzlos wird, und bei dieser Praxis handelt es sich fast immer um die Sinnesausbildung. Im praktischen Leben besteht für uns alle die *fundamentale Notwendigkeit,* die Reize der Umwelt exakt aufzunehmen.

Doch beim *Erwachsenen* ist die Ausbildung der Sinne sehr oft genauso schwierig wie die Ausbildung der Hand, wenn er Pianist werden will. Mit der Sinnesausbildung muß in der *formativen* Periode begonnen werden, wenn wir sie später durch Erziehung für jede besondere Form von Bildung vervollkommnen und verwerten wollen. Deshalb sollte die Sinnesausbildung im kindlichen Alter *methodisch* beginnen und dann während der Periode des Unterrichts fortgeführt werden, dessen Aufgabe es ist, den einzelnen auf das praktische Leben in der Umwelt vorzubereiten.

1926 ▼ ⟨Andernfalls *isolieren wir* den Menschen von seiner Umwelt. Denn wenn wir glauben, mit der *verstandesmäßigen Bildung* die Erziehung zu vervollständigen, erzeugen wir Denker, geeignet, außerhalb der Welt zu leben, doch keine praktischen Menschen. Während wir mit der Erziehung für den *praktischen* Teil des Lebens sorgen wollen, beschränken wir uns darauf, verschiedene Formen von Tätigkeit auszuüben, vernachlässigen dabei jedoch den grundlegenden Teil der *praktischen* Erziehung, der den Menschen in unmittelbare Beziehung zur Außenwelt bringt. Und da die *berufliche Tätigkeit* den Menschen fast immer darauf vorbereitet, *sich in der Umwelt zurechtzufinden,* muß diese dann zwangsläufig der großen Unzulänglichkeit der Erziehung dadurch abhelfen, daß sie nach *abgeschlossener Ausbildung* die Sinne neu übt, um sich so in eine direkte Beziehung zur Umwelt
▲ zu setzen.⟩

Auch die ästhetische und die moralische Erziehung sind eng mit der Sinnesausbildung verknüpft. Werden die Sinneswahrnehmungen vervielfacht und wird die Fähigkeit zur Abschätzung auch der geringsten quantitativen Unterschiede bei den Reizen entwickelt, so führt dies zur *Verfeinerung* der Sensibilität und zur Vervielfältigung der Genüsse. Schönheit liegt in der Harmonie, nicht in den Kontrasten, und die Harmonie liegt in der Verfeinerung; also ist Feinheit der Sinne nötig, um sie wahrzunehmen. Die schönen Harmonien der Natur und der Kunst entziehen sich den Menschen mit derben Sinnen. Für sie ist die Welt eingeengt und rauh. Es gibt in der Umwelt unerschöpfliche Quellen zum Genuß des Schönen, an denen die Menschen vorübergehen, als hätten sie keine Sinne oder als seien sie Tiere; statt dessen suchen sie den Genuß in den starken und groben Sinneswahrnehmungen, da sie ihnen als einzige zugänglich sind.

Nun entsteht bei derben Genüssen sehr häufig eine lasterhafte Gewohnheit, denn starke Reizmittel schärfen den Sinn nicht, sondern dämpfen ihn, so daß er immer stärker ausgeprägte Reize benötigt.

⟨—7⟩ — 1926

Physiologisch gesehen, fällt die Bedeutung der Sinnesausbildung ins Auge, wenn man das Schema des Reflexbogens beobachtet, der die Funktionen des Nervensystems zusammenfassend dastellt.

⟨—52⟩ — 1926

⟨Die Sinne sind „Greiforgane" der Bilder der Außenwelt, die für ▼ 1926 den Verstand so notwendig sind wie die Hand als Greiforgan der für den Körper notwendigen materiellen Dinge. Doch beide — Sinne und Hand — können sich über solche einfachen Aufgaben hinaus verfeinern und dadurch immer wertvollere Gehilfen des großen inneren Motors werden, der sie in seinen Diensten hält.

Die Erziehung, die den Verstand steigert, soll auch diese beiden, zu unbegrenzter Vervollkommnung fähigen Werkzeuge emporheben.⟩   ▲

X

DIE LEHRERIN

1926 ▼ ⟨Die Lehrerin, die sich auf diese besondere Erziehung vorbereiten will, muß sich also vor allem über den Gedanken im klaren sein, daß es sich nicht darum handelt, dem Kind durch Gegenstände *Kenntnisse* von der Beschaffenheit der Dinge zu vermitteln — wie Maße, Form, Farbe. Es wird auch nicht der Zweck verfolgt, die Kinder so weit zu bringen, daß sie das ihnen vorgelegte Material benutzen, ohne Fehler zu machen und so die Übung *gut* ausführen. Dies würde unser Material allem anderen gleichstellen — zum Beispiel dem Fröbelschen — und ständig das aktive Wirken der Lehrerin durch Vermitteln von Kenntnissen und prompte Korrektur aller Fehler erfordern, bis das Kind begriffen hat. Schließlich ist das Material kein *neuartiges Hilfsmittel*, das der *alten aktiven Lehrerin* in die Hand gegeben wird, um ihr bei ihrer Aufgabe als Lehrkraft behilflich zu sein.

Hier handelt es sich um eine radikale Verschiebung der Aktivität, die vorher bei der Lehrerin lag und nunmehr in unserer Methode überwiegend dem Kind überlassen bleibt.

Das Erziehungswerk verteilt sich auf Lehrerin und Umgebung. Die frühere „Lehrende" wird durch ein sehr viel komplexeres Ganzes ersetzt, das heißt, gleichzeitig mit der Lehrerin wirken zahlreiche Gegenstände (das Entwicklungsmaterial) bei der Erziehung des Kindes mit.

Der tiefgreifende Unterschied zwischen dieser Methode und dem sogenannten „objektiven Unterricht" der alten Methoden besteht darin, daß die „Gegenstände" keine Hilfe für die Lehrerin sind, die erklären muß, es sind also keine „Lehrmittel".

Sie sind hingegen eine Hilfe für das Kind, das sie auswählt, sie sich nimmt, sie benutzt, und zwar entsprechend seinen Neigungen und Bedürfnissen, je nach dem Impuls seines Interesses. So werden die Dinge zum „Entwicklungsmaterial".

Die Gegenstände sind die Hauptsache und nicht der Unterricht der Lehrerin; da das Kind sie benutzt, ist es selbst das aktive Wesen und nicht die Lehrerin.

Die Lehrerin hat jedoch zahlreiche, nicht leichte Aufgaben: Ihre Mitarbeit ist keineswegs ausgeschaltet, doch sie wird vorsichtig, feinfühlig und vielfältig. Ihre Worte, ihre Energie, ihre Strenge sind nicht erforderlich, doch es bedarf einer Weisheit, die, dem einzelnen Fall oder den Bedürfnissen entsprechend, umsichtig ist bei der Beobachtung, beim Dienen, beim Herbeieilen oder beim sich Zurückziehen, beim Sprechen oder Schweigen. Sie muß eine sittliche Gewandtheit erwerben, die ihr bisher keine andere Methode abverlangt hat und die aus Ruhe, Geduld, Barmherzigkeit und Demut besteht. Tugenden und nicht Worte sind ihre höchste Vorbereitung.

Wollen wir ihre Hauptaufgabe in der Schulpraxis zusammenfassen, so können wir sie wie folgt umreißen: Die Lehrerin soll den *Gebrauch des Materials* erklären. Sie dient hauptsächlich als Mittler zwischen dem Material (den Gegenständen) und den Kindern. Das ist eine einfache, bescheidene und doch sehr viel diffizilere Aufgabe als in der alten Schule, wo das Material ein einfacher Anknüpfungspunkt für die verstandesmäßige Verbindung zwischen der *Lehrerin,* die ihre Gedanken übermittelt, und dem Kind, das sie empfangen soll, bildete.

Hier tut die Lehrerin nichts anderes als dem Kind die ihm zugedachte ständige äußerst aktive Arbeit zu erleichtern und klarzumachen: „Dinge aussuchen" und „sich mit ihnen üben." Das ist ähnlich wie in einem Turnsaal, wo Lehrer und Geräte erforderlich sind. Der Lehrer zeigt, wie man Barren und Wippen gebraucht, wie man Gewichte handhabt usw., und die Schüler gehen mit diesen Dingen um und „entwickeln" dabei Kräfte, Geschicklichkeit und was sich sonst noch entwickeln läßt, wenn die Muskelenergie mit verschiedenen Mitteln in Verbindung gebracht wird, die die Turnhalle zum Üben bietet.

Dieser Turnlehrer redet nicht, er zeigt. Und genauso wie es ihm mit Worten nicht gelingen würde, auch nur einen einzigen seiner Schüler kräftig zu machen, so versagte die alte Schule restlos bei der Stärkung der Individualität und des Charakters der Kinder. In unseren Schulen jedoch, in denen sich die Lehrerin darauf beschränkt, anzuzeigen und zu lenken, einen Turnsaal[59] für geistige Übungen zur Verfügung zu

---

[59] palestra = sowohl Turnhalle wie Übung (Wortspiel) (d. Übers.).

▼ stellen, kräftigen sich die Kinder, werden zu einer Persönlichkeit mit starkem Charakter, tiefer Disziplin und erwerben eine innere Gesundheit, die eben das glänzende Ergebnis der Befreiung des Geistes ist.

Die Lehrerin muß ein zweifaches Studium betreiben, denn sie muß die sie erwartende Arbeit und die dem „Material", also den „Entwicklungsmitteln" vorbehaltene Aufgabe gut kennen. Es ist schwierig, eine solche Lehrerin theoretisch vorzubereiten, die „sich selbst erziehen" soll, die lernen soll zu beobachten, ruhig, geduldig und demütig zu sein, ihre eigenen Impulse zurückzuhalten, und die eine höchst *praktische* Aufgabe bei ihrer delikaten Mission zu erfüllen hat. Sie selbst braucht eher einen *Turnsaal* (s. Anm. 59) für ihre Seele als ein Buch für ihren Verstand.

Die „aktive Aufgabe", welche die Lehrerin als ein *Wesen* angeht, *das das Kind in Beziehung zu seinem Gegenstand setzt,* ist jedoch klar und läßt sich leicht erlernen. Sie muß verstehen, den geeigneten Gegenstand auszuwählen und ihn so anzubieten, daß er beim Kind auf Verständnis stößt und in ihm ein tiefes Interesse weckt.

Die Lehrerin muß deshalb *das Material sehr gut kennen* — und ständig gegenwärtig haben — sowie *exakt* die ebenfalls experimentell bestimmte Technik *erlernen, das Material vorzuführen und das Kind so zu behandeln, daß es wirkungsvoll gelenkt wird*. Die Schulung der Lehrerin ist ganz besonders auf dies alles ausgerichtet. Sie kann theoretisch einige allgemeine Grundsätze lernen, die bei der Orientierung in der Praxis sehr nützlich sind, doch sie wird sich nur durch Erfahrung die delikaten Methoden aneignen, die bei der Behandlung verschiedenartiger Individuen voneinander abweichen, damit weiter fortgeschrittene Kinder nicht bei Material aufgehalten werden, das für ihre individuellen Fähigkeiten zu einfach ist und ihnen Überdruß verursacht. Andererseits soll sie keine Gegenstände anbieten, welche die Kinder noch nicht würdigen können, was ihre erste kindliche Begeisterung ersticken würde.

Kenntnis des Materials. — Um das Material zu kennen, darf sich die Lehrerin nicht damit begnügen, es gemäß Anleitung aus dem Buch anzusehen, zu untersuchen oder seinen Gebrauch durch die Vorführung einer Lehrkraft zu erlernen. Sie muß sich lange daran üben, um so zu versuchen, durch Erfahrung die Schwierigkeiten oder das Interesse, das jedes Material bieten kann, abzuschätzen und die Eindrücke, die es dem Kind vermitteln kann, wenn auch unvollkommen, zu interpretieren. Hat dann die Lehrerin die erforderliche Geduld, so lange die „Übung zu wiederholen" wie ein Kind, dann kann sie an sich selbst die Energie und die Ausdauer ermessen, zu denen das Kind in einem bestimmten Alter fähig ist. Zu letztgenanntem Zweck kann die Lehrerin die einzelnen Materialien entsprechend ihrer Abstufung gruppieren und auf diese Weise die Aktivität erproben, die das Kind in den verschiedenen Altersstufen entwickeln kann (siehe das Kapitel über die Reihenfolge der Übungen).

Pflege der Ordnung. — Die Lehrerin bringt nicht nur das Kind in Beziehung zum Material, sondern auch zur *Ordnung* in der Umgebung. Sie unterwirft es also der Regel, auf die sich eine sehr einfache, doch zur Gewährleistung einer ruhigen Arbeit ausreichende „äußerliche disziplinäre Organisation" gründet.

Jeder Gegenstand muß nämlich einen ganz bestimmten Platz haben, wo er verbleibt, wenn er nicht benutzt wird. Das Kind kann das Material nur von dem Platz wegnehmen, auf dem es „zur freien Auswahl ausgestellt" ist; wird es nicht mehr gebraucht, muß es wieder an denselben Platz genauso hingestellt werden, wie es vorgefunden wurde.

Kein Kind kann also nur mit der Befriedigung seines eigenen Antriebs eine Arbeit beenden, es muß sie ganz zu Ende führen mit einer freiwilligen Anstrengung aus Achtung vor der Umgebung und der für sie maßgeblichen Vorschriften. Das Kind kann nie sein Material einem Spielkameraden überlassen, es diesem also auch nicht wegnehmen.

Auf diese Weise wird von Anfang an jeder Wettbewerb ausgeschaltet. Der nicht ausgestellte Gegenstand existiert nicht für den, der ihn sucht. Und verlangt er sehr stark danach, bleibt ihm nichts weiter übrig, als sich zu gedulden, abzuwarten, bis der Spielgefährte ihn nicht mehr benutzt und an seinen Platz zurückbringt.

Überwachung. — Schließlich „wacht" die Lehrerin „darüber", daß ein in seine Arbeit vertieftes Kind nicht durch ein anderes gestört wird. Dieses Amt eines „Schutzengels" der Wesen, die sich auf das Bemühen konzentrieren, das sie erhöhen soll, gehört zu den erhabensten Aufgaben der Lehrerin.

▼ *Lektionen.* — Bei ihren Obliegenheiten, die Arbeit des Kindes mit Hilfe des Materials zu lenken (die Lektionen der Lehrerin), muß die Lehrerin zwei verschiedene Zeitabschnitte unterscheiden. Während des ersten bringt sie das Kind in Beziehung zum Material, sie „führt es ein" in seinen Gebrauch (Zeitabschnitt der Einführung). Im zweiten greift sie ein, um dem Kind, das mit seinen spontanen Übungen bereits erfolgreich war, dabei zu helfen, die Unterschiede zwischen den Dingen zu erkennen. Dann kann die Lehrerin besser die spontan vom Kind gewonnenen Einsichten bestimmen, um ihm, wenn nötig, die entsprechenden Ausdrücke für die wahrgenommenen Unterschiede zu
▲ nennen.⟩

XI

DIE TECHNIK DER LEKTIONEN[60]

Erste Periode: Einführung

⟨*Isolierung des Gegenstandes.* — Wenn die Lehrerin eine Lektion gibt ▼ 1926
oder einem Kind beim Gebrauch des Sinnesmaterials behilflich sein
will, muß sie sich vor Augen halten, daß die *Aufmerksamkeit* des
Kindes vor allem isoliert werden soll, was nicht Gegenstand der Lektion ist. Deshalb wird sie darauf achten, daß sie einen ganz leeren
Tisch aufstellt und ausschließlich das Material darauflegt, das sie vorführen will.

Exakte Ausführung. — Die Hilfe, welche die Lehrerin geben soll,
besteht darin, dem Kind das Material vorzulegen, um ihm zu zeigen,
wie man es benutzt, und dabei selbst ein- oder zweimal die Übung zu
machen, zum Beispiel die kleinen Zylinder in die Blöcke einsetzen,
sie wieder mischen und für neue Versuche bereitlegen; oder die Farbspulen mischen, die dann paarweise zusammengelegt werden sollen,
irgendeine davon richtig in die Hand nehmen, um die Seide nicht zu
berühren, die gleichfarbige Spule danebenlegen, und so fort.

Wecken der Aufmerksamkeit. — Jedesmal, wenn die Lehrerin dem
Kind den Gegenstand reicht, tut sie dies nicht gleichgültig, sondern
mit lebhaftem Interesse und lenkt dabei die Aufmerksamkeit des
Kindes darauf.

Verhinderung des falschen Gebrauchs. — Sieht die Lehrerin, daß
ein Material so benutzt wird, daß es seinen Zweck verfehlt, also keinen

---

[60] Dieses Kapitel ist als Ganzes in der italienischen Auflage von 1926 enthalten
(d. Hrsg.).

▼ Gewinn für die Entwicklung des kindlichen Verstandes bringt, so muß sie seine Weiterbenutzung verhindern, allerdings mit größter Sanftmut, wenn das Kind ruhig und in guter seelischer Verfassung ist; zeigt es jedoch einen Willen zur Unordnung, dann verbietet die Lehrerin sie ruhig und energisch, nicht so, daß es wie eine Strafe für den Lärm oder die Unordnung aussieht, sondern so, daß sie sich dem Kind gegenüber nachdrücklich durchsetzt.

In der Tat wird die Autorität in einem solchen Fall zur notwendigen „Stütze" für das Kind, denn, da es sich wegen einer momentanen Unausgeglichenheit in einem Zustand von Unordnung befindet, braucht es eine Kraft, an die es sich klammern kann, genau wie jemand, der gestolpert ist, sich auf etwas stützen muß, um nicht zu fallen. Die *Hilfe* besteht in diesem Augenblick darin, „die freundliche Hand des Starken" dem „Schwachen" entgegenzustrecken.

„Arbeitet" das Kind jedoch, so ist es wie ein Mensch im vollkommenen Gleichgewicht und hat das Material, das es braucht, um sich zu üben; genau wie der Körper, der nach Vervollkommnung strebt, eine Turnhalle benötigen würde. Wir müssen deutlich zwischen zwei Arten von Fehlern unterscheiden, die das Kind begehen kann:

— *der Fehler, der sich vom Material her kontrollieren läßt* und daher rührt, daß das Kind trotz allem guten Willen, eine ihm wohlbekannte Übung genau auszuführen, wegen seiner Unreife noch nicht in der Lage ist, sie vollkommen zu Ende zu bringen, die verschiedenen Reize nicht mit den Sinnen unterscheidet, bestimmte Bewegungen nicht ausführen kann, deren Mechanismen es noch nicht gut entwickelt hat. Zum Beispiel irrt es sich beim Einsetzen der Zylinder in die Öffnungen, weil es ihre Unterschiede nicht erfaßt, oder aus einem ähnlichen Grund einen großen Würfel beim Bau des Türmchens auf einen kleineren setzt usw.

Diese Irrtümer werden vom Material kontrolliert, da es nicht erlaubt, den Fehler versehentlich fortzusetzen; ihre Korrektur kann nur durch eine Vervollkommnung des Kindes erfolgen — also durch die „Veränderung", die sich aus einer langen richtigen Übung mit dem Material ergibt. Solche Fehler gehören in die wohlbekannte Gruppe, die besagt, man „lerne durch Fehler". Sie werden durch *guten Willen* mit Hilfe des sich von außen anbietenden Materials beseitigt.

— Der andere Fehler geht auf Unartigkeit infolge unsorgfältigen Unterrichts zurück, wie zum Beispiel, wenn der ganze Block mit den

Zylindern wie ein Kärrchen gezogen oder Häuser mit den farbigen
Seidenspulen gebaut werden, oder wenn die Kinder auf den in eine
Reihe gelegten Stangen laufen, sich einen Schnürrahmen wie eine Kette
um den Hals legen und so fort. Eine mißbräuchliche Benutzung des
Materials, sei es durch Unordnung oder für andere Bedürfnisse als
die, welche es befriedigen kann, macht es nutzlos. Daraus ergibt sich
eine Zersplitterung der Energie, Lärm: lauter Dinge, die das Kind von
der Möglichkeit, sich zu konzentrieren, also von dem Ziel, besser zu
werden und sich zu entwickeln, ablenken [61]. Dann ist es, als würde eine
physische Blutung den Lebenssaft zerrinnen lassen, der sich im Herzen
konzentrieren muß, um Gesundheit und Leben zu erhalten. Bei den
oben genannten Fehlern läßt sich nicht behaupten, man würde „durch
Fehler lernen", sondern je länger dieser Fehler andauert, desto weiter
entfernt sich die Möglichkeit zu lernen.

Hier muß dann die Lehrerin mit ihrer Autorität eingreifen, um der
kleinen gefährdeten Seele beizustehen, um ihr bald sanft, bald energisch behilflich zu sein.

Achtung vor der nützlichen Tätigkeit. — Gebraucht das Kind jedoch
das Material so, daß es genau nachahmt, was es von der Lehrerin gelernt hat, oder auch auf eine andere von ihm selbst ausgedachte Art,
allerdings mit Abänderungen, die auf Arbeit des Verstandes schließen
lassen, wendet es das Material so an, daß dieses einen günstigen Einfluß auf seine Entwicklung hat, dann läßt die Lehrerin das Kind dieselbe Übung so oft wiederholen oder seine Bemühungen und Versuche
so lange durchführen, wie es dies wünscht, *ohne es in seiner Tätigkeit
jemals zu unterbrechen,* weder um seine kleinen Fehler zu verbessern,
noch um die Arbeit abzubrechen, aus Furcht, sie würde es ermüden.

Guter Abschluß. — Wenn das Kind jedoch spontan seine Übung
aufgibt — also wenn der Schwung erschöpft ist, der es dazu trieb, sich

---

[61] An solcher Strenge hat sich gerade in Deutschland immer wieder die Kritik entzündet. Es muß aber darauf hingewiesen werden, daß es für Montessori hier nicht um moralische Kategorien geht, sondern um die Sicherung ihres Schlüsselphänomens des Bildungsprozesses, das Phänomen der Polarisation der Aufmerksamkeit. Vgl. einerseits H. Hecker - M. Muchow, Friedrich Fröbel und Maria Montessori, Leipzig 1927, andererseits M. Montessori, Über die Bildung des Menschen, S. 48, und F. J. J. Buytendijk, Erziehung zur Demut, Ratingen, 2. Aufl. 1962 (d. Hrsg.).

▼ dem Gebrauch des Materials hinzugeben — kann, ja vielmehr muß die Lehrerin eingreifen, damit das Kind das Material auf seinen Platz zurückbringt, und zwar so, daß jeder Gegenstand wieder ganz ordentlich hingelegt wird.

Zweite Periode: Die Lektionen

Während der zweiten Zeitspanne *greift* die Lehrein *ein*, um die Gedanken des Kindes besser zu lenken, das nach der Einführung bereits viele Übungen hinter sich gebracht hat und dem es gelungen ist, die Unterschiede zu erkennen, die das Sinnesmaterial aufweist.

Der hauptsächliche Eingriff besteht darin, eine genaue Nomenklatur zu lehren.

So wird dem Kind dazu verholfen, sich eine korrekte Sprache anzueignen, die sich in diesem zarten Alter leicht formen läßt. In unserer Methode soll eine der delikatesten Aufgaben der Lehrerin darin bestehen, die genau passenden Wörter der Sprache zu nennen, die der Vorstellung entsprechen, die das Material im Geist des Kindes fixieren soll. Wenn sie diese exakten Wörter benutzt, spricht die Lehrerin sie korrekt und deutlich so aus, daß sie dabei die sie bildenden Laute silbenweise sagt, ohne sich jedoch einer ungewöhnlichen Sprechweise
▲ zu bedienen, also ohne die geringste Übertreibung.⟩

Die Lektion der drei Zeiten

[62] Zu diesem Zweck hielt ich auch für normale Kinder die Lektion der drei Zeiten für ausgezeichnet — die Séguin gebrauchte, um beim geistig zurückgebliebenen Kind die Assoziation zwischen einer Vorstellung und dem entsprechenden Wort zu erhalten. Diese Lektion wurde in unseren Schulen übernommen [63].

1. Zeit: Assoziation von Sinneswahrnehmung und Namen: Die Lehrerin muß zunächst die erforderlichen Namen und Adjektive aus-

---

[62] Von hier bis zu dem Abschnitt „Die Anleitung des Kindes" angelehnt an das Kapitel „Intellektuelle Erziehung" der 1. deutschen Auflage, S. 211 ff. (d. Hrsg.).
[63] Dieses eindeutig assoziationspsychologische Vorgehen zeigt deutlich Montessoris ursprüngliche Abhängigkeit von der älteren Schwachsinnigen-Didaktik (d. Hrsg.).

sprechen, ohne mehr hinzuzufügen, und zwar indem sie die Wörter unmißverständlich mit lauter Stimme so ausspricht, daß die verschiedenen sie bildenden Laute vom Kind klar und deutlich wahrgenommen werden.

So sagt sie zum Beispiel bei den ersten Sinnesübungen, wenn sie glattes und rauhes Papier anfassen läßt: „Das ist glatt", „das ist rauh", wiederholt dabei auch mehrmals das Wort und wechselt dabei die Tonlage und achtet immer auf klare Vokallaute und deutliche Aussprache: „glatt, glatt, glatt", „rauh, rauh, rauh."

So sagt sie bei Wärmeempfindungen: „Das ist kalt", „das ist warm" und dann: „Das ist eisig", „das ist lauwarm", „das ist ganz heiß."

Dann beginnt sie den Oberbegriff „Wärme", „mehr Wärme", „weniger Wärme" usw. zu gebrauchen.

Da der Nomenklatur-Unterricht darin bestehen soll, die Assoziation des Namens mit dem Gegenstand hervorzurufen oder mit dem abstrakten Gedanken, den der Name selbst bedeutet, dürfen ausschließlich *Gegenstand* und *Name* das Bewußtsein des Kindes erreichen. Deshalb darf außer dem Namen kein Wort ausgesprochen werden.

2. *Zeit: Wiedererkennen des dem Namen entsprechenden Gegenstandes:* Die Lehrerin muß sich immer *überzeugen,* ob ihr Unterricht auch das gesteckte Ziel erreicht hat.

Die erste Probe besteht darin, nachzuprüfen, ob die Gedankenassoziation zwischen Namen und Gegenstand im Bewußtsein des Kindes haften geblieben ist. Deshalb sollte die Lehrerin die dazu erforderliche Zeit verstreichen lassen, also zwischen Lektion und Probe einige Augenblicke des Schweigens einlegen. Danach fragt sie das Kind langsam: „Welches ist *glatt?*", „welches ist *rauh?*", wobei sie nur den von ihr gelehrten Namen (oder das Adjektiv) ganz deutlich ausspricht.

Das Kind zeigt mit dem Finger auf den Gegenstand, und so weiß die Lehrerin, ob die Assoziation stattfand.

Dieser zweite Abschnitt ist der allerwichtigste. Er enthält die wirkliche Lektion, die wirkliche Gedächtnis- und Assoziationshilfe. Stellt die Lehrerin fest, daß das Kind mitgeht, verstanden hat und interessiert ist, dann wiederholt sie viele Male dieselben Fragen: „Welches ist glatt?", „welches ist rauh?"

Durch ihre häufige Wiederholung der Frage nennt die Lehrerin wieder und wieder den Namen, an den sich das Kind schließlich erinnert; jedesmal, wenn die Frage neu gestellt wird und es sie durch Zeigen auf den Gegenstand beantwortet, wiederholt es die Übung, mit ihm das Wort zu assoziieren, das es nun lernt und fixiert. Merkt die Lehrerin jedoch gleich zu Beginn, daß das Kind nicht dazu aufgelegt ist, ihr Aufmerksamkeit zu schenken, und antwortet, ohne sich die geringste Mühe zu geben, es richtig zu machen, dann soll sie, anstatt das Kind zu korrigieren und hartnäckig weiterzumachen, die Lektion abbrechen, um sie zu einem Zeitpunkt, an einem anderen Tag erneut zu geben. Ja, warum sollte sie es korrigieren? Ist es dem Kind nicht gelungen, Name und Gegenstand miteinander zu assoziieren, so liegt die einzige Möglichkeit zum Erfolg darin, sowohl die Aktion des Sinnesreizes wie auch den *Namen* zu *wiederholen*, also die Lektion zu wiederholen. Wenn sich das Kind allerdings geirrt hat, so bedeutet dies, daß es in diesem Moment nicht zu der psychischen Assoziation bereit war, die in ihm hervorgerufen werden sollte; folglich ist ein anderer Augenblick zu wählen.

Würden wir dann beim Korrigieren zum Beispiel sagen: „Nein, du hast dich geirrt, es ist so", dann würden — da es sich um einen Vorwurf handelt — all diese Wörter das Kind stärker beeindrucken als die anderen (zum Beispiel glatt, rauh), im Geiste des Kindes haften bleiben und so das Erlernen der Namen verzögern. Das auf den Irrtum folgende Schweigen läßt hingegen den Bereich des kindlichen Bewußtseins intakt, und die nächste Lektion kann dann wirkungsvoll die erste *überlagern*.

3. Zeit: Erinnern an den dem Gegenstand entsprechenden Namen:
Der dritte Abschnitt ist eine rasche Überprüfung der vorigen Lektion. Die Lehrerin fragt das Kind: „Wie ist das? . . .", und wenn es reif dazu ist, antwortet es mit dem vorgesehenen Wort: „Das ist glatt", „das ist rauh."

Da Kinder bei der Aussprache dieser häufig für sie neuen Wörter oft unsicher sind, kann die Lehrerin, um der Sache mehr Nachdruck zu verleihen, die Wörter noch ein- oder zweimal wiederholen lassen und das Kind dabei auffordern, deutlicher zu sprechen: „Wie ist es? . . ." „wie? . . ." Weist das Kind dann merkliche Sprachfehler auf, so ist es angebracht, diese für eventuelle Übungen zur Verbesserung der Aussprache ganz genau zu bestimmen.

Erläuternde Anwendung — Einführung zum Gebrauch des Materials — Einsatzblöcke

Dimensionen. — Nachdem das Kind sich lange Zeit mit der Handhabung der drei Einsatzblöcke geübt und dabei Sicherheit erlangt hat, nimmt die Leiterin alle gleich hohen Zylinder und stellt sie nebeneinander auf den Tisch, sucht dann die beiden Extreme heraus und sagt: „Dies ist der *dickste*", „dies ist der *dünnste*", stellt sie dann nebeneinander, um einen wirksameren Vergleich zu erhalten, faßt sie am Kopf und hält ihre Böden gegeneinander, um auf den Unterschied hinzuweisen, stellt sie dann wieder senkrecht nebeneinander, um zu zeigen, daß sie gleich hoch sind; dabei wiederholt sie mehrmals: *dick, dünn*. Jedesmal müssen die anderen Überprüfungszeiten folgen, in denen die Leiterin bittet: „Gib mir den dicksten", „den dünnsten", und schließlich die Sprachprobe: „Wie ist dieser?" In weiteren Lektionen nimmt die Leiterin die beiden Extreme weg und wiederholt die Übung mit den beiden nächsten an den äußeren Enden, schließlich benutzt sie alle Stücke, sucht zum Beispiel eines willkürlich heraus und sagt: „Gib mir einen dickeren als diesen", „einen dünneren!"

Mit dem zweiten Einsatzblock verfährt die Leiterin ähnlich: Hier stellt sie die Stücke aufrecht, die alle die gleiche ausreichende Basis haben, um nicht umzufallen, und sagt: „Dies ist der *höchste*", „dies ist der *niedrigste*", nimmt dann die Extreme aus der Reihe heraus und stellt sie nebeneinander, hält ihre Böden gegeneinander, um zu zeigen, daß sie bei beiden gleich sind. Von den Extremen geht sie zu den mittleren Werten über wie bei der ersten Übung.

Beim dritten Einsatzblock stellt die Leiterin alle Zylinder abgestuft nebeneinander, macht dann auf den ersten aufmerksam und sagt: „Dies ist der *größte*", und auf den letzten: „Dies ist der *kleinste*." Daraufhin stellt sie sie nebeneinander und zeigt, wie sowohl ihre Höhe wie ihre Grundfläche differieren. Sie verfährt ähnlich wie bei den zwei vorhergehenden Übungen.

Im gleicher Weise wird bei den abgestuften Systemen der Prismen, Stangen und Würfel verfahren. Die Prismen sind in einer Dimension *dick* und *dünn*, in einer anderen *hoch* und *niedrig* und dabei von gleicher *Länge;* die Stangen sind *lang* und *kurz* und gleich *dick;* die Würfel sind *groß* und *klein* und unterscheiden sich in allen drei Dimensionen.

Formen. — Nachdem das Kind erkennen läßt, daß es die Formen der flachen Einsatzfiguren sicher unterscheidet, beginnt die Leiterin die Nomenklatur-Lektion mit den beiden entgegengesetzten Formen: *Quadrat* und *Kreis,* wobei sie nach der üblichen Methode vorgeht. Sie lehrt nicht alle Namen, die sich auf geometrische Figuren beziehen, sondern nur einige der wichtigsten, wie: Quadrat, Kreis, Rechteck, Dreieck, Oval und weist dabei besonders darauf hin, daß es *lange schmale* und *breite kurze Rechtecke* gibt, während die *Quadrate* auf allen Seiten gleich sind und nur *groß* oder *klein* sein können. Dies läßt sich sehr leicht mit den Einsatzfiguren beweisen, denn ganz gleich, nach welcher Seite das Quadrat gedreht wird, es *paßt immer* in seine Vertiefung, während das *Rechteck* sich nicht einfügen läßt, wenn es verkehrt aufgelegt wird. Das Kind macht diese Übung sehr gern, deshalb ordne ich im Rahmen ein Quadrat und eine Serie von Rechtecken an, deren längste Seite der Seite des Quadrats entspricht, während die andere bei den fünf aufeinanderfolgenden Stücken stufenweise abnimmt.

Analog wird verfahren, will man den Unterschied zwischen Oval, Ellipse und Kreis demonstrieren. Der Kreis paßt immer, ganz gleich, wie man ihn beim Einsetzen dreht; die Ellipse läßt sich nicht quer, aber auf den Kopf gestellt einpassen, vorausgesetzt, sie wird in Längsrichtung gelegt. Das Oval hingegen läßt sich weder quer noch auf den Kopf gestellt einpassen, sondern nur mit der *breiten* Rundung gegen den breiten Teil der Vertiefung und der *schmalen* gegen deren schmalen Teil. Die großen und kleinen Kreise lassen sich von allen Seiten in ihre Vertiefung stecken. Ich rate dazu, die Kinder auf die Unterschiede zwischen Oval und Ellipse gar nicht oder erst sehr spät aufmerksam zu machen, und auch nicht alle, sondern nur diejenigen, welche erkennen lassen, daß sie sich ganz besonders für Formen interessieren, entweder durch häufige Wahl des Spieles oder durch Fragen (ich würde es vorziehen, wenn dieser Unterschied später, zum Beispiel in den Grundschulen, von den Kindern spontan erkannt würde).

Die Anleitung des Kindes

1926 ▼ ⟨Die Arbeit der neuen Lehrerin besteht darin zu lenken, also eine Anleitung zur Benutzung des Materials zu geben, exakte Wörter zu suchen, jede Arbeit zu erleichtern und zu erläutern, Energieverluste zu verhindern, gegebenenfalls das fehlende Gleichgewicht wiederherzustellen.

So gibt sie die erforderliche Hilfe, die es ermöglicht, sicher und schnell bei der intellektuellen Entwicklung voranzukommen.

Als wahre Führerin auf dem Lebensweg stößt sie weder das Kind vorwärts noch schleppt sie es hinter sich her, sondern ist von ihrer Aufgabe befriedigt, wenn sie das Kind, diesen edlen Reisenden, auf den rechten Weg gebracht hat.

Um eine sichere und erfahrene Führerin zu sein, benötigt die Lehrerin viel Übung. Hat sie verstanden, daß die Zeiten der Einführung und des Eingreifens verschieden sind, bleibt sie sich doch über den Reifegrad des Kindes für den Übergang von der einen zur anderen oft im ungewissen. Sie wartet zu lange, daß sich das Kind selbst darin übt, die Unterschiede zu erkennen, bevor sie durch das Lehren der Normenklatur eingreift.

Ich fand einmal einen Fünfjährigen, der bereits alle Wörter zusammenzusetzen verstand, weil er das Alphabet (das er in 14 Tagen gelernt hatte) sehr gut kannte. Er konnte an die Tafel schreiben; beim freien Zeichnen bewies er nicht nur, daß er gut zu beobachten verstand, sondern auch, daß er die Perspektive *intuitiv erfaßte,* was sich aus der Art ergab, wie er ein Haus und einen Tisch gezeichnet hatte. Bei der Übung des Farbsinns mischte er die 7 Abstufungen der von uns benutzten 9 Farben, also 63 Täfelchen, jedes mit Seide einer anderen Farbe oder Abstufung umwickelt, trennte schnell die einzelnen Gruppen voneinander und brachte dann die Gegenstände jeder Gruppe in die richtige Reihenfolge, wobei er sie auf einem Tischchen aneinanderlegte und sozusagen einen Teppich abgestufter Farben darauf ausbreitete. Ich machte den Versuch, dem Kind neben dem Fenster bei vollem Licht eines der Farbtäfelchen zu zeigen — wobei ich es aufforderte, es sich genau anzusehen, um sich daran erinnern zu können — und es dann zu dem Tischchen zu schicken, auf dem alle Abstufungen ausgebreitet waren, damit es das ihm gleichfarbig erscheinende Täfelchen herausnahm. Es beging ganz geringfügige Fehler, nahm oft die gleiche Farbe, noch häufiger eine daneben liegende, ganz selten einen um zwei Abstufungen abweichenden Farbton. Das Kind verfügte also über ein fast wunderbares Unterscheidungsvermögen und Farbgedächtnis. Es war wie fast alle Kinder von den Übungen des Farbsinnes begeistert.

▼ Als ich das Kind nach dem Namen der weißen Farbe fragte, zögerte es lange und sagte erst nach mehreren Sekunden mit unsicherer Stimme: *weiß*. Nun konnte ein so intelligentes Kind auch ohne das besondere Eingreifen der Lehrerin den Namen dieser Farbe in seiner Familie erfahren haben. Die Leiterin erklärte mir, sie habe beim Kind eine beträchtliche Schwierigkeit beobachtet, sich die Namen von Farben zu merken, und sich deshalb bisher darauf beschränkt, nur die Sinnesübung ausführen zu lassen. Die Leiterin hatte geglaubt, es sei noch nicht angebracht, mit dem Unterricht einzugreifen.

Gewiß war die Erziehung dieses Kindes etwas ungeordnet, und die Leitung ließ den spontanen Äußerungen der physischen Aktivität einen übermäßig freien Lauf.

So lobenswert es auch sein mag, den Vorstellungen eine Grundlage von Sinneserziehung zu geben, so ist es doch angebracht, die *Sprache* rechtzeitig mit den *Wahrnehmungen* in Verbindung zu bringen.

Die Lehrerin muß Überflüssiges vermeiden, doch sie darf das Notwendige nicht vergessen.

Daß Überflüssiges vorhanden ist und Notwendiges fehlt, darin liegen die beiden Hauptfehler der Lehrerin; die Abgrenzungslinie zwischen beiden zeigt den Grad ihrer Vollkommenheit.

Das zu erreichende Ziel besteht darin, daß die spontane Aktivität
▲ des Kindes in geordnete Bahnen gelenkt wird.⟩

[64] Wie kein Lehrer dem *Schüler* die *Gelenkigkeit* geben kann, die er *sich* durch *Turnübungen erwirbt* und in denen er sich selbst durch eigene Arbeit *vervollkommnen muß, so verhält es sich* sehr ähnlich bei **der Sinneserziehung und bei der Erziehung ganz** *allgemein.*

Man denke daran, wie es der Klavierlehrer macht: Er lehrt den Schüler die Körperhaltung, vermittelt ihm die Kenntnis der Noten, zeigt ihm den Zusammenhang zwischen geschriebener Note und anzuschlagender Taste, die Fingerstellung und überläßt ihn dann sich selbst, damit er übt. Wird aus diesem Schüler ein Klavierspieler, so waren zwischen den vom Lehrer vermittelten Kenntnissen und dem musikalischen Vortrag lange geduldige Fleißübungen notwendig, um den Fingergelenken und den Sehnen Geschicklichkeit zu geben, eine automatische Koordination gewisser spezieller Muskelbewegungen zu

---

[64] Das Folgende bis zum Ende des Kapitels lehnt sich an Abschnitte des Kapitels „Erziehung der Sinne" der 1. deutschen Auflage, vor allem S. 161 ff., an (d. Hrsg.).

erreichen und durch wiederholten Gebrauch der Hand ihre Muskeln zu stärken.

Der Klavierspieler wird sich also *selbst* ausbilden müssen, und er wird um so mehr Erfolg haben, je mehr seine natürlichen Anlagen ihn dazu geführt haben, *beharrlich* zu üben. Er hätte sich *jedoch* niemals *allein durch Übung*, ohne *Anleitung* durch den Lehrer, bilden können.

⟨In der Tat könnte man wieder sagen, daß bei jeder Form von Er- ▼ 1926 ziehung dasselbe geschieht: nicht durch die Lehrer, die er hatte, sondern durch das, was er getan hat, ist der Mensch etwas wert.

Eine der Schwierigkeiten bei der Durchführung dieser Methode mit Lehrerinnen der alten Art besteht darin, zu verhindern, daß sie eingreifen, wenn sich das kleine Kind lange ratlos den Fehler ansieht und immer wieder versucht, sich zu verbessern. Dann werden Lehrerinnen der alten Schule von Mitleid gepackt, und von einer fast unüberwindlichen Kraft getrieben, greifen sie ein, um dem Kind zu helfen. Werden sie daran gehindert, finden sie Worte voller Mitgefühl für den kleinen Schüler. Doch sehr bald läßt dieser durch seinen lächelnden Gesichtsausdruck die Freude erkennen, ein Hindernis überwunden zu haben.

Normale Kinder *wiederholen* solche Übungen viele Male, mehr oder weniger oft, das hängt vom einzelnen ab; manche sind es nach fünf- oder sechsmal leid, doch andere nehmen die Zylinder mehr als *zwanzigmal* heraus und setzen sie wieder ein, ohne jemals einen lebhaften Ausdruck des Interesses zu verlieren. Nachdem ich bei einer Vierjährigen 16 Übungen gezählt hatte, ließ ich Schüler ein Lied singen, um ihre Aufmerksamkeit abzulenken, doch sie setzte das Herausnehmen, Mischen und Neueinstecken der Zylinder fort, ohne sich stören zu lassen.

Eine intelligente Lehrerin könnte äußerst interessante Studien über individuelle Psychologie betreiben und bis zu einem gewissen Grad die Zeitspanne messen, während der die Aufmerksamkeit verschiedenen Reizen gegenüber widerstandsfähig bleibt.

Denn wenn sich das Kind selbst erzieht und dem Material Kontrolle und Korrektur des Irrtums überlassen bleiben, dann *beschränkt sich die Lehrerin nur noch auf die Beobachtung.*

Bei meinen Methoden unterrichtet die Lehrerin *wenig*, beobachtet *viel* und hat vor allem die Aufgabe, die psychische Aktivität der Kinder sowie ihre physiologische Entwicklung zu *leiten*. Deshalb habe ich den Namen Lehrerin in *Leiterin* geändert.

In der ersten Zeit rief dieser Name ein Lächeln hervor, weil sich alle fragten, wen diese Lehrerin, die keine Untergebenen hatte und die kleinen Schüler in *Freiheit* lassen sollte, zu leiten hatte. Doch ihre Leitung ist sehr viel tiefgreifender und wichtiger als das, was man gewöhnlich darunter versteht, denn diese Lehrerin leitet das *Leben* und die *Seelen*. Die Leiterinnen der „Kinderhäuser" müssen eine sehr klare Vorstellung beider Faktoren haben, und zwar der Führung, die Aufgabe der Lehrerin ist, und der individuellen Übung, die das Werk des Kindes ist.

Erst wenn sie in dieser Auffassung gefestigt sind, können sie erfolgreich zur Anwendung einer *Methode* übergehen, mit der sie die spontane Erziehung des Kindes *leiten* und ihm die notwendigen Kenntnisse vermitteln.⟩

XII

BEMERKUNGEN ÜBER VORURTEILE

⟨In unserer Methode ist die Aufgabe der Lehrerin, verglichen mit der ▼ 1926
von gewöhnlichen Lehrerinnen, stark vereinfacht. Es wird das „Notwendige" angegeben, es wird gelehrt, das „Überflüssige" zu vermeiden, das als ein Hindernis für den Fortschritt der Kinder schädlich ist; es ist also eine *Grenze* als Vollkommenheit angegeben.

Gewöhnliche Lehrerinnen hingegen kümmern sich um vieles, sie ermüden durch zahlreiche Aufgaben, während „eine einzige Sache notwendig ist".

Um der Lehrerin behilflich zu sein, sich von den alten Vorurteilen und vorgefaßten Meinungen freizumachen, will ich hier kurz auf einige der „leeren Schwierigkeiten" eingehen, welche Aufmerksamkeit und Energie des Erziehers zersplittern.

Sie beziehen sich vor allem auf die „Schwierigkeitsgrade", die der Schüler überwinden muß, und auf das „Ausruhen des Kindes".

Die Vorurteile darüber, ob Kenntnisse *leicht* oder *schwierig* sind, stellen eine der Hürden dar, von denen wir die Lehrerin befreit haben. Ob eine Sache *leicht* oder *schwierig* ist, läßt sich nicht durch *Vorurteile* entscheiden, sondern durch direkte Erfahrung nach Untersuchung der einzelnen Schwierigkeiten.⟩ ▲

[65] Viele glauben zum Beispiel, beim Lehren geometrischer Formen werde *Geometrie* gelehrt, und halten dies in Kindergärten für verfrüht. Andere erklären, man solle *Körper* und keine flachen Figuren benutzen, wenn man geometrische Formen anbieten will.

Ich denke, ein paar Worte sind nötig, um diesen Vorurteilen entgegenzutreten. Das Betrachten einer geometrischen Form ist nicht ihre Analyse; bei der Analyse beginnt die Schwierigkeit. Sprechen wir zum

---

[65] Anschluß an 1. deutsche Auflage, S. 222 (d. Hrsg.).

Beispiel zum Kind von Seiten und Ecken und erklären sie ihm, sei es auch nur mit gegenständlichen Methoden, wie es Fröbel will, sagen wir ihm also zum Beispiel, daß ein Quadrat vier Ecken hat und sich mit vier gleichlangen kleinen Stangen herstellen läßt, dann dringen wir tatsächlich in das Gebiet der Geometrie vor, und ich glaube, daß kleine Kinder für diesen Schritt noch sehr unreif sind[66]. Doch die *Betrachtung der Form* kann für ihr Alter nicht unangebracht sein: Die Fläche des Tisches, an dem das Kind sitzt, um seine Suppe zu löffeln, ist wahrscheinlich ein Rechteck; der Teller mit dem gewünschten Essen ein Kreis, und wir sind gewiß nicht der Ansicht, das Kind sei *nicht reif,* Tisch und Teller anzusehen.

Die Einsatzfiguren, die wir den Kindern geben, lenken die Aufmerksamkeit einfach auf eine Form. Was dann den Namen betrifft, so entspricht er anderen Namen aus der Nomenklatur. Warum sollten wir es auch als verfrüht ansehen, das Kind die Worte *Kreis, Quadrat, Oval* zu lehren, während wir nicht denken, der zarte kindliche Verstand könnte Schaden nehmen, wenn es zu Hause zum Beispiel hört, wie das Wort „*tondo*"[67] für Teller benutzt wird? Das Kind hört sicherlich auch öfters zu Hause vom *quadratischen* Tisch, vom *ovalen* Tischchen usw. sprechen, und diese Wörter aus der Umgangssprache bleiben dann in seinem Geist und seiner Sprache für lange Zeit *verworren,* wenn sich keine Hilfe einstellt, ähnlich der, die wir mit dem Unterricht über Formen geben.

Man sollte sich überlegen, daß häufig ein sich selbst überlassenes Kind *eine Anstrengung* macht, die Sprache der Erwachsenen und die Dinge aus seiner Umgebung zu verstehen, wobei der zur geeigneten Zeit einsetzende und mit rationalen Methoden arbeitende Unterricht einer solchen Mühe *zuvorkommt,* also das Kind *nicht anstrengt,* sondern es *ausspannen* läßt und einem seiner Wünsche entgegenkommt.

1926 — ⟨—6⟩

Auch hier gibt es ein Vorurteil, nämlich daß ein sich selbst überlassenes Kind mit dem Geist vollständig ruht. Wäre dies der Fall, dann hätte es mit der Welt nichts zu tun. Statt dessen sehen wir, wie es sich allmählich spontan Begriffe und sprachlichen Ausdruck erwirbt. Es ist wie ein Reisender im Leben, der das *Neue* um sich herum beob-

---

[66] Vgl. oben S. 124 (d. Hrsg.).
[67] tondo = rund, der (runde) Teller (d. Übers.).

achtet, das sich ihm darbietet, und versucht, die unbekannte Sprache seiner Umgebung zu verstehen und *spontan* große *Anstrengungen* macht, um zu begreifen und nachzuahmen. Der Unterricht, der den Kleinen erteilt wird, muß ja gerade diese Anstrengung *für sie verringern* und zum Genuß der erleichterten und erweiterten Eroberung umformen: Wir sind die *Fremdenführer* dieser Reisenden, die in das Leben des menschlichen Denkens eintreten und ihnen helfen, keine Kraft und Zeit mit unnötigen Dingen zu vergeuden.

⟨—9⟩ — 1926

Das andere Vorurteil, das ich erwähnte, besagt, daß es angebrachter wäre, den Kindern geometrische *Körper* und keine Flächen zu geben: die Kugel, den Würfel, das Prisma usw.

Lassen wir die physiologische Frage beiseite, die beweist, daß der Anblick von Körpern komplizierter ist als der von Flächen, und bleiben wir auf dem mehr pädagogischen Gebiet des *praktischen Lebens*.

Die Dinge, die sich in größerer Zahl in der Außenwelt dem Blick darbieten, lassen sich mit unseren flachen Einsatzfiguren vergleichen. In der Tat sind Türen, Einfassungen, Rahmen eines Fensters, Rahmen von Bildern, Holz- oder Marmorflächen von Tischen zwar *Körper*, bei denen jedoch eine der Dimensionen sehr stark reduziert ist, während die beiden Dimensionen vorherrschen, welche die Flächenform bestimmen, und so sagen wir: „Dieses Fenster ist rechteckig, dieser Raum oval, jener Tisch quadratisch."

Die Körper fallen uns in ihrer Form tatsächlich und fast ausschließlich durch die in den *Dimensionen vorherrschende Fläche* ins Auge. Diese Körper werden eben durch unsere *Einsatzblöcke* dargestellt.

Das Kind erkennt *sehr häufig* in seiner Umgebung die so erlernten *Formen*, doch sehr selten wird dies bei den Formen *geometrischer Körper* der Fall sein.

Die Tatsache, daß das lange prismenförmige Tischbein ein Prisma ist und das runde ein abgeschnittener Kegel, wird es sehr viel später sehen als die rechteckige Fläche des Tisches, auf den es die Gegenstände legt und den es gleichzeitig ansieht. Sprechen wir erst gar nicht davon, daß man in einem Schrank und noch viel weniger in einem Haus Prismen oder Würfel erkennt. Übrigens *existieren* die reinen geometrischen Körperformen *niemals* bei den Gegenständen um uns herum, sondern *Formenkombinationen;* abgesehen von der ungeheuren Schwierigkeit, mit dem Blick die komplexe Form eines Schrankes zu umfassen, müßte das Kind darin eine *Analogie* und nicht eine *Identität* der Form erkennen.

Die *geometrischen* Formen wird es hingegen als ganz genaue Darstellung wiedererkennen, und zwar bei allen Fenstern, Türen, der Vorderseite von Haushaltsgegenständen, den die Wände schmückenden Bildern sowie bei den Wänden selbst, dem Pflaster, den Fußbodenfliesen usw.

Die Kenntnis der Formen, die ihm mit den Einsatzfiguren gezeigt werden, ist also für das Kind eine Art *Zauberschlüssel* für die Deutung fast der gesamten äußeren Umwelt; sie kann ihm die beruhigende Illusion vermitteln, die Geheimnisse der Welt zu kennen.

Einmal machte ich einen Spaziergang zum Pincio in Rom mit einem Jungen aus der Grundschule, der geometrisches Zeichnen lernte und die Analyse der flachen geometrischen Figuren kannte. Als wir an der Brüstung der hochliegenden Terrasse lehnten, die den Blick auf die Piazza del Popolo und die Weite der Stadt freigibt, sagte ich zu ihm: „Schau, alle Werke des Menschen sind eine Fülle geometrischer Figuren." Tatsächlich lockerten Rechtecke, Ellipsen, Dreiecke, Halbkreise auf hunderterlei Art die grauen rechteckigen Fassaden der Gebäude auf und schmückten sie. Diese Einförmigkeit in einer solchen Weite schien die *Begrenzung* der menschlichen Intelligenz zu beweisen. Dagegen veranschaulichten Kräuter und Blumen in einem nahegelegenen Beet auf wundervolle Weise die grenzenlose Vielfältigkeit der Formen in der Natur.

Das Kind hatte diese Beobachtungen noch nie gemacht; es hatte die Winkel, die Seiten und die Konstruktion von in ihren Umrissen gezeichneten geometrischen Figuren studiert, ohne an sonst etwas zu denken und nur die langweilige Pflicht einer so trockenen Arbeit empfunden. Im ersten Augenblick lachte es bei dem Gedanken an den Menschen, der geometrische Figuren aufeinanderstapelt, dann erwachte sein Interesse, und es schaute lange um sich. Ich nahm in seinem Gesicht einen lebhaften Ausdruck von Denken wahr.

Rechts von der Margherita-Brücke waren einige Gebäude im Bau, und ihre Gerüste zeichneten auch Rechtecke ab. „Wie sie sich doch abmühen", sagte ich und dachte dabei an die Arbeiter; dann gingen wir nahe an das Beet heran und betrachteten eine Weile schweigend die von selbst entstehenden Gräser: „Das ist schön", sagte der Junge, doch dieses *schön* bezog sich auf die innere Bewegung seiner Seele.

Dabei kam mir der Gedanke, daß die Beobachtung geometrischer Formen an den flachen Einsatzfiguren sowie das Betrachten der von den Kindern aufgezogenen und unter ihren Augen sprießenden Pflanzen eine wertvolle Hilfe auch für eine geistige Erziehung ist.

⟨Eine weitere Sorge der gewöhnlichen Lehrerin liegt darin, daß sie ▼ 1926 die Kenntnisse des Kindes durch ständige Anwendung auf die Umgebung und durch „Verallgemeinerungen" erweitern soll. „Das Kind alles sehen lassen" — „über alles nachdenken lassen" — ist eine angsteinflößende Arbeit, die leider auch die kindlichen Energien zum Erlöschen bringt und grausam alle Dinge zerreißt, die in ihm „ein Interesse" aufkommen lassen könnten. Es ist die geistige Seite jenes fatalen Eingreifens des Erwachsenen, der sich an die Stelle des Kindes setzen, an seiner Statt handeln will und ihm damit das größte Hindernis für seine Entwicklung in den Weg stellt. Die Schönheiten, die dem Kind jedesmal, wenn es sie spontan in der Umgebung entdeckt, Freude und Befriedigung gäben, verwandeln sich durch den Unterricht eines Erwachsenen auf einem an sich so farbigen und blumenreichen Wege in einen Überdruß geistiger Trägheit.

Unsere Lehrerin soll sich also keine Gedanken über die „Anwendungen" machen aus Angst davor, das Kind würde, wie so viele unterstellen wollen, kümmerlich am Material kleben, das wir beschränkt haben, indem es dieses an die Stelle der ungeheuren Vielfalt der Dinge setzt, die von der Natur oder von der das Kind in Schule und Heim umgebenden weiteren Umwelt geboten werden.

Denn wenn das kleine Kind, das sich am Sinnesmaterial übt, seine Fähigkeit „gesteigert" hat, die einzelnen Dinge voneinander zu unterscheiden, und die Wege der Seele für eine immer größer werdende Arbeitsaktivität erschlossen hat, dann ist es gewiß zu einem vollkommeneren und intelligenteren Beobachter geworden als vorher, und wer sich für das Wenige wirklich interessiert, wird es potentiell für das Mehr tun.⟩ ▲

[68] *Wir müssen* von normalen Kindern *folgendes erwarten:* die spontane Untersuchung der äußeren Umgebung, wie ich es nenne, die *freiwillige Erforschung* der Umgebung. In solch einem Fall empfinden die Kinder *eine Freude* bei jeder ihrer *Neuentdeckungen;* dies gibt ihnen ein Gefühl von Würde und Befriedigung, das sie ermutigt, im-

---

[68] Es folgen vorher überschlagene Ausführungen der 1. Auflage, S. 214 ff. (d. Hrsg.).

mer neue Eindrücke in der Umgebung zu *suchen,* und macht aus ihnen spontane *Beobachter.*

Die Lehrerin wird sich darauf beschränken müssen, mit der größtmöglichen Sorgfalt *herauszufinden,* wann eine solche Verallgemeinerung der Gedanken beim Kind einsetzt. Ein Vierjähriger, der auf der Terrasse herumrannte, hielt zum Beispiel inne und rief aus: „Oh! . . . der Himmel ist blau!" und blieb lange stehen, um die Weite des Himmels zu betrachten.

Als ich eines Tages ein „Kinderhaus" betrat, stellten sich fünf oder sechs Kleine schweigend um mich, streichelten sanft meine Hände und mein Kleid und sagten: „Das ist glatt", „das ist Samt." Dann kamen noch viele andere hinzu, und mit einem Ausdruck gespannter Aufmerksamkeit sagten alle dieselben Worte, als sie mich berührten. Die Lehrerin wollte eingreifen, um mich zu befreien, ich gab ihr jedoch ein Zeichen, sich nicht zu rühren, und verharrte selbst unbeweglich und schweigend und bewunderte dabei die spontane Tätigkeit der Kleinen. Der größte Triumph unserer Erziehungsmethode wird immer *im spontanen Fortschritt* des Kindes liegen.

Einmal machte ein Kleiner eine unserer Zeichnungen — sie bestand darin, mit Farbstiften in ihren Umrissen aufgezeichnete Figuren auszufüllen — dabei kolorierte er gerade einen Baum: für den Stamm nahm er einen Rotstift; die Lehrerin wollte eingreifen und ihn fragen: „Meinst du, daß Bäume einen roten Stamm haben?" Ich hielt sie jedoch zurück und ließ den Kleinen den Baum rot anmalen. Diese Zeichnung war für uns wertvoll, denn sie enthüllte uns, daß er die Umgebung nicht genau beobachtete. In der Schule machte er weiterhin die *Übungen zur Schulung des Farbsinnes.* Er ging mit den anderen in den Garten und konnte immer die *Farbe* der Baumstämme beobachten. War die Sinnesübung erst einmal weit genug fortgeschritten, um die spontane Aufmerksamkeit des Kleinen auf die Farben seiner Umgebung zu lenken, würde er *eines schönen Tages* merken, daß ein Baumstamm nicht rot ist, genauso wie das andere Kind beim Laufen gemerkt hatte, daß der Himmel blau ist. Tatsächlich nahm er eines Tages einen braunen Stift, um den Stamm anzumalen, während er Zweige und Blätter grün machte. Später malte der Kleine auch alle Zweige braun und nur noch die Blätter grün.

Wir haben *die Beweise* für den intellektuellen Fortschritt beim Kind.

Beobachter werden nicht dadurch geschaffen, daß man sagt: *beobachte,* sondern, indem man das Mittel zur Beobachtung gibt. Dieses Mittes ist die Sinnesausbildung. Wurde erst einmal die Beziehung zwischen dem Kind und seiner Umgebung hergestellt, dann ist auch der Fortschritt gewährleistet, da die verfeinerten Sinne dazu führen, die Umwelt besser zu beobachten, die mit ihrer die Aufmerksamkeit anziehenden Vielfalt die Sinnesausbildung fortführt.

Lassen wir jedoch die Ausbildung der Sinne unbeachtet, so stellen die *Kenntnisse* über die *Eigenschaften* der Körper lediglich einen Teil der *Bildung* dar, die sich ja gerade auf die erlernten Kenntnisse *beschränkt,* an die man sich erinnert, und diese bleiben steril. Hat also der Lehrer nach der alten Methode zum Beispiel den Namen *der Farben* gelehrt, so hat er eine Kenntnis über eine bestimmte *Eigenschaft* vermittelt, er hat nicht das Interesse an der Farbe *gebildet.* Das Kind wird diese Farbe kennenlernen, sie von einem Mal zum anderen vergessen und sich höchstens innerhalb der Grenzen der vom Lehrer empfangenen Lektionen bewegen. Wenn dann der Lehrer nach der alten Art den Gedanken dadurch verallgemeinert, daß er zum Beispiel sagt: „Welche Farbe hat diese Blume? dieses Band?" usw., wird die Aufmerksamkeit des Kindes wahrscheinlich stumpfsinnig auf die vom Erzieher vorgeschlagenen Beispiele fixiert.

Falls wir das Kind mit einer Uhr oder sonst einem komplizierten Mechanismus vergleichen, so kann man sagen, daß die alte Methode der Tätigkeit gleichzusetzen ist, die man beim Anstoßen der Zähnchen von stehenden Rädern mit dem Fingernagel ausübt, um sie in Bewegung zu setzen, wobei die Umdrehung genau der vom Nagel übertragenen Antriebskraft entspräche (die Bildung, die auf das Einwirken des Lehrers auf den Schüler beschränkt bleibt). Die neue Methode hingegen ähnelt dem *Aufziehen,* das das gesamte Laufwerk in spontane Bewegung versetzt, eine Bewegung, die in direkter Beziehung zum Mechanismus und nicht zum Tun dessen steht, der ihn aufgezogen hat (die *spontane psychische Entwicklung* des Kindes geht unablässig weiter und steht in direkter Beziehung zur psychischen Potenzialität des Kindes und nicht zum Tun des Lehrers).

Die Bewegung, also die *spontane psychische Aktivität,* geht in unserem Fall von der Sinnesausbildung aus und wird durch die beobachtende Intelligenz erhalten. So erreicht zum Beispiel der Jagdhund seine Geschicklichkeit nicht durch die ihm von seinem Herrn vermittelte Erziehung, sondern durch die *besondere Schärfe* seiner Sinne. Durch die *Übung beim Jagen* gibt allerdings sein Herr, der seine Sinneswahrnehmungen immer stärker verfeinert, dem Hund die Freude und dann die Leidenschaft für die Jagd. Dasselbe läßt sich vom Klavierspieler sagen, der, während er seinen musikalischen Sinn und seine Fingerfertigkeit verfeinert, eine immer größere Liebe empfindet, dem Instrument neue Harmonien zu entlocken, wobei die Übung den Sinn und die Geschicklichkeit immer weiterentwickelt. So wird er auf einen Pfad der Vervollkommnung gelenkt, dessen einzige Begrenzung in seiner eigenen psychischen Persönlichkeit liegt. Ein Physiker kann dagegen alle Harmoniegesetze kennen, die zu seiner wissenschaftlichen Bildung gehören, aber vielleicht ist er noch nicht einmal in der Lage, das einfachste Musikstück zu spielen, und seine wenn auch umfangreiche Bildung bewegt sich dann innerhalb der ihm von seinem Wissenschaftszweig, der Akustik, gesetzten Grenzen.

Unser erzieherisches Ziel für das frühe Kindesalter muß darin bestehen, *der Entwicklung behilflich zu sein* und nicht Bildung zu vermitteln. Deshalb müssen wir warten, bis sich die beobachtende Aktivität entfaltet, nachdem wir dem Kind das zur Entwicklung der Sinne geeignete Material vorgelegt haben.

1926 — ⟨— 13⟩

Der Prüfstein

1926 ▼ Sehr oft wird uns die Tatsache in Erstaunen versetzen, daß die Kinder nicht nur spontan ihre Umgebung beobachten und dabei Dinge bemerken, die sie dort vorher nicht voneinander unterschieden, sondern diese so zu beobachten scheinen, daß sie sie dabei mit Gegenständen vergleichen, an die sie sich erinnern, oder daß sie verschiedene Urteile abgeben, die ans Wunderbare grenzen, weil sie uns enthüllen, daß sich einige Kinder in ihrem Innersten eine Art „Prüfstein" schaffen, den wir nicht besitzen. Sie *konfrontieren* also die äußeren *Dinge* mit den Bildern, die sich in ihrem Geist festgesetzt haben, und geben Urteile ab, die durch ihre Genauigkeit überraschen. Einmal kam ein Arbeiter in eine Klasse in Barcelona mit einer Glasscheibe in der Hand, die er in ein Fenster der Klasse neu einsetzen sollte. Ein Fünfjähriger sagte laut: „Die Scheibe paßt nicht, sie ist zu klein." Der

Arbeiter merkte hingegen erst beim Anlegen der Scheibe, daß sie einen Zentimeter zu kurz war.

In einem Berliner „Kinderhaus" führten zwei Kinder zwischen fünf und sechs Jahren folgendes Gespräch: „Glaubst du, daß die Decke 3 Meter hoch ist?" „Nein, sie ist etwa 3 Meter und 25 Zentimeter hoch." Bei einer Messung ergab sich, daß die Höhe tatsächlich etwas über 3 Meter war.

Eine Fünfjährige sagte zu einer eintretenden Dame: „Ihr Kleid hat dieselbe Farbe wie die Blume dort drüben." Die Dame ging in das Nebenzimmer, wo sie eine Blume vorfand, die von dem Raum, den sie zuerst betreten hatte, nicht zu sehen war. Beim Vergleich zwischen der Blume und ihrem Kleid sah sie, daß beide Farben eine erstaunliche Übereinstimmung aufwiesen. Offensichtlich konnte die Dame bestenfalls die Farbidentität durch Nebeneinanderhalten der beiden Dinge erkennen. Die Kleine besaß jedoch etwas mehr, nämlich eine innere Maßeinheit, auf die sie für die Blume wie für das Kleid zurückgreifen konnte, so wie wir eine Maßeinheit festgelegt haben, die es uns erlaubt, die Beziehungen zwischen meßbaren Dingen zu beurteilen, oder auch einen Prüfstein, an dem sich die anderen Steine überprüfen lassen.

Dieser *Prüfstein,* dem wir so wunderbare Äußerungen der Kinder verdanken, mit denen sie sich auf einer *von unserer verschiedenen* und uns oft unzugänglichen *Ebene* bewegen, ist es wert, als eine bisher unbekannte Tatsache angesehen zu werden. Es scheint, daß verschiedene Altersstufen Möglichkeiten zu psychischen Erwerbungen bieten, die in anderen nicht mehr vorhanden sind. Eine klare, allen zugängliche Tatsache ist die mehrfach genannte Fähigkeit der Kinder, sich an die Laute der Sprache zu erinnern, sie nachzubilden und ihre Worte zu lernen.

Das Alter, in dem sich die Sprache unauslöschlich einprägt, ist die „Periode", in welche die Natur eine „außerordentliche Sensibilität" gelegt hat, die dazu bestimmt ist, Aussprache und Worte zu fixieren. Im Leben gibt es kein Zurück, und was sich der Geist während seiner „sensitiven Periode" erwarb, ist von Dauer für das ganze Leben und läßt sich zu keinem anderen Zeitpunkt erwerben. So gibt es beim ursprünglichen Erwerb der Sinnesbilder und bei der Fixierung von Bewegungen in der Kindheit Perioden, die in ihren Wirkungen nicht zu ersetzen sind, sind sie erst einmal vorüber.

Ist unsere Aufmerksamkeit nun auf diese Tatsache gelenkt, so sehen

▼ wir auch die kleinen Variationen, die dies immer stärker beweisen. Der Dreijährige kann vierzigmal nacheinander eine Übung wiederholen (zum Beispiel mit den Einsatzzylindern), die der Sechsjährige nur noch fünf- bis sechsmal nacheinander machen kann. Dieses Kind ist jedoch in der Lage, anspruchsvollere Dinge zu tun als das dreijährige, zu denen letzteres nicht nur unfähig wäre, sondern die ihm auch vollkommen fern lägen.

Diese interessante Tatsache zeigt sich auch in der sittlichen Ordnung. In der stark formativen Periode des zarten Kindesalters kann sich auch eine Form vollkommenen *Gehorsams* fixieren, dessen äußeres Element als eine Neigung zur „Nachahmung" bewertet wurde. Vertieft man sich jedoch in dieses Phänomen und liegen die Umstände in der Umgebung günstig für die Entfaltung des Kindes und folglich für seine tiefste Ausdrucksfähigkeit, so läßt sich erkennen, wie das kleine Kind eine wunderbare Anpassung an die übrigen menschlichen Wesen seiner Umgebung besitzt. Hierin müssen wir die Fixierung einer Grundlage von „Liebe" und „Zustimmung" suchen, von ganz menschlicher Art. Später finden wir *diese Form* von Gehorsam nicht mehr, es sei denn, es handele sich um höchste, auf übernatürliche Kräfte zurückzuführende sittliche Vollkommenheit. Wir finden nur noch eine „vernünftige Zustimmung" oder eine erzwungene „Unterwerfung".

Das gleiche Phänomen wird ganz besonders offenkundig bei der Entwicklung des religiösen Gefühls. Das kleine Kind hat eine Neigung, die sich nicht besser ausdrücken läßt als mit der Bezeichnung „sensitive Periode der Seele", in der es Intuition und religiösen Schwung besitzt, die allen denen erstaunlich vorkommen, welche ein Kind nicht beobachtet haben, dem es ermöglicht wurde, Bedürfnissen des inneren Lebens Ausdruck zu verleihen. Es scheint dann, daß die kleinen Kinder eine von der göttlichen Gnade auf wunderbare Weise angerührte, außerordentliche übernatürliche Intuitionsgabe besitzen, obwohl es verstandesmäßig nicht möglich ist, ihnen die „religiöse Erziehung" zu geben, die sie später im sogenannten verständigen Alter aufnehmen können und die durch den vom Glauben erleuchteten Verstand der Erwachsene ins Unermeßliche steigern kann.

Die „sensitive Periode" ist immerhin eine Grundlage für großartige Errungenschaften, die der Mensch in anderen Altersstufen nicht mehr machen kann.

Die geistige Ordnung

Wenn die Sinnesausbildung ihren Anfang nimmt, ist der Geist des kleinen Kindes gewiß bar jeglicher Kenntnisse und Gedanken, doch die Bilder sind „am Rande des Abgrundes" wirr miteinander verwoben. Das Chaos seiner Seele braucht nichts Neues, sondern nur *Ordnung* in den bereits vorhandenen Dingen [69]. Und das Kind beginnt, alle die Menkmale der Dinge zu unterscheiden; es trennt Quantität von Qualität und Form von Farbe. Es unterscheidet die Dimensionen gemäß den jeweils vorherrschenden Merkmalen nach langen und kurzen, dicken und dünnen, großen und kleinen Gegenständen. Es teilt die Farben in Gruppen ein und nennt sie beim Namen: weiß, grün, rot, blau, gelb, violett, schwarz, orange, braun, rosa. Es differenziert die Farben nach ihrer Intensität und bezeichnet die beiden Extreme als hell und dunkel. Es unterscheidet Geschmack von Gerüchen, Glätte von Weichheit, Laute von Geräuschen.

Wie das Kind gelernt hat, „jedes Ding an seinen Platz" in der äußeren Umgebung zu legen, so ist es ihm durch die Sinnesausbildung gelungen, eine geordnete Einteilung für seine geistigen Bilder zu finden. Dies ist die erste *ordnende Handlung* des sich bildenden Geistes, es ist der Ausgangspunkt für die Entwicklung des seelischen Lebens unter Umgehung der Hindernisse. Die „Eroberung der Außenwelt" in ihren wahrnehmbaren Bildern ist von nun an leicht und geordnet. Die sich anbahnende Geordnetheit hat die Lebensbedingungen vorbereitet.

So machten es auch die Männer, die sich als „aufgeklärt" bezeichneten. Bei der Beobachtung der Welt begannen sie mit der Unterscheidung, mit der Gruppierung und Klassifizierung der Dinge, erfanden Namen, um diese zu unterscheiden, und stellten fest, daß sich ein solches Vorgehen als vorheilhaft erwies. Sie vereinten die genaue Kenntnis mit der Sprache der Wissenschaft.

Dies war der Beginn aller Wissenschaftszweige, die Bestehendes studieren, es war das erste Kapitel der Geschichte kommender Entdeckungen. Auf dieser Grundlage unterschied sich der Mensch, der bei der Beobachtung der Welt im Licht der Kenntnisse vorging, um den Fortschritt zu erschaffen, von demjenigen, der durch die Finsternis der Unwissenheit auf einen unwandelbaren dunklen Abgrund blickte.⟩

---

[69] Vgl. die Anmerkung 36a (d. Hrsg.).

XIII

ERHEBUNG[70]

1926 ▼   *Die Stille — Die materialisierten Abstraktionen*

⟨Einer der Unterschiede zwischen unserer und den üblichen in den Schulen zur Erziehung normaler Kinder angewandter Methoden bezieht sich auf den Weg der Erziehung.

Vielleicht kann die „Stille" zur Erläuterung dieser Konzeption dienen.

In der gewöhnlichen Schule geht man von einem Zustand durchschnittlicher „Ordnung" aus, der sich intuitiv erfassen läßt, obwohl er nie definiert wurde. Es ist der Zustand, in dem das Verhalten der Schüler den Unterricht durch den Lehrer ermöglicht.

Da die Schüler jedoch einem Zwang unterliegen, versuchen sie, aus diesem durchschnittlichen Zustand von Ordnung herauszukommen, um zu einer Unordnung zu gelangen, bei der verschiedenartige, unkoordinierte und zwecklose Bewegungen einen Lärm und eine Unruhe verursachen, die den Unterricht schwierig oder unmöglich machen; sie stören also die durchschnittliche Ordnung. In diesem Fall bedarf es einer energischen Aufforderung zur „Stille", wobei dieses Wort ja eben die durchschnittliche Ordnung bezeichnet.

Da die „durchschnittliche Ordnung" nicht nur etwas bereits Erreichtes, sondern etwa Normales und „Übliches" ist, genügt eine einfache Aufforderung, um sie zu erzielen.

In unserer Methode ist jedoch die „durchschnittliche Ordnung" (die

---

[70] Dieses Kapitel ist im ganzen in der italienischen Auflage von 1926 enthalten. Das italienische Wort „elevazione", das hier mit Erhebung übersetzt ist, hat hier weder eine emotionale noch moralische Bedeutung, sondern meint das Erreichen eines höheren Niveaus (d. Hrsg.).

allerdings eine andere Form hat, da sie sich aus den individuellen Arbeiten der Schüler ergibt) ein Ausgangspunkt, um *zu einem über dem Durchschnitt liegenden*, nicht erreichten und unbekannten *Niveau aufzusteigen*. Die Stille ist also eine positive *Eroberung*, die durch Erkenntnis und Übung erreicht werden soll.

Deshalb wird das Bewußtsein dazu gebracht, die geringsten Bewegungen zu beachten, das Tun in all seinen Einzelheiten zu kontrollieren, um zur absoluten Unbeweglichkeit zu gelangen, die zur Stille führt, einem eindrucksvollen, neuen, vorher nie gesehenen Zustand. In den üblichen Schulen hat der Ruf nach „Stille" den Zweck, das normale Leben unter seinen normalen Bedingungen wiederherzustellen.

Die Stille der Unbeweglichkeit bedeutet jedoch eine Unterbrechung des normalen Lebens, der nützlichen Arbeit; sie erfüllt keinerlei „praktischen Zweck". Ihre ganze Bedeutung, ihr Zauber rühren daher, daß der einzelne durch eine Unterbrechung des gewöhnlichen Lebens auf ein höheres Niveau gehoben wird, wo ihn nicht die Zweckmäßigkeit, sondern die Eroberung als solche anspricht.

Wenn die kleinen drei- oder vierjährigen Kinder darum bitten, „die Stilleübung zu machen", oder sie mit größtem Interesse sofort einer solchen Aufforderung nachkommen, dann haben wir den offensichtlichen Beweis, daß die Kinder dazu neigen, sich zu erheben, und daß sie höhere Freuden *genießen*. Zahlreiche Menschen haben einigen solch erstaunlichen Szenen beigewohnt: Lehrerinnen, die das Wort Stille an die Tafel schreiben wollen, um diese zu erhalten, und die noch mitten im Wort fühlen, wie sich eine tiefe Stille ausbreitet, die herabsinkt, um dort einzudringen, wo 40 oder 50 Kleine einige Augenblicke vorher ihrer Beschäftigung nachgingen.

Das sich bewegende Leben wird durch Ansteckung ganz plötzlich unterbrochen. Eines der Kinder hatte die ersten Buchstaben „gelesen" und verstanden, daß nun der Befehl zur Stille kam: Durch Einstellung seiner Bewegungen machte es den Anfang mit der „Stille", die alle anderen sofort intuitiv erfaßten und der sie sich anschlossen. So rief die Stille nach der Stille, ohne daß auch nur eine Stimme sie hörbar angerufen hätte.

Ein ähnlicher Vergleich mag für alle weiteren Äußerungen der beiden unterschiedlichen Schultypen gelten.

Ein gewisses durchschnittliches Niveau bedeutet in den üblichen Schulen „das Gute", ein nicht definiertes, nicht untersuchtes Gutes,

▼ das jedoch aus Gewohnheit als das Schulniveau angesehen wird, *das erreicht werden soll.*

In unseren Schulen geht man von einem durchschnittlichen Gutsein aus — das dem entspricht, was spontan durch individuelle Tätigkeit erzielt wird —, um sich dann in Richtung auf einen höheren Zustand zu erheben, dem Ziel der „Vollkommenheit".

Dies ist klar: Würde dem Kind keine Neigung „in Form eines Bedürfnisses" zur Ermöglichung dieser Erhebung innewohnen, dann wäre sie praktisch nie zu erreichen.

Wenn sie jedoch existiert, und wenn man sie mit unbestreitbarem Erfolg erreicht, so müssen wir Erzieher in uns eine neue Pflicht fühlen, die unsere Mission erleuchtet.

Die Sinneserziehung mag zur Erläuterung dieser Konzeption dienen. Es ist bekannt, daß zahlreiche Pädagogen die Sinnesausbildung als einen Irrtum ansahen. Dies lag daran, daß sie ein Abweichen von der natürlichen Art der Erkenntnis bewirkt, wenn man das „durchschnittliche Leben" anvisiert.

Tatsächlich sieht man die Gegenstände in ihrer Gesamtheit, in ihrer Einheit von vielfältigen Merkmalen. Die Rose hat ihre Farben und ihre Düfte, die Marmorvase ihre Form und ihr Gewicht und so fort. Der Unterricht über die wirklichen Gegenstände, so wie sie sind, ist also das Richtige. Dies ist die Überlegung, die als Endziel die „durchschnittliche Ordnung" der Dinge ansieht.

Wenn wir hingegen die „durchschnittliche Ordnung" nicht als feststehendes Ziel, sondern als Ausgangspunkt betrachten, so können wir die Intuition haben, daß die kleinen Kinder spontan sehr viel mehr beobachten, als man im „Anschauungsunterricht" zu erklären pflegt; vorausgesetzt natürlich, daß ihnen die Freiheit gelassen wird, ihrer Neigung entsprechend zu beobachten, und daß sie nicht an „organischer Hemmung" leiden, also von der Angst gehemmt werden, selbständig zu handeln.

Ich sage „Intuition", weil man auch ohne methodisches Studium spontaner kindlicher Äußerungen diese Wahrheit empirisch verstehen kann. Das Kind hat eine „Lebenstendenz", die Umgebung zu erforschen, die genauso groß ist wie die Tendenz, auf die Sprache zu lauschen. Tatsächlich wird es von einem ungestümen Drang getrieben, die Außenwelt kennenzulernen und sich die Sprache anzueignen. Es handelt sich, sagen wir, um eine *sensible* Periode seines *Lebens,* die es sowohl die Dinge in seiner Umgebung wie auch die Laute der menschlichen Stimme beobachten läßt.

Es ist also nicht nötig, ihm diese Gegenstände zu erläutern, nur eines darf man nicht: den ihm von der Natur gegebenen Drang zur Beobachtung „betäuben".

Wollen wir ihm helfen, so müssen wir uns auf eine höhere Ebene erheben, ihm *mehr* geben als es selbst mit eigener Kraft könnte.

Eine gewagte Behauptung sei mir gestattet: Wir müssen dem Kind die Philosophie der Dinge geben.

Beginnen wir mit der Abstraktion. Abstrakte Ideen sind synthetische Begriffe des Geistes, der, unabhängig von den wirklichen Dingen, daraus einige gemeinsame Eigenschaften absondert, die gerade nicht für sich selbst existieren, sondern nur in wirklichen Gegenständen. So ist zum Beispiel das Gewicht eine Abstraktion, weil es nicht in sich existiert. Nur „Gegenstände, die ein Gewicht haben", existieren.

Dasselbe läßt sich von Form und Farbe sagen. Diese Begriffe bezeichnen abstrakte Dinge, die jedoch in sich synthetisch sind, weil sie auf abstrakte Weise in einem einzigen Begriff Eigenschaften speichern, die vielfältig auf eine unendliche Anzahl vorhandener Gegenstände verstreut sind. Die Kinder, die noch lieber Dinge *betasten* als daß sie sie anschauen, scheinen am wenigsten zu abstrakten Gedanken fähig. Doch hier gibt es eine Feinunterscheidung. Ist es das Fehlen des Gegenstandes, das die Abstraktion für das kleine Kind unerreichbar macht, oder ist es eine tatsächliche geistige Unfähigkeit, sich für diese Synthese zu interessieren, die unendlich viele Dinge umfaßt, und die eine abstrakte Idee der Eigenschaften ist?

Wenn es uns also gelingt, die abstrakte Idee zu „materialisieren", indem wir sie dem Kind in geeigneter Form darbringen — also in Form *betastbarer Gegenstände* —, ist dann sein Geist fähig, sie zu bewerten, sich gründlich dafür zu interessieren?

Unter diesem Gesichtspunkt ist das Sinnesmaterial sicherlich als „*materialisierte Abstraktion*" zu betrachten. Es zeigt „Farbe", „Dimension", „Form", „Duft", „Geräusch" greifbar, unterschieden und in Abstufungen geordnet; dies ermöglicht eine Klassifizierung und Analyse der Eigenschaften.

Hat das kleine Kind das Material vor sich, dann stellt es sich mit jener konzentrierten, ernsthaften Arbeit darauf ein, die aus seinem Bewußtsein den besten Teil herauszuziehen scheint. Es sieht wirklich

▼ so aus, als seien die Kleinen dabei, die höchste Eroberung zu machen, zu der ihr Geist in der Lage ist: das Material erschließt ihrem Verstand Wege, die ihnen sonst im kindlichen Alter unzugänglich wären.

Dank diesem Material wird die „Konzentration" erzeugt, weil es Dinge enthält, die wert sind, die intensive Aufmerksamkeit des Kindes zu absorbieren.⟩

Vergleich zwischen der Erziehung normaler und der geistig zurückgebliebener Kinder

1926 ▼ ⟨ [71] Viele wußten, daß diese Erziehungsmethode für normale Kinder auf die Methode zurückgeht, die Itard und Séguin für geistig zurückgebliebene Kinder erarbeiteten, und wandten deshalb ein, es sei unmöglich, bei beiden Gruppen von Kindern dieselbe Behandlung anzuwenden; dies um so mehr, als man heute dazu neigt, mit größerer Exaktheit Unterschiede im geistigen Niveau zu machen und selbst normale Kinder in verschiedene Gruppen einzuteilen, und zwar durch Trennung und unterschiedliche Behandlung entsprechend ihren Verstandesgaben, beispielsweise die übernormalen Kinder.

Ich halte es deshalb für richtig, den Unterschied hervorzuheben, den unsere Methode so offensichtlich zwischen Kindern macht, die „reich an Lebensgeist" sind und anderen, die daran arm sind. Dieselben Lehrmittel, bei den einen wie den anderen benutzt, erzeugen verschiedenartige Reaktionen und dienen zur Aufstellung eines äußerst anschaulichen Vergleiches.

Der erste grundlegende Unterschied zwischen einem geistig zurückgebliebenen und einem normalen Kind, denen beiden dasselbe Material vorgesetzt wird, besteht darin, daß das schwachsinnige Kind kein spontanes Interesse zeigt. Man muß seine Aufmerksamkeit ständig aktiv erregen, es zur Beobachtung, zum Vergleich auffordern und dabei zur Tätigkeit ermuntern.

Nehmen wir an, wir würden als ersten Gegenstand einen Einsatzblock gebrauchen. Wie bereits bekannt, besteht die Übung darin, die Zylinder aus dem Block herauszunehmen, auf den Tisch zu legen, zu mischen und dann wieder jeden einzelnen an seinen Platz zu stecken.

---

[71] Der folgende Abschnitt lehnt sich streckenweise an das Kapitel „Die Erziehung der Sinne" der 1. dt. Auflage, S. 157—172, an (d. Hrsg.).

Beim apathischen und geistig zurückgebliebenen Kind müßte man zunächst mit Übungen beginnen, bei denen die Reize sehr viel stärker voneinander abweichen, und diese Übung käme erst nach sehr vielen anderen an die Reihe.

Für normale Kinder ist dies hingegen der *erste Gegenstand,* den man vorlegen kann, er ist auch unter all dem Sinnesmaterial der beliebteste bei Zweieinhalb- bis Dreieinhalbjährigen. Kommt man hingegen dazu, einen solchen Gegenstand einem geistig Zurückgebliebenen anzubieten, muß seine Aufmerksamkeit ständig aktiv erregt werden, indem er zur Beobachtung, zum Vergleich aufgefordert wird. Ist es dem Kind einmal gelungen, alle Zylinder wieder in den Block zu stecken, hört es auf, und das Spiel ist aus. Macht der Schwachsinnige einen Fehler, muß man ihn korrigieren oder ihn dazu anstoßen, sich selbst zu korrigieren, und kann er auch einen Fehler feststellen, so läßt ihn dies doch gewöhnlich gleichgültig.

Das normale Kind hingegen interessiert sich spontan sehr lebhaft für das Spiel, verbessert sich von selbst. Dadurch wendet es seine Aufmerksamkeit stärker den Maßunterschieden zu und vergleicht sie miteinander.

Konzentriert sich ein normales Kind auf seine Übungen, so lehnt es ein Eingreifen anderer ab, die sich einmischen möchten, um ihm zu helfen: es will sich allein mit seinem Problem auseinandersetzen. Daraus ergibt sich eine spontane Tätigkeit, die weitergeht als die einfache Feststellung vom Unterschied der Dinge und die, für sich genommen, von größtem Wert ist. So hat sich das Material als Schlüssel erwiesen, der das Kind mit sich selbst in Beziehung bringt und seine Seele für Ausdrucksfähigkeit und Aktivität erschließt.

Die Konzentration auf eine oftmals wiederholte spontane Übung ist der Gradmesser für die Überlegenheit des normalen Kindes.

Eine weitere Differenzierung finden wir im „Unterscheidungsvermögen" des normalen Kindes zwischen den wesentlichen Dingen und den nebensächlichen Hilfsmitteln, die oft dazu dienen, erstere hervorzuheben.

Es wurde bereits gesagt, daß zur Technik der Sinneserziehung die Isolierung des Sinnes gehört, auf den sich eine Übung bezieht. Will man Tastunterschiede feststellen, ist es zum Beispiel vorteilhaft, dem Kind Seheindrücke zu nehmen, entweder durch Verdunkelung des Raumes oder durch Verbinden der Augen. In anderen Fällen muß hingegen für Stille gesorgt werden.

▼ Durch all diese Maßnahmen gelingt es tatsächlich, dem normalen Kind zu helfen, sich auf einen isolierten Reiz zu konzentrieren; ja, sie steigern sein Interesse dafür.

Das schwachsinnige Kind dagegen wird gerade durch diese veränderten Bedingungen leicht abgelenkt und so vom eigentlichen Motiv entfernt, das seine Aufmerksamkeit erregen sollte. Es schläft leicht im Dunkel ein oder benimmt sich ungehörig. Die Binde zieht seine Aufmerksamkeit an, nicht der Sinnesreiz, auf den sie polarisiert werden sollte, und so entartet die Übung zu einem unnützen Spiel oder einem Ausbruch lärmender Freude.

Schließlich ist eine weitere Tatsache besonders erwähnenswert, und zwar, daß die „Lektion der drei Zeiten" von Séguin, wie ich sie bezeichne, die so einfach und so klar zur Assoziation des *Wortes* mit dem erworbenen Begriff führt, ebenso bei schwachsinnigen wie bei normalen Kindern zu ausgezeichneten Ergebnissen führt.

Dadurch werden wir veranlaßt, darüber nachzudenken, daß die Unterschiede zwischen der hochstehenden und der niedrigstehenden Persönlichkeit abnehmen oder verdeckt werden, wenn sich das Kind in dem Zustand befindet, in dem es als passives Wesen „Unterricht" durch die Tätigkeit des auf ihn einwirkenden Lehrers „empfängt".

Eine einfache, psychologisch vollkommene Lektion wie die von Séguin erreicht in beiden Fällen ihren Zweck.

Dies ist ein klarer und beredter Beweis dafür, daß die individuellen Unterschiede sich allein bei spontaner Tätigkeit und einer nicht herausgeforderten Äußerung enthüllen und intensivieren, also durch den direkten Ausdruck der inneren Antriebskräfte.

Durch die Assoziation des „Namens" mit der Sinneswahrnehmung in Séguins Unterricht gelingt es nicht nur, diese Assoziation im Geist des schwachsinnigen Kindes zu fixieren, sondern sozusagen seine Perzeptionsenergien zu beleben. Dieser Unterricht verhilft dem Schwachsinnigen dazu, den nunmehr in zweifacher Hinsicht, nämlich durch Aussehen und Namen mit ihm verbundenen Gegenstand, besser zu beobachten.

Das normale Kind benötigt diese Hilfe zur *Beobachtung* nicht. Vielmehr liegt seine „Beobachtung" zeitlich vor dem Bedürfnis nach Unterricht. Es nimmt die Lektion mit großer Freude auf, wenn sein sensorielles Unterscheidungsvermögen bereits gut fixiert ist. Die Lektion über den Namen klärt dann seine spontane Tätigkeit und vervollständigt sie. Die Idee ist bekannt[72]: sie lebt durch eigenes Bemühen, und nun kommen Taufe, Name, Weihe. Es ist interessant, festzustellen, wie groß die Freude des Kindes ist, das die Sinneserwerbung mit einem Namen verknüpft hat.

Ich erinnere mich, daß ich ein Kind von kaum drei Jahren die Namen von drei Farben gelehrt hatte.⟩

[73] Ich ließ die Kinder eines der Tischchen vor das Fenster stellen, setzte mich selbst in ein Sesselchen und ließ die Kleine in einem gleichen Kindersessel zu meiner Rechten Platz nehmen. Auf dem Tisch befanden sich sechs paarweise gleiche Farbtafeln: rot, blau und gelb. Als erstes legte ich eines der Täfelchen vor das Kind und ermunterte es, das gleiche zu suchen. Dies wiederholte ich bei allen drei Farben, wobei ich die einzelnen Paare schön ordentlich in eine Reihe legen ließ. Dann ging ich zu den drei Zeiten von Séguin über. Die Kleine lernte die den drei Farben entsprechenden Namen kennen.

Sie war so glücklich, daß sie mich lange anschaute und dann anfing herumzuhüpfen. Als ich sie so an mir hochspringen sah, wiederholte ich lachend: „Kennst du die Farben?" und sie antwortete, immer weiterhüpfend: „Ja". Ihre Freude hörte gar nicht mehr auf, die Kleine sprang immer weiter um mich herum, nur um immer wieder die gleiche Frage zu hören und mit Begeisterung „Ja" zu antworten.

⟨Für das schwachsinnige Kind hingegen ist der Unterricht eine Hilfe zum „Verständnis" des Materials, seine Aufmerksamkeit wird eindringlich auf die starken Kontraste gelenkt, und schließlich interessiert es sich sogar dafür und beginnt zu arbeiten, während der Gegenstand allein nicht genügend Anreiz bot, seinen Tätigkeitsdrang zu wecken.⟩

Vergleich zwischen unserer Pädagogik und der Experimentalpsychologie

⟨Gewöhnlich ist uns ein sehr interessanter Parallelismus entgangen, nämlich zwischen den Forschungen Itards zur Erziehung taubstummer und schwachsinniger Kinder und jenen sehr viel später durchgeführten Versuchen, die Psychologie experimentellen Untersuchungen mit Hilfe

---

[72] Vermutlich muß es entsprechend dem Bilde heißen: „Die Idee ist geboren." L'idea e nata statt e nota (Druckfehler möglich) (d. Hrsg.).
[73] Dieses Beispiel ist in der 1. dt. Auflage, S. 167/68, enthalten.

von Instrumenten und Messungen zu unterziehen, die wir den Deutschen Fechner, Weber und später auch Wundt verdanken.

Itard, der um die Zeit der Französischen Revolution lebte, wurde durch seine medizinischen Studien über Ohrenheilkunde dazu veranlaßt, Versuche zur Erziehung auf positiver Grundlage zu machen, indem er nach Reaktiven suchte, die durch systematische Erregung der Sinne die Aufmerksamkeit auf sich ziehen und die Intelligenz sowie den Bewegungsdrang anregen würden. Die von ihm erdachten Gegenstände hatten deshalb wirklich die Bedeutung von „Reizen".

Später versuchten Fechner, Weber und Wundt, eine Psychologie auf der Grundlage von Versuchen aufzubauen. Sie begannen dabei zunächst die in normalen Individuen gegenüber Mindestreizen vorhandene Sensibilität zu prüfen und bemühten sich, mathematisch genausowohl die Reize wie auch die Reaktionszeiten der verschiedenen Personen zu bestimmen. Die Bedeutung der Gegenstände ergab sich aus ihrer Eignung, mehr oder weniger direkt ein „Maß" (Extensiometrie) zu sein.

Beide Richtungen, die unabhängig voneinander entstanden, entwickelten sich auch weiter selbständig, die erste, indem sie im Verlauf ihrer Ausdehnung in der Praxis Schulen für Taubstumme und Geistesschwache schuf, die zweite, indem sie Institute zur „Extensiometrie" verbreitete, deren Zweck Experimentalforschung zum Aufbau eines neuen Wissenschaftszweiges war.

All diese Forscher, welche die Konstruktion ihrer Instrumente auf die Sinnesreaktionen des Menschen gründeten, gelangten am Schluß zur Bestimmung von Gegenständen, die zum großen Teil gleichartig waren und einander stark ähnelten, obwohl die einen ein Ausbildungsmaterial für die Sinne und die anderen eine Art Rüstzeug für psychosensorielle Messungen konstruierten.

Diese beiden in ihrer Konstruktionsgrundlage so gleichartigen Verfahren verfolgen jedoch einen entgegengesetzten Zweck.

Tatsächlich sucht die Extensiometrie durch bloße Feststellung wahrnehmbare Minima beim vollentwickelten Menschen oder beim Kind, das seinem Alter entsprechend entwickelt ist.

Die Bedeutung dieser Feststellung lag in dem Beweis, daß psychische Fakten sich mathematisch messen lassen. Dies schloß den fast wie ein Axiom betrachteten Gedanken ein, daß die Art, Reize zu „fühlen", oder besser gesagt, wahrzunehmen (also zu erkennen), eine weder den Kenntnissen noch den methodischen Übungen noch der intellektuellen

Bildung unterworfene absolute natürliche Eigenschaft war, also nicht
von jenen künstlichen psychischen Unterschieden abhängig war, die
eine Folge der Erziehung sind.

Sehen, ob eine Sache größer oder kleiner als eine andere ist, fühlen,
ob ein winziger Gegenstand mit unserer Haut in Berührung gekommen
ist usw., das sind allen gemeinsame Feststellungen. Bei individuellen
Unterschieden handelt es sich um Eigenschaften, die auf die Natur
zurückgehen, welche normalerweise Variationen erzeugt; folglich gibt
es mehr oder weniger sensible Menschen, genauso wie mehr oder weniger intelligente und solche mit braunem oder blondem Haar. Ihre
Beurteilung wurde also als Beurteilung des Menschen in seiner natürlichen psychischen Entwicklung angesehen. Tatsächlich nahm sich die
Psychologie später vor, die den verschiedenen psychischen Stufen entsprechenden Eigenschaften nach Alter und individuellen Unterschieden
(bei normalen, unternormalen Menschen usw.) zu bestimmen.

Itards System hingegen wollte Höchstreize aufbauen, starke Kontraste konstruieren, um darauf die sensorielle Aufmerksamkeit von
Kindern zu lenken, die fremd in ihrer Umwelt waren und außerdem
unfähig, aus ihr geordnete, präzise Kenntnisse zu ziehen, um sie
danach durch wiederholte Übungen nach und nach zur Wahrnehmung
weniger starker Kontraste und immer geringerer Unterschiede bei den
einzelnen vorgeführten Eigenschaften zu bringen. In diesem Fall handelt es sich nicht um eine einfache Untersuchung, die man am Subjekt
durchführt, sondern um eine „modifizierende Aktion", die man auf das
Bewußtsein einwirken läßt, um es wieder zu wecken, seine Beziehungen zur Umwelt lebhafter zu gestalten, deren Merkmale präzise zu bewerten und den Verstand mit der äußeren Wirklichkeit in Einklang zu
bringen. Die modifizierende Aktion, die die Unterscheidungskräfte
vermehrt, ist eine wahre und eigentliche „erzieherische" Aktion.

*Die Sinneserziehung führt durch wiederholte Übungen zu einer
Verfeinerung der Wahrnehmung von Reizen* [74]

Es gibt allerdings eine *Erziehung der Sinne*, die gewöhnlich überhaupt nicht von denen berücksichtigt wird, die sich um eine Bewertung

---

[74] Anschluß an 1. dt. Auflage, S. 162 (d. Hrsg.).

der psychischen Entwicklung bemühen. Es handelt sich dabei jedoch um einen notwendigen, in Betracht zu ziehenden Faktor.

So habe ich zum Beispiel gesehen, wie bei Intelligenz*tests* häufig *Würfel verschiedener Größe in ungleichen Abständen* aufgestellt wurden, unter denen die Kinder den *kleinsten* und den *größten* erkennen sollten, während mit der Stoppuhr die zwischen dem Befehl und der Reaktion verstrichene Zeit gemessen und der Fehler aufgezeichnet wurde.

Ich wiederhole immer wieder, daß man den Faktor *Erziehung,* womit ich *Sinneserziehung* meine, bei solchen Versuchen vergaß.

Beim Lehrmaterial haben unsere Kinder zur Erziehung der Sinne auch eine Serie von 10 Würfeln in abgestuften Abmessungen. Die Übung besteht darin, all diese in zartem Rosa gehaltenen Würfel auf einem Teppich auszubreiten und dann den *Turm* zu bauen, dem der größte Würfel als Basis dient; auf ihn werden dann nach und nach die übrigen bis zum kleinsten gestellt. Das Kind muß jedesmal auf dem Teppich den größten Würfel heraussuchen. Dieses Spiel macht auch Zweieinhalbjährigen schon sehr großen Spaß, die den Turm, kaum ist er aufgebaut, wieder umwerfen, die rosa Formen auf dem dunklen Grund des Teppichs bewundern und unzählige Male von vorne mit dem Bau beginnen.

Würde eines meiner Kinder zwischen 3 und 4 Jahren und eines der Kinder aus der ersten Grundschulklasse zwischen 6 und 7 Jahren diesem *Test* unterworfen, hätte mein Kind zweifellos eine geringere Reaktionszeit und würde sehr viel prompter „den größten" und „den kleinsten Würfel" heraussuchen, ohne dabei Fehler zu machen.

Dasselbe kann man über Prüfungen des Farb- und des Tastsinnes usw. sagen.

1926 ▼ ⟨Diese Tatsache trifft die Ziele der Psychometrie (und im allgemeinen die der gesamten Experimentalpsychologie auf der Grundlage von *Tests)* an der *Wurzel,* weil sie die verschiedenen geistigen Stufen, die sie für absolut hält, wie eine natürliche Unterschiedlichkeit der Individuen in die einzelnen Altersstufen *verlegt.*

Diese Erziehungsmethode kann also auch von den Freunden der Experimentalpsychologie in Betracht gezogen werden, die hoffen, mit Hilfe von sofortigen Reaktionen das Niveau der geistigen Entwicklung festzuhalten, indem sie aus einem Detail fast ein absolutes Gesamtmaß machen, wie dies geschieht, wenn man das Wachstum des

Körpers in den verschiedenen Altersstufen durch Messung der Größe bestimmt. Eine systematische Übung der Sinne würde diese Durchschnittswerte auf den Kopf stellen und damit beweisen, daß mit ihnen keine „absoluten" Daten beim psychischen Wachstum erfaßt wurden.

Will man nun aus der Experimentalpsychologie eine praktische Nutzanwendung für eine Reform der Erziehungsmethoden in der Schule ziehen, dann wird der grundlegende Irrtum um so deutlicher.

Soll eine wissenschaftliche Pädagogik entstehen, wird sie als Ausgangspunkt die „wirkenden und modifizierenden Reize" und nicht die „messenden Reize" nehmen.

Gerade dieses Kriterium stand am Anfang meiner Nachforschungen. Es gelang mir, in der Praxis eine Experimentalpädagogik für normale Kinder aufzubauen und gleichzeitig psychologische Eigenschaften herauszuarbeiten, von denen man bis dahin bei Kindern nichts wußte.

Die Labor-Psychologie mit ihren in der Grundschule eingeführten Reaktionsversuchen und *Tests* war in der Praxis nicht in der Lage, die Schule selbst und ihre Erziehungsmethoden zu beeinflussen [75].

Doch folgerichtig ging man nur bis zu dem Punkt, wo sich die Möglichkeit einer Änderung der „Examen", also eben der „Prüfungen" des Schülers abzeichnete, und einige Zeit lang schien das englischsprachige Amerika kühn genug, um ernsthaft in Erwägung zu ziehen, die „wissenschaftliche Prüfung der individuellen Anlagen" an die Stelle des alten Examens, also der Prüfung erlernter Dinge, zu setzen. So trat an das „Ende des Studiums" das gleiche Examen, das in Berufsberatungsstellen angewandt wird, um dem Menschen Zugang zur Arbeit zu verschaffen.

Itards Studien hatten hingegen eine sofortige praktische Auswirkung im Zentrum der Erziehung. Ihr Ergebnis war die Fürsorge für schwerhörige Kinder, die durch Verbesserung der Hörschärfe ihr Gehör und gleichzeitig die Sprache wiederfanden. Aus diesen ersten Anfängen entwickelte sich dann die Erziehung von Taubstummen und, hiervon ausgehend, von Schwachsinnigen.

Die in der Schweiz, Deutschland, Frankreich und Amerika entstandenen Schulen bedeuteten eine Ausbreitung des Werks der „Erlösung"

---

[75] Dieses Urteil bezieht sich zweifellos auf die Anfänge dieser Forschungen (d. Hrsg.).

▼ unglücklicher Kinder, eine Erhöhung des geistigen und sozialen Niveaus aller davon berührten Kinder.

Kaum war dieselbe Richtung in den Schulen für normale Kinder eingeführt, ergab sich daraus eine grundlegende Modifizierung der Schule und gleichzeitig eine Erhöhung der kindlichen Persönlichkeit, die in der ganzen Welt den sozialen Begriff von „Unabhängigkeit"
▲ und „Befreiung" des Kindes verbreitet hat.⟩

XIV

DIE GESCHRIEBENE SPRACHE

⟨Wird unsere pädagogische Auffassung von einer „Hilfe für die natür- ▼ 1926
liche Entwicklung" des Kindes Halt machen müssen vor einer künstlerischen Erwerbung, die ausschließlich ein Werk der Zivilisation ist, und zwar der geschriebenen Sprache, also dem Erlernen des Schreibens und Lesens? Hier handelt es sich eindeutig darum zu „unterrichten", und ein solcher Unterricht hat mit der Natur des Menschen nichts mehr zu tun. Wir haben den Moment erreicht, wo es nötig wird, sich in der Erziehung an das Problem der Kultur zu wagen und folglich an die Bemühungen, die wir unternehmen müssen, auch wenn dabei natürliche Impulse geopfert werden. Wir wissen alle, daß in der Schule Lesen und Schreiben die erste Klippe ist, die erste Qual des Menschen, der seine eigene Natur dem Zwang der Zivilisation unterwerfen muß.

Diejenigen, welche sich unter diesem Gesichtspunkt um das Kind kümmerten, kamen zu dem Schluß, daß eine derart mühsame Lehre so weit wie möglich zurückgestellt werden sollte, und sie betrachten ein Alter von 8 Jahren als kaum geeignet für eine so schwierige Errungenschaft. Im allgemeinen wird mit dem Unterricht des Alphabetes und des Schreibens im Alter von 6 Jahren begonnen, wobei man es fast als Schuld ansieht, die kleinen Kinder dem Kampf mit dem Alphabet und dem geschriebenen Wort auszusetzen. Die geschriebene Sprache ist in der Tat wie „ein zweites Zahnen". Sie kann erst in einer fortgeschrittenen Entwicklungsstufe gebraucht werden. Es ist die Sprache, die es erlaubt, dem bereits logisch gegliederten Denken Ausdruck zu verleihen und aus Büchern die Gedanken einer großen Anzahl entfernter und unsichtbarer Menschen zu entnehmen, die sogar in vergangenen Zeiten gelebt haben können. Solange das Kind durch seine Unreife unfähig ist, diese Sprache zu gebrauchen, kann es sich die schwere Mühe ersparen, sie zu erlernen.

▼ Wir dagegen glauben, daß ein gründlicheres Studium dieser Frage die Lösung bringen kann. Vor allem müßte eine Unzahl von „Irrtümern in der Methode" beim Schreibunterricht berücksichtigt werden. Sie vorzuführen ist hier nicht der richtige Ort. Ein einziges Beispiel, und zwar die von Séguin angewandte Methode, um Schwachsinnige das Schreiben zu lehren, mag für unsere Beweisführung ausreichen. Ein weiteres Studium besteht darin, das Schreiben für sich zu untersuchen, seine Faktoren zu analysieren und zu versuchen, diese in selbständige Übungen zu unterteilen, die sich für verschiedene Altersstufen eignen können und sich deshalb entsprechend den natürlichen Möglichkeiten des Kindes dosieren lassen. Dies ist gerade das informative
▲ Kriterium unserer weiter unten erläuterten Methode.⟩

Über die alten Methoden für den Unterricht im Lesen und Schreiben
Kritik an Séguins Schreibmethode

1926 — ⟨—5⟩

[76] In seiner pädagogischen Abhandlung zeigt Séguin keine vernünftige Methode zur Erlangung des Schreibens auf. Er sagt folgendes über den Schreibunterricht:

„... um bei einem Kind den Übergang vom Zeichnen im eigentlichen Sinne zum Schreiben, das seine unmittelbarste Anwendung ist, zu erreichen, bleibt dem Lehrer nichts weiter zu tun, als D als Kreisbogen zu bezeichnen, der mit seinen Enden eine Senkrechte berührt; A als zwei an der Spitze zusammenlaufende Schrägen, die von einer Waagerechten geschnitten werden usw.

Es handelt sich also nicht mehr darum, zu wissen, wie das Kind das Schreiben erlernen wird: Es zeichnet, *folglich* wird es auch schreiben. Danach ist es nicht erforderlich, zu sagen, daß die Buchstaben nach den Gesetzen von Kontrast und Analogie zu schreiben sind. Wie O neben I, B bei P, T gegenüber von L usw."

Laut Séguin ist es also nicht nötig, Schreiben zu *lehren*. Das Kind, das zeichnet, wird auch schreiben. Doch für diesen Autor entspricht die Schrift der Blockschrift in Großbuchstaben. Auch später äußert er sich nicht darüber, ob der Idiot mit anderen Buchstaben schreiben wird. Hingegen befaßt sich Séguin lang und breit mit der Beschreibung des

---

[76] Anschluß an 1. dt. Auflage, S. 233 (d. Hrsg.).

Zeichenunterrichts, der auf das Schreiben vorbereitet und die Schrift *umfaßt.* Diesen Unterricht voller Schwierigkeiten haben Itard und Séguin in gemeinsamen Versuchen festgelegt.

„Kapitel 40. *Zeichnen.* — Beim Zeichnen ist der wichtigste Begriff, den man sich als erstes aneignen muß, die zur Aufnahme der Zeichnung bestimmte Fläche; der zweitwichtigste der der Linie oder des Umrisses . . .

In diesen beiden Begriffen liegt jede Schrift, jede Zeichnung, jede lineare Schöpfung.

Diese beiden Begriffe sind korrelativ: ihre Beziehung schließt den Gedanken ein, die Fähigkeit, Linien in folgendem Sinne zu erzeugen: Linien verdienen diesen Namen nur dann, wenn sie einer methodischen und vernünftigen Richtung folgen; ein Strich ohne Richtung ist keine Linie, vom Zufall geschaffen, hat er keinen Namen.

Im Gegensatz dazu hat das vernünftige Zeichen einen Namen, weil es eine Richtung hat, und da jede Schrift oder Zeichnung nichts weiter ist als eine Zusammensetzung der verschiedenen Richtungen, denen eine Linie folgt, muß man, bevor man an die Schrift im eigentlichen Sinne herangeht, eindringlich auf diese Begriffe von Fläche und Linie hinweisen, die sich das normale Kind durch Intuition erwirbt, die man jedoch in all ihren Anwendungsmöglichkeiten für die Idioten präzise und erfaßbar machen muß. Beim methodischen Zeichnen kommen diese Idioten in rationalen Kontakt zu allen Teilen der Fläche und schaffen zunächst durch Nachahmung am Anfang einfache, später kompliziertere Linien.

Man lehrt sie nacheinander: 1. die verschiedenen Arten von Linien aufzeichnen; 2. diese in den verschiedensten Richtungen und in unterschiedlichen Positionen im Vergleich zur Fläche zu zeichnen; 3. sie miteinander zu verbinden, um Figuren zu erhalten, abgestuft von den einfachen bis zu den komplizierten. Deshalb müssen sie zunächst lernen, die Geraden von den Kurven, die Senkrechten von den Waagerechten und den ins Unendliche variierten Schrägen zu unterscheiden. Schließlich muß man sie die verschiedenen Verbindungspunkte von zwei oder mehr Linien zur Bildung einer Figur lehren.

Diese durchdachte Analyse des Zeichnens, *aus der sich das Schreiben entwickelt,* ist in all ihren Teilen von so wesentlicher Bedeutung, daß ein Kind, welches effektiv schon zahlreiche Buchstaben aufzeichnete, bevor es mir anvertraut wurde, sechs Tage benötigte, um eine Senkrechte und eine Waagerechte zu zeichnen, 14 Tage, um eine Kurve und eine Schräge nachzuahmen. In den meisten Fällen sind auch meine Schüler lange nicht in der Lage, Bewegungen meiner Hand auf dem Papier zu imitieren, ehe es ihnen gelingt, eine Linie in eine bestimmte Richtung zu ziehen.

Diejenigen, welche am besten nachahmen oder am wenigsten dumm sind, machen ein Zeichen, das dem von mir vorgeführten diametral entgegengesetzt ist, und alle verwechseln die am leichtesten faßbaren Verbindungspunkte zweier Linien, wie oben, unten, in der Mitte. Es stimmt, daß die gründliche Kenntnis, die ich ihnen von Fläche, Linie und Formen vermittelt habe, sie dazu befähigt, nunmehr die Beziehungen zwischen der Fläche und den verschiedenen Linien zu erfassen; doch bei dem durch die Anomalien meiner Schüler notwendig gewordenen Studium mußte ein Fortschreiten von Senkrechten, Waagerechten, Schrägen zur Kurve durch Erwägung der Schwierigkeiten beim Verstehen und in der Ausführung bestimmt sein, die jede dieser Linien für einen dahindämmernden Verstand und eine unbeständige, ziemlich unsichere Hand bereitet. Hier handelt es sich nicht mehr einfach darum, sie etwas Schwieriges durchführen zu lassen, denn ich schickte mich an, sie zur Überwindung einer Reihe von Schwierigkeiten zu bringen. Deshalb fragte ich mich, ob sich diese Schwierigkeiten nicht graduell unterschieden und ob sie nicht gesetzmäßig entständen. Nun, hier sind die Gedanken, die mich in diesem Zusammenhang geleitet haben.

Die Vertikale ist eine Linie, der Auge und Hand durch Bewegung nach oben oder unten direkt folgen. Die Horizontale ist weder für das Auge noch für die Hand natürlich, beide gehen nach unten und folgen einer Kurve (wie der Horizont, von dem sie ihren Namen hat), ausgehend vom Mittelpunkt in Richtung auf die seitlichen Enden der Fläche, wenn sie nicht proportional zur zurückgelegten Strecke angehalten werden.

Die Schräge setzt komplexere Vergleichsbegriffe voraus, und die Kurven verlangen eine Beständigkeit und so variable und schwer zu fassende Unterschiede in der Beziehung zur Fläche, daß man seine *Zeit verlieren würde*, wollte man das Studium der Linien mit diesen beginnen. Die einfachste Linie ist also die Senkrechte. Diesen Gedanken vermittelte ich wie folgt.

Die erste geometrische Formel lautet: Von einem Punkt zum anderen kann man nur eine gerade Linie ziehen. Von diesem Axiom ausgehend, das die Hand allein demonstrieren kann, habe ich zwei Punkte auf der Tafel fixiert und mit einer Senkrechten verbunden; meine Kinder bemühten sich, dasselbe zwischen den Punkten zu tun, die ich auf ihrem Papier gezeichnet hatte, doch die einen führten ihre Senkrechten rechts, die anderen links an dem unteren Punkt vorbei, ohne die zu zählen, deren Hand auf dem Blatt nach allen Richtungen *abschweifte*. Um diese verschiedenen Abschweifungen anzuhalten, *die oft sehr viel stärker mit dem Verstand und dem Blick als mit der Hand zu tun haben,* hielt ich es für angebracht, das abzuschätzende Feld auf der Fläche zu verkleinern, und zwar durch das Ziehen von zwei (sozusagen als Rand dienenden) Senkrechten rechts und links von den Punkten, die das Kind durch eine parallel zu den beiden anderen und zwischen diesen verlaufende Linie verbinden soll. Reichten diese beiden Linien nicht aus, befestigte ich senkrecht auf dem Papier zwei Leisten, welche die Abweichungen der Hand auf jeden Fall verhinderten; doch diese körperlichen Barrieren sind nicht sehr lange von Nutzen. Zuerst werden die beiden Leisten weggenommen, und man kehrt zur Verwendung der Parallelen zurück, zwischen die der Idiot dann bald die dritte Senkrechte zeichnet. Danach wird eine der vertikalen Leitlinien entfernt, und es bleibt einmal die rechte, ein andermal die linke Linie, damit jeder möglichen Abweichung entgegengewirkt werden kann. Schließlich wird auch diese letzte Linie weggelassen, dann die Punkte, angefangen beim oberen Ansatzpunkt für das Zeichen und die Hand. So lernt das Kind allein, ohne Stütze, ohne Vergleichspunkte, eine Senkrechte zeichnen.

Die gleiche Methode, die gleichen Schwierigkeiten, die gleichen Richtungshilfen für Zeichnen in waagrechter Richtung. Fallen sie zu Anfang zufällig relativ gut aus, ist zu erwarten, daß das Kind daraus eine geneigte Kurve vom Mittelpunkt zum äußeren Ende hin macht, *wie die Natur es gebietet,* und zwar aus dem von mir bereits erklärten Grund. Wenn in einem gewissen Abstand gezeichnete Punkte nicht ausreichen, um die Hand zu stützen, dann zwinge man sie, nicht abzuschweifen, und zwar durch die auf das Papier gezeichneten Parallelen oder durch Leisten.

Schließlich läßt man die waagerechte Linie so ziehen, daß sich das Winkelmaß an eine Senkrechte anlehnt, die mit ihm einen rechten Winkel bildet. Dadurch beginnt das Kind, zu verstehen, welches die senkrechte und welches die waagerechte Linie ist, und kann dann die Beziehung zwischen diesen beiden ersten Begriffen zur Zeichnung einer Figur erahnen.

In der Reihenfolge der Entstehung von Linien könnte es scheinen, als solle das Studium der Schrägen nun unmittelbar auf das der Senkrechten und der Waagerechten folgen; dies ist jedoch nicht der Fall. Die Schräge, die etwas von der Senkrechten durch ihre Neigung und von der Waagerechten durch ihre Richtung und von beiden durch ihre Natur hat, da es sich um eine Gerade handelt, weist wegen ihrer Verbindungen sowohl zur Fläche wie auch zu den anderen Linien zu komplexe Vorstellungen auf, um ohne Vorbereitung erfaßt zu werden."

So fährt Séguin noch mehrere Seiten lang fort, von Schrägen in allen Richtungen zu sprechen, die er zwischen zwei Parallelen zeichnen läßt; dann von vier Kurven, die er rechts und links von einer Senkrechten sowie über und unter einer Waagerechten zeichnen läßt. Er schließt dann mit den Worten: „So sind die Probleme, nach denen ich suchte, gelöst: die senkrechten, waagerechten und schrägen Linien sowie die vier Kurven, durch deren Zusammenfügung ein Kreis entsteht, und die im Prinzip alle möglichen Linien, *die ganze Schrift* in sich schließen.

An diesem Punkt angelangt, legten Itard und ich eine lange Pause ein. Da die Linien bekannt waren, war es angebracht, ein Kind gleichmäßige Figuren zeichnen zu lassen, angefangen, wohlgemerkt, bei der einfachsten. Nach der Ansicht, zu der er gelangt war, riet mir Itard, mit dem Quadrat zu beginnen. Ich hielt mich *drei Monate* an diesen Vorschlag, ohne daß es mir gelang, mich verständlich zu machen." Nach einer langen Versuchsreihe, bei der er sich von dem Gedanken über die Schaffung der geometrischen Figuren leiten ließ, erkannte Séguin im Dreieck die am einfachsten zu behandelnde Figur.

„Wenn drei Linien zusammentreffen, bilden sie immer ein Dreieck, während sich vier Linien in hundert verschiedenen Richtungen begegnen können, ohne ganz genau parallel zu bleiben, wodurch ein unvollkommenes Quadrat entsteht.

Diesen Versuchen und Beobachtungen, die durch zahlreiche weitere ihre Bestätigung fanden — sie hier wiederzugeben, wäre überflüssig —, habe ich die ersten Prinzipien *des Schreibens* und des Zeichnens für die Idioten entnommen, Prinzipien, deren Anwendung *zu einfach ist,* als daß ich mich noch länger dabei aufhalte."

Dies ist also das Verfahren, das meine Vorgänger anwandten, um geistig Zurückgebliebenen das Schreiben beizubringen. Was das Lesen betraf, so war Itard wie folgt vorgegangen: Er hing an Nägel an die Wand geometrische Figuren aus Holz, wie Dreiecke, Quadrate, Kreise, zeichnete dann ihre genauen Umrisse auf die Wand, nahm die Figuren wieder ab und ließ sie danach durch den „Wilden aus dem Aveyron", dem die Zeichnung als Anhaltspunkt diente, wieder an die entsprechenden Nägel hängen. Diese Zeichnungen gaben dann Itard den Gedanken mit den flachen Einsatzfiguren ein. Schließlich verfertigte Itard Buchstaben in Blockschrift und verfuhr wie bei den geometrischen Figuren, zeichnete sie also auf die Wand und brachte Nägel so an, daß das Kind sie daran aufhängen und sie damit verdecken konnte. Später verwendete Séguin anstatt der Wand die waagerechte Fläche, wobei er die Buchstaben auf den Boden einer Schachtel zeichnete und die beweglichen Buchstaben darüberlegen ließ.

20 Jahre hindurch hatte Séguin sein Verfahren nicht geändert.

Eine Kritik an der Methode von Itard und Séguin zum Erlernen des Schreibens und Lesens scheint mir überflüssig. Dieses Verfahren hat zwei grundlegende Fehler, die es den für normale Kinder gebräuchlichen Methoden unterlegen machen, und zwar: die Blockschrift in Großbuchstaben sowie die Vorbereitung zum Schreiben durch ein Studium rationaler Geometrie, das wir heute nur noch in höheren Schulen verlangen. Hier verwirrt Séguin wirklich die Gedanken, so daß wir nur noch staunen können: in einem Zug ist er von der psychologischen Beobachtung des Kindes und seinen Beziehungen zur Umwelt auf das Studium der Schaffung von Linien und Figuren und ihrer Beziehung zur Fläche übergegangen.

Er sagt, das Kind würde *leicht die senkrechte Gerade zeichnen, doch aus der waagerechten* sehr bald eine Kurve machen, weil „die Natur dies gebietet". Dieser Befehl der Natur wird dadurch versinnbildlicht, daß der Mensch den Horizont als eine gekrümmte Linie *sieht*.

Das Beispiel Séguins dient als Erläuterung für die Notwendigkeit einer speziellen Erziehung, um den Menschen zur Beobachtung anzuleiten und das logische Denken zu lenken. Die Beobachtung muß unbedingt objektiv, also frei von vorgefaßten Meinungen sein. Séguin hat in diesem Fall die vorgefaßte Meinung, geometrisches Zeichnen müsse auf das Schreiben vorbereiten, und dies hindert ihn an der Entdeckung des wirklich natürlichen zu dieser Vorbereitung erforderlichen

Verfahrens. Er hat außerdem die vorgefaßte Meinung, die Abweichung der Linien, also die Ungenauigkeit, mit der das Kind sie zieht, sei „*auf den Geist und das Auge und nicht auf die Hand*" zurückzuführen, deshalb bemüht er sich *wochen- und monatelang, die Richtung der Linien zu erklären* und *den Blick* des Idioten zu lenken.

Es scheint Séguin, daß eine gute Methode oben ihren Ausgangspunkt haben muß: Die Geometrie, der Verstand des Kindes und einige abstrakte Beziehungen sind als einzige wert, in Erwägung gezogen zu werden.

Ist dies nicht der übliche Fehler?

1926 — ⟨—44⟩

Der größte Verlust an Zeit und Verstandeskräften in der Welt erfolgt, weil das Falsche groß und das Richtige klein erscheint.

1926 — ⟨—7⟩

Séguins Schreibmethode zeigt, wie verschlungen in der Erziehung die Wege sind, die wir aus der Neigung heraus beschreiten, die Dinge zu komplizieren. Das entspricht der Neigung, die uns nur Kompliziertes schätzen läßt. Hier unterrichtet nun Séguin *Geometrie,* um Schreiben zu lehren, und läßt den kindlichen Geist sich damit abplagen, geometrische Abstraktionen zu verstehen, um ihn dann in die sehr viel einfachere Mühe zu stürzen, ein D in Blockschrift zu zeichnen. Doch muß sich das Kind danach nicht die Mühe machen, die Blockschrift wieder zu *vergessen,* um Kursivschrift zu *lernen?* Wäre es nicht einfacher gewesen, mit letzterer zu beginnen?

Glaubten nicht vielleicht viele, daß es nötig sei, um schreiben zu lernen, erst einmal *kleine* Striche machen zu lassen? Dies war eine tiefverwurzelte Überzeugung. Es erschien *natürlich,* mit Geraden und mit kleinen Grundstrichen, die mit rechtwinklig dazu verlaufenden Haarstrichen versehen sind, anfangen zu müssen, um die Buchstaben des Alphabetes zu schreiben, die alle zu Rundungen neigen. Im guten Glauben wundern wir uns dann, daß es für den Anfänger ganz besonders schwer gewesen sein muß, *die Härte der Ecken* zu verlieren, um die schönen Rundungen des O auszuführen. Und mit welcher Mühe für uns und das Kind zwingen wir dieses lange Zeit hindurch, Grundstriche zu machen und spitzwinkelig zu schreiben?

Von wem stammt denn die *Offenbarung,* daß das erste auszuführende Zeichen eine Gerade sein muß? Und warum bestehen wir hartnäckig darauf, Kurven durch Ecken vorzubereiten?

Befreien wir uns einen Augenblick von solchen Vorurteilen und gehen wir einen einfacheren Weg. Vielleicht empfinden wir dann große Erleichterung dadurch, daß wir der Menschheit in Zukunft *jede Mühe* beim Schreibenlernen ersparen.

Ist es notwendig, mit Grundlinien beim Schreiben anzufangen? Es genügt, logisch zu denken, um darauf zu antworten: Nein. Die Anstrengung ist bei dieser Übung zu mühsam für das Kind, weil der *Grundstrich* tatsächlich die *geringere* zu überwindende *Schwierigkeit* darstellen sollte.

Bei genauer Beobachtung stellen wir hingegen fest, daß der *Grundstrich* am schwierigsten zu machen ist. Nur der Kalligraph kann gleichmäßig eine Seite mit Grundstrichen füllen, während jemand mit mittelmäßiger Schrift gerade noch eine Seite mit annehmbarer Schrift füllen könnte. Die gerade Linie ist tatsächlich einmalig, da sie den kürzesten Abstand zwischen zwei Punkten anzeigt, wogegen *jede Abweichung* aus dieser Richtung eine Linie ergibt, die nicht mehr gerade ist. Die unendlich vielen Abweichungen sind also leichter als diese *einzige* Linie, die Vollkommenheit bedeutet. Wenn man anordnet, auf eine Tafel *eine Gerade* zu zeichnen, ohne weiter darüber nachzudenken, so zieht jeder eine lange Linie in verschiedener Richtung und beginnt bald auf der einen, bald auf der anderen Seite: so gelingt sie fast jedem. Ordnet man jedoch an, *in eine ganz bestimmte Richtung*, von *einem festgelegten Punkt* ausgehend, eine Gerade zu zeichnen, dann verringert sich die ursprüngliche Geschicklichkeit wesentlich, und die Zahl der Unregelmäßigkeiten, also der Fehler, ist weit größer.

Fast alle Linien sind dann lang, weil jeder *einen Schwung nehmen mußte*, um seine Absichten zu verwirklichen.

Ordnen wir nun an, die Linien kurz und mit einer genauen Begrenzung zu machen, so werden noch mehr Fehler vorkommen, weil der Schwung, der dabei behilflich war, die gerade Richtung beizubehalten, jetzt verhindert wird. Wir verlangen dazu noch, das Schreibgerät in einer bestimmten Weise zu halten, nicht wie es die Neigung jedem eingibt.

So nähern wir uns merklich dem *ersten* Schreib*vorgang*, den wir *von den Kindern verlangen* wollen. Hierbei wird dann noch gefordert, daß die Parallelität zwischen den einzelnen gezeichneten Strichen gewahrt bleibt. Daraus ergibt sich eine sehr schwierige und trockene Aufgabe, weil sie sinnlos ist und die Kinder ihre Bedeutung nicht verstehen.

In Frankreich hatte ich in den Heften schwachsinniger Kinder bemerkt — und auch Voisin erwähnt dieses Phänomen —, daß die Seiten mit den kleinen Strichen, obwohl die Kinder damit begannen, am Schluß Zeilen voller C aufwiesen. Das bedeutet, daß sich beim geistig zurückgebliebenen Kind, dessen Aufmerksamkeit nicht so widerstandsfähig wie die des normalen Kindes ist, mit der Zeit die ursprüngliche Bemühung zur Nachahmung erschöpft, worauf nach und nach die natürliche Bewegung die bewirkte Bewegung ersetzt. So werden die geraden Grundstriche zu immer mehr einem C gleichenden Kurven. Dieses Phänomen findet sich nicht in den Heften normaler Kinder, weil diese ihre *Bemühungen* bis zum Schluß der Seite durchhalten und, wie es häufig vorkommt, den didaktischen Fehler verdecken. Doch beobachten wir die spontanen Zeichnungen normaler Kinder, wenn sie zum Beispiel auf dem Sand von Gartenwegen mit einem vom Baum gefallenen kleinen Ast Linien zeichnen: Wir sehen niemals kleine Geraden, sondern lange gebogene Linien, die auf verschiedene Weise miteinander verflochten sind. Séguin sah dasselbe Phänomen, wenn er Waagerechte zeichnen ließ, die plötzlich zu Kurven wurden, und führte dies auf das Phänomen einer Imitation der Linie des Horinzontes zurück[77].

1926 —   ⟨—24⟩

Die *Mühe*, die wir zum Erlernen des Alphabetes für *notwendig* erachteten, ist ganz und gar unnatürlich und hängt nicht mit dem Schreiben, sondern *mit den Methoden*, es zu lehren, zusammen.

Meine ersten Erfahrungen mit schwachsinnigen Kinder. — Lassen wir einen Moment jeden Dogmatismus in diesem Zusammenhang beiseite. Verleugnen wir unsere Bildung: Wir interessieren uns weder dafür, wie die Menschheit zu schreiben begann, noch wie der Ursprung des Schreibens selbst sein könnte. Verleugnen wir die uns durch Tradition eingegebene Überzeugung, wonach das Schreiben mit kleinen Strichen begonnen werden muß, und nehmen wir an, wir seien im Geiste nackt wie die Wahrheit, die wir entdecken wollen.

„*Beobachten wir einen schreibenden Menschen und versuchen wir, das, was er dabei tut, zu analysieren*", also die Mechanismen, die während des Schreibens ausgelöst werden.

---

[77] Wir haben uns dadurch ein Hindernis geschaffen, daß wir dabei blieben, die aus *Geraden* und *Kurven* zusammengesetzten Schriftzeichen zu analysieren.

Dies entspräche der Durchführung eines *psycho-physiologischen Studiums des Schreibens*, also der Untersuchung des schreibenden *Menschen*, nicht der *Schrift;* des *Subjekts* und *nicht des Objekts.*

Eine *Methode* hatte sich herausgebildet, die immer mit dem *Objekt* bei der Untersuchung des Schreibens begann.

Eine vom Studium des Individuums und nicht vom Schreiben ausgehende Methode wäre wirklich originell, weit entfernt von jeder anderen, die ihr vorausging.

⟨—2⟩ — 1926

Falls ich daran gedacht hätte, dieser neuen Schreibmethode einen Namen zu geben, als ich die Versuche an normalen Kindern unternahm, und zwar noch bevor ich die Ergebnisse kannte, hätte ich sie in der Tat die *psychologische Methode*[78] genannt, wegen der Richtung, von der sie inspiriert worden war. Doch die Erfahrung gab mir einen anderen Titel als Überraschung und wirkliches Geschenk der Natur: „Methode des *spontanen* Schreibens."

Zu der Zeit, als ich schwachsinnige Kinder unterrichtete, hatte ich gelegentlich dies beobachtet.

Einem elfjährigen idiotischen Mädchen, bei dem Beweglichkeit und Kraft der Hand normal waren, gelang es nicht, nähen zu lernen, noch nicht einmal, den ersten Stich zu machen, nämlich zu „reihen", das darin besteht, die Nadel zunächst unter, dann über dem Schuß einzustecken, wobei jeweils ganz wenige Fäden aufgenommen werden.

Ich setzte dann das Mädchen vor einen Webrahmen von Fröbel. Dabei muß ein Streifen aus Papier quer durch senkrecht stehende oben und unten befestigte Streifen, ebenfalls aus Papier, geschoben werden. Ich dachte daran, wie gleichartig doch die beiden Arbeiten waren, und beobachtete das Mädchen voller Interesse. Als sie die Webarbeiten von Fröbel beherrschte, gab ich ihr wieder das Nähzeug und war sehr erfreut, daß es ihr nun gelang, zu reihen.

Ich überlegte mir, daß die für das Nähen erforderliche Bewegung der Hand *ohne Nähen vorbereitet* worden war und daß man tatsächlich erst die *Unterrichtsmethode finden* muß, *bevor man etwas durchführen läßt*. Da es sich besonders um die *Vorbereitung von Bewegungen* handelte, ließen sich diese erzeugen sowie durch wiederholte Übun-

---

[78] Wie in der 1. deutschen Auflage steht in der italienischen Auflage von 1913 hier noch „anthropologische Methode" (d. Hrsg.).

gen auf Mechanismen zurückführen, unabhängig von der Tätigkeit, auf die man sich direkt vorbereitet. So könnte man an eine Arbeit herangehen, *für deren Ausführung man bereits die Geschicklichkeit erworben hat,* und sie schon beim ersten Versuch fast perfekt machen, ohne vorher direkt Hand dabei angelegt zu haben.

Ich überlegte mir, daß man gerade das *Schreiben* so vorbereiten könne. Dieser Gedanke interessierte mich ungemein. Ich wunderte mich über seine Einfachheit und war erstaunt darüber, daß ich *nicht vorher* an ein solches Vorgehen *gedacht hatte,* auf das ich durch die Beobachtung des Mädchens, das nicht nähen konnte, gekommen war.

Denn wie ich Kinder die Umrisse der geometrischen Figuren bei den flachen Einsätzen berühren ließ, so brauchte ich sie nur mit dem Finger auch die *Figuren der Buchstaben des Alphabetes* berühren zu lassen.

Ich ließ ein schönes Alphabet herstellen mit Buchstaben in Kursivschrift, die im Schriftkörper eine Höhe von 8 cm hatten, mit den Ober- und Unterlängen in den entsprechenden Proportionen. Die Buchstaben waren aus Holz, ½ cm stark und alle ganz mit Emaillack gestrichen (die Konsonanten hellblau, die Vokale rot) mit Ausnahme der Unterseite, die mit einem hübschen, durch kleine Ziernägel befestigten Messingbeschlag versehen war. Diesem nur in einem einzigen Exemplar vorhandenen Alphabet entsprachen viele Tafeln aus Bristolkarton, auf die Buchstaben in derselben Farbe und in den gleichen Maßen gemalt waren wie die beweglichen, und die nach Kontrasten und Analogien der Form angeordnet waren.

1926 ▼ Jedem Buchstaben des Alphabetes entsprach ein in Aquarellfarbe mit der Hand gemaltes Bild, auf dem der Kursivbuchstabe in der richtigen Farbe und Dimension und daneben, sehr viel kleiner, der entsprechende Buchstabe in winziger Blockschrift gemalt waren. ⟨Die Figuren im Bild stellten Gegenstände dar, deren Name mit dem gezeichneten Buchstaben anfing. Zum Beispiel war neben *m* eine Hand
▲ (mano) und ein Hammer (martello), neben *g* eine Katze (gatto) usw.⟩ Diese Bilder dienten dazu, das Lautgedächtnis für den Buchstaben zu fixieren.

Die Idee mit den Bildern war gewiß nicht neu, doch sie vervollständigte ein bis dahin noch nicht existierendes Ganzes.

Der interessante Teil meines Versuches bestand darin, daß ich die Buchstaben wiederholt *in der Schreibrichtung der Kursivschrift berühren ließ,* nachdem ich die beweglichen Buchstaben über die entsprechenden, auf die Kartons gezeichneten und gruppierten Buchstaben hatte legen lassen. Danach wurde diese Übung immer häufiger einfach mit den auf die Kartons gezeichneten Buchstaben gemacht. So vollführten die Kinder *die zur Wiedergabe der Form der Schriftzeichen erforderliche Bewegung, ohne zu schreiben.* Hier befiel mich ein Gedanke, der mir bis dahin niemals in den Sinn gekommen war, daß nämlich beim Schreiben *zwei verschiedene Arten von Bewegung* erfolgen, das heißt, daß es außer der besagten Bewegung, welche die Form reproduziert, auch noch die *Handhabung des Schreibgerätes* gibt. Als die schwachsinnigen Kinder nämlich Erfahrung darin erlangt hatten, alle Buchstaben des Alphabetes der Form entsprechend zu berühren, *konnten sie die Feder noch nicht in der Hand halten.* Einen kleinen Stab sicher zu halten und zu handhaben, das bedeutet die *Aneignung eines spezifischen Muskelmechanismus, der unabhängig von der Schreibbewegung* ist und tatsächlich gleichzeitig mit allen zur Aufzeichnung der verschiedenen Buchstaben erforderlichen Bewegungen abläuft. Es muß ein *einziger* Mechanismus zusammen mit dem *motorischen Gedächtnis* für die einzelnen Schriftzeichen existieren. Es verblieb also noch die Vorbereitung des Muskelmechanismus für das Halten und Handhaben des Schreibgerätes. Dies versuchte ich dadurch zu erreichen, daß ich dem bereits beschriebenen noch zwei weitere Schritte hinzufügte, und zwar: 2. die Buchstaben nicht mehr nur mit dem Zeigefinger der rechten Hand wie im ersten Abschnitt berühren, sondern mit zwei Fingern, und zwar dem Zeige- und dem Mittelfinger; 3. die Buchstaben mit einem kleinen Holzstab berühren, der wie ein Federhalter gehalten wird.

Im wesentlichen ließ ich dieselben Bewegungen einmal ohne, einmal mit dem zusätzlich zu haltenden Gerät ausführen.

Es ist zu beachten, daß das Kind mit dem Finger das *visuelle Bild* des gezeichneten Buchstabens nachziehen mußte. Dieser Finger war zwar schon *geübt,* die Umrisse der geometrischen Figuren zu berühren, doch diese Übung reichte oft für das gesteckte Ziel nicht aus. Auch uns gelingt es nicht, zum Beispiel beim Durchpausen einer Zeichnung, *ganz genau* der Linie zu *folgen,* die wir ja sehen und über die wir den Stift ziehen sollen. Die Zeichnung müßte wirklich eine besondere Vorrichtung haben, um die Spitze unseres Bleistiftes wie ein Magnet das Eisen anzuziehen, oder der Bleistift müßte eine *mechanische Führung* auf dem Papier vorfinden, auf dem er kopiert, um *exakt der in Wirklichkeit nur vom Auge wahrnehmbaren Spur* zu folgen. Die Schwachsinnigen zogen also nicht immer genau die Zeichnung nach, weder mit dem Finger noch mit dem Stäbchen. Das Lehrmaterial bot auch *keinerlei Kontrolle* der durchgeführten Arbeit oder vielmehr nur die durch das Auge des Kindes, das gewiß *sehen* konnte, ob sein Finger dem Zeichen folgte oder nicht. Ich überlegte mir, daß es notwendig sein würde, *ausgekehlte Formen* anzufertigen, so daß die *Buchstaben* durch eine Rille dargestellt wären, in der das Holzstäbchen entlanggleiten könnte, damit die Schreibbewegungen exakt erfolgten, ihre Genauigkeit gewährleistet war oder zumindest die Ausführung direkt gelenkt wurde. Ich machte einen Entwurf für diese Arbeit, konnte sie jedoch nicht realisieren, da sie zu kostspielig war.

Über diese Methode sprach ich sehr viel zu den Lehrern während meiner Vorlesungen in der Scuola magistrale di ortofrenica[79], wie aus den *Vorlesungstexten* des zweiten Kursjahres hervorgeht, von denen ich immer noch zirka 100 Stück als Dokumente der Vergangenheit aufhebe.

Hier haben wir die vor 20 Jahren[80] öffentlich ausgesprochenen Worte, die in den Händen von über 200 Grundschullehrern verblieben, ohne daß auch nur ein einziger, wie Prof. Ferreri in einem Artikel[81] voller Erstaunen vermerkt, daraus einen nützlichen Gedanken entnahm[82]: „An diesem Punkt wird der Karton mit den roten[83] Vokalen angeboten; das Kind sieht Umrisse farbig gezeichneter „unregelmäßiger Figuren". Es erhält die roten Vokale, um sie über die Zeichen auf den Kartons zu legen. Man läßt es die Vokale aus Holz in Schreibrichtung berühren und nennt sie beim Namen. Die Vokale sind nach Formähnlichkeit geordnet:

o, e, a, i, u.

Dann sagt man zum Beispiel zum Kind: „Such mir . . . o!", „leg es an seinen Platz!" Dann: „Welcher Buchstabe ist dies?" Hier zeigt

---

[79] Vgl. Anmerkung 10 (d. Hrsg.).
[80] Ca. 1900; vgl. 2. italienische Auflage, S. 196. Irrtum in der 3. italienischen Auflage. Seitdem nachgedruckt (d. Hrsg.).
[81] G. Ferreri, *Per l'insegnamento della scrittura* (System von Frau Dr. Montessori), in: Bolletino dell'Associazione Romana per la cura medico-pedagogica dei fanciulli anormali e deficienti poveri, Jg. I, Nr. 4, Oktober 1907 (Rom, Tipografia delle Terme Diocleziane).
[82] „Riassunto delle lezioni di didattica" von Frau Dr. Montessori, Jg. 1900, Stab. Lit. Romano, Via Frattina 62, disp. 6a, S. 46: *Lettura e scrittura simultanee*.
[83] Im späteren Material sind die Vokale blau und die Konsonanten rot (d. Hrsg.).

sich dann, daß sich viele Kinder irren, wenn sie den Buchstaben ansehen, jedoch erraten, wenn sie ihn berühren. Es lassen sich interessante Beobachtungen machen, wenn man die einzelnen Typen hervorhebt: der visuelle, der motorische Typ.

Man lasse das Kind danach die angegebenen Buchstaben auf dem Karton berühren, erst mit dem Zeigefinger allein, dann mit einem Holzstäbchen, das wie ein Federhalter in der Hand gehalten wird. Der Buchstabe muß in Schreibrichtung berührt werden.

Die *Konsonanten* sind in blau und auf verschiedenen Kartons nach Formähnlichkeit angebracht. Zu ihnen gehört das bewegliche Alphabet aus blauem Holz, das auf die Kartons zu legen ist genau wie bei den Vokalen, ferner eine Reihe weiterer Kartons, bei denen neben den Konsonanten, die denen aus Holz entsprechen, ein oder zwei Gegenstände gezeichnet sind, die mit dem betreffenden Buchstaben beginnen. Vor dem Kursivbuchstaben ist noch in derselben Farbe ein kleinerer Blockbuchstabe gezeichnet.

Die Lehrerin nennt den Buchstaben nach der phonetischen Methode, zeigt auf ihn, dann auf den Karton und sagt den Namen der darauf gemalten Gegenstände, wobei sie den ersten Buchstaben betont, zum Beispiel *m* . . . *mela* (Apfel): „Gib mir den Konsonanten *m* . . . leg ihn an seinen Platz, berühre ihn usw." *Hier werden dann auch die Sprachfehler des Kindes untersucht.*

Mit dem Berühren der Buchstaben in Schreibrichtung beginnt die Muskelerziehung, die auf das Schreiben vorbereitet. Eines unserer kleinen Mädchen, ein motorischer Typ, das mit dieser Methode unterrichtet wurde, gab mit der Feder alle Buchstaben erstaunlich gleichmäßig wieder, etwa 8 mm hoch, lange bevor es in der Lage war, diese zu erkennen. Diesem Kind gelingen Handarbeiten ebenfalls sehr gut.

Das schauende Kind erkennt und berührt die Buchstaben in Schreibrichtung und bereitet sich auf simultanes, vielmehr gleichzeitiges Lesen und Schreiben vor.

Durch Berühren und zugleich Anschauen wird das Bild der Buchstaben schneller fixiert, was auf das Zusammenspiel der Sinne zurückzuführen ist. Später trennen sich die beiden Fakten: schauen (lesen), berühren (schreiben). Je nach Typ lernen einige zuerst lesen, andere schreiben."

Ich hatte also vor vielen Jahren meine Methode zum Schreiben und Lesen in ihren Grundzügen eingeführt. Mit großem Erstaunen bemerkte ich damals, wie *leicht* eines schönen Tages ein schwachsinniges Kind, dem ich ein Stück Kreide in die Hand gegeben hatte, mit fester Hand und in Schönschrift die ganzen Buchstaben des Alphabetes auf die Tafel malte, und dabei schrieb es zum erstenmal, und zwar sehr viel eher, als ich angenommen hatte. Genauso wie es in den Vorlesungstexten steht, schrieben einigeKinder sogar schon *mit der Feder alle Buchstaben in schöner Form, während sie noch keinen einzigen erkennen konnten.* Dasselbe habe ich auch bei normalen Kindern bemerkt; ich würde dazu sagen, daß der Muskelsinn in der Kindheit besonders stark entwickelt ist, folglich ist *Schreiben* für Kinder *besonders einfach.* Beim Lesen ist es nicht ebenso. Es erfordert eine ziemlich lange Unterrichtsarbeit und verlangt eine höhere Stufe der intellektuellen Entwicklung, da es sich dabei darum handelt, *Zeichen auszulegen,* den *Tonfall der Stimme zu modellieren,* um die Bedeutung des Wortes zu verstehen, und all dies in rein geistiger Arbeit, während das Kind beim Schreiben nach Diktat *tatsächlich* Laute in Zeichen *übersetzt* und *sich bewegt,* was es als angenehm und leicht empfindet. Das Schreiben entwickelt sich bei kleinen Kindern *leicht* und *spontan* gleich der *gesprochenen Sprache,* die ja auch eine motorische Übersetzung der gehörten Laute ist. Lesen hingegen ist Teil einer abstrakten intellektuellen Bildung, nämlich der Interpretation von Gedanken in Schriftzeichen, und wird erst später erworben.

Erste Erfahrungen mit normalen Kindern. — Meine ersten Erfahrungen mit normalen Kindern begannen in der erste Novemberhälfte 1907.

In den beiden „Kinderhäusern" des Viertels San Lorenzo hatte ich, in dem einen ab 6. Januar und in dem anderen ab 7. März, — dem Tag ihrer Einweihung — nur die Übungen des praktischen Lebens und der Sinneserziehung angewandt, ⟨und zwar bis Ende Juli, als der Unterricht durch einen Monat Ferien unterbrochen wurde.⟩ Das lag daran, daß ich wie alle anderen in dem Vorurteil befangen war, man müsse so spät wie möglich mit dem Schreib- und Leseunterricht beginnen und ihn in einem Alter unter sechs Jahren vermeiden. Doch während der abgelaufenen Monate schienen die Kinder auf irgendeinen *Abschluß* der Übungen zu warten, die ihren Verstand bereits erstaunlich stark entwickelt hatten. Sie konnten sich an- und ausziehen, sich waschen, sie konnten die Böden kehren, Möbel abstauben, die Räume in Ordnung bringen, Schubladen öffnen und schließen, Schlüssel in den Schlössern handhaben, Gegenstände fein ordentlich wieder in die Schränke legen, Blumen gießen; sie konnten Dinge beobachten, sie allein durch Berühren erkennen. Einige fragten uns ganz offen, ob sie nicht lesen und schreiben lernen könnten. Nachdem wir dies abgelehnt hatten, kamen einige Kinder zur Schule, die o auf die Tafel malen konnten und uns dies wie eine Herausforderung vorführten. Dann erschienen auch die Mütter in großer Zahl und erbaten wie eine Gunst, daß wir ihre Kinder schreiben lehren möchten, „weil", so sagten sie, „sie hier *wach werden* und so viele Dinge mit Leichtigkeit lernen, daß sie, wenn Sie ihnen lesen und schreiben beibringen würden, schnell lernen und sich die großen Anstrengungen der Grundschule ersparen können". Das Vertrauen der Mütter, wonach die Kleinen bei uns *mühelos* lesen und schreiben *lernen würden*, beeindruckte mich. Ich überdachte die in den Schulen für Schwachsinnige erzielten Ergebnisse und beschloß während der Ferien im August, sobald die Schule wieder anfing, also im September, einen Versuch zu machen. Doch dann überlegte ich mir, daß es angebracht sein würde, im September den unterbrochenen Unterricht wiederaufzunehmen und mit Lesen und Schreiben erst im Oktober zu beginnen, wenn die Grundschulen ihre Ferien beendet hatten. Dies hatte den Vorteil, daß wir gleichzeitig mit demselben Lehrstoff begannen.

Im September machte ich mich also auf die Suche nach jemandem, der mir das Material herstellen konnte, fand jedoch keinen Handwerker, der dazu bereit war. Ein Professor riet mir, das Material in Mailand zu bestellen. Dies führte zu einem großen Zeitverlust. Ich wollte ein sehr schönes Alphabet herstellen lassen wie das für die Schwachsinnigen: aus Holz, mit Emaillack bestrichen und mit Metall; ich hätte mich auch mit Emailbuchstaben begnügt in der Art, wie sie für Aufschriften an Läden verwendet werden, doch ich fand keine. Niemand wollte sie mir in Metall herstellen. Ich war im Begriff in einer Berufsschule die ausgekehlten Holzbuchstaben zu bekommen (damit man mit einem Stäbchen die Rillen entlangfahren konnte), doch dann entmutigte mich die allzu schwierige Arbeit, und sie wurde aufgegeben.

So war schon der ganze Oktober vergangen. Die Kinder der ersten Grundschulklasse hatten bereits ganze Seiten mit Strichen gefüllt, und die Meinen warteten immer noch. Da entschloß ich mich, mit den Lehrerinnen aus einfachen Papierblättern sehr große Buchstaben auszuschneiden, die eine von ihnen dann auf einer Seite grob blau anmalte. Für den Vorgang des *Berührens* dachte ich daran, die *Buchstaben* aus Sandpapier auszuschneiden und auf glattes Papier zu kleben, wodurch ein Material entstand, das dem für die ersten Übungen des Tastsinnes benutzten sehr nahe kam.

Erst *nachdem* ich diese einfachen Dinge gemacht hatte, erkannte ich, wie stark dieses Alphabet dem der Schwachsinnigen überlegen war, auf das ich umsonst zwei Monate gewartet hatte. Wäre ich reich gewesen, hätte ich dieses sehr schöne, doch sterile Alphabet aus der Vergangenheit immer beibehalten. Wir *wollen* das Alte, weil wir das Neue nicht erkennen können, und wir suchen immer das Grandiose, das in den bereits versunkenen Dingen liegt, ohne in der schlichten Einfachheit des Neubeginns den Keim zu erkennen, der sich in der Zukunft entfalten soll.

Mir wurde nun klar, daß sich ein Papieralphabet leicht *vervielfältigen* ließ und somit gleichzeitig von vielen Kindern benutzt werden konnte, nicht nur zum Erkennen des Buchstabens, sondern auch zum Zusammensetzen von Wörtern. Ich begriff auch, daß ich mit dem Alphabet aus Sandpapier die so sehr ersehnte *Führung* für den Finger gefunden hatte, der das Papier berührt, und zwar so, daß die *Bewegung des Schreibens* und seine genaue Kontrolle nicht mehr ausschließlich durch das Auge, sondern durch direktes *Betasten* gelehrt wurde.

Von Begeisterung gepackt, setzten wir uns hin, die beiden Lehrerinnen[84] und ich, und zwar am Abend nach der Schule und schnitten eine ganze Menge Buchstaben aus einfachem Schreibpapier aus. Wir klebten die Buchstaben aus Sandpapier auf, bemalten die anderen mit blauer Farbe und breiteten sie danach auf den Tischen aus, damit sie am nächsten Morgen trocken waren. Während wir so arbeiteten, entstand vor meinem geistigen Auge ein ganz deutlicher Umriß der *Methode* in ihrem vollen Umfang. Sie war so einfach, daß ich bei dem Gedanken lächeln mußte, nicht schon früher darauf gekommen zu sein. Die Geschichte unserer Versuche war sehr interessant.

Eines Tages, als eine meiner Lehrerinnen krank war, vertrat sie eine

---

[84] Der hier im Original gebrauchte Ausdruck „Lehrerin" bezieht sich lediglich auf die Tätigkeit. Es handelt sich in dieser ersten Periode um unausgebildete Helferinnen; vgl. S. 43 f. (d. Hrsg.).

meiner Schülerinnen, Fräulein Anna Fedeli, die in einer Normalschule[85] Pädagogik unterrichtete. Als ich sie abends aufsuchte, zeigte sie mir zwei am Alphabet vorgenommene Veränderungen: die eine bestand darin, daß an der Basis und *hinter* jedem Buchstaben ein Querstrich aus einem weißen Papierstreifen angebracht worden war, damit das Kind die *Rückseite* des Buchstabens erkannte, den es oft nach allen Richtungen drehte. Als Zweites hatte sie einen Karton mit verschiedenen Fächern gemacht, eines für jede Gruppe gleicher Buchstaben, die vorher alle durcheinandergelegt worden waren. Ich besitze diesen Kasten mit Fächern noch heute. Er war aus dem alten Karton einer beschädigten Schachtel, die beim Hausmeister aufgetrieben wurde, angefertigt und ganz grob mit weißem Faden vernäht worden. Fräulein Fedeli zeigte ihn mir und entschuldigte sich dabei sozusagen für die schlechte Arbeit, doch ich war davon begeistert und begriff sofort, daß die Buchstaben in den Fächern eine wertvolle Hilfe für den Unterricht waren, denn so bot sich für das Auge der Kinder die Möglichkeit, alle Buchstaben zu *vergleichen* und den bezeichneten *auszuwählen*.

Dies war der Ursprung der Methode und des Materials, die ich jetzt beschreiben werde.

Hier genügt die Erwähnung, daß zum Weihnachtsfest im folgenden Dezember, also noch keine anderthalb Monate danach, als die Kinder der Grundschule sich mühten, die vorher mit viel Anstrengung gelernten Striche und Ecken zu vergessen, um sich auf die Kurven der o oder der anderen Vokale vorzubereiten, zwei meiner kleinen Vierjährigen bereits schreiben konnten, und zwar in Schönschrift, ohne Streichungen und ohne Kleckse, in einer Schrift, die später als vergleichbar mit der im 3. Grundschuljahr erzielten Schönschrift befunden wurde.

---

[85] Normalschule entspricht einem Lehrerseminar (d. Hrsg.).

XV

DER MECHANISMUS DES SCHREIBENS

1926 ▼ ⟨Schreiben ist eine komplexe Handlung, die analysiert werden muß. Ein Teil davon bezieht sich auf die motorischen Mechanismen, und ein anderer stellt eine wirkliche Tätigkeit des Verstandes dar.

Bei den Bewegungen habe ich zunächst die beiden Hauptgruppen unterschieden: die eine, die mit der Handhabung des Schreibgerätes zu tun hat, und die andere, bei der es sich um das Zeichnen der Form jedes einzelnen Buchstabens handelt. Diese Teile bilden den „motorischen Mechanismus" beim Schreiben, der sich effektiv durch Maschinen ersetzen läßt, wobei es sich in einem solchen Fall auch um einen, wenn auch andersartigen „Mechanismus" handelt, den man entwickeln müßte, wie dies beim Maschinenschreiben geschieht.

Die Tatsache, daß eine Maschine dem Menschen das Schreiben ermöglichen kann, ist eine Klarstellung, um zu verstehen, wie beide Dinge — also die Mechanismen und die höhere Funktion des Verstandes, der die Schriftsprache verwendet, um sich auszudrücken — voneinander getrennt werden können.

Die physiologischen Mechanismen erlauben eine sorgfältige Analyse, denn beobachtet man, wie geschrieben wird, und merkt man sich die verschiedenen dabei mitwirkenden Faktoren, wird es möglich, nicht nur das eine vom anderen zu unterscheiden, sondern sie auch voneinander zu „trennen".

Beginnen wir also mit der Untersuchung beider Gruppen von Bewegungen.

Zuerst einmal die Bewegung, die sich auf die Handhabung des Schreibgerätes bezieht, also auf das Halten von Feder oder Bleistift, die mit den drei ersten Fingern der Hand angefaßt werden und sich von oben nach unten mit jener sichtbaren Gleichmäßigkeit bewegen, die wir gewöhnlich als „Schwung" der Schrift bezeichnen. Diese Bewegung ist so persönlich, daß wir alle, obwohl wir dasselbe Alphabet benutzen, unseren eigenen Charakter in die Schrift legen; und es gibt genauso viele verschiedene Schriften wie Menschen.

Eine Schrift fälschen ist eine Mühe, die niemals erfolgreich sein kann. Der Ursprung der unendlich geringen Unterschiede zwischen den einzelnen Schriften läßt sich nicht erforschen. Gewiß ist jedoch, daß sie sich in jedem von uns „sensitiv fixieren", während sich unser eigener „Mechanismus" festigt und uns für immer hindert, ihn zu ändern. Er wird zu einem der eindeutigsten und unauflösbarsten „Erkennungsmerkmale" unserer Persönlichkeit. Genauso wie sich in uns der Klang der Stimme, unser Tonfall in der Muttersprache und alle die mechanischen Eigenschaften der Bewegung fixieren, die unsere eigenen „funktionellen Merkmale" sind, denen es bestimmt ist, sogar zahlreiche unserer einer ständigen, wenn auch langsamen Veränderung unterworfenen physischen Züge zu überleben.

Die „motorischen Mechanismen" werden im kindlichen Alter fixiert. Das Kind gestaltet die Merkmale seiner eigenen Persönlichkeit und fixiert sie durch eigene Übung — dabei folgt es einer unsichtbaren persönlichen Fährte. In diesem Alter sind die motorischen Mechanismen in ihrer „sensitiven Periode", sie sind in Bewegung, um den unsichtbaren Befehlen der Natur zu gehorchen.

Das Kind empfindet also in jeder motorischen Anstrengung die freudige Befriedigung, einem Bedürfnis des Lebens zu entsprechen.

Man muß versuchen, herauszufinden, in welchem Alter die Schreibmechanismen zur Fixierung reif sind; zu diesem Zeitpunkt werden sie dies — „auf natürliche Weise" — „mühelos" tun und dabei Freude und eine Steigerung der Lebensenergie hervorrufen.

Dies ist gewiß nicht das Alter, in dem in gewöhnlichen Schulen versucht wird, die motorischen Mechanismen des Schreibens auszulösen und dabei von der kleinen Hand — die nunmehr erwachsen ist, da sie zahlreiche Bewegungen fixiert hat — die quälende, fast verunstaltende Anstrengung verlangt, auf dem Wege ihrer Entwicklung „rückwärts zu gehen". Die Hand des Sechs- oder Siebenjährigen hat ihre wertvolle Periode der motorischen Sensibilität verloren. Dieses zarte Händchen hat den glücklichen Zeitpunkt verpaßt, in dem sich die Bewegungen koordinieren, in dem die „funktionelle" Hand geschaffen wird, und ist deshalb zu einer schmerzhaften, unnatürlichen Anstrengung „verurteilt".

▼ Man muß zurückgehen, um die kindliche Hand noch unkoordiniert, „weich in ihren Funktionen" vorzufinden. Es ist das suchende Händchen des ganz kleinen vierjährigen Kindes, das „alles um sich herum berührt" in dem unwiderstehlichen und unbewußten Bemühen, seine endgültigen Koordinationen zu fixieren.

Die Analyse der Bewegungen einer schreibenden Hand

Um bei der Festigung des Schreibens behilflich zu sein, muß man zunächst eine Analyse der verschiedenen zusammenwirkenden Bewegungen machen und versuchen, sie getrennt voneinander zu entwickeln, und zwar unabhängig vom eigentlichen Schreibvorgang. So können wir verschiedene Altersstufen — jede mit den ihr eigenen Möglichkeiten — am Aufbau jenes schwierigen und komplexen Mechanismus beteiligen.

Bei den von feinen „Handbewegungen" begleiteten Sinnesübungen, die das Kind so stark interessieren, daß es dieselben Handlungen unzählige Male wiederholt, finden wir das psychologische Zeitmaß und die äußeren Mittel, die sich gerade für eine Vorbereitung der Schreibmechanismen auf lange Sicht eignen.

Die *„schreibende Hand"* muß „zwischen den Fingern ein Schreibgerät *halten* können" (Feder oder Bleistift usw.) und dieses mit *„leichter Hand"* bei der *„Aufzeichnung"* bestimmter Zeichen führen.

Um das Schreibgerät *festzuhalten*, genügt es nicht, die drei Finger zu betätigen; auch die Hand, die auf der Schreibfläche „leicht" gleiten soll, muß *mitarbeiten*.

Die anfängliche Schwierigkeit normaler Schüler liegt tatsächlich nicht so sehr darin, die Feder in der Hand zu halten, als eine „leichte Hand" zu haben — also die Hand anzuheben und nicht zu belasten. (Der kleine Schüler läßt die Kreide auf der Tafel, die Feder auf dem Papier kratzen und zerbricht häufig Kreidestück und Feder; er hat den Schreibgegenstand angefaßt und hält ihn krampfhaft fest, doch seine Anstrengung liegt im Kampf gegen das Gewicht, das seine kleine zarte Hand nicht halten kann.)

Außerdem ist die noch völlig unkoordinierte Hand nicht in der Lage, so genaue Zeichen wie die Buchstaben zu machen. Etwas auszuführen ist einer Hand eigen, die bereits fähig ist, sich in bestimmter Richtung zu bewegen. Eine sogenannte „feste Hand", also eine vom Willen abhängige Hand, ist die erforderliche Voraussetzung für die Vorbereitung zum Schreiben.

Bis man sich so etwas aneignet, bedarf es langwieriger, geduldig wiederholter Übungen. Sollen diese mit dem Erlernen des Schreibens verbunden werden, also zu einem Zeitpunkt, wo die Hand noch ungelenk und zum Schreiben ungeeignet ist und sich „beim Schreiben" verfeinern muß, dann bildet die Hand das größte Hindernis beim Erlernen des Schreibens.

In unserer Methode haben die kleinen Kinder jedoch die „verfeinerte, zum Schreiben vorbereitete Hand" erworben.

Wenn sie bei den Sinnesübungen die Hand in verschiedene Richtungen und zu bestimmten Zwecken bewegten, allerdings bei gleichförmiger Wiederholung derselben Handlungen, bereiteten sie sich unbewußt auf das Schreiben vor. Betrachten wir einmal einige der bereits von unseren Kleinen durchgeführten früheren Übungen.

Die drei das Gerät haltenden Finger. — Im Alter von drei Jahren stellen die Kinder die kleinen Zylinder der Einsatzblöcke um, indem sie mit drei Fingern den Greifknopf halten, dessen Dimensionen in etwa denen eines Federhalters entsprechen. Die drei Finger wiederholen unzählige Male diese Übung, welche die zum Schreiben prädestinierten motorischen Organe koordiniert.

Die leichte Hand. — Hier haben wir den Dreieinhalbjährigen, der, seine Finger in lauwarmes Wasser getaucht, die Augen verbunden hat und seine ganze Energie auf eine einzige Anstrengung richtet, nämlich „die Hand angehoben und leicht zu halten", damit die Finger gerade noch die Oberfläche der glatten oder der rauhen Fläche „streifen". Und diese Anstrengung, die Hand anzuheben und leichter zu machen, ist verbunden mit der Schärfung der „Tastempfindlichkeit" der Finger, die eines Tages schreiben sollen. So wird während des Wachstums das kostbarste Instrument des menschlichen Willens verfeinert.

Die feste Hand. — Etwas liegt zeitlich vor der Geschicklichkeit des Zeichnens, nämlich die Möglichkeit, die Hand auf ganz bestimmte Weise zu bewegen, sie genau zu lenken. Diese Geschicklichkeit ist ein der Hand eigenes Merkmal, weil sie mit der vorhandenen oder fehlenden Möglichkeit zusammenhängt, die Bewegungen zo koordinieren.

▼ Nun haben wir die Übung mit den Einsatzformen, die darin besteht, ganz genau die Umrisse der verschiedenen geometrischen Figuren und ihrer Rahmen zu betasten, wobei sie einer reliefartigen Erhöhung aus Holz folgen, die der ungeübten Hand hilft, sich innerhalb der festgelegten Grenzen zu bewegen. Inzwischen gewöhnt sich das Auge daran, die von der Hand berührten Formen zu sehen und wiederzuerkennen.

Diese so weit zurückgreifende und so indirekte Vorbereitung ist eine Schulung der Hand *zum Schreiben* und keine Vorbereitung des eigentlichen Schreibens; beides darf nicht miteinander verwechselt werden.

Direkte Vorbereitung auf das Schreiben
Die Analyse seiner Faktoren

Wir schicken uns nun an, eine Analyse der Faktoren des Schreibens zu machen, und erläutern dabei bereits erwähnte Dinge. Das Schreiben enthält ein Gewirr von Schwierigkeiten, die sich trennen und Stück für Stück überwinden lassen, und zwar nicht nur durch unterschiedliche Übungen, sondern auch zu verschiedenen Zeitpunkten oder Lebensabschnitten. Die auf jeden Faktor bezogenen Übungen dürfen also nicht vom Schreiben abhängig sein. Denn wenn das Schreiben eine Resultante der verschiedenen Faktoren ist, so sind diese Faktoren, werden sie getrennt, kein Schreiben mehr. Das ist genauso — wollen wir ein Beispiel aus der Chemie nehmen — wie Sauerstoff und Wasserstoff, die aus der Analyse von Wasser herrühren, kein Wasser mehr sind, sondern etwas anderes: zwei Gase, jedes mit eigenen Merkmalen, die jedes für sich existieren können. Wenn wir also von der Analyse von Faktoren sprechen, beabsichtigen wir, die das Schreiben bildenden Elemente in interessante Übungen abzutrennen, von denen jede für sich allein ein Tätigkeitsmotiv beim Kind bilden kann. Das ist etwas ganz anderes als Analysen, die so ausgelegt wurden, daß sie ein Ganzes in seine Teile aufgliederten, die als Detail, als Teil des Ganzen betrachtet wurden und folglich ohne Interesse waren (die Striche, die Kurven usw.). Unsere Analyse der Faktoren belebt hingegen jeden einzelnen Faktor in einer selbständigen Übung. Sie trennt, doch sie sucht in der Trennung Elemente, die für sich allein bestehen

oder die sich auf Übungen anwenden lassen, welche einen vernünftigen ▼
Zweck verfolgen.

Erster Faktor: die Handhabung des Schreibgerätes — Zeichnen. —
Ich habe aus der Neigung der Kinder Nutzen gezogen, in ihren Umrissen festgelegte Figuren durch Striche mit Farbstiften auszufüllen. Dabei handelt es sich um eine primitive Zeichnung oder besser um einen Vorgang, der dem Zeichnen vorausgeht. Um diese Arbeit interessanter zu gestalten, habe ich dafür gesorgt, daß die Kinder selbst die Umrisse der auszufüllenden Figuren zeichnen konnten, damit diese eine ästhetische Ordnung erhielten, und zwar dadurch, daß dem Kind Auswahlmöglichkeiten gelassen wurden. Zu diesem Zweck habe ich ein Material vorbereitet: die Einsätze aus Eisen (wie weiter unten beschrieben), die es gestatten, die Umrisse geometrischer Figuren nachzuziehen. Dies hat zu einem dekorativen Zeichnen geführt — wir haben es die Kunst der Einsatzfiguren genannt —, das keineswegs so aussieht, als wäre es eine direkte Vorbereitung auf das Schreiben.

Zweiter Faktor: Ausführung der Schriftzeichen. — Für die andere Gruppe von Bewegungen, also für die Aufzeichnung von Schriftzeichen, gebe ich dem Kind ein Material aus glatten Kartons, auf die Buchstaben aus Sandpapier geklebt sind, die in Schreibrichtung berührt werden. Dadurch fixiert sich die entsprechende Bewegung von Hand und Arm, die somit in der Lage sind, diese Zeichen wiederzugeben, die das Auge gleichzeitig lange betrachten kann; so wird das Schriftzeichen auf zweifache Weise im Gedächtnis festgehalten: durch Ansehen und Berühren.

Zusammenfassend läßt sich sagen, daß die beiden mechanischen Faktoren sich beim Schreiben in zwei selbständige Übungen entwickeln, nämlich:
Das Zeichnen, das der Hand Geschicklichkeit für die Benutzung des Schreibgerätes verleiht, und das Berühren der Buchstaben, das zur Fixierung des motorischen und gleichzeitig des visuellen Gedächtnisses der Buchstaben dient. ▲

[86] *Beschreibung des Materials, das zum Zeichnen und gleichzeitig zum*

---

[86] Anschluß an 1. deutsche Auflage, S. 254 (d. Hrsg.).

Schreiben hinführen soll: Ständer, Einsätze aus Eisen, Umrisse von Figuren, Farbstifte.

Ich ließ zwei gleiche Ständer aus kleinen, leicht abgeschrägten Holztafeln herstellen, die auf vier kurzen Füßen, ebenfalls aus Holz, standen. Am unteren, sanft geneigten Ende des Pultes verhindert eine darauf befestigte Querleiste ein Herunterrutschen der auf die Tafeln gelegten Gegenstände, sie dient also als Stütze. Auf jeden Ständer passen genau vier quadratische Einsatzplatten aus Eisen von 10 cm Seitenlänge, die braun [87] sind. In der Mitte einer jeden Platte befindet sich die Einsatzfigur, ebenfalls aus Eisen, jedoch blau gestrichen, die in der Mitte mit einem kleinen Messingknopf versehen ist.

Übungen. — Werden die beiden Ständer nebeneinandergestellt, sehen sie wie ein einziger für 8 Figuren aus. Sie können zum Beispiel auf eines der Wandbretter, auf den Tisch der Lehrerin oder auf eines der Schränkchen oder auch auf die Kante des Kindertischchens gestellt werden.

Der Gegenstand ist schön und zieht die Aufmerksamkeit des Kindes an. Dieses kann eine oder mehrere Figuren auswählen; es nimmt Platte und Einsatzfigur zusammen.

Die Analogie zu den bereits bekannten flachen Einsatzfiguren ist vollkommen. Nur stehen dem Kind hier die sehr schweren, ganz flachen Figuren frei zur Verfügung. Es nimmt zuerst den Rahmen, legt ihn auf ein weißes Blatt und *zeichnet* mit einem Farbstift *die Umrisse der leeren Mitte der Platte,* dann nimmt es die Platte weg, und auf dem Papier verbleibt eine geometrische Figur.

Hier reproduziert das Kind zum erstenmal durch Zeichnen eine geometrische Figur; bisher hat es nichts weiter getan als die Figuren der flachen Einsätze über die kleinen Kartons der ersten, zweiten und dritten Serie zu *legen.*

Dann legt das Kind das Einsatzstück auf die Figur, die es selbst gemalt hat, wie es dies bei den flachen Einsätzen auf die kleinen Karten der dritten Serie bereits tat, zeichnet dessen Umrisse mit einem andersfarbigen Stift und hebt dann den Einsatz ab: auf dem Papier verbleibt die in zwei Farben doppelt umrissene Figur.

1926 — ⟨—16⟩

---

[87] Heute rot (d. Hrsg.).

Danach *füllt* das Kind die aufgezeichnete Figur mit einem Farbstift eigener Wahl *aus*, den es wie eine Schreibfeder hält.

Man lehre das Kind, nicht über den Rand hinauszugehen.

Bei der Übung zum Ausfüllen einer einzigen Figur wiederholt das Kind die Handbewegungen, die nötig wären, um zehn Seiten mit kleinen Strichen zu füllen, und zwar ohne zu ermüden, weil das Kind, wenn es die zu diesem Zweck erforderlichen Muskelkontraktionen genau koordiniert, dies zwanglos tut in der Richtung, die ihm paßt; es ist befriedigt darüber, daß vor seinen Augen eine große Figur in lebhafter Farbe entsteht.

Am Anfang füllen die Kinder ganze Seiten Kanzleipapier mit diesen großen Quadraten, Dreiecken, Ovalen, Trapezen in rot, orange, grün, blau, hellblau, rosa.

⟨—11⟩ — 1926

Betrachtet man die darauf folgenden, vom Kind selbst gewählten Figuren, zeigt sich ein Fortschritt in doppelter Hinsicht: 1. Mit der Zeit gehen die Linien weniger über die Ränder hinaus, bleiben schließlich genau innerhalb der Begrenzung, und die Figuren sind dicht und gleichmäßig sowohl am Rand wie auch in der Mitte ausgefüllt. 2. Die Striche beim Ausfüllen, zunächst kurz und ungeordnet, werden immer *länger* und nehmen einen *parallelen* Verlauf, was soweit geht, daß sie manchmal mit ganz gleichmäßigen Strichen ausgefüllt sind, die quer durch die beiden Umrißlinien gehen. In diesem Fall besteht die Gewißheit, daß das Kind *die Feder beherrscht*, daß *sich* also die zur Handhabung des Schreibgerätes erforderlichen Muskelmechanismen *stabilisiert haben*. Aus der Prüfung einer solchen Zeichnung kann man sich also ein sicheres Urteil bilden, ob das Kind die nötige Reife hat, um *die Feder in der Hand zu halten*.

Um Abwechslung in die Übungen zu bringen, werden auch die bereits sogenannten *Umrißzeichnungen* benutzt, ⟨die Kombinationen ▼ 1926 geometrischer Figuren und verschiedener Dekorationen darstellen; hinzu kommen Blumen und Landschaften.⟩ Dieses Zeichnen vervoll- ▲ kommnet die Handhabung, weil es dazu zwingt, die Striche verschieden lang zu machen, und dem Kind eine immer größere Geschicklichkeit bei der Ausführung verleiht.

Würde man nun die Striche zählen, die ein Kind beim Ausfüllen der Figuren macht, und diese in Schriftzeichen umsetzen, könnte man damit Dutzende von Heften füllen! Deshalb wurden die *sicheren*

Schriftzeichen unserer Kleinen mit denen verglichen, die bei den üblichen Methoden in der dritten Grundschulklasse erzielt werden.

In dem Augenblick, wo unsere Kinder zum erstenmal die Feder in die Hand nehmen, verstehen sie es, diese zu gebrauchen, fast so gut wie ein Schreiber.

Ich glaube, es ließe sich kein wirksameres Mittel finden, um in kürzerer Zeit einen mit so viel Vergnügen für das Kind verbundenen Erfolg zu erzielen. Meine bei den Schwachsinnigen angewandte alte Methode, bei der die Umrisse der Buchstaben mit einem Stäbchen nachgezogen wurden, war im Vergleich dazu ziemlich armselig und steril.

Auch wenn die Kinder *schreiben können*, führe ich diese Übung, die eine unbegrenzte Entfaltung ermöglicht, immer weiter fort, weil sich die Zeichnungen ja variieren und komplizierter gestalten lassen und die Kinder, die im wesentlichen immer dieselbe Übung machen, erkennen, wie sich eine Galerie verschiedener, immer vollkommener werdender Bilder ansammelt, auf die jeder einzelne stolz ist. Dies liegt daran, daß ich nicht nur zum Schreiben *anrege*, sondern die Schrift mit denselben Übungen, die ich Vorübungen nenne, vollkommener mache. In diesem Fall wird zum Beispiel die Haltung der Feder immer sicherer, und zwar nicht durch wiederholte Schreibübungen, sondern durch das Ausfüllen von Zeichnungen. So *vervollkommnen sich* meine Kinder *im Schreiben, ohne zu schreiben*.

Material zum Berühren der Buchstaben — Täfelchen mit Buchstaben aus Sandpapier und Tafeln mit Buchstaben, die nach ihrer Ähnlichkeit in der Form gruppiert sind. — Das Material besteht aus je einem Exemplar der Buchstaben des Alphabetes aus feinem Sandpapier. Jeder Buchstabe ist auf einem Täfelchen befestigt, dessen Abmessungen ihm angepaßt sind. Das Täfelchen ist entweder aus einem mit glattem grünen Papier bedeckten Karton, das Sandpapier hingegen hat eine hellgraue Farbe; oder aber das Täfelchen ist aus weißlackiertem Holz und das Sandpapier schwarz. Die Farben tragen somit dazu bei, daß sich die Buchstaben vom Hintergrund abheben.

Auf gleichen, nur sehr viel größeren Holz- oder Kartontafeln sind verschiedene Buchstaben angeordnet, die denen auf den Täfelchen entsprechen, jedoch nach Formkontrast oder -analogie zusammengestellt sind.

Die Buchstaben müssen in Schönschrift sein, Haar- und Schattenstriche sind dabei zu berücksichtigen. ⟨Falls es in den Grundschulen ▼ 1926
gerade üblich ist, verläuft die Schrift senkrecht. „Die übliche Schrift"
entscheidet also über das Material, das die Schreibweise nicht zu reformieren beabsichtigt — was unserer Intention zuwiderlaufen würde —
sondern nur das Schreiben *leichter* macht, ganz gleich wie die Schrift
aussieht.⟩ ▲

Übungen. — Man beginnt sogleich mit dem Lehren der Buchstaben,
fängt dabei mit den *Vokalen* an und geht dann zu den Konsonanten
über, die nach ihrem *Laut* und nicht nach ihrem Namen ausgesprochen
werden; der Laut wird sofort mit einem Vokal verbunden und die
Silbe mit der bekannten phonetisch-syllabischen Methode wiederholt.

Der Unterricht wird gemäß den bereits erläuterten drei Zeiten
durchgeführt:

I. *Assoziation des alphabetischen Lautes mit der Seh- und Tast-Muskel-Wahrnehmung.* — Je nachdem, welches Lehrmaterial ihr zur Verfügung steht, zeigt die Leiterin dem Kind zwei grüne Karten oder
zwei weiße Täfelchen mit den Buchstaben *i* und *o* und sagt dazu: „Dies
ist *i*", „dies ist *o*" (danach verfährt sie in gleicher Weise bei den übrigen Zeichen). Dann läßt sie das Kind diese sofort berühren, sagt: „Berühre es" und zeigt ihm ohne weitere Erklärung, wie es den Linien des
Buchstabens zu folgen hat. Wenn nötig, führt sie selbst den rechten
Zeigefinger des Kindes *in Schreibrichtung* auf dem Schmirgelpapier.

Das „Berührenkönnen" und das „Nichtberührenkönnen" wird darin
bestehen, *die Richtung,* in der ein bestimmtes Schriftzeichen nachzuziehen ist, *zu kennen.*

Das Kind lernt sofort; sein bereits bei der Tastübung geübter Finger
wird durch das zarte, feine Sandpapier genau der Linie des Buchstabens entlang*geführt*. Es kann also *alleine unzählige Male* die zur
Nachbildung der Buchstaben erforderlichen Bewegungen *wiederholen,*
ohne befürchten zu müssen, sich zu irren. Dabei zieht es Zeichen in
Schönschrift nach, und wenn es abweicht, macht es das Gefühl von
Glätte sofort auf seinen Fehler aufmerksam.

Kaum haben die Vier- oder Fünfjährigen etwas Erfahrung mit diesem Betasten gesammelt, macht es ihnen sehr großen Spaß, dies *mit
geschlossenen Augen* zu wiederholen. So lassen sie sich von dem Sand-

papier beim Nachziehen der Form leiten, ohne sie zu sehen. Man kann ohne weiteres behaupten, daß tatsächlich die Wahrnehmung der direkten Tast-Muskelempfindung des Buchstabens den Hauptbeitrag zum endgültigen Erfolg leistet.

1926 ▼ ⟨Wird hingegen diese Übung zu großen Kindern (zum Beispiel Sechsjährigen) gegeben, dann interessieren sich diese vorwiegend für den sichtbaren Buchstaben, mit dem der Laut wiedergegeben und Wörter zusammengesetzt werden, während das Betasten sie nicht mehr so stark anzieht, daß sie lange genug bei der Bewegungsübung verharren. Das Kind „schreibt" dann nicht so leicht und vollkommen, da es bereits die einer früheren Altersstufe zugehörige Freude an der Be-
▲ wegung verloren hat.⟩

Das kleine Kind hingegen bewegt die Hand nicht nach dem sichtbaren Bild; nicht dieses weckt sein Interesse, sondern die *Tastempfindung* führt die Hand des Kindes dazu, diese Bewegung zu machen, die sich danach im Muskelgedächtnis fixiert.

Wenn die Leiterin die Buchstaben *ansehen* und *berühren* läßt, wirken gleichzeitig drei Empfindungen mit: visuelle, Tast- und Muskelempfindung. Folglich setzt sich das *Bild* des Schriftzeichens in *sehr viel kürzerer Zeit* fest als bei den üblichen Methoden, bei denen sich das Kind nur das visuelle Bild aneignete.

Es ist weiterhin zu beachten, daß das *Muskelgedächtnis* beim kleinen Kind am nachhaltigsten und gleichzeitig am schnellsten ist. Denn manchmal erkennt es den Buchstaben nicht beim Anschauen, sondern beim Berühren.

Diese Bilder werden gleichzeitig mit dem auditiven Bild des alphabetischen Lautes verknüpft.

II. *Perzeption: Das Kind muß die Figuren vergleichen und erkennen können, während es den ihnen entsprechenden Laut hört.* — Die Leiterin bittet das Kind zum Beispiel: „Gib mir o! gib mir i!" (Sie verfährt ebenso bei den anderen Buchstaben.) Gelingt es dem Kind nicht, die Zeichen beim Anschauen zu erkennen, wird es aufgefordert, sie zu berühren; erkennt es sie jedoch auch dann nicht, ist die Lektion beendet und wird an einem anderen Tag wiederaufgenommen. (Es wurde bereits erläutert, daß es notwendig ist, den Fehler *nicht hervorzuheben* und nicht auf dem Unterricht zu bestehen, wenn das Kind nicht sofort darauf anspricht.)

III. *Sprache: Das Kind muß den vom Schriftzeichen dargestellten Laut aussprechen können.* — Die Buchstaben bleiben kurze Zeit auf dem Tisch liegen, dann wird das Kind gefragt: „Was ist das?" und muß *o, i* antworten.

Beim Lehren der Konsonanten spricht die Leiterin nur den *Laut* aus, verbindet ihn im Anschluß daran mit einem Vokal und spricht eine oder mehrere Silben unter Abänderung der Vokale aus, wobei sie immer den Laut des Konsonanten hervorhebt. Schließlich wiederholt sie diesen Laut allein. Beispiel: *m, m, ma, mi, me, m.* Soll das Kind den Laut nachsprechen, dann *wiederholt* es ihn allein und mit dem Vokal.

Bevor man zu den Konsonanten übergeht, ist es nicht nötig, alle Vokale zu lehren. Sobald ein Konsonant bekannt ist, sollten auch Wörter gebildet werden. Die praktische Durchführung bleibt der Erzieherin überlassen.

Ich halte es nicht für zweckmäßig, beim Lehren der Konsonanten *einer* besonderen *Regel zu folgen*. Sehr häufig führt die Neugier eines Kindes für ein Schriftzeichen dazu, den gewünschten Konsonanten zu lehren; ein ausgesprochener Name weckt im Kind das Interesse, zu erfahren, welcher Konsonant zu seiner Zusammensetzung erforderlich ist. Dieser *Wille* des Kindes ist als Mittel viel *wirksamer* als jede Überlegung über die zu wählende Reihenfolge.

Es empfindet offensichtlich Vergnügen dabei, die *Laute* der Konsonanten auszusprechen. Für das Kind ist die Serie so verschiedenartiger und bekannter Laute, die beim *Vorzeigen* eines rätselhaften Zeichens, wie es der Buchstabe ist, entstehen, ganz neu. Darin liegt etwas Geheimnisvolles, das unsägliches Interesse erzeugt. Eines Tages war ich auf der Terrasse, während die Kinder zwanglos spielten. Neben mir stand ein zweieinhalbjähriger Junge, den seine Mutter einen Augenblick allein gelassen hatte. Auf einige Stühle hatte ich komplette gemischte Alphabete verteilt, die ich in die zugehörigen Kästen legte. Nach Beendigung der Arbeit stellte ich die Kästen auf kleine Stühle. Der Kleine schaute zu, kam näher und nahm einen Buchstaben in die Hand: *f.* In diesem Augenblick rannten die Kinder im Gänsemarsch herum. Als sie den Buchstaben sahen, gaben sie den entsprechenden Laut von sich und liefen vorbei. Der Kleine achtete nicht darauf. Er legte das *f* aus der Hand und nahm ein *r.* Die laufenden Kinder, die ihm lachend zusahen, begannen ihm zuzurufen: *r r r! r r r!* Langsam begriff der Kleine, daß jeder Buchstabe, den er in die Hand nahm, einem anderen Laut entsprach. Dies machte ihm solches Vergnügen, daß ich ganz bewußt beobachten wollte, wie lange er dieses Spiel durchhalten würde, ohne zu ermüden; es dauerte *eine volle Dreiviertelstunde!* Die Kinder hatten an dem Spiel Interesse gefunden, sie blieben grüppchenweise stehen, sprachen im Chor die Laute nach und lachten über die Verwunderung des Kleinen. Er, der mehrfach das *f* genommen, hochgehoben und dabei von seinem Publikum den gleichen Laut gehört hatte, nahm es schließlich noch einmal auf, zeigte es mir und sagte selbst: *f f f.* Er hatte diesen Laut in dem großen Durcheinander der gehörten Laute gelernt; der lange Buchstabe, der die im Gänsemarsch laufenden Kinder zum Lachen brachte, hatte ihn beeindruckt.

Es ist überflüssig, zu betonen, daß die getrennte Aussprache der alphabetischen Laute die Beschaffenheit der Aussprache *enthüllt:* Die Fehler, die fast alle mit der *unvollständigen* Entwicklung der Sprache selbst zusammenhängen, werden sichtbar, und die Leiterin kann sie sich leicht einzeln merken. Hier kann ein *Kriterium des Fortschritts* im Einzelunterricht entstehen, je nach dem Stadium der Entwicklung, in welchem sich die Sprache des Kindes befindet.

Da es sich darum handelt, *die Sprache zu verbessern,* ist es zweckmäßig, die physiologischen Regeln ihrer Entwicklung zu verfolgen und die Schwierigkeiten zu staffeln. Ist die Sprache des Kindes jedoch bereits weit genug entwickelt und *spricht es alle Laute aus,* dann spielt es keine Rolle, ob es eher den einen oder den anderen während des Unterrichts der Schriftsprache beim Lesen der Zeichen aussprechen soll.

Ein Großteil der Defekte, die dann der Erwachsene ständig beibehält, sind auf *funktionelle Fehler in der Entwicklung* der Sprache während der Kindheit zurückzuführen. Würde man anstatt der Sprachkorrektur bei Jugendlichen *die Entwicklung in seiner Kindheit lenken,* ließe sich damit ein äußerst wirksames prophylaktisches Werk tun. Viele Aussprachefehler sind *mundartlich* bedingt und später fast unmöglich zu korrigieren. Dabei wäre es doch so leicht, sie dort zu vermeiden, wo eine Spezialausbildung ihr Augenmerk auf die Vervollkommnung der kindlichen Sprache richten würde.

Lassen wir hier die wirklichen Sprach*defekte* beiseite, die mit anatomischen und physiologischen Anomalien oder mit pathologischen Fakten zusammenhängen, welche die Funktionsfähigkeit des Nervensystems verändern, und verweilen wir nur bei den Veränderungen, die auf fehlerhaftes Beharren auf kindlicher Aussprache, auf die Nachahmung mangelhafter Aussprache, unter die auch Dialekte[88] fallen, zurückgehen. Diese als *Aussprachefehler* bezeichneten Defekte können sich auf die Aussprache *jedes* Konsonanten*lautes* beziehen. Es kann kein praktischeres Mittel zu einer methodischen Korrektur der Sprache geben als diese zur Erlernung der Schriftsprache von meiner Methode geforderten Ausspracheübungen.

Doch diese überaus wichtige Frage verdient in einem eigenen Kapitel behandelt zu werden.

Die gesamte Schrift wird in ihren Mechanismen vorbereitet. Wenn wir nun direkt zur Schreibmethode zurückkommen, so ist zu bemerken, daß das Schreiben bereits in den beiden beschriebenen Schritten enthalten ist, da das Kind bei diesen Übungen die Möglichkeit hat, die zum Halten der Feder und zur Ausführung der Schriftzeichen erforderlichen Muskelmechanismen zu erlernen und zu fixieren. Hätte sich das Kind lange in der oben angegebenen Art geübt, so wäre es „potentiell" darauf vorbereitet, alle Buchstaben des Alphabetes und einfache Silben zu schreiben, ohne jemals vorher die Feder oder ein Stück Kreide in die Hand genommen zu haben.

Embryonal verschmolzenes Lesen und Schreiben. — Mit dieser Methode wurde außerdem der *Lese*unterricht mit dem *Schreib*unterricht gleichzeitig begonnen. Wird dem Kind ein Buchstabe vorgelegt und dabei gleichzeitig sein Laut ausgesprochen, fixiert es dessen Bild mit dem visuellen sowie mit dem Tast-Muskelsinn und verknüpft im wesentlichen den Laut mit dem entsprechenden Zeichen, nimmt also Kenntnis von der Schriftsprache. Doch wenn es *sieht und erkennt, dann liest es,* und wenn es *berührt, dann schreibt* es. Das Kind beginnt also seine Erkenntnis mit zwei Handlungen, die sich in der Folge bei ihrer Weiterentwicklung trennen, um die beiden verschiedenartigen Vorgänge des *Lesens* und des *Schreibens* zu bilden.

Die Gleichzeitigkeit des Unterrichts oder besser die *Verschmelzung* der beiden einführenden Vorgänge stellt also das Kind *vor eine neue Sprachform,* ohne daß dabei festgelegt wird, welcher der beiden sie bildenden Vorgänge später überwiegt.

---

[88] Dialekt darf hier nicht im Sinne eigenständiger Mundarten verstanden werden (d. Hrsg.).

Es soll uns nicht bekümmern, ob das Kind während der Entwicklung dieses Prozesses zuerst lesen oder schreiben lernt und ob ihm der eine oder der andere Weg leichter fällt. Hierzu müssen wir *die Erfahrung abwarten* ohne jegliche vorgefaßte Meinung, vielmehr müssen wir auf die Wahrscheinlichkeit individueller Unterschiede gefaßt sein, je nachdem, ob der eine oder der andere Vorgang bei der Entwicklung vorherrscht. Dies ermöglicht ein sehr interessantes Studium individueller Psychologie; es ist die Fortführung der praktischen Richtung unserer Methode, die sich auf der freien Entfaltung der Persönlichkeit gründet. ⟨Die Tatsache bleibt jedoch bestehen, daß, wenn die Methode im normalen Alter — also unter 5 Jahren — angewandt wird, das „kleine Kind" schreibt, bevor es liest, während das bereits zu weit entwickelte Kind (von 5 oder 6 Jahren) zuerst liest und dabei seine ungeschickten Mechanismen durch eine schwere Lehrzeit schleppt.⟩

1926 ▼

▲

Die von Mechanismen befreite Intelligenz

1926 ▼ Schreiben und Lesen sind etwas ganz anderes als die „Kenntnis" alphabetischer Zeichen. Diese existieren tatsächlich, wenn sich „das Wort" anstelle des Schriftzeichens als Element festsetzt. Auch die gesprochene Sprache *beginnt* mit dem ersten Auftreten von sinnvollen „Worten" und nicht bereits mit Lauten, die Vokale und Silben darstellen könnten. Findet sie in ihren höchsten Mitteln einen Ausdruck, so „verwendet" die *Intelligenz* die Mechanismen, welche die Natur oder die Kunst der Erziehung in ihren Dienst gestellt oder für sie vorbereitet haben, „um Worte zusammenzusetzen".

Es gibt also etwas, das von dem bei der Analyse der Bewegungen zum Schreiben bisher Beschriebenen ganz verschieden ist und die *Vorstufe* bei der Festigung dieser Sprache darstellt, als die man das wirkliche und wahrhaftige Schreiben und Lesen bezeichnen kann, und zwar die „Zusammensetzung" der *Worte*. „Worte" aus Schriftzeichen zusammenzusetzen muß nicht unbedingt mit Schreiben und Lesen verschmelzen, es ist vielmehr nützlich, diesen Vorgang abzutrennen, der von seinen höheren Verwendungszwecken ganz unabhängig sein kann.

Die Intelligenz des Kindes kann ein „intensives Interesse" bei der wundervollen Tatsache empfinden, ein Wort durch Zusammenfügung der Buchstaben, dieser symbolischen Zeichen, darstellen zu können.

Worte zu *schaffen* ist am Anfang sehr viel anziehender, als sie zu

lesen; es ist sehr viel „leichter", als sie zu schreiben, weil dazu die ▼
Super-Arbeit noch nicht fixierter Mechanismen erforderlich wird.

Also bieten wir dem Kind als Übung zum Auftakt das nachstehend beschriebene Alphabet. Durch Auswählen und Nebeneinanderlegen der Buchstaben setzt es Worte zusammen. Seine manuelle Arbeit besteht nur darin, die ihm bekannten Formen aus einem Fach zu nehmen und auf einem Teppich anzuordnen. Das Wort wird „Buchstabe für Buchstabe" entsprechend den Lauten zusammengesetzt, die es bilden. Da es sich nun bei den Buchstaben um bewegliche Gegenstände handelt, ist es leicht, die gebildete Zusammensetzung durch Umlegen zu korrigieren. Dieses Studium der Wortanalyse ist ein ausgezeichnetes Mittel zur Vervollkommnung der Rechtschreibung.

Es ist ein wirkliches Studium, eine reine Übung der von Mechanismen freien Intelligenz, die von der „Notwendigkeit", das Schreiben „auszuführen", bei der interessanten Übung nicht behindert wird. Die von diesem neuen Interesse angespornte intellektuelle Energie kann sich folglich ohne zu ermüden in einer erstaunlichen Arbeitsleistung äußern.⟩ ▲

Material. — Es besteht im wesentlichen aus den Alphabeten. Es handelt sich dabei um die Buchstaben des Alphabets in gleicher Form und Abmessung wie bei denen aus Sandpapier, nur daß sie hier aus farbigem Karton oder Leder ausgeschnitten sind.

Die Buchstaben sind lose, also nicht auf Karton oder ein anderes Material geklebt, deshalb läßt sich jeder Buchstabe leicht handhaben.

⟨—11⟩ — 1926

Am Boden jedes Faches ist ein Buchstabe angebracht, der nicht herausgenommen werden kann. Folglich macht es gar keine Mühe, alle „an ihren Platz" in die Fächer zu legen, weil der Buchstabe auf dem Fachboden daran erinnert, daß sie dorthin gehören.

Die Buchstaben sind in zwei Fachkästen unterteilt; jeder enthält sämtliche Vokale. Diese sind aus rotem, die Konsonanten aus blauem Karton ausgeschnitten; einige dieser Buchstaben weisen auf der Hinterseite, und zwar an ihrer Basis, einen weißen Querstreifen aus Karton auf, der gleichzeitig die Position des Buchstabens und die Grundlinie angibt, die den verschiedenen Buchstaben ihrer Form gemäß gemeinsam ist (sie entspricht der Linie, auf der man schreibt).

⟨—3⟩ — 1926

Zusammensetzung der Wörter

[89] Kaum kennt das Kind einige Vokale und Konsonanten, erhält es einen der großen Fachkästen mit allen Vokalen und der Hälfte der Konsonanten, von denen es einige bereits kennt, andere noch nicht; sie sind auf der Rückseite mit dem weißen Strich gekennzeichnet. Mit diesem Material lassen sich Wörter so zusammenstellen, daß die Buchstaben nacheinander auf den Tisch gelegt werden, die den einzelnen, das ausgesprochene Wort bildenden aufeinanderfolgenden Lauten entsprechen. Jeder Buchstabe wird seinem Fach im großen Kasten entnommen. Um das Kind mit dieser Übung vertraut zu machen, führt die Lehrerin sie ihm praktisch vor. Sie sagt zum Beispiel das Wort *mano* (Hand), analysiert die Laute, indem sie diese getrennt ausspricht: *m*, dabei nimmt sie den Buchstaben *m; a*, und sie nimmt das *a* und legt es neben den anderen Buchstaben; *n . . ., o . . .*; sie nimmt die Buchstaben einzeln hintereinander, spricht den Laut dabei aus und setzt so das Wort mit dem Alphabet zusammen. Nun liegen die vier Buchstaben hintereinander auf dem Tisch: *m-a-n-o*.

Hat das Kind den Ablauf verstanden, greift es manchmal selbst schwungvoll ein, um von sich aus das Wort zu beenden, anstatt es durch die Lehrerin zusammensetzen zu lassen. Nach einigen Unterrichtsstunden beginnen fast alle mit der Zusammensetzung von Wörtern auf ihrem Tisch. Sie fragen nach Wörtern zum Zusammensetzen, und so ergibt sich eine Art von Diktat.

Die Zusammensetzung der Wörter führte zu Überraschungen. Als sei die bei ihm bereits existierende gesprochene Sprache angeregt worden, zeigte das Kind großes Interesse für seine Sprache und begann sie zu analysieren. Es gab Kinder, die alleine herumliefen und etwas vor sich her murmelten. Eines sagte: „um Zaira zu machen, brauche ich *z-a-i-r-a*" und sprach die alphabetischen Laute aus, ohne auf das Material zurückzugreifen. Es hatte jedoch gar nicht die Absicht, das Wort zusammenzustellen, es wollte nur die Laute analysieren, die es bildeten. Dies kam ihm wie eine Entdeckung vor: Die von uns gesprochenen Worte setzen sich aus Lauten zusammen . . . Diese spezielle Aktivität kann man bei allen etwa 4jährigen Kindern wecken. Ich erinnere mich,

---

[89] Die folgenden Ausführungen über die „Zusammensetzung der Wörter" sind gegenüber der 1. deutschen Auflage stark erweitert (1926/1948) (d. Hrsg.).

daß ein Vater seinen aus der Schule nach Hause kommenden Sohn fragte, ob er brav gewesen sei. Das Kind antwortete: „Brav? b-r-a-v", also anstatt zu antworten, begann es, das Wort zu analysieren.

In dem Fachkasten mit dem beweglichen Alphabet sind die diesen Lauten entsprechenden Zeichen übersichtlich angeordnet. Wir finden dort Vokale, die sich durch ihre andere Farbe von den Konsonanten unterscheiden. Jeder Buchstabe hat sein eigenes Fach. Die Übung ist so anziehend, daß die Kinder, lange bevor sie alle Buchstaben des Alphabetes kennen, mit der Zusammensetzung von Wörtern beginnen. Einmal fragte ein Mädchen die Lehrerin: „Wie sieht das t aus?" Die Lehrerin, die hier im Anbieten des Alphabets einer bestimmten Ordnung folgen wollte, hatte ihm das t, das einer der letzten Buchstaben ist, noch nicht gezeigt. Das Mädchen sagte: „Ich möchte *Teresa* zusammenstellen, weiß aber nicht, wie ein t aussieht." Das Lehren neuer Buchstaben wurde somit oft durch den Ehrgeiz der Kinder angeregt, die schneller vorgingen als die Lehrerin.

Ist das Interesse erst einmal geweckt, ist also dieses Prinzip des Alphabetes: „Jeder Laut läßt sich durch ein Zeichen darstellen" mit dem innersten Teil der gesprochenen Sprache in Berührung gekommen, folgt daraus ein spontaner Fortschritt, der dem Vorankommen beim Erlernen des geschriebenen Wortes dienlich ist. Die Lehrerin sieht sich einer veränderten Lage gegenüber: Sie ist nicht mehr Lehrende, sondern muß sich einfach den Bedürfnissen des Kindes anpassen. Tatsächlich sind viele Kinder überzeugt, von sich aus gelernt zu haben.

Sich eingehend für die Analyse seiner eigenen Worte zu interessieren und ein ungeheures Vergnügen dabei zu empfinden, sie in hintereinandergelegte Gegenstände übertragen zu sehen, ist vielleicht ein bei älteren Kindern nicht mehr vorhandenes Faktum.

Dieses Phänomen läßt sich nur dann erklären, wenn wir uns davon überzeugen, daß ein kleines vierjähriges Kind noch in der formativen Sprachperiode ist. Es lebt in einer sensitiven Periode seiner psychischen Entwicklung. All die wunderbaren Phänomene, die während unseres Versuches auf diesem Gebiet ans Licht kamen, sind nur zu verstehen, wenn man folgende Tatsache als gegeben ansieht: Eine schöpferische Periode, eine Intensivierung des Lebens bildet und vollendet die Sprache des Menschen.

Mit fünf Jahren ist diese Sensibilität bereits im Abklingen, weil sich die schöpferische Periode ihrem Ende nähert.

Ein weiteres Phänomen rief größte Verwunderung hervor: Kaum waren sie ihnen klar und deutlich diktiert worden, setzten die Kinder ganze Wörter zusammen, ohne daß man sie wiederholen mußte. Das geschah auch, wenn es sich um lange oder ihnen unverständliche, weil fremde Wörter handelte. Die Kinder übertrugen diese Wörter, nachdem sie sie nur ein einziges Mal gehört hatten. Kaum ausgesprochen, wurden sie auf ihrem Tisch in Schriftzeichen umgesetzt.

Ein Kind bei dieser Arbeit zu beobachten ist ungeheuer interessant: es ist voll gespannter Aufmerksamkeit, schaut auf den Fachkasten und bewegt dabei unmerklich die Lippen; dann nimmt es die erforderlichen Buchstaben einen nach dem anderen, ohne Rechtschreibefehler zu begehen (vorausgesetzt, sie sind phonetisch). Die Lippenbewegung rührt daher, daß das Kind für sich viele Male das Wort wiederholt, dessen Laute es in Zeichen umsetzt.

Viele Besucher wohnten dem Unterricht bei, besonders Schulinspektoren, die wissen, wie schwer ein Diktat in der Grundschule ist, wo der Lehrer mehrmals das diktierte Wort wiederholen muß, damit es nicht vergessen wird. In unseren Schulen erinnern sich die Vierjährigen hingegen ganz genau daran, obgleich sie eine Arbeit machen müssen, die starke Anforderungen an ihre Aufmerksamkeit stellt, und die notwendige Energie aufwenden müssen, um das Wort zu beenden. Denn sie sind gezwungen, mit den Augen die Buchstaben in den Fächern zu suchen, mit den Händen die herauszunehmen, die sie brauchen, und bis zum Ende des Wortes so weiterzumachen.

In der Anfangszeit dieser großartigen Versuche besuchte uns ein Schulinspektor, der ein ihm äußerst schwierig erscheinendes Wort zu diktieren wünschte. Er sprach es deutlich in italienischer Sprechweise aus und trennte dabei die letzten beiden so ähnlich klingenden Buchstaben klar voneinander: „*Darmstadt.*" Das Kind setzte den Namen so zusammen, wie es ihn hatte aussprechen hören. Ein anderes Mal diktierte ein Beamter aus dem Kultusministerium: „*Sangiaccato di Novibazar*" einem Viereinhalbjährigen, der die Worte auf seinem Tisch mit den Buchstaben des beweglichen Alphabetes nachbildete.

Hier soll auch an die Anekdote des leitenden Schulinspektors von Rom erinnert werden, der persönlich ein Experiment machen wollte. Er diktierte nur seinen Nachnamen: *Di Donato.* Das Kind begann, ihn zusammenzusetzen; es hatte jedoch nicht alle Laute deutlich gehört und machte einen Fehler, indem es *dito* hinlegte. Der Inspektor wiederholte: *dido.* Das Kind ließ sich nicht aus der Fassung bringen: es nahm das *t*, das es bei seiner Wortbildung gebraucht hatte, legte es nicht wieder in sein Fach im Kasten, sondern seitlich auf den Tisch. Aus *Dito* wurde somit *Didona* . . . Dann griff das Kind wieder zum *t*, das es beiseite gelegt hatte, und benutzte es, um das Wort zu beenden: *didonato.* Das ganze Wort war also sozusagen in seinem Gehirn eingeprägt. Es wußte von Anfang an, daß es ein *t* für die letzte Silbe brauchen würde. Es war dessen so sicher, daß die Bemerkung des Inspektors es nicht verwirrt hatte. Letzterer war ganz verblüfft darüber. „Dieses *t*", sagte er, „läßt mich glauben, daß sich in der Geschichte der Erziehung ein Wunder anbahnt."

Nicht nur ein einziges Kind, sondern sehr viele wiesen dasselbe erstaunliche psychologische Phänomen auf. Sie ließen eine besondere Empfänglichkeit für die Wörter erkennen, sozusagen einen „Hunger ihres Alters" zur instinktiven Eroberung der Sprache.

Das Kind setzte offensichtlich diese Wörter mit Hilfe des beweglichen Alphabetes zusammen, nicht weil es sich an sie dank eines normalen Gedächtnisses erinnerte, sondern weil es sie in seinem Geist „eingeprägt" und „absorbiert" hatte. Von dem eingeprägten und absorbierten Bild schrieb es das Wort ab, als sähe es dieses vor sich. Wie lang und fremd das Wort auch sein mochte, es spiegelte sich einfach und wurde so fixiert, daß das Kind es wiedergeben konnte. Es ist noch zu vermerken, daß diese Übung die Kinder, die sie ohne zu ermüden wiederholten, da es sich um eine „vitale" Übung handelte, voll und ganz faszinierte.

Die Kinder, welche so Wörter zusammenstellten, konnten weder schreiben noch lesen. Sie interessierten sich auch überhaupt nicht für das geschriebene Wort. Sie agierten oder, besser gesagt, reagierten auf einen Reiz, der, anstatt einen niederen Reflex hervorzurufen, eine schöpferischer Sensibilität entsprechende Antwort erzeugte.

Die Explosion des Schreibens[90]. — Die ganze Methode zur Erlernung der Schriftsprache besteht aus diesen drei Stufen. Ihre Bedeutung ist klar: Die psycho-physiologischen Vorgänge, die zum Entstehen des Schreibens und Lesens beitragen, werden getrennt voneinander intensiv vorbereitet.

[90] Anschluß 1. deutsche Auflage, S. 268 (d. Hrsg.).

Die Muskelbewegungen zur graphischen Ausführung des Alphabetes werden gesondert vorbereitet, das gleiche gilt für die Mechanismen zum Halten und Handhaben der Schreibgeräte. Auch die Zusammensetzung der Wörter überträgt sich in einem psychischen Assoziationsmechanismus zwischen Seh- und Hörbildern. Es kommt der Augenblick, in dem das Kind, ohne daran zu denken, die geometrischen Figuren mit ungezwungenen gleichmäßigen Strichen ausfüllt, in dem es mit geschlossenen Augen die Buchstaben berührt und ihre Form durch Bewegung des Fingers in der Luft wiedergibt; in dem die Zusammensetzung der Wörter zu einem psychischen Impuls geworden ist, der dem isolierten Kind die Wiederholung eingibt: „Um Zaira zu machen, braucht man *z-a-i-r-a*."

Nun, es stimmt zwar, daß das Kind *niemals geschrieben hat*, doch potentiell hat es bereits alle zum Schreiben erforderlichen Vorgänge geformt.

Wer beim Diktat nicht nur Wörter zusammenstellen kann, sondern augenblicklich in Gedanken die gesamte Lautzusammensetzung überblickt und ein Wort sowie die entsprechenden Zeichen im Gedächtnis behalten kann, der könnte auch schreiben, da er die zur Bildung dieser Buchstaben erforderlichen Bewegungen machen kann und fast unbewußt das Schreibgerät handhabt.

So müssen diese Vorgänge, von denen jeder durch einen Mechanismus vorbereitet wurde, der einen Impuls zu geben vermag, früher oder später unversehens zu einem explosiven *Schreibakt* verschmelzen. Und genauso verlief von Anfang an die wunderbare Reaktion der normalen Kinder in einem der ersten „Kinderhäuser" von San Lorenzo in Rom.

1926 —   ⟨—6⟩

Es war ein winterlicher sonniger Dezembertag, und wir stiegen mit den Kindern auf die Terrasse. Sie spielten und liefen dabei ungezwungen herum, einige hatten sich um mich geschart. Ich saß neben einem Kaminrohr und sagte zu einem Fünfjährigen neben mir, dem ich ein Stück Kreide anbot: „Zeichne diesen Kamin." Folgsam kauerte er nieder und zeichnete den Kamin auf den Boden, der gut zu erkennen war. Deshalb ließ ich mich in Lobpreisungen darüber aus; so halte ich es immer bei den Kleinen.

Der Kleine sah mich an, lächelte, blieb einen Augenblick stehen, als sei er nahe daran, vor Freude zu explodieren, dann rief er: „Ich schreibe, ich schreibe!" und, auf den Boden gebeugt, schrieb er *mano* (Hand) und weiter, von Begeisterung gepackt: *camino* (Kamin), dann *tetto* (Dach). Während er dies tat, hörte er nicht auf zu rufen: „Ich schreibe! ich kann schreiben!", und zwar so laut, daß daraufhin die anderen Kinder angerannt kamen, einen Kreis um ihn bildeten und verblüfft zusahen. Zwei oder drei sagten mir ganz aufgeregt: „Die Kreide, ich schreibe auch" und begannen in der Tat verschiedene Wörter zu schreiben: *mamma, mano, gino, camino, ada*.

Keines dieser Kinder hatte vorher ein Stück Kreide oder sonst ein Schreibgerät in die Hand genommen; sie schrieben zum *erstenmal*, und sie schrieben ein ganzes Wort auf, genau wie sie ein ganzes Wort sagten, als sie zum erstenmal sprachen.

Doch wenn das erste vom Kind gesprochene Wort unsagbare Rührung bei seiner Mutter auslöst, die sich das erste Wort: *mamma* als eigenen Namen erwählt hat, sozusagen als eine der Mutterschaft zustehende Belohnung, so vermittelt das erste von ihnen selbst *geschriebene* Wort meinen Kleinen eine unsagbar freudige Gemütsbewegung. Sie sehen, wie aus ihnen eine Geschicklichkeit hervorbricht, die ihnen als *Geschenk der Natur* erscheint, weil sie die vorbereitenden Vorgänge, die sie zur Tat führten, nicht mit ihrem Tun in Verbindung zu bringen verstehen.

Deshalb geben sie sich der Illusion hin, wenn man größer wird, *könne man* eines schönen Tages *schreiben*. Und so ist es auch tatsächlich. Auch das Kind, das spricht, hat vorher unbewußt die psychomuskulären Mechanismen geschult, die es zur Artikulation der Worte brachten: hier macht das Kind so ziemlich dasselbe, doch die direkte pädagogische Hilfe und die Möglichkeit, fast direkt die Schreibbewegungen vorzubereiten, die sehr viel einfacher und gröber sind als die für eine Artikulation des Wortes erforderlichen, führen dazu, daß die geschriebene Sprache sich sehr viel schneller und vollkommener entwickelt. Und da die *Vorbereitung* nicht nur zum Teil, sondern vollständig erfolgt, das Kind also zum Schreiben *alle* erforderlichen Bewegungen beherrscht, entfaltet sich die geschriebene Sprache nicht nach und nach, sondern explosiv; d. h., das Kind kann *alle Wörter* schreiben.

So wohnten wir der ergreifenden Erfahrung einer ersten Entwicklung der Schriftsprache unserer Kinder bei. Diese ersten Tage waren wir ganz aufgewühlt, uns schien, als träumten wir und als hätten wir teil an wunderbaren Dingen.

Das Kind, welches sein erstes Wort schrieb, war voller Freude. Ich verglich es sofort mit dem Huhn, das ein Ei gelegt hat. Denn keiner konnte sich den lärmenden Äußerungen des Kleinen entziehen: er rief alle zum Schauen herbei, und wenn einer nicht kam, packte er ihn an den Kleidern und zog ihn so herbei. Alle mußten kommen und sich um das geschriebene Wort stellen, um das Wunder zu bestaunen und mit Ausrufen der Überraschung in das Freudengeschrei des glücklichen Autors einstimmen. Dieses erste Wort war meistens auf den Boden geschrieben, und so ließ sich dann der Kleine auf die Knie nieder, um seinem Werk näher zu sein, um es aus größerer Nähe betrachten zu können.

Nach dem ersten Wort fuhr das Kind fort, überall zu schreiben, meistens auf die Tafel, in einer Art überschäumender Begeisterung. Ich sah, wie die Kinder um die Tafel standen, um zu schreiben, wie sich dahinter eine zweite Reihe von Kindern bildete, die auf Stühle gestiegen waren und etwas höher schrieben als die anderen; ⟨wie genauso viele dies auf der Rückseite der Tafel taten; ich sah, wie die von diesem Kreis ausgeschlossenen Kinder sich zu Unarten, zu Boshaftigkeiten hinreißen ließen, die Stühle umwarfen, auf denen die Mitschüler standen, um sich etwas Platz zu verschaffen, und wie schließlich die im Kampf Unterlegenen sich bückten und auf dem Fußboden schrieben oder zu den Fensterläden und den Türen liefen, um diese zu beschreiben.⟩

In jenen Tagen bedeckten Schriftzeichen den Fußboden fast wie einen Teppich, und überall waren die Wände vollgeschrieben. Zu Hause passierte dasselbe, und einige Mütter gaben ihren Kindern *Papier und einen Bleistift*, um den Fußboden, ja sogar das *Brot* zu retten, auf dessen Rinde sie geschriebene Wörter fanden. Eines dieser Kinder brachte am folgenden Tag eine Art Heftchen mit, das ganz vollgeschrieben war. Seine Mutter erzählte, es habe den ganzen Tag und den ganzen Abend geschrieben und sei im Bett mit dem Papier und dem Bleistift in der Hand eingeschlafen.

Diese impulsive Tätigkeit, die ich in den ersten Tagen nicht bremsen konnte, ließ mich an die Weisheit der Natur denken, welche die gesprochene Sprache *nach und nach* erweitert und sie *gleichzeitig* mit der schrittweisen Gestaltung der Gedanken entwickelt. Hätte die Natur hingegen so unklug gehandelt wie ich und ein durch die Sinne reiches und geordnetes Material entwickelt wie ein Schatz an Gedanken, dann die artikulierte Sprache vollständig vorbereitet, um danach dem bis dahin stummen Kind zu sagen: „Jetzt sprich!", dann stünden wir vor dem Phänomen einer ganz verrückten plötzlichen Geschwätzigkeit. Diese brächte das Kind dazu, pausenlos und ohne sich bremsen zu lassen zu sprechen, bis seine Lungen erschöpft und seine Stimmbänder durch das Aussprechen der schwierigsten und seltsamsten Wörter abgenutzt wären.

Allerdings glaube ich, daß es zwischen den beiden Extremen ein Mittelmaß gibt, das den wirklich praktischen Weg beinhaltet. Wir dürfen also die geschriebene Sprache weniger plötzlich hervorrufen, doch auch wenn wir sie nach und nach entstehen lassen, müssen wir sie als *spontane Leistung* hervorrufen, die schon beim erstenmal fast *vollkommen* ausgeführt wird.

Wie wird diese Methode angewandt? — Die weitere Entwicklung unseres Versuches ließ uns feststellen, daß das Phänomen *ruhiger* ablief. Es ist darauf zurückzuführen, daß die Kinder *sehen,* wie ihre Spielgefährten schreiben und dadurch aus Nachahmungstrieb selbst zum Schreiben veranlaßt werden, *sobald* sie dies können. Denn wenn das Kind sein erstes Wort schreibt, steht ihm das ganze Alphabet noch nicht zur Verfügung, die Anzahl der Wörter, die es schreiben kann, ist begrenzt, und es ist selbst nicht in der Lage, alle möglichen Wortverbindungen mit den wenigen Buchstaben, die es kennt, zu finden. Es behält immer noch die große Freude des „ersten geschriebenen Wortes", doch daraus ergibt sich keine so *erstaunte Verwunderung* mehr, weil es *jeden Tag sieht,* wie ähnliches geschieht und weiß, daß es dies selbst früher oder später erleben wird. Dadurch ergibt sich eine ruhige, geordnete und durch ihre Überraschungen gleichzeitig wunderbare Atmosphäre.

Beim Besuch eines „Kinderhauses", in dem man schon am Vortag war, kann man durchaus etwas Neues vorfinden. Hier sind zum Beispiel zwei ganz kleine Kinder, die ruhig schreiben und doch vor Stolz und Freude beben, die gestern noch nicht schrieben. Die Leiterin erzählt, daß eines von ihnen gestern früh um 11 Uhr, das andere um 3 Uhr nachmittags zu schreiben begann.

Das Ergebnis wird nunmehr mit der Gleichgültigkeit aufgenommen, die sich durch Gewohnheit ergibt, und leicht als eine *natürliche Entwicklungsform des Kindes* betrachtet.

Die Kunst der Lehrerin besteht darin, zu entscheiden, ob und wann es angebracht ist, ein Kind, das es nicht von alleine tut, zum *Schreiben* anzustoßen, wenn es bereits die drei Stufen der Vorbereitungsübung durchlaufen hat und trotzdem nicht spontan schreibt. Dadurch soll vermieden werden, daß sich das Kind durch die Verzögerung des Schreibens in eine stürmische, impulsive Tätigkeit hineinsteigert, die nicht gebremst werden könnte, weil es das ganze Alphabet kennt.

Die Anzeichen, aus denen die Lehrerin eine ziemlich präzise Diagnose über die Reife zum spontanen Schreiben entnehmen kann, sind: Parallelismus und Gradlinigkeit der Füllstriche in den geometrischen Figuren; Erkennen der Buchstaben aus Schmirgelpapier mit geschlossenen Augen sowie Sicherheit und Schnelligkeit bei der Zusammenstellung von Wörtern. Bevor sie eingreift, um das Schreiben durch Aufforderung auszulösen, ist es jedoch immer gut, mindestens eine Woche nach Feststellung dieser Reife die Explosion des spontanen Schreibens abzuwarten.

1926 ▼ ⟨Erst wenn das Kind begonnen hat, spontan zu schreiben, muß die
▲ Lehrerin eingreifen, um den Fortschritt beim Schreiben zu *lenken*.⟩

Ihre erste Hilfe besteht darin, auf die Tafel Linien zu ziehen, damit das Kind dazu angehalten wird, Ordnung und Maße beim Schreiben zu beachten.

Die zweite besteht darin, das zögernde Kind zu veranlassen, die Buchstaben aus Schmirgelpapier *weiter zu berühren, ohne es jemals direkt anhand der ausgeführten Schrift zu korrigieren;* das heißt also, daß sich das Kind nicht durch *Wiederholung* der Schreibvorgänge, sondern durch *Wiederholung* der vorbereitenden Übungen vervollkommnet. Ich erinnere mich an einen kleinen Anfänger, der, um auf der liniierten Tafel den Buchstaben in schöner Form zu schreiben, die dünnen Kartons neben sich legte, zwei- oder dreimal *alle Buchstaben berührte, die er für die zu schreibenden Wörter benötigte* und dann erst schrieb; kam ihm ein Buchstabe nicht schön genug vor, wischte er ihn aus, *berührte nochmals* den Buchstaben auf dem Karton und schrieb ihn dann.

Unsere Kleinen, auch wenn sie bereits seit einem Jahr schreiben können, machen weiterhin ihre drei Vorbereitungsübungen, die genauso, wie sie die geschriebene Sprache auslösen, diese auch vervollkommnen: Unsere Kinder *lernen* also *schreiben und werden dabei, ohne zu schreiben, immer vollkommener.* Das eigentliche Schreiben ist ein Beweis und der Ausbruch eines inneren Impulses, es ist die Genugtuung darüber, sich einer höheren Tätigkeit zu widmen. Es ist keine Übung.

Es ist auch ein erzieherisches Anliegen, daß man sich vorbereitet, bevor man etwas versucht, und sich vervollkommnet, bevor man weitergeht. Beim Fortschreiten die eigenen Fehler verbessern reizt dazu, Unvollkommenes zu versuchen, dessen man noch nicht würdig ist, und dämpft das Empfinden gegenüber dem eigenen Fehler. Meine Schreibmethode enthält ein erzieherisches Anliegen; sie lehrt das Kind Vorsicht, die Fehler vermeiden hilft, Würde, die vorausschauend macht und zur Vollkommenheit lenkt, sowie Demut, die es ständig mit den Quellen des Guten verbindet, aus denen allein man den Sieg über sich selbst erringt und bewahrt. Die Methode bringt das Kind von der Illusion ab, der erzielte Erfolg würde nunmehr genügen, um den eingeschlagenen Weg weiterzuverfolgen.

Die Tatsache, daß alle Kinder — ganz gleich, ob sie kaum mit den drei Übungen begonnen haben oder bereits seit vielen Monaten schreiben — immer die gleichen Handlungen wiederholen, vereinigt und verbrüdert sie auf anscheinend gleichem Niveau. Hier gibt es keine *Kasten* von Anfängern und Fortgeschrittenen; alle sind damit beschäftigt, Figuren mit den Farbstiften auszufüllen, die Buchstaben aus Schmirgelpapier zu betasten, Wörter mit den beweglichen Alphabeten zusammenzusetzen; die Kleinen gehen zu den Größeren, und diese helfen ihnen. Alle glauben, dasselbe zu tun. Der eine bereitet sich vor, der andere vervollkommnet sich, doch alle verfolgen denselben Weg, genauso wie — tiefer als jeder soziale Unterschied — eine Gleichheit besteht, bei der alle Menschen Brüder sind, und wie auf dem geistigen Weg alle, Anfänger und Vollkommene, zu den gleichen Übungen greifen.

Die Kinder erlernen das Schreiben in sehr kurzer Zeit, weil der Unterricht erst bei denen begonnen wird, die den Wunsch dazu zeigen, durch spontane Aufmerksamkeit bei den Lektionen, die die Leiterin anderen Kindern gibt, und bei Übungen, mit denen sich andere Kinder beschäftigen. Einige *lernen*, noch bevor sie Unterricht erhalten haben, nur weil sie beim Unterricht für die anderen zugehört haben.

Im allgemeinen interessieren sich alle Kleinen von *vier* Jahren an lebhaft für das Schreiben. Einige unserer Kinder haben jedoch mit dreieinhalb Jahren damit angefangen. Die lebhafte Begeisterung äußert sich besonders beim *Berühren* der Buchstaben aus Sandpapier. Während der ersten Periode meiner Versuche, das heißt, als die Kinder *zum erstenmal* die Buchstaben des Alphabetes sahen, bat ich eines Tages die Leiterin Bettini, die verschiedenen Typen von Kartons, die sie selbst angefertigt hatte, auf die Terrasse zu bringen, wo die Kinder spielten. Kaum wurden die Kinder ihrer ansichtig, scharten sie sich auch schon mit ausgestrecktem Finger um die Leiterin und mich. Ihre kleinen Finger *berührten* zu Dutzenden die Buchstaben, wobei die große Schar der Kinder dicht zusammengedrängt stand. Schließlich gelang es einigen der Größeren, uns die Karten aus der Hand zu reißen. ⟨Dabei gaben sie sich der Illusion hin, sie nun als Besitzer zu berühren, doch die vielen Kleinen hinderten sie, die Übung durchzuführen.⟩ Ich entsinne mich, mit welchem spontanen Schwung die Besitzer der Karten sie danach mit den Händen griffen, wie Banner hochhielten und zu gehen anfingen, gefolgt von all den Kindern, die in die Hände klatschten und helle Freudenschreie ausstießen.

Die Prozession zog an uns vorbei; alle, Große und Kleine lachten laut, während die von dem Lärm angezogenen Mütter aus dem Fenster gelehnt dem Schauspiel zuschauten.

Die mittlere Periode, die sich auf die Zeit zwischen dem ersten Übungsversuch bis zum ersten geschriebenen Wort erstreckt, dauert bei Vierjährigen anderthalb Monate; bei Fünfjährigen ist die Zeitspanne sehr viel kürzer, etwa ein Monat. Eines unserer Kinder lernte jedoch, mit *allen Buchstaben des Alphabetes*, in 20 Tagen schreiben. Nach zweieinhalb Monaten schreiben Vierjährige beim Diktat jedes Wort und können anfangen, mit Tinte in Hefte zu schreiben. Im allgemeinen sind unsere Kleinen nach drei Monaten erfahren; wenn sie sechs Monate lang schreiben, lassen sie sich mit Kindern aus der 3. Grundschulklasse vergleichen.

Schließlich ist das Schreiben eine der leichtesten und beliebtesten Errungenschaften für die Kinder.

Wäre Lernen für Erwachsene genauso leicht wie für Kinder unter sechs Jahren, ließe sich in einem Monat das Analphabetentum beseitigen. Vielleicht würden aber zwei Hindernisse den glänzenden Erfolg vereiteln. ⟨— 6⟩ ⟨In keinem Fall besitzen Erwachsene die in den Kleinen durch die psychische Sensibilität erzeugte Begeisterung, eine Begeisterung, die jedoch nur während der konstruktiven Periode existiert, welche die Natur uns für die Bildung der Sprache schenkt. Außerdem ist die Hand des Erwachsenen schon zu steif, um leicht die zum Schreiben erforderlichen behutsamen Bewegungen auszuführen.

Allerdings weiß ich, daß der Kampf gegen das Analphabetentum beträchtlich erleichtert wurde, als man das von uns bei der Kindererziehung benutzte Verfahren auf Erwachsene anwandte (bei Rekruten und Soldaten in den Vereinigten Staaten von Amerika). Die Montessori-Lehrerinnnen widmeten sich in der Tat dem Unterricht von Soldaten.

Später erfuhr ich, daß man in Rom in früheren Zeiten die Hand der Erwachsenen, um das Handhaben der Feder zu verbessern, dadurch übte, daß man sie die Linien riesiger, in ihrer Form vollkommener Buchstaben nachziehen ließ, und nicht dadurch, daß man sie mit einem Muster vor Augen schreiben ließ, wie dies heute bei Schönschreibeübungen geschieht.

Deshalb erleichtert das Nachziehen der Linien und das phonetische Zusammensetzen ganzer Wörter mit einem beweglichen Alphabet die Anstrengungen beim Erlernen des Schreibens für alle. Es ist allerdings auch richtig, daß ein Erwachsener viele Monate braucht, um das zu lernen, was ein indirekt vorbereitetes Kind in einem einzigen lernt.⟩

Soviel über die zum Lernen erforderliche Zeit. Was die Ausführung anbelangt, so *schreiben* unsere Kinder gleich von Anfang an *gut*. Verblüffend ist dabei die Form der abgerundeten und schwungvollen Buchstaben, die in allem dem Muster auf Schmirgelpapier ähneln. Die Schönheit ihrer Schrift wird fast nie von Grundschülern erreicht, *außer sie haben besondere Schönschreibeübungen gemacht*. Ich habe mich selbst eingehend mit Schönschreiben beschäftigt und weiß, wie schwierig es ist, Zwölf- und Dreizehnjährige in Sekundarschulen zum Schreiben ganzer Wörter zu bringen, ohne daß sie die Feder absetzen, außer beim o, und wie der in einem einzigen Zug geführte Zusammenhang verschiedener Buchstaben sehr oft zu einer unüberwindlichen Schwierigkeit wird und der Parallelismus der ihn bildenden Striche sich dadurch verliert.

Unsere Kleinen schreiben hingegen spontan mit großartiger Sicherheit ganze Wörter, ohne ein einziges Mal abzusetzen, und behalten dabei einen vollkommenen Parallelismus der Zeichen und den gleichen Abstand zwischen den verschiedenartigen Buchstaben bei. Dies hat mehr als einen sachkundigen Besucher zu dem Ausruf hingerissen: „Hätte ich es nicht selbst gesehen, ich würde es nicht glauben!"

Tatsächlich *ist Schönschrift ein* notwendiger *Zusatz-Unterricht* zur *Korrektur* bereits erworbener und fixierter Fehler; es ist eine lange und beschwerliche Mehrarbeit, weil das Kind beim *Anschauen* des Musters die passende *Bewegung* machen muß, um es wiederzugeben, während es keine *direkte Übereinstimmung* zwischen dieser Empfindung und dieser Bewegung gibt.

Außerdem wird Schönschreiben in einem Alter gelehrt, in dem sich die Fehler festgesetzt haben, wenn die physiologische Periode mit ihrem besonders empfänglichen *Muskelgedächtnis* vorbei ist. Sprechen wir auch nicht von dem grundlegenden Irrtum, aus dem heraus die Schönschrift denselben Weg verfolgt wie das Schreiben, angefangen bei den Grundstrichen.

Bei uns hingegen wird das Kind direkt nicht nur auf das Schreiben, sondern auch auf das *Schönschreiben* in seinen beiden Hauptzügen vorbereitet: die *Schönheit der Form* (das Berühren von Buchstaben in Schönschrift) und *der Schwung des Striches* (Übungen zum Ausfüllen der Figuren).

XVI

LESEN

Die Erfahrung hat mich gelehrt, einen klaren Unterschied zwischen *Schreiben* und *Lesen* zu machen. Sie hat mir außerdem bewiesen, daß *beide Vorgänge nicht genau zur gleichen Zeit* stattfinden. Wenn dies auch im Widerspruch zu dem Vorurteil steht, das sich in unserer Erfahrung festgesetzt hat, so *geht* Schreiben doch dem Lesen *voraus*. Ich nenne *Lesen* nicht die Probe, die das Kind macht, wenn es das selbst geschriebene Wort *nachprüft*, also die Zeichen in Laute überträgt wie vorher die Laute in Zeichen. Denn bei dieser Überprüfung kennt es bereits das Wort, das es mehrmals im Geiste beim Schreiben wiederholt hat.

Ich nenne Lesen die *Interpretation* eines Gedankens mit Hilfe von Schriftzeichen.

Das Kind, das nicht gehört hat, wie das Wort diktiert wurde, und das es erkennt, wenn es dieses auf einem Tischchen mit beweglichen Buchstaben zusammengesetzt sieht, und weiß, was es bedeutet (es ist der Name eines Kindes, einer Stadt, eines Gegenstandes usw.), dieses Kind *liest*.

Denn das gelesene Wort in der geschriebenen Sprache entspricht dem Wort der artikulierten Sprache, das dazu dient, die uns *von anderen* übermittelte Sprache zu *empfangen*.

Bevor das Kind aus geschriebenen Worten keine Gedankenübertragungen empfängt, *liest es auch nicht*.

Es läßt sich sagen, daß Schreiben, wie es geschildert wurde, ein Faktum ist, bei dem die psychisch-motorischen Mechanismen überwiegen, während beim Lesen eine rein verstandesmäßige Arbeit vorliegt. Doch es ist offensichtlich, daß unsere Schreibmethode so auf das Lesen vorbereitet, daß die Schwierigkeiten dadurch kaum noch bemerkt werden. Tatsächlich bereitet das Schreiben das Kind auf eine mechanische Interpretation der Zusammenfügung buchstäblicher Laute vor, die das Wort bilden, das es geschrieben sieht. Das Kind kann also *die Laute* des Wortes *lesen*. Man beachte nun, daß es beim Zusammensetzen der Wörter mit dem beweglichen Alphabet oder beim Schreiben *Zeit* hat, an die Zeichen *zu denken*, die es wählen oder ausführen muß. Ein Wort schreiben dauert lange, verglichen mit der zum Lesen erforderlichen Zeit.

Wird einem Kind, das *schreiben kann*, ein Wort gezeigt, das es durch Lesen interpretieren soll, dann schweigt es lange und liest im allgemeinen die das Wort bildenden Laute genauso langsam, wie es sie schreiben würde. Der *Sinn* eines Wortes wird hingegen erfaßt, wenn es nicht nur schnell, sondern auch mit der richtigen Betonung ausgesprochen wird. Nun muß das Kind aber das Wort, also den Gedanken, den es darstellt, *erkennen*, um die richtige Betonung zu finden, folglich muß eine höhere Verstandesarbeit wirksam werden.

Ich verfahre also wie folgt bei Leseübungen, und was ich gleich beschreibe, ersetzt die alte Fibel. Ich bereite Zettel aus einfachem Schreibpapier vor, auf jedem steht in 1 cm hoher Kursivschrift ein bekanntes Wort, das die Kinder schon viele Male ausgesprochen haben und das etwas darstellt, das entweder vorhanden ist oder im Gedächtnis haftet (zum Beispiel die Mutter). Bezieht sich das Wort auf vorhandene Gegenstände, stelle ich diese dem Kind vor Augen, um ihm das Lesen zu erleichtern. In diesem Zusammenhang möchte ich erwähnen, daß es sich bei den Gegenständen meistens um Spielzeug handelt. Die „Kinderhäuser" besitzen nämlich nicht nur Geschirr, eine Küche, Bälle und Puppen, wie ich bereits Gelegenheit hatte anzudeuten, sondern auch Schränke, Sofas, Betten, also das erforderliche Mobiliar für ein Puppenhaus: Häuser, Bäume, Schafherden, Tiere aus Pappmaché, Zelluloidpuppen und -gänse, die auf dem Wasser schwimmen, kleine Boote mit Seeleuten, Bleisoldaten, fahrende Eisenbahnen, Gehöfte mit Landhaus, Schuppen mit Pferden und Rindern zwischen weitläufigen Einfriedungen usw. Für ein römisches „Haus" schenkte mir ein Künstler schöne Keramikfrüchte [91].

Wenn das Schreiben zur Verbesserung oder besser zur Lenkung und Vervollkommnung des Mechanismus der artikulierten Sprache beim

---

1926 ▼ [91] In den ersten „Kinderhäusern" gab es sehr viel Spielzeug, doch es wurde in der
▲ Praxis langsam vergessen, da die Kinder nicht danach verlangten.

Kind dient, so ist das Lesen bei der Entwicklung der Gedanken behilflich und verbindet sie mit der Entwicklung der Sprache. Schließlich hilft das Schreiben der physiologischen Sprache und das Lesen der sozialen Sprache.

⟨Ganz am Anfang steht, wie ich bereits erwähnte, die *Nomenklatur*, also das Lesen von Namen bekannter und möglicherweise vorhandener Dinge [92].⟩

Ich beginne nicht mit *leichten* oder *schweren* Wörtern, da die Kinder *das Wort bereits* als *Zusammensetzung von Lauten* lesen können; ich lasse die Kleinen langsam das geschriebene Wort in Laute übertragen. Ist die Interpretation richtig, beschränke ich mich darauf, zu sagen: „Schneller." Beim zweitenmal liest das Kind schneller, wenn es dieselbe Ansammlung von Lauten wiederholt, oft ohne zu verstehen. Ich wiederhole: „Schneller, schneller [93]." Das Kind liest immer schneller und *errät* schließlich. Es zeigt dann einen Ausdruck von Dankbarkeit und nimmt die befriedigte Haltung an, die so oft unsere Kleinen verklärt. Dies ist die ganze Leseübung; sie verläuft sehr schnell und verursacht dem bereits durch Schreiben vorbereiteten Kind ganz geringe Schwierigkeit.

Ja wirklich, der viele Verdruß mit der Fibel ist begraben wie die Striche! [94]

Wenn das Kind gelesen hat, lege ich das auseinandergefaltete Zettelchen auf den Gegenstand, dessen Namen es trägt, und die Übung ist beendet. Nachdem die Kinder erst einmal geschult waren, nicht nur zu lesen, sondern gut zu *verstehen*, worin die von ihnen erwartete Übung bestand, dachte ich mir folgendes Spiel aus (um die verschiedenen, sehr häufig zu wiederholenden Leseübungen — damit schnell und deutlich gelesen wurde — angenehm zu gestalten).

---

[92] Schon in der italienischen Auflage von 1913 enthalten (d. Hrsg.).
[93] Es zeigt sich, daß Montessori trotz ihres sonst vielfältig ganzheitlichen Verständnisses an dieser Stelle nach Art der zur Zeit ihrer ersten Versuche in Geltung stehenden synthetischen Lesemethode verfährt. Dabei ist aber zu beachten, daß sie bei dem vorangehenden „Schreiben" durchaus analytisch vorgeht. In deutschen Montessori-Schulen hat sich vielfach eine elastischere Praxis eingebürgert, die dem Kind im Sinne einer ganzheitlichen Methode das Wort gibt, wenn es es noch nicht erlesen kann (d. Hrsg.).
[94] Gemeint sind Silbenfibel und Strichübungen beim Schreibenlernen (d. Hrsg.).

Spiel zum Lesen der Wörter. — Ich stelle die verschiedenartigsten und anziehendsten Spielsachen auf den großen Tisch. Zu jedem von ihnen gehört ein Zettel, auf dem der Name steht. Ich falte und rolle die Zettel, mische sie in einer Schachtel und lasse sie von den Kindern, die lesen können, wie ein Los herausziehen. Sie sollen mit dem Zettel zu ihrem Platz gehen, ihn ganz langsam aufrollen, still lesen, ohne ihn den Nachbarn zu zeigen, wieder zusammenfalten, so daß sein Geheimnis vollkommen bewahrt bleibt, und dann, mit dem Zettel in der Hand, zum Tisch gehen. Das Kind soll dann laut den Namen eines Spielzeuges aussprechen und der Leiterin den Zettel zur Überprüfung vorweisen. Dann wird dieser Zettel zu einem Geldstück, mit dem man das genannte Spielzeug erwirbt. Spricht das Kind das Wort deutlich aus und zeigt gleichzeitig mit dem Finger auf den Gegenstand — die Leiterin kann auf dem Zettel nachprüfen, ob es stimmt —, nimmt es sich das Spielzeug und macht damit bis auf weiteres, was es will.

Waren alle Kinder an der Reihe, ruft die Leiterin das erste Kind, dann alle anderen in derselben Reihenfolge auf, in der sie das Spielzeug genommen haben, läßt einen anderen Zettel wie ein Los ziehen, den das Kind gleich lesen muß und auf dem der Name eines Spielgefährten steht, der noch nicht lesen kann und deshalb das Spielzeug nicht erhielt. Dann soll es ritterlich und aus Gefälligkeit dem Analphabeten das Spielzeug geben, das es rechtmäßig besitzt. Das Anbieten hat mit freundlichen Bewegungen, mit Anmut und einem Gruß zu erfolgen. So wird jeder Kastengeist ausgeschaltet und das Gefühl eingegeben, daß man denen, die rechtmäßig nicht besitzen, mit Güte geben soll, ebenso wie das Gefühl, daß alle, ob sie es nun verdienen oder nicht, sich gleichermaßen daran freuen sollen.

Das Lesespiel ging großartig; man stelle sich vor, welche Befriedigung die armen Kinder in der Vorstellung empfanden, so schönes Spielzeug zu besitzen und das wirkliche Vergnügen, lange damit spielen zu können.

Doch wie groß war meine Verwunderung, als die Kinder, nachdem sie gelernt hatten, die beschriebenen Zettel zu lesen, *sich weigerten*, die Spielsachen zu nehmen und mit Spielen und diesen ganzen Höflichkeitsbezeigungen den kleinen Spielkameraden gegenüber Zeit zu verlieren. Mit einer Art unersättlichem Wunsch zogen sie es hingegen vor, die Zettel nacheinander herauszunehmen, um sie alle zu lesen. Ich schaute sie an und versuchte dabei, das Rätsel ihrer uns unbekannt gebliebenen Seele zu erforschen und betrachtete sie gewissermaßen meditierend. Dabei erfüllte mich die Entdeckung mit Verwunderung, daß Kinder aus menschlicher Neigung heraus das *Wissen* (sapere) und nicht das sinnleere *Spiel* lieben. Dies ließ mich an die Erhabenheit des menschlichen Geistes denken.

Wir legten also das Spielzeug wieder beiseite und machten uns daran, *Hunderte* von Zetteln zu beschreiben: Namen von Kindern, Gegenständen, Städten, Farben und durch die Sinnesübungen bekannte Eigenschaften. Wir verteilten sie auf mehrere Schachteln und ließen die Kinder sie herausholen, wie sie wollten. Ich erwartete zumindest, daß sie so unbeständig sein würden, abwechselnd von einer zur anderen Schachtel überzuwechseln, aber nein, jedes Kind leerte die Schachtel, die es vor sich hatte, und ging erst dann zu einer anderen, von *unstillbarem* Lesehunger erfüllt. Eines Tages begab ich mich auf die Terrasse und sah, daß die Kinder die kleinen Tische und Sessel dorthin gebracht und die Schule kurzweg ins Freie verlegt hatten. Einige spielten auf dem Boden, andere saßen im Kreis um die Tische voller Buchstaben und Kartons mit den Schmirgelpapierbuchstaben. Im Schatten eines Mansardenvorsprungs saß auf der einen Seite die Leiterin, die einen sehr langen, schmalen Kasten voller Zettel in der Hand hielt, und auf der gesamten Länge dieser Schachtel waren fischende Händchen aneinandergereiht. Eine Gruppe von Kindern las, wobei sie die Zettel erst auseinander- und dann wieder zusammenfalteten. „Sie werden es nicht glauben", sagte die Leiterin zu mir, „daß sie seit über einer Stunde hier sind und immer noch nicht genug haben." Wir machten den Versuch, Bälle und Puppen zu holen, doch ohne Erfolg, diese Nebensächlichkeiten verloren an Gewicht gegenüber der Freude des *Wissens* (sapere).

Als ich ein solch erstaunliches Ergebnis sah, dachte ich daran, Buchstaben in Blockschrift lesen zu lassen, und schlug der Lehrerin vor, das gleiche Wort in beiden Scheibweisen auf einige Zettel zu schreiben. Doch die Kinder kamen mir zuvor. Im Schulzimmer war ein Kalender, auf dem viele Wörter in Blockschrift und einige in gotischer Schrift standen. In ihrer Lesewut begannen ein paar Kinder, sich den Kalender anzusehen, und zu meiner unsäglichen Überraschung lasen sie die Block- und die gotische Schrift!

Nun blieb uns nur noch übrig, ihnen ein Buch zu geben, und tatsächlich lasen sie die Wörter daraus. ⟨Ich würde allerdings zu Beginn in die „Kinderhäuser" nur ein einziges Buch geben, in dem unter dem Bild aller abgebildeten Gegenstände deren Name gedruckt ist.⟩

Die Mütter machten sich sofort die Fortschritte der Kinder zunutze, denn wir entdeckten bei einigen in der Tasche ungelenk geschriebene Zettel mit Einkaufsnotizen: Nudeln, Brot, Salz usw., und einige unserer Kleinen gingen mit dem Zettel einkaufen. Die Eltern erzählten uns dann, daß ihre Kinder auf der Straße nicht mehr schnell vorwärtskamen, weil sie stehen blieben, um die Schilder der Geschäfte zu lesen.

Mit einem kleinen viereinhalbjährigen Marquis, der daheim Privatunterricht erhielt, spielte sich folgende Episode ab: Der Vater des Kindes, ein Abgeordneter, bekam sehr viel Post. Er wußte, daß sein Sohn schon seit zwei Monaten mit Übungen begonnen hatte, die das Lesen- und Schreibenlernen vorzeitig beschleunigten, aber er hatte nicht besonders darauf geachtet und glaubte schon gar nicht daran. Eines Tages las der Marquis, und das Kind spielte neben ihm, als ein Bediensteter hereinkam und die gerade angekommene umfangreiche Post auf einen Tisch legte. Der Kleine wurde auf sie aufmerksam, schaute sich die Briefe an und begann dann laut alle Adressen vorzulesen. Der Marquis glaubte fast an ein Wunder.

Man kann fragen, welche Zeit durchschnittlich zum Lesenlernen benötigt wird. Die Erfahrung sagt uns, daß von dem Augenblick an, wo das Kind schreibt, der Übergang von diesem niederen Studium der geschriebenen Sprache zu dem höheren des Lesens im Durchschnitt vierzehn Tage beträgt. Die *Sicherheit* beim Lesen kommt jedoch fast immer nach der Vervollkommnung des Schreibens. In den meisten Fällen schreibt das Kind ausgezeichnet und liest mittelmäßig.

Nicht alle Kinder haben im gleichen Alter denselben Punkt erreicht. Da keines von ihnen je gezwungen, ja nicht einmal aufgefordert oder angehalten wird, das zu tun, was es nicht mag, kommt es vor, daß einige Kinder, *da sie nicht spontan* lernen wollten, in Ruhe gelassen wurden und weder schreiben noch lesen können.

Wenn die alte Methode, die den Willen des Kindes tyrannisiert und seine Spontaneität unterdrückt, es nicht für richtig hält, *es* zum Schreiben *zu zwingen*, bevor es ein Alter von sechs Jahren erreicht hat, so tun wir dies erst recht nicht.

Ich würde mich jedoch ohne längere Erfahrung nicht in der Lage sehen, zu entscheiden, ob in jedem Fall das Alter der vollen Entwicklung der artikulierten Sprache zur Auslösung des Schreibens gewählt werden soll.

Jedenfalls beginnen fast alle nach unseren Methoden behandelten normalen Kinder mit vier Jahren zu schreiben; mit fünf können sie mindestens so gut lesen und schreiben wie Kinder, die das erste Grundschuljahr hinter sich haben. Sie wären also in der Lage, die zweite Klasse zu besuchen, in die gewöhnlich Kinder zugelassen werden, die bereits volle sieben Jahre alt sind.

Die Übung mit den klassifizierten Kärtchen

⟨Das weiter oben beschriebene primitive Lesespiel wurde neu auf- ▼ 1926
gegriffen, verändert und dann zum Lesenlernen in nicht phonetischen Sprachen, wie zum Beispiel dem Englischen, festgelegt.

Die wichtigste Übung (die zu Beginn ganz allgemein, also auch für phonetische Sprachen angewandt werden kann), besteht darin, eine Reihe von Gegenständen und eine entsprechende Zahl von Zetteln vorzubereiten, auf denen die dazugehörigen Namen stehen; nach dem Lesen wird das Kärtchen neben den betreffenden Gegenstand gelegt. Bei phonetischen Sprachen verfolgt die Übung den Zweck, das Interesse für das geschriebene Wort zu wecken. Das Erkennen des Namens eines vorhandenen Gegenstandes führt sozusagen zu dem erregenden Gefühl, ein Geheimnis entdeckt zu haben. Das Legen des Kärtchens an den richtigen Platz befriedigt und schließt den Kreis dieser inneren Tätigkeit.

Nun ist der innere Motor berührt, das Interesse entzündet, und die Verbindung zwischen dem Quell des Lebens und der äußeren Errungenschaft hat sich eingestellt.

Bei den nicht-phonetischen Sprachen muß der erste Schritt ähnlich sein. Deshalb wurde vor allem (zum Unterricht der englischen Sprache) eine Gruppe phonetischer Wörter gesucht, wohlwissend, daß es auch in nicht-phonetischen Sprachen immer solche Wörter gibt. Darunter wurden alle diejenigen ausgewählt, die sich auf der Grundlage von etwa zwanzig verschiedenen Lauten zusammensetzen ließen, denn wir wußten aus Erfahrung, daß dies die Anzahl der für Vier- und Fünfjährige deutlich unterscheidbaren isolierten Laute ist.

▼ Beim Versuch, diese bestimmte Anzahl von Wörtern festzulegen, brauchen wir uns um nichts weiter als die oben angeführten Schwierigkeiten zu kümmern, da weder lange Wörter noch komplizierte Laute in ihrer Zusammensetzung für das Kind schwierig sind. Bei dieser ersten grundlegenden Suche kommt es nur darauf an, Interesse beim Kind zu wecken; es genügt dabei, wenn das Wort phonetisch ist sowie bekannte und vorhandene Gegenstände darstellt. Ist dies getan und das Interesse für das geschriebene Wort geweckt, kann man zu den aufeinanderfolgenden Schwierigkeitsgraden übergehen, und zwar durch Vorbereitung von Wortgruppen entsprechend dem orthographischen Aufbau der Sprache. Es ist also zunächst ein Prozeß erforderlich, dessen Zweck darin besteht, lebhaftes Interesse für das Leben zu entzünden. Danach kommt die Vorbereitung für den langen Weg, der zur Überwindung der verschiedenen orthographischen Schwierigkeiten begangen werden muß. Dann wird es notwendig, nach Gegenständen zu suchen, die sich materiell mit den entsprechenden Worten gruppieren lassen, und eine Reihe aufeinanderfolgender Übungen festzulegen. Nachdem im Kind das Interesse an den Schwierigkeiten als solchen und an der Gruppierung der Wörter, die sie demonstrieren, erwacht ist, ist zunächst nur eine wirkliche Klassifizierung der Wörter erforderlich. Dies führt die Kinder zum reinen Interesse am Lesen von Worten, wie man es in phonetischen Sprachen festgestellt hat.

Bei der Entwicklung dieses Verfahrens für die englische Sprache hielt man es in England für notwendig, kleine Schränke zu bauen, die in ihren verschiedenen Kästchen (wie in den Unterabteilungen einer Klassifikation) nach bestimmten orthographischen Schwierigkeiten ausgewählte Wortgruppen sowie sich darauf beziehende Gruppen von Gegenständen enthalten. Wenn es ein Kästchen gewählt hat, kann das Kind allein die Gegenstände aufstellen, an jeden sein Kärtchen heften und nach Beendigung der Übung wieder in den Schrank stellen; danach einen anderen Kasten herausnehmen und so fort. So lernt es verschiedene Rechtschreibe- und Ausspracheschwierigkeiten kennen.

Umkehrung der Übung. — Die praktischen Vorteile derartiger Übungen haben zu einer weiteren Anwendungsweise angeregt, und zwar wurden durch Umkehrung des Zweckes der oben angegebenen Übung Gegenstände zusammengestellt, die eine kulturelle Bedeutung haben, wobei ihnen Kärtchen beigegeben wurden, auf denen die sie betreffenden Namen stehen. Während bei der ersten Übung die Gegenstände bekannt waren und sich die Schwierigkeiten beim Lernen auf die Wörter bezogen, geht man hier von einer ausreichenden Kenntnis der Wörter aus, um die Namen von Gegenständen zu lehren, die mit verschiedenen kulturellen Zwecken zusammenhängen. So wurden zum Beispiel bei der religiösen Erziehung verschiedene stark verkleinerte Gegenstände vorbereitet, die sich auf den Altar, die Kleidung der Priester, die zur Messe benötigten Dinge und so fort bezogen. Diese Übung wurde auch noch weiterentwickelt, um das passende Wort für einen großen Teil des Materials zu fixieren, wie zum Beispiel die Bezeichnung der Stoffe, der Knüpfrahmen, der Vielecke usw. Schließlich erstreckte sich eine weitere Anwendung auf einige Modelle von Tieren oder Pflanzen zusammen mit wissenschaftlichen Ausdrücken zu ihrer Klassifizierung, die auf separaten Zetteln geschrieben sind und auf die erkannten Dinge gelegt werden.

Bei diesen letzten Anwendungsarten wurde jedoch ein Weg eingeschlagen, der mit dem uns hier interessierenden Thema, nämlich dem Erlernen des Lesens, nichts zu tun hat. Es handelt sich dabei vielmehr um eine Anwendung des Lesens ähnlich der bei Botanikern oder Gärtnern üblichen Methode, den lateinischen Namen der verschiedenen Pflanzen auf ein Kärtchen zu schreiben.⟩

Die Befehle: das Lesen von Sätzen

[95] Kaum hatten einige Besucher der ersten „Kinderhäuser" von San Lorenzo bemerkt, daß die Kinder gedruckte Buchstaben lasen, da schenkten sie auch schon wunderschöne Bilderbücher, die den Grundstock unserer Bibliothek bildeten. Als ich diese Bücher voller einfacher Fabeln durchblätterte, wurde mir klar, daß die Kleinen sie nicht verstehen würden. Die Lehrerinnen, die alle damit sehr zufrieden waren, wollten mir dagegen einen Beweis liefern, indem sie verschiedene Kinder lesen ließen und mir erklärten, sie würden dies sehr viel schneller und besser tun als Kinder, welche die zweite Grundschulklasse hinter sich hatten. Ich ließ mich jedoch nicht blenden und machte zwei Proben: Die erste bestand darin, diese Fabeln durch die Lehrerinnen er-

---

[95] Anschluß 1. deutsche Auflage, S. 283 (d. Hrsg.).

zählen zu lassen und zu beobachten, wie viele Kinder sich spontan dafür interessierten. Nach wenigen Worten wurde die Aufmerksamkeit der Kleinen abgelenkt. Der Lehrerin war es *untersagt* worden, die Zerstreuten zur Ordnung zu rufen, und so begann die Schülerschar nach und nach Zeichen von Unruhe zu zeigen, und jeder ging wieder seiner üblichen Beschäftigung nach, ohne weiter zuzuhören.

Es war klar, daß die Kinder, die mit Vergnügen diese Bücher zu lesen schienen, *ihren Sinn nicht erfaßten*, sondern sich nur über den erworbenen Mechanismus freuten, der darin bestand, Schriftzeichen in die Laute eines Wortes zu übertragen, das sie erkannten. Tatsächlich lasen die Kinder die Bücher mit sehr viel *geringerer Ausdauer* als die Zettel, weil sie in ihnen zahlreiche unbekannte Wörter fanden.

Meine zweite Probe bestand darin, dem Kind das Buch zum Lesen zu geben, ohne die mit Suggestivfragen verbundenen Erklärungen, mit denen die Lehrerin die Kinder überschüttete, wie: „Hast du verstanden? Was hast du gelesen? Daß das Kind mit der Kutsche fuhr, nicht wahr? Nein? Aber lies richtig, also schau" usw.

Ich gab nun das Buch einem Kind, setzte mich liebevoll und vertraulich daneben und fragte es mit dem einfachen Ernst, mit dem ich mich an einen Freund gewandt hätte: „Hast du verstanden, was du gelesen hast?" Das Kind antwortete mir: „Nein", doch der Ausdruck seines Gesichtes schien eine Erklärung meiner Frage zu erwarten. Die Vorstellung, *daß sich aus dem Lesen einer Reihe von Wörtern die Übertragung komplizierter Gedanken von anderen ergibt, die uns auf diese Weise übermittelt werden*, mußte für meine Kinder eine der erleuchtendsten Errungenschaften für die Zukunft, ein neuer Quell der Überraschungen und der Freude bedeuten.

Das *Buch* wendet sich der *logischen Sprache* zu, nicht dem Mechanismus der Sprache, und damit das Kind es verstehen kann, muß sich die logische Sprache in ihm bereits fixiert haben. Zwischen der Fähigkeit, Wörter zu lesen und den Sinn eines Buches zu erfassen, kann derselbe Unterschied bestehen wie zwischen dem Vermögen, ein Wort auszusprechen und eine Rede zu halten.

Ich brach also das Lesen von Büchern ab und wartete.

Eines Tages, als wir uns unterhielten, standen *vier* Kinder gleichzeitig mit einem Ausdruck der Freude auf und schrieben Sätze wie diesen an die Tafel: „Wie freue ich mich, daß die Blumen im Garten blühen." Dies war für uns eine große und ergreifende Überraschung. Die

Kinder hatten spontan Worte zusammengestellt, wie sie auch das erste genauso spontan geschrieben hatten. Es war der gleiche Mechanismus, und das Phänomen entwickelte sich ganz logisch: die artikulierte Sprache führt eines schönen Tages zur Explosion des Schreibens.

Mir wurde klar, daß nun der Augenblick gekommen war, zum *Lesen von Sätzen* überzugehen, und ich griff auf dasselbe Hilfsmittel, nämlich die Tafel, zurück.

„Mögt Ihr mich?" Die Kinder lasen langsam mit erhobener Stimme, schwiegen einen Augenblick, als dächten sie nach, und riefen dann ganz laut: „Ja, ja!" Ich schrieb weiter: „Dann seid still und sitzt alle ruhig!" Sie lasen es fast alle schreiend, und kaum waren sie damit zu Ende, stellte sich eine feierliche Stille ein, die nur durch einige Geräusche unterbrochen wurde, welche die Kinder, im Bestreben, ruhig zu sitzen, beim Verrücken der Stühle machten.

So begann zwischen mir und ihnen ein Gedankenaustausch mit Hilfe der Schrift, der sich für die Kinder als besonders interessant erwies. Nach und nach *entdeckten* sie den großen Wert des die Gedanken übertragenden Schreibens. Wenn ich zu schreiben begann, bebten sie in der Erwartung, meine Absicht zu erfahren und zu verstehen, ohne daß ich ein einziges Wort sprach.

Das Schreiben bedarf tatsächlich keiner Worte. Seine ganze Bedeutung läßt sich nur dann erfassen, wenn man die gesprochene Sprache vollständig ausschließt.

An einem Tag des Jahres 1909, während mein erstes Buch über die Methode im Druck war, gelang es uns, mit folgendem Spiel unseren Kleinen in den „Kinderhäusern" den vollen Genuß des Lesens zu vermitteln.

Auf ein Blatt Papier schrieb ich lange Sätze, in denen Handlungen beschrieben wurden, welche die Kinder ausführen sollten, zum Beispiel: „Schließe die Fensterläden und mache die Eingangstür auf, warte einen Augenblick und versetze alles wieder in den früheren Zustand." „Bitte freundlich acht deiner Kameraden, ihren Platz zu verlassen und sich in Zweierreihen in der Mitte des Raumes aufzustellen, lasse sie dann auf Zehenspitzen ganz leise, ohne das geringste Geräusch, vor- und rückwärts gehen." „Sei so gut und bitte drei der größeren Kameraden, die gut singen können, in die Mitte des Zimmers zu kommen, lasse sie sich in einer Reihe aufstellen und sing mit ihnen ein schönes Lied deiner Wahl", usw. usw.

Kaum war ich mit dem Schreiben fertig, rissen mir die Kinder die Zettel aus der Hand, um sie zu lesen, während sie sie zum Trocknen auf ihren Tisch legten. Sie lasen spontan mit größter Aufmerksamkeit und *in tiefstem Schweigen*. Ich fragte sie: „Versteht Ihr?" „Ja, ja!" „Dann macht es", und mit Bewunderung sah ich, wie jedes der Kinder sich geschwind eine Handlung aussuchte und sorgfältig ausführte. Dann verbreitete sich im Saal eine große Betriebsamkeit, eine neuartige Unruhe. Der eine schloß die Läden und machte sie wieder auf; andere ließen die Kameraden herumlaufen oder singen, noch einer ging schreiben oder holte etwas aus dem Schrank. Die Überraschung, die Neugier äußerte sich in allgemeinem Schweigen, und das Schauspiel lief unter größter Anteilnahme ab. Es schien, als sei eine magische Kraft von mir ausgegangen, die Anreiz zu einer bisher unbekannten Aktivität bot: diese Magie war die Schrift, die größte Errungenschaft der Zivilisation.

Die Kinder verstanden ihre Bedeutung so gut, daß sie sich bei meinem Fortgang um mich scharten und mir sagten: „Danke! Danke für die Lektion!"

Sie hatten einen großen Schritt vorwärts getan: sie hatten sich vom Mechanismus zum Geist des Lesens aufgeschwungen.

Dieses beliebteste aller Spiele geht heute wie folgt vor sich: Zunächst wird *tiefe Stille* herbeigeführt, dann eine Schachtel mit gefalteten Zetteln gebracht, die alle mit einem langen Satz, der Erklärung einer Handlung, beschrieben sind.

Alle Kinder, die lesen können, nehmen wie ein Los einen Zettel heraus, lesen ihn *leise* ein- oder mehrmals, bis sie sicher sind, gut verstanden zu haben, geben dann der Leiterin den offenen Zettel zurück und schreiten zur Tat. Da viele Handlungen das Eingreifen anderer Spielgefährten, die nicht lesen können, erfordern und bei vielen eine Benutzung oder Umstellung der Gegenstände verlangt wird, entsteht eine allgemeine Bewegung, die in großartiger Ordnung erfolgt. Dabei wird die große Stille nur durch das unterdrückte Scharren der leicht laufenden Füße und das Anstimmen der Lieder unterbrochen. Dies ist die unerwartete Offenbarung einer spontanen, vollkommenen Disziplin.

Die Erfahrung hat uns gelehrt, daß die *Zusammensetzung vor dem logischen Lesen kommen* muß, genau wie das Schreiben dem Lesen von Wörtern vorangeht, und daß man still und nicht laut lesen muß, soll der Sinn erfaßt werden.

Denn lautes Lesen verlangt die Übung von zwei Sprachmechanismen

— dem der artikulierten und dem der geschriebenen Sprache — folglich wird die Arbeit komplizierter. Wir wissen alle, daß ein Erwachsener, der mit lauter Stimme etwas öffentlich vorlesen soll, sich dadurch darauf vorbereitet, daß er damit anfängt, *es beim leisen Lesen zu verstehen*. Wir wissen auch, daß Lesen mit lauter Stimme zu den schwierigsten intellektuellen Handlungen gehört. Die Kinder, die also mit dem Lesen *beginnen*, um die Gedanken zu interpretieren, *müssen still lesen*. Die geschriebene muß sich von der artikulierten Sprache isolieren, wenn sie sich zum logischen Denken erhebt. Denn sie stellt die Sprache dar, welche *Gedanken auf Distanz übermittelt,* während Sinne und Muskelmechanismen schweigen: eine vergeistigte Sprache, welche die Menschen der ganzen Welt miteinander verbindet.

Nachdem die Erziehung in den „Kinderhäusern" ein solches Niveau erreicht hat, sollte als logische Folgerung die ganze Grundschulordnung geändert werden.

Es ist ein großes Problem, wie man die ersten Grundschulklassen durch Weiterführung unserer Methoden reformieren kann. Der Hinweis möge genügen, daß die *erste Grundschulklasse* bei unserer Kindererziehung, die sie mit einschließt, gänzlich abgeschafft werden kann[96].

Die Grundschulen von morgen müßten also Kinder wie die unseren aufnehmen, die bereits selbstständig sind, sich an- und ausziehen, sich waschen können, die Regeln des Anstandes kennen, diszipliniert sind, obwohl sie oder besser gerade weil sie — wie ich glaube behaupten zu können — in Freiheit erzogen wurden; Kinder, die außer einer voll entwickelten artikulierten fehlerlosen Sprache auch die praktische Grundsprache beherrschen, die langsam zur logischen Sprache aufsteigt.

Daß sie eine gute Aussprache haben und in Schönschrift schreiben, daß sie voller Anmut in ihren Bewegungen sind, dies zeigt an, daß sie unter einer verfeinernden Leitung aufgewachsene Menschen sind.

---

[96] ⟨Heute sind die Montessori-Schulen dort, wo es „Kinderhäuser" gibt, in voller Entfaltung. Welche Art von Erziehung dort vermittelt wird, ist in einigen meiner Bücher behandelt, besonders in „L'Autoeducazione nelle Scuole elementari"⟩ (deutsch:: Montessori-Erziehung für Schulkinder, Stuttgart 1926; aber nur Teil I) (d. Hrsg.). 1948

Menschenkinder, die erobern, weil sie intelligente und geduldige Beobachter der Umwelt sind und als Form intellektueller Freiheit über ein spontanes Urteil verfügen.

Für solche Kinder sollte eine Grundschule entstehen, würdig, sie aufzunehmen und auf ihrem weiteren Weg im Leben und in der Zivilisation zu führen, und zwar nach den gleichen Erziehungsprinzipien von Achtung vor der Freiheit und den spontanen Äußerungen des Kindes: Prinzipien, welche die Persönlichkeit dieser kleinen Menschen formen.

XVII

DIE SPRACHE

Die geschriebene Sprache, die *Diktat* und *Lesen* einschließt, enthält die artikulierte Sprache in ihrem gesamten Mechanismus (auditive, zentrale, motorische Bahnen). Bei der von meiner Methode ausgelösten Entwicklung basiert sie im wesentlichen auf der artikulierten Sprache.

Die geschriebene Sprache läßt sich also unter einem doppelten Gesichtspunkt betrachten:

a) dem Gesichtspunkt der Eroberung einer neuen Sprache von außerordentlicher sozialer Bedeutung, die zur artikulierten Sprache des natürlichen Menschen hinzukommt; hier liegt die kulturelle Bedeutung, die der geschriebenen Sprache gewöhnlich gegeben wird, die allerdings in den Schulen ohne jegliche Rücksicht auf ihre Verbindung zur gesprochenen Sprache gelehrt wird, ausschließlich in der Absicht, dem Menschen in der Gesellschaft ein notwendiges Hilfsmittel für seine Beziehungen zur Umwelt zu geben;

b) andererseits dem Gesichtspunkt der Beziehungen zwischen der Schrift- und der artikulierten Sprache und dadurch der Möglichkeit, die geschriebene Sprache zur Vervollkommnung der gesprochenen Sprache zu verwenden; auf diese neue Betrachtungsweise, die der geschriebenen Sprache *eine physiologische Bedeutung* verleiht, möchte ich besonders hinweisen.

Genau wie die gesprochene Sprache gleichzeitig *eine natürliche Funktion* des Menschen und ein Mittel ist, das er zu sozialen Zwecken benutzt — so kann die geschriebene Sprache für sich selbst in ihrer *Gestaltung* als organisches Ganzes neuer Mechanismen, die sich im Nervensystem festsetzen, und als ein für soziale Zwecke zu benutzendes Mittel betrachtet werden.

Es handelt sich schließlich darum, der geschriebenen Sprache außer einer physiologischen Bedeutung auch eine von den anderen Aufgaben, die sie später zu erfüllen bestimmt ist, unabhängige *Entwicklungsperiode* einzuräumen.

Ich glaube, daß die geschriebene Sprache in ihren Anfängen voller Schwierigkeiten steckt, nicht nur weil sie bisher mit irrationalen Methoden gelehrt wurde, sondern weil wir, wenn die Sprache kaum angeeignet ist, diese Methoden die höheren Funktionen erfüllen lassen wollten, *die* in jahrhundertelanger Vervollkommnung eines zivilisierten Volkes fixierte *geschriebene Sprache* zu lehren.

Denken wir an das Irrationale der Methode: Wir hatten die Schriftzeichen analysiert, nicht dagegen die zur Erzeugung alphabetischer Zeichen erforderlichen physiologischen Vorgänge, denn es besteht keine erbliche Verbindung zwischen der visuellen Wiedergabe der Zeichen und den motorischen ihrer Ausführung, wie zum Beispiel bei der auditiven Wiedergabe des Wortes und den motorischen Mechanismen der artikulierten Sprache. Es ist also immer schwierig, eine exzitationsmotorische Aktion hervorzurufen, ohne daß sich die Bewegung bei
▼ ihrem Einsetzen bereits gebildet hat. ⟨Der Gedanke kann nicht *direkt* auf die Bewegungsnerven einwirken, um so mehr, als er selbst unvollständig ist und unfähig, ein Gefühl auszulösen, das den Willen er-
▲ regt.⟩ [96a]

So hat zum Beispiel die Analyse der Schrift in *Strichen* und *Kurven* dazu geführt, dem Kind ein bedeutungsloses Zeichen vorzugeben, das es folglich auch nicht interessiert und dessen Wiedergabe keinen spontanen Bewegungsimpuls auslösen kann. Die verlangte Handlung stellte also eine Willens*anstrengung* dar, die sich beim Kind durch schnelles Ermüden in Form von Langeweile und Leiden äußerte. Hinzu kam eine weitere Anstrengung, nämlich *gleichzeitig* die Muskelassoziationen zu bilden, welche die zum Halten und Handhaben des Schreibgerätes erforderliche Bewegung koordinieren.

Eine Fülle *depressiver* Gefühle ging mit diesen Anstrengungen Hand in Hand und führte zur Erstellung unvollkommener und fehlerhafter Zeichen, die der Lehrer verbessern mußte: die Gefühle des Kindes wurden somit durch ständiges *Unterstreichen* des Fehlers und der mangelhaft gezeichneten Striche noch stärker deprimiert. Während das Kind also zu einer Anstrengung angehalten wurde, entmutigte der Erzieher seine psychischen Kräfte, anstatt sie zu beleben.

[96a] In der 2. it. Auflage von 1913 bereits enthalten (d. Hrsg.).

Wenn auch der Weg so voller Fehler war, mußte jedoch die so mühevoll erlernte Schrift *sofort* zu sozialen Zwecken dienen; noch unvollkommen und unreif, macht man sie dem *syntaktischen Bau der Sprache* und dem ideellen Ausdruck der höheren psychischen Zentren nutzbar.

Man bedenke, daß sich im natürlichen Verlauf die gesprochene Sprache allmählich formt und bereits in *Worten* festgelegt ist, wenn die höheren psychischen Zentren diese Worte nach Kussmauls Bezeichnung zum *Dictorium* verwenden, also zu der zum Ausdruck komplexer Gedanken erforderlichen syntaktischen grammatischen Gestaltung der Sprache, mit anderen Worten zur Sprache des *logischen Geistes*.

Schließlich muß der Mechanismus der Sprache schon vor den hochstehenden psychischen Aktivitäten existieren, die sich dann *seiner bedienen* sollen.

Es gibt daher zwei Perioden für die Entwicklung der Sprache: eine niedere, welche die Nervenbahnen und die zentralen Mechanismen vorbereitet, die dann die Sinnesorgane mit den Bewegungsorganen in Verbindung bringen sollen, und eine höhere, die durch hochstehende psychische Aktivität bestimmt wird, welche sich durch die vorgeformten Mechanismen der Sprache *vergegenständlicht*.

So muß man zum Beispiel in Kussmauls Schema über den Mechanismus der artikulierten Sprache vor allem eine Art Zerebralreflexbogen — der den reinen Mechanismus des Wortes darstellt — erkennen. Er setzt sich während der ersten Bildung der gesprochenen Sprache fest. Betrachten wir diese Figur.

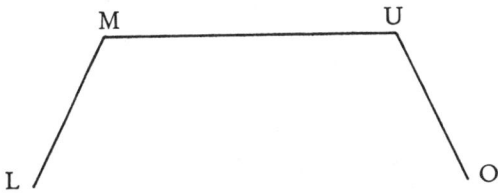

Wenn bei *O* das Ohr und bei *L* die Gesamtheit der motorischen Sprachorgane liegt, die hier in der Zunge dargestellt werden, bei *U* das auditive und *M* das motorische Zentrum, so sind die Wege *OU* und *ML* peripherisch, zentripetal der eine, zentrifugal der andere, und der Weg *UM* ist der interzentrale Assoziationsweg.

Das Zentrum *U*, wo die auditiven Bilder des Wortes ihren Sitz haben, läßt sich nochmals dreifach unterteilen, wie im folgenden Schema, und zwar: Laute *(Su)*, Silben *(Si)* und Wörter *(P)*.

Daß sich tatsächlich Teilzentren für Laute und Silben bilden können, ließe sich durch die Pathologie der Sprache bestätigen, wo in einigen Formen zentrosensorieller Dysphasien die Patienten nur noch Laute oder Laute und Silben aussprechen können.

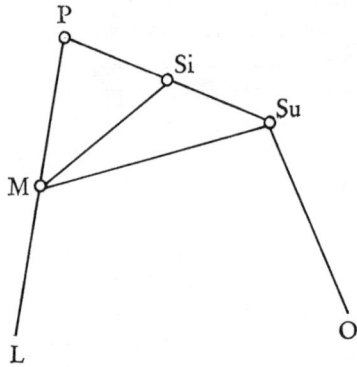

Auch kleine Kinder sind am Anfang besonders für einfache Sprach*laute* empfänglich, mit denen die Mütter sie hätscheln und ihre Aufmerksamkeit auf sich lenken, besonders mit *s*. Später ist das Kind dann für Silben empfänglich, mit denen die Mütter ebenfalls kosen, wenn sie sagen: *ba, ba, ta, ta, ta!*

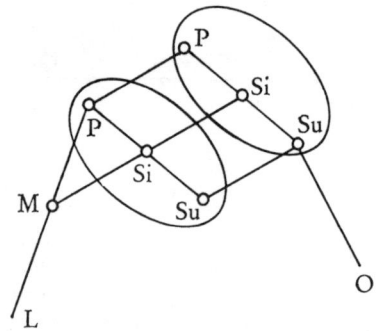

Schließlich zieht das einfache, meistens zweisilbige Wort die Aufmerksamkeit des Kindes an.

Dieselbe Unterteilung läßt sich auch auf die motorischen Zentren anwenden. Am Anfang gibt das Kind einfache oder Doppellaute von sich, wie zum Beispiel *bl, gl, ch,* welche die Mutter mit zärtlichen Ermunterungen freudig begrüßt. Dann beginnt das Kind deutlich erkennbare syllabische Laute zu sagen: *ga, ba* und schließlich zweisilbige Wörter, meistens Lippenlaute: *mama,, baba.*

Wir sagen, daß die gesprochene Sprache beim Kind dann ihren Anfang nimmt, wenn das von ihm ausgesprochene Wort einen *Gedanken* enthält, so zum Beispiel, wenn es beim Anblick der Mutter mama, bei dem des Hundes *teté* sagt und *pappa* (Brei), wenn es essen will.

Das heißt, wir sind der Auffassung, daß *die Sprache* sich *eingestellt* hat, wenn sie sich im Zusammenhang mit Wahrnehmungen festsetzt, während die Sprache als solche in ihrem psychisch-motorischen Mechanismus noch ganz rudimentär ist.

Das heißt, wenn über dem Reflexbogen, während die mechanische Bildung der Sprache noch unbewußt ist, das Erkennen des Wortes so erfolgt, daß es wahrgenommen und mit dem Gegenstand verknüpft wird, den es darstellt, sagt man, daß sich die Sprache eingestellt hat.

Auf dieser Ebene wird *dann* mit der Vervollkommnung der Sprache fortgefahren in dem Maße, in dem das Gehör mit der Zeit die zur Wortbildung erforderlichen Laute besser wahrnimmt und die psychomotorischen Wege für die Artikulierung durchlässiger werden.

⟨Dies ist das erste Stadium der gesprochenen Sprache, deren Ausgangspunkt und Entwicklung über Perzeptionen zur *Perfektionierung* des grundlegenden Sprachmechanismus führen. Gerade in diesem Stadium fixiert sich die sogenannte *artikulierte Sprache,* die später zum Hilfsmittel des Menschen wird, wenn er seine Gedanken ausdrückt; er kann sie sehr schwer vervollkommnen oder korrigieren, wenn sie bereits fixiert ist. Es kann vorkommen, daß hochstehende Bildung mit einer unvollkommenen artikulierten Sprache Hand in Hand geht, die den gefälligen Ausdruck der eigenen Gedanken verhindert.⟩

▼ 1926

Die Entwicklung der artikulierten Sprache erfolgt im Alter zwischen 2 und 5 Jahren, also im Alter der *Perzeptionen*[97], in dem sich die Aufmerksamkeit des Kindes spontan auf äußere Gegenstände richtet und das Gedächtnis besonders sicher ist. Dies ist auch das Alter der *Motilität,* in dem alle psychisch-motorischen Wege durchlässig werden

---

[97] Perzeption sollte hier nicht im Sinne der Herbartschen Psychologie, sondern des „absorbierenden Geistes" verstanden werden (siehe weiter unten) (d. Hrsg.).

und sich die Muskelmechanismen stabilisieren. Es scheint, daß während dieses Lebensabschnittes durch geheimnisvolle Bindungen zwischen den auditiven und den motorischen Organen der gesprochenen Sprache die auditiven Wahrnehmungen die Kraft haben, die komplizierten Bewegungen der artikulierten Sprache *hervorzurufen*, die sich instinktiv aufgrund solcher Reize entwickeln, als erwachten sie aus dem Schlaf des Erbes. Wie bekannt, ist es nur in diesem Alter möglich, sich alle charakteristischen Modulationen einer Sprache anzueignen, was man später vergeblich versuchen würde. Nur die Muttersprache wird richtig ausgesprochen, weil sie sich während der Kindheit festsetzt. Ein Erwachsener, der eine neue Sprache lernt, muß die für einen Ausländer charakteristischen Mängel hineinbringen. Nur wer in der Kindheit, also im Alter unter sieben Jahren, gleichzeitig mehrere Sprachen lernt, kann alle charakteristischen Modulationen in Tonfall und Aussprache wahrnehmen und wiedergeben.

So lassen sich auch die in der Kindheit erworbenen Sprachfehler, wie *Dialekte* oder durch schlechte Gewohnheiten festgesetzte Defekte, beim Erwachsenen nicht mehr ausmerzen.

Die sich später entwickelnde *höhere Sprache*, das *Dictorium*, hat ihren Ursprung nicht mehr in den Sprachmechanismen, sondern in der intellektuellen Entwicklung, die sich der mechanischen Sprache bedient[98]. So wie sich die artikulierte Sprache dadurch entwickelt, daß sie ihre Mechanismen übt und sich mit Wahrnehmungen bereichert, so

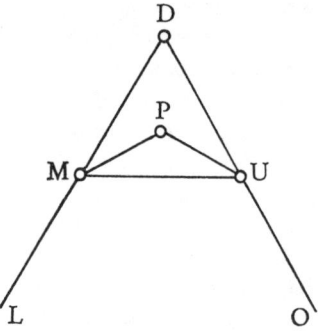

1926 ▼ [98] ⟨So hat die Schreibmaschine nichts mit den Überlegungen desjenigen zu tun, der
▲ sie zur Übermittlung seiner Gedanken benutzt.⟩

entwickelt sich das *Dictorium* mit dem Geist und bereichert sich mit der *intellektuellen Bildung.*

Wenn wir auf das Sprachschema zurückkommen, erkennen wir, daß sich oberhalb des die niedere Sprache abgrenzenden Bogens das *Dictorium D* festgesetzt hat, von dem nunmehr die motorischen Impulse des Wortes ausgehen, das sich als *gesprochene Sprache* verfestigt, die fähig ist, den Gedankengang des intelligenten Menschen auszudrücken.

Eine vorgefaßte Meinung ließ uns bislang in dem Glauben, daß die geschriebene Sprache nur bei der Entwicklung des *Dictoriums* eingreifen müßte, und zwar als geeignetes Mittel, um Bildung zu verschaffen sowie die grammatische Analyse und den Aufbau der Sprache zu ermöglichen. Da „gesprochene Worte verfliegen", wurde angenommen, die intellektuelle Bildung könne nur mit Hilfe einer feststehenden, objektiven Sprache, die sich wie die geschriebene Sprache analysieren ließe, Fortschritte machen.

Doch warum sollten wir, die wir in der geschriebenen Sprache ein wertvolles, ja sogar unentbehrliches Hilfsmittel zur intellektuellen Erziehung erkennen, weil sie *die Gedanken* des Menschen *fixiert* und ihre Analyse und Assimilation in Büchern ermöglicht, in denen sie unverwischbar geschrieben stehen — wie ein unauslöschliches, da immer vorhandenes Gedächtnis von Worten — warum sollten wir dieses Hilfsmittel nicht als *nützlich* ansehen für diese so bescheidene Aufgabe, Worte, die Wahrnehmungen wiedergeben, zu *fixieren* und sie bildenden Laute zu analysieren?

Unter dem Einfluß eines pädagogischen Vorurteils gelingt es uns nicht, die Vorstellung von der geschriebenen Sprache von derjenigen der Funktion zu trennen, die wir bis jetzt ausschließlich von ihr verlangten. Dabei scheint uns, daß, wenn wir Kindern, die sich noch im Alter der einfachen Perzeptionen und der Motilität befinden, diese Sprache beibringen, wir einen schwerwiegenden psychologischen und pädagogischen Fehler begehen.

Machen wir uns doch von diesem Vorurteil frei und betrachten wir die geschriebene Sprache als solche, indem wir den psycho-physiologischen Mechanismus rekonstruieren. Er ist sehr viel einfacher als der psycho-physiologische Mechanismus der artikulierten Sprache und kann der Erziehung auf sehr viel direktere Weise zugänglich gemacht werden.

Besonders das *Schreiben* ist erstaunlich einfach. Betrachten wir einmal das Schreiben nach *Diktat.* Hier besteht eine vollkommene Parallele zur gesprochenen Sprache, da dem *gehörten* Wort eine *motorische* Handlung entsprechen muß. Es stimmt schon, hier gibt es die geheimnisvolle vererbte Beziehung zwischen dem gehörten und dem artikulierten Wort nicht, doch die Bewegungen beim Schreiben sind sehr viel einfacher als die für das artikulierte Wort erforderlichen, und sie werden von Muskeln ausgeführt, die in ihrer Funktion nicht so sehr miteinander verschmolzen sind wie die von Stimmbändern und Zunge. Es sind lauter äußere Muskeln, *auf die wir* durch Schulung der Bewegungen *direkt einwirken können.*

Dies wird in der Tat bei meiner Methode gemacht, welche *die Bewegungen der schreibenden Hand direkt vorbereitet.* Daher *findet* der psycho-motorische Impuls des gehörten Wortes *die bereits festgelegten motorischen Wege vor* und drückt sich im Schreibvorgang wie eine Explosion aus.

Die eigentliche Schwierigkeit liegt in der *Interpretation des Schriftzeichens.* Wir müssen jedoch bedenken, daß wir es hier mit dem Alter der Perzeptionen zu tun haben, wo sich Sinnesempfindungen und Gedächtnis genau wie die ursprünglichen Assoziationen gerade in einer charakteristischen Expansion im Rahmen der natürlichen Entwicklung befinden. Außerdem sind unsere Kinder bereits durch zahlreiche Sinnesübungen, einen methodischen Gedankenaufbau und psychische Assoziationen auf die Wahrnehmung von Schriftzeichen vorbereitet. Das Kind, das ein Dreieck erkennt und es auch so nennt, kann ein *s* erkennen und es mit dem Laut *s* bezeichnen. Sprechen wir nicht von verfrühtem Unterricht, machen wir uns frei von Vorurteilen und überlassen wir es der Erfahrung, die uns beweist, daß die Kinder tatsächlich mühelos, ja mit sichtbaren Freudensäußerungen Schriftzeichen erkennen, die ihnen in Form von Gegenständen vorgeführt werden.

Dies vorausgeschickt, befassen wir uns nun mit den Beziehungen zwischen den Mechanismen beider Sprachformen.

Das drei- oder vierjährige Kind hat nach unserem Schema schon seit längerer Zeit mit der artikulierten Sprache begonnen. Es durchläuft jedoch gerade die Periode, in der *sich der Mechanismus der artikulierten Sprache vervollkommnet,* die mit jener Periode zusammenfällt, in der es sich mit dem Schatz der Perzeptionen einen Sprachinhalt erwirbt.

Vielleicht hat das Kind nicht ganz genau alle Laute der Worte gehört; war dies doch der Fall, wurden sie vielleicht falsch ausgesprochen, haben folglich möglicherweise eine fehlerhafte auditive Wahrnehmung hinterlassen. Es wäre gut, wenn das Kind, wenn es sich auf den motorischen Wegen der artikulierten Sprache übt, die zu einer perfekten Artikulation erforderlichen Bewegungen ganz genau festlegen würde, *bevor* diese Fehler unkorrigierbar werden, nachdem sich falsche Mechanismen fixiert haben und das Alter einer leichten motorischen Anpassung vorbei ist.

Zu diesem Zweck ist eine *Analyse des Wortes* erforderlich. So wie wir, wollen wir die Sprache vervollkommnen, zunächst die Kinder zu Zusammensetzungen anleiten und dann zum Studium der Grammatik übergehen; und, wollen wir den Stil verbessern, zunächst einmal lernen, grammatisch richtig zu schreiben und dann zur Stilistik übergehen, genauso muß, will man das Wort vervollkommnen, zunächst das *Wort existieren,* und erst danach ist es angebracht, seine Analyse vorzunehmen. Wenn also das Kind spricht, muß man das Wort analysieren, um es zu vervollkommnen.

Nun, genau wie Grammatik und Stilistik bei der gesprochenen Sprache nicht möglich sind, sondern es erforderlich ist, die geschriebene Sprache zu nehmen, mit der wir die zu analysierende Rede vor Augen haben, genauso ist es mit dem Wort.

Was uns entgleitet, läßt sich nicht analysieren.

Die Sprache muß *materialisiert* und gefestigt werden. Deshalb sind geschriebene oder durch Schriftzeichen dargestellte Worte erforderlich.

Der dritte Faktor beim Schreiben, den ich in meiner Methode berücksichtige, also *die Zusammensetzung des Wortes,* beinhaltet ja gerade die Analyse des Wortes mit Hilfe von Gegenständen oder Schriftzeichen. Das Kind *zerlegt* also das gehörte Wort, das es als *Ganzes* wahrnimmt und dessen Bedeutung es auch kennt, in Laute und Silben, um es in das mit dem beweglichen Alphabet gebildete „Wort" umzusetzen.

Während der Laut bei der Entwicklung der gesprochenen Sprache unvollkommen wahrgenommen werden konnte, fixiert nunmehr das dem Laut entsprechende Schriftzeichen während des Unterrichts — der darin besteht, einen Buchstaben aus Schmirgelpapier vorzulegen, ihn *deutlich* auszusprechen und ihn dann *anschauen* und *berühren* zu lassen — nicht nur *ganz klar* die Wahrnehmung des gehörten Lautes, diese Wahrnehmung wird vielmehr mit zwei weiteren assoziiert: der motorischen und der visuellen Wahrnehmung des geschriebenen Zeichens, durch die es möglich wird, von außen her auf die Gehörbilder des Wortes Einfluß zu nehmen.

1926 ▼ 〈Folgende Schemata entwickeln und schildern die einzelnen Schritte des betreffenden Verfahrens.
Betrachten wir die Lektion der drei Zeiten für den ersten Unterricht des Alphabets.

I. Schritt. — Die Lehrerin zeigt auf einen Buchstaben und sagt: „Dies ist A! A! A!" Auf diese Weise setzt sich das visuelle Bild des Schriftzeichens in den Nervenzentren fest und verbindet sich dabei gleichzeitig mit dem auditiven. Lehrt sie dann den Laut eines Konsonanten und verbindet ihn sofort mit einem Vokal, wodurch eine Silbe entsteht, so wird auch dieses visuelle Bild fixiert und mit dem entsprechenden auditiven Bild assoziiert. Zum Beispiel: „Ma! Ma! Ma!"

Dann fügt die Lehrerin zum Kind gewandt hinzu: „Berühre A! Berühre Ma!" Das Kind berührt A oder aber M und A in Schreibrichtung und fixiert so in den Gehirnzentren das Bild der von der Hand zum Berühren der Buchstaben durchgeführten Bewegung. Dieses neue (motorische) Bild bleibt mit dem auf denselben Buchstaben bezogenen visuellen und auditiven Bild verbunden. Und so setzt sich die dreifache Assoziation zwischen dem auditiven Zentrum des artikulierten Wortes sowie dem visuellen und dem motorischen Zentrum der geschriebenen Sprache fest.

II. Schritt. — Die Lehrerin wiederholt mehrfach: „Was ist A? Zeige auf A! Berühre A!" oder: „Was ist M? Was ist Ma?" Sie erzeugt mit diesem zweiten Schritt durch häufig aufeinanderfolgende Wiederholung solcher Übungen eine Verstärkung der bereits während des ersten Abschnittes entstandenen interzentralen Assoziation: *assoziative Übung*.

III. Schritt. — Die Lehrerin zeigt auf Buchstaben oder Silbengruppen und fragt das Kind: „Was ist dies?" Das Kind antwortet: „A" oder „M" oder aber „Ma". Es erfolgt dann eine Assoziation zwischen visuellem Bild des Schriftzeichens und motorischem Zentrum der gesprochenen Sprache, das heißt, die Aussprache wird sowohl vom Sehen des Schriftzeichens wie vom Gehör gelenkt.

Die punktierte Linie stellt den sich auf die artikulierte Sprache beziehenden Reflexbogen dar.

A = Ohr (auricolo)
U = auditives Zentrum des gesprochenen Wortes
ML = motorisches Zentrum des gesprochenen Wortes
L = Organe zur Artikulation des Wortes (Zunge – lingua)
Mm = motorisches Zentrum der geschriebenen Sprache
M = Hand (mano)
O = Auge (occhio)
V = visuelles Zentrum des geschriebenen Wortes

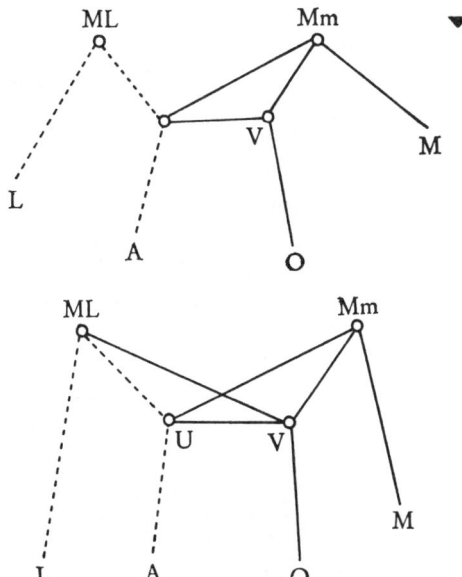

Die gebildete Assoziation wird durch die beiden Dreiecke U V Mm und U V ML dargestellt, welche die gleiche Basis bei der Assoziation der beiden Sinneszentren, also des auditiven des gesprochenen und des visuellen des geschriebenen Wortes haben, während jeder der beiden Scheitel in Verbindung mit den beiden motorischen Zentren steht, das eine für die gesprochene (ML), das andere für die geschriebene Sprache (Mm).

Es ist bekannt, daß der Unterricht nur ein Detail zur Einführung oder zur Klärung ist im Vergleich zu der großen Arbeit, die das Kind bei der häufigen Wiederholung derselben Übung leistet. Wenn es also lange Zeit hindurch immer wieder die Buchstaben aus Sandpapier berührt, sich an ihren Laut erinnert und ihn im Geiste spricht, dann fixiert es schließlich mechanisch eine Verbindung zwischen dem Alphabet und den die Worte bildenden Lauten. Die Länge, die diese Übungen haben, bedeutet eine wirkliche Entwicklungs*periode*[99] für die

---

[99] Hier ist in den italienischen Ausgaben seit 1926 ein alter Druckfehler (pericolo — periodo) mitgeschleppt worden; vgl. die Korrektur in der 1. englischen Nachkriegsauflage, The Discovery of the Cchild, S. 389 (d. Hrsg.).

▼ Fixierung der visuellen Buchstabenbilder, der erforderlichen Bewegungen zu ihrer Wiedergabe mit der schreibenden Hand und ihrer Assoziation mit den der artikulierten Sprache entsprechenden Bildern, also mit den die Worte bildenden Lauten und den Vorgängen zu ihrer Wiedergabe durch die Sprachorgane. Eine analytische formative Arbeit einer neuen Sprache, die mechanisch die Analyse des bereits vorhandenen Wortes hervorrufen kann, ist also von praktischem Nutzen. Der dem kleinen Kind vorgelegte Buchstabe läßt sich dann mit einer Feder vergleichen, die einen Ton auslöst: dies interessiert es sehr viel stärker als eine Wundertüte. Es vertieft sich von Zeit zu Zeit darin (Konzentrationsperiode). Die beschriebene assoziative Arbeit erfolgt während eines Zeitraumes von sechs oder mehr Monaten und zwar etwa im Alter von dreieinhalb bis vier Jahren, wenn also das Wort des Kindes noch wie weich und leicht zu desartikulieren (analysieren) ist, weil es dem davorliegenden Zeitraum, in dem sich das artikulierte Wort in der kindlichen Sprache festsetzte, noch sehr nahe ist und mit ihm stark sympathisiert.

Erst später (nach vier Jahren und einigen Monaten) erfaßt das Kind seine analytischen Mechanismen und benutzt sie bei der interessanten Tätigkeit, Wörter zusammenzusetzen. Dann macht es nichts weiter, als seine Mechanismen erneut zu entfalten, genau wie ein Pfau dies mit seinen Schwanzfedern tun würde, und bringt beide Analysen in Beziehung zueinander. Durch die vorhergehenden Übungen hat es die Fähigkeit erworben, die Wörter deutlich Laut für Laut wahrzunehmen und die ihnen entsprechenden Schriftzeichen mit einer Leichtigkeit, die sich sehr wohl als *Mechanismus* bezeichnen läßt, wiederzuerkennen. Das mit dem beweglichen Alphabet zusammengesetzte Wort gibt dann die „Projektion nach außen" des artikulierten Wortes wieder, und die Lehrerin kann — der Ausdruck sei erlaubt — in die inneren Windungen eindringen, in denen die Worte endgültig Gestalt annehmen. Sie kann also durch Hilfe für beide Sprachen eingreifen und das Kind einerseits zum perfekt artikulierten Wort und andererseits zur perfekten Orthographie des geschriebenen Wortes führen.

Auch bei nicht-phonetischen Sprachen ist der Mechanismus im Grunde gleich: sind die von einem Buchstaben oder einem Phonogramm dargestellten Laute erst einmal mit diesem assoziiert, lassen sie sich bei ihrer Analyse besser bestimmen und schließlich auf die Zusammensetzung des Wortes projizieren.

Die Übung zur Zusammensetzung dauert noch länger als die zur Festigung der assoziativen Mechanismen zwischen beiden Sprachformen. Deshalb genügt es, wenn eine im wesentlichen richtige Rechtschreibung erreicht wird, bevor es zur *Explosion des Schreibens* kommt, bei der bereits eine bemerkenswerte Anzahl von Wörtern in nicht-phonetischen Sprachen zusammengesetzt und fast alle Wörter in den phonetischen Sprachen wiedergegeben werden können.⟩

⟨Diese Assoziation zwischen der artikulierten und der geschriebenen Sprache hat größte Bedeutung; sie ist der Schlüssel, der den Weg für die ganze Entwicklung des Schreibens freigibt. Das Schreiben wird also zu einer mit der Muttersprache verknüpften zweiten Sprachform, die außerdem eine Verbindung zwischen beiden Sprachformen durch diese häufig wiederholten Übungen schafft.

Bei den üblichen Methoden wird das Schreiben hingegen für sich allein betrachtet und unabhängig von der artikulierten Sprache gelehrt. Es wird objektiv mit angenommenen Laut- und Silbenschwierigkeiten studiert, so als müsse die ganze Sprache *von neuem* gebildet werden. Dabei vergißt man, daß sie bereits voll ausgebildet ist, daß das Kind mit zwei Jahren begann, sie zu benutzen, und daß alle in der Muttersprache auftretenden Schwierigkeiten durch einen Naturvorgang bestimmt werden.

Beachten wir hier die Vorteile der beschriebenen Methode. Die Buchstaben wirken auf die artikulierte Sprache ein und führen fast mechanisch zur Analyse des gesprochenen Wortes.

Gerade das gesprochene Wort wird bei der Analyse der Laute, die es bilden, hervorgehoben. Ist erst einmal die Assoziation der Schriftzeichen mit den Lauten hergestellt, kann das Kind mit Hilfe des Alphabetes alle existierenden Wörter, die es hört, im Geiste rekonstruieren.

Dann läßt sich durch einfache Assoziation der Zeichen mit den Lauten mit Hilfe von Schriftzeichen die gesamte artikulierte Sprache zusammenstellen, die in einem Zug im Schreiben mündet.

Die Zahl der Schriftzeichen ist klein. Im Italienischen gibt es nur 24. Mit diesen 24 Buchstaben lassen sich alle Wörter bilden. Sie hätten nicht einmal in einem noch so dicken Wörterbuch Platz.

Jedes Wort, ganz gleich welcher Art, besteht aus einem oder mehreren dieser Laute.

Werden diese Laute mit den 24 Buchstaben des Alphabetes, die sie wiedergeben, assoziiert, läßt sich die ganze Sprache in Schriftzei-

▼ 1948

▼ chen umsetzen, und Kinder können alle Wörter einer phonetischen Sprache, wie das Italienische, zusammensetzen, wenn sie die den Lauten entsprechenden Buchstaben benutzen.

Ein Wort, sei es lang oder kurz, erfordert dieselbe Anstrengung. Die gewöhnlich in systematischer, progressiver Reihenfolge angenommenen syllabischen Schwierigkeiten laufen immer darauf hinaus, Laute in Zeichen umzusetzen, also die den Lauten entsprechenden Zeichen zu erkennen. Es ist im Grunde dasselbe, ob man ein einfaches Wort wie *pipa* (Pfeife) oder ein schwieriges wie *strada* (Straße) zusammensetzt, weil es beide Wörter bereits in der Muttersprache gibt. Dies erklärt sich dadurch, daß es dem Kind gelungen ist, die ein Wort bildenden Laute zu erkennen, und daß es sie analysiert hat. Wenn das Kind die in der Silbe *stra* enthaltenen Laute erkennen konnte und sie getrennt hört — *s-t-r-a* —, dann ist es auch in der Lage, das geschriebene Wort zusammenzusetzen.

Es gibt also nur eine einzige wirkliche Schwierigkeit, eine einzige rein innerlich zu bewältigende Sache: die Analyse der Laute im Geiste.

Was nun die Wiedergabe des Bildes der Buchstaben mit der Hand betrifft, so beseitigt auch hier unsere Methode alle künstlichen Schwierigkeiten, die gelehrt werden, weil man annimmt, ein progressives System sei notwendig. So hält man zum Beispiel *i, e, o* für leichter als andere Buchstaben. Doch dem Kind, das seine Hand, die es bei allen seinen Sinnesübungen benutzte und insbesondere beim Nachziehen der Buchstaben und bei der Durchführung zahlreicher geometrischer Zeichnungen (von denen noch die Rede sein wird) ganz allgemein geübt hat, findet keinerlei Schwierigkeit bei den einzelnen Buchstaben, ebensowenig wie bei ihren Kombinationen, um Wörter zusammenzusetzen, die es interessieren und die es durch die geschriebene Sprache fixieren möchte. Es gelangt unvermittelt zum Schreiben
▲ und schreibt dabei gleich ganze Sätze und nicht einzelne Wörter.⟩

Auf mangelnde Erziehung zurückzuführende Sprachfehler

[100] Fehler und Mängel der Sprache haben zum Teil organisch bedingte Gründe, die auf pathologische Mißbildungen oder Veränderungen des Nervensystems zurückzuführen sind. Zum Teil hängen sie jedoch mit

---

[100] Anschluß 1. dt. Auflage, S. 301 (d. Hrsg.).

funktionellen Defekten zusammen, die sich einstellten, als sich die Sprache formte. Sie bestehen in fehlerhafter Aussprache der das gesprochene Wort bildenden Laute. Diese Fehler eignet sich ein Kind an, das ein Wort mangelhaft ausgesprochen hört oder das *schlecht sprechen hört*. In diese Kategorie fallen mundartliche Betonungen, aber auch schlechte Angewohnheiten, wenn das Kind die natürlichen Fehler der artikulierten kindlichen Sprache beibehält oder die Sprachfehler von Menschen, die es während seiner Kindheit umgaben, nachahmt.

Normale Fehler der kindlichen Sprache sind darauf zurückzuführen, daß die komplizierten Muskelvorrichtungen der Organe für die artikulierte Sprache noch nicht gut funktionieren, folglich noch nicht in der Lage sind, den *Laut* wiederzugeben, der ein Sinnesreiz dieser angeborenen Bewegung war. Die Assoziation der erforderlichen Bewegungen zur Artikulation des gesprochenen Wortes stabilisiert sich nach und nach. Es ergibt sich daraus eine Sprache mit Wörtern, die mangelhafte und oft fehlende Laute aufweisen (also unvollständige Wörter). Diese Defekte, die unter der Bezeichnung *Aussprachefehler* zusammengefaßt sind, rühren vor allem von der Unfähigkeit des Kindes her, die Bewegungen der Zunge zu dirigieren. Dazu gehören nicht zuletzt: der *Sigmatismus* oder die fehlerhafte Aussprache von *s*; der *Rotazismus* oder die fehlerhafte Aussprache von *r*; der *Lambdazismus* oder die fehlerhafte Aussprache von *l*; der *Gammazismus* oder die fehlerhafte Aussprache von *g*; der *Jotazismus* oder die fehlerhafte Aussprache der Kehllaute; die *Mogilalie* oder die fehlerhafte Aussprache der Lippenlaute; einigen Autoren zufolge (Preyer) ist auch das Weglassen des ersten Lautes eines Wortes als Mogilalie zu bezeichnen.

▼ 1926
Einige Aussprachefehler, die das Ausstoßen von Vokal- und Konsonantenlauten betreffen, sind darauf zurückzuführen, daß das Kind Laute, die es mangelhaft aussprechen hörte, *ganz genau wiedergibt*.

Im ersten Fall handelt es sich um funktionelle Insuffizienz des peripheren motorischen Organs, also der Nervenbahnen. Hier ist die Ursache beim Individuum zu suchen. Im zweiten Fall hingegen wird der Fehler durch den auditiven Reiz hervorgerufen, und die Ursache liegt in der Umwelt.⟩
▲

Solche Defekte bleiben oft, wenn auch abgeschwächt, bei Jugendlichen und Erwachsenen bestehen. Sie bewirken eine fehlerhafte Sprache, zu der dann beim Schreiben Rechtschreibfehler kommen, zum Beispiel die mundartlichen.

Denkt man an den vom menschlichen Wort ausgestrahlten Zauber, so tritt zweifellos die Unterlegenheit all derer hervor, die nicht korrekt sprechen. In der Erziehung ist keine ästhetische Konzeption denkbar, bei der nicht besondere Sorgfalt auf die Vervollkommnung der artikulierten Sprache verwendet wird. Obwohl die Griechen Rom die Kunst übermittelten, die Sprache zu lehren, wurde dieser Brauch nicht vom Humanismus übernommen, der sich stärker der Schönheit der Umwelt und der Wiederbelebung künstlerischer Werke annahm als der Vervollkommnung des Menschen.

Heute [101] beginnt sich ganz langsam die Gewohnheit einzubürgern, mit pädagogischen Methoden schwere Sprachfehler wie Stottern zu korrigieren; doch der Gedanke an eine *Sprechgymnastik* fand bisher in unseren Schulen noch keinen Eingang. Diese Gymnastik soll versuchen, die Sprache zu vervollkommnen als *universelle Methode* und als Detailaufgabe im großen Werk der ästhetischen Vervollkommnung des Menschen.

Heute versuchen einige Taubstummenlehrer, kluge Förderer der Orthophonie, mit geringem praktischem Erfolg in den Grundschulen eine Verbesserung der verschiedenen Formen von *Aussprachefehlern* einzuführen. Dabei lassen sie sich von statistischen Untersuchungen leiten, die beweisen, wie stark solche Defekte bei Schülern verbreitet sind. Die Übungen bestehen hauptsächlich in einer *Schweigekur*, die beruhigen und den Sprechorganen Ruhe ermöglichen soll, sowie in geduldigen *Wiederholungen* der *einzelnen* Vokal- und Konsonantenlaute. Hinzukommt noch Atemgymnastik. Hier ist nicht der richtige Platz, um in allen Einzelheiten die Art der Ausführung dieser langen und sehr viel Geduld erfordernden Übungen zu beschreiben, die effektiv mit dem Schulunterricht nicht in Einklang zu bringen sind. Meine Methoden enthalten hingegen alle Übungen zur Korrektur der Sprache:

a) *die Stilleübungen*, welche die Nervenbahnen der Sprache darauf vorbereiten, neue Reize präzise zu empfangen;

b) *die Schritte der Lektionen*, die zunächst darin bestehen, daß die Erzieherin *wenige Wörter* (besonders *Namen*, die sich mit dem konkreten Gedanken assoziieren sollen) klar und deutlich ausspricht. Damit werden perfekte *auditive* Sprach*reize* ausgesandt, Reize, welche die Erzieherin *wiederholt*, wenn das Kind die Vorstellung des Gegen-

---

[101] Bezieht sich auf die Zeit vor dem Ersten Weltkrieg (d. Hrsg.).

standes, den das Wort darstellt, bei Nennung des Namens wahrgenommen hat (Erkennen des Gegenstandes). Schließlich wird die artikulierte Sprache dadurch beim Kind ausgelöst, das nur *dieses eine Wort* wiederholen und dabei seine einzelnen Laute aussprechen muß.

c) *die Übungen der geschriebenen Sprache,* welche die Laute des Wortes analysieren und sie einzeln auf mehrere Arten wiederholen lassen, und zwar dann, wenn das Kind die einzelnen Buchstaben lernt und Wörter zusammensetzt oder schreibt, wobei es die Laute wiederholt, die es einzeln in das zusammengesetzte oder geschriebene Wort umsetzt.

Ich glaube, daß in den Schulen die gegenwärtig aufkommende Auffassung künftig wieder verschwindet, nämlich Sprachfehler *„in der Grundschule zu korrigieren"*, und daß sie durch die vernünftigere ersetzt wird, die darin besteht, *sie durch die Pflege der Sprachentwicklung* in den „Kinderhäusern" zu *vermeiden,* also genau in dem Alter, in dem sich die Sprache beim Kind verfestigt.

⟨Der oben beschriebene Vorgang fand in den unzähligen errichteten ▼ 1948 Schulen so häufig seine Bestätigung, daß sich daraus folgende Schlüsse ziehen lassen.

Das günstigste Alter für die Entwicklung der geschriebenen Sprache liegt bei etwa vier Jahren, wenn der natürliche Ablauf der Entwicklung der gesprochenen Sprache voll im Gange ist, also während der sensitiven Periode (siehe „Il Segreto dell'Infanzia") [102], in der sich die Sprache entfaltet und natürlich festigt. Aus der Sensibilität in der Entwicklung entsteht die Begeisterung für das Alphabet; sie fixiert spontan die phonetische Analyse der das Wort bildenden Laute. Später (etwa bei sechs oder sieben Jahren), nach Abschluß der schöpferischen Periode, ist das natürliche Interesse für diese Analyse, sowohl was das gesprochene wie das geschriebene Wort (das Alphabet) angeht, nicht mehr vorhanden. Hier ist der Grund dafür zu suchen, daß kleine Kinder bessere und schnellere Fortschritte machen als größere. Anstatt sich wie diese zu langweilen und zu ermüden, entfalten sie eine unerschöpfliche Aktivität, die sie zu stärken scheint.

Außer einer Bestätigung dieser erstaunlichen Tatsache, die mit der besonderen Psychologie der Kinder zusammenhängt, haben weitere Wahrnehmungen zu interessanten Änderungen bei der Anwendung der Methode auf psychologischem Gebiet geführt.

---

[102] Lugano 1938, deutsch: Kinder sind anders, Stuttgart 1952 (d. Hrsg.).

▼ Die Schlußfolgerung aus dieser langen Analyse ist, daß die geschriebene Sprache in ihren Mechanismen mit der gesprochenen Sprache in direkte Beziehung gebracht werden kann und sich sozusagen aus ihr ableitet wie eine andere Ausdrucksform. Dies ist gerade dann der Fall, wenn sich die gesprochene Sprache von Natur aus festigt, also während der sensitiven Periode. Die geschriebene Sprache wird dann zu einem äußerlichen Mittel, um die gesprochene Sprache zu lenken und zu vervollkommnen und von all ihren Fehlern und Irrtümern freizumachen. So wird die geschriebene Sprache ein Mittel, die gesprochene zu erziehen.

So stehen dem *Dictorium*, der das Denken ausdrückenden Sprache, die ein Werk des Verstandes ist, zwei sich gegenseitig ergänzende Mechanismen zur Verfügung: der des gesprochenen und der des geschriebenen Wortes.

Das Endergebnis des oben angegebenen Versuches bestand darin, daß die Kinder lange Sätze über eine auszuführende Handlung lasen. So wurde es leicht, zum Lesen von Büchern überzugehen, sobald die Kinder sie verstehen konnten (mit fünf bis sechs Jahren).

Wie dem auch sei, es wurden in der Folgezeit große Fortschritte erzielt. Diese späteren Versuche berühren in einer überwundenen Altersstufe das erstaunliche Wunder der Kleinen, die sich mit vier Jahren unverhofft der Schrift bemächtigen. Der Fortschritt der Kinder erfolgt inzwischen noch etwas früher, die Methoden haben zu schnelleren und wirksameren Ergebnissen geführt, und die Kinder zeigen auch ein verstärktes Interesse gegenüber früher.

Wollte man plötzlich behaupten, daß Kinder unter zwei Jahren mehr als zwanzig Buchstaben erkennen können und über fünfhundert bis sechshundert Wörter verfügen, daß sie mit drei Jahren anfangen, Grammatik zu lernen und zu lesen, dann würde man den Eindruck erwecken, irreale Dinge zu behaupten (dies sähe nach einem Wunder aus). Dieses Wunder würde dieselbe Aufregung verursachen, wie es die Kinder von San Lorenzo vor 40 Jahren in der zivilisierten Welt taten.

Es ist sicherlich notwendig, in einem neuen Buch die nachfolgenden Ergebnisse zu beschreiben, wir wollen sie hier lediglich erwähnen. Unsere Aufmerksamkeit wurde auf kleinere Kinder gelenkt (vom Zeitpunkt ihrer Geburt bis zum Alter von drei Jahren). Genau in dieser Zeit entwickelt sich die gesprochene Sprache auf natürliche Weise.

Sie tritt im Alter von etwa zwei Jahren zum erstenmal in Erscheinung. Die gesprochene Sprache richtet sich nach gewissen Regeln während ihrer Entwicklung, und die nachfolgenden Erwerbungen erfolgen in der, wenn man so will, „grammatischen" Ordnung. Dies hat Stern zum erstenmal beobachtet und zum Ausdruck gebracht; später noch viele andere, die sich für psychologische Beobachtungen interessierten.

Das Kind beginnt auf Gegenstände bezogene Namen zu wissen, danach Wörter, die sich auf deren Eigenschaften beziehen (Adjektive), schließlich Verhältniswörter (die sich auf die entsprechende Stellung der Gegenstände beziehen) und Bindewörter (welche die Verbindung der Wörter darstellen). Kurz: während der ersten Entwicklungszeit werden Dinge aus der Umgebung wiedergegeben. Es ist jedoch seltsam, daß wenige Monate, bevor das Kind zwei Jahre alt wird, die Worte aus seinem Munde sprudeln gleichsam wie eine Eruption der gesprochenen Sprache. Dabei verwendet es die Zeitwörter, die genauen Formen der Hauptwörter und die Adjektive mit ihren Vor- und Nachsilben und unterscheidet (und konjugiert) schließlich die Formen des Zeitwortes, die sich auf Gegenwart, Vergangenheit und Zukunft beziehen, und die Fürwörter.

Später festigt sich das Alter der beiden Syntaxarten, der Bau von Sätzen und ihre wechselseitige Abhängigkeit.

Wenn wir die Entwicklung der Sprache so beobachten, führen wir eine wirkliche „grammatische Analyse" durch. Denn spräche man nicht grammatisch, wäre es unmöglich, die Gedanken auszudrücken, ganz gleich in welcher Sprache.

Es lohnt schon, daran zu erinnern, daß die sogenannte „Muttersprache" die einzige Sprache ist, die jeder, ob gebildet oder nicht, perfekt beherrscht, was ihre Laute und ihren grammatischen Satzbau angeht. Das Kind eignet sich also nicht nur die gesprochene Sprache an, sondern es tut dies auf besondere Weise, da nur so die Sprache zum „persönlichen Charakteristikum", also zum „Charakteristikum der Rasse" wird. Sie ist der Stempel des Menschen.

Als wir dieses wunderbare schöpferische Phänomen untersuchten und darüber nachdachten, erkannten wir, daß das Kind über eine Geistesform verfügt, die sich von der unsrigen unterscheidet. Wir nannten sie: „Absorbierender Geist"[103].

---

[103] Montessoris Spätwerk mit dem Titel „The Absorbent Mind", erschien zuerst 1949 in Madras (d. Hrsg.).

▼ Die natürliche Entwicklung der Sprache beim Kinde läßt den Gedanken aufkommen, daß wir nach einem grammatischen Schema vorgehen müssen, um diese Entwicklung in der Erziehung zu unterstützen. Genauso wie die Mechanismen der geschriebenen Sprache in der ersten Zeit unseres Versuches die gesprochene Sprache unterstützt und ergänzt hatten, so hat auch die geschriebene Sprache eine grammatische Form und Fortsetzung, die durch das Niederschreiben von Gegenständen, Spielen und Worten eine höhere gesprochene Sprache unterstützen kann, nämlich die Sprache des *Dictoriums* oder den Ausdruck der Gedanken.

Der Erfolg dieses zweiten Versuches übertraf bei weitem den des ersten. Wenn auch die von Anfang an angewandten Methoden als grundlegend angesehen wurden, ist folgender Unterschied zu beachten: Die Wörter der gesprochenen Sprache haben nicht nur Gewicht, weil sie in der geschriebenen Sprache wiedergegeben werden können, sondern auch wegen ihrer grammatischen Bedeutung. So verhilft auch die Verbindung zwischen den Wörtern nicht nur dazu, das, was man beim Sprechen ausdrücken will, „in die geschriebene Sprache umzusetzen", sondern sie führt sofort zur Entdeckung von „Sätzen voller Bedeutung", die sich nach und nach in der Spur des grammatischen Satzbaus entwickeln.

Dieser zweite Zeitabschnitt unseres Versuches hat eine sehr viel bedeutsamere und überraschendere Geschichte als der erste.

Einer der praktischen Teile dieser neuen Entwicklung besteht darin, das Problem, in einer nicht-phonetischen Sprache schreiben zu lernen, zu erleichtern und fast vollständig zu revolutionieren. Hier hat tattächlich die *Intuition* des Kindes ihren Anteil, die von seiner schöpferischen Kraft angestoßen ist. Während der ersten Periode waren wir Zeugen des Phänomens, daß Kinder intuitiv Wörter in Blockschrift, ja sogar in gotischer Schrift lasen, ohne den geringsten formalen Unterricht erhalten zu haben. Hier hingegen lesen die Kinder nicht-phonetische (ihrer Muttersprache zugehörige) Wörter einfach dadurch, daß sie attraktive Gegenstände und Spiele benutzen. Alles in allem ist es eine spontane Anstrengung, die von den Kindern mit Interesse gemacht wird. Ähnlich verhält es sich bei modernen Wissenschaftlern, die dazu getrieben werden, unbekannte Inschriften auf vorgeschichtlichen Denkmälern zu interpretieren.

Das leidenschaftliche Mitgehen der Kinder sollte als das durch eine

„Entdeckung" hervorgerufene Interesse an den Eroberungen gewertet werden, die sie unbewußt in den ersten Lebensjahren machen.

Einige praktische Erläuterungen für grammatische Wortverbindungen: Die Hauptwörter, für sich genommen und gelesen, bilden nicht die natürliche Sprache, da man niemals nur „Stuhl" oder „Blume", sondern zumindest „der Stuhl", „die Blume" usw. sagt. Der Artikel wird also immer neben das Hauptwort gesetzt. In ähnlicher Weise wird dem Hauptwort oft ein Adjektiv beigefügt, um gleichartige Gegenstände zu unterscheiden. Wir sagen zum Beispiel: „die rote Blume, die gelbe Blume, der runde Tisch, der große Tisch" und so fort. Adjektive haben eine sehr klare Bedeutung für unsere Kinder, die durch die Sinne bei ihren Sinnesübungen die Empfindungen der Eigenschaften kennenlernen, wobei sie sich ganz genau die unterscheidenden Ausdrücke einprägen: dick, dünn, klein, groß, dunkelblau, hellblau usw. Offensichtlich vollbringt das Kind in dieser Periode die geistige Arbeit, sich der unbewußt angeeigneten Fakten bewußt zu werden, sie zu erweitern und zu fixieren. Unsere Versuche haben diese natürliche Tendenz gut veranschaulicht. Mario M. Montessori hat eine großartige Konstruktion erdacht: in etwa 20jähriger Beobachtung hat er einen so umfangreichen Rahmen für die intellektuellen Entwicklungsmöglichkeiten des Kindes abgesteckt, daß man sein diesbezügliches Werk als wahres erzieherisches Denkmal bezeichnen könnte.

Es gibt keinen Zweifel, daß das Kind ungeheuer viele Eindrücke aus seiner Umwelt in sich aufnimmt, und die Hilfe von außen, die diesem natürlichen Instinkt entgegengebracht wird, erweckt in ihm die größte Begeisterung. Damit unterstützt die Erziehung wahrlich die natürliche Entfaltung des Geistes. Wenn es auch, wie gesagt, unmöglich ist, hier Einzelheiten über ein riesiges Werk zu geben, dessen Beschreibung mehrere Bände füllen würde, damit es für den allgemeinen Gebrauch zugänglich gemacht werden könnte [104], so wollen wir doch betonen, daß die geschriebene Sprache nicht nur die Kenntnis von Grammatik und Syntax in einer ersten, anscheinend anomalen Altersstufe vermittelt, sondern daß sich auch aus dieser Sprache, die das Kind so sehr ergötzt, ein Mittel für die allgemeine Erziehung machen läßt.

[104] Tatsächlich verlangt jedes Thema ein eigenes Buch. Es wurden bereits veröffentlicht: „Psico-Aritmetica" und „Psico-Geometria"; in Vorbereitung sind: „Psico-Grammatica" und das Buch über das „Lehrmaterial" von Mario M. Montessori. (Letztere beide bisher nicht erschienen [d. Hrsg.]).

▼ Während des ersten Abschnittes der Arbeit, mit der wir uns in dem vorliegenden Buch befassen, zeigt sich, wie sich die Lehrerin bei der Suche nach immer neuen Wörtern abmühen muß, um die nicht abreißenden Fragen der Kinder danach zu beantworten. Diese Unersättlichkeit, welche in der Erziehung durch die geschriebene Sprache aufgedeckt wurde, entsteht gewiß auch im natürlichen Ablauf. Sie bereichert spontan den Wortschatz des Kindes von dreihundert auf dreitausend und mehr Wörter im Alter von drei bis fünf Jahren. Dies wurde durch Psychologen festgestellt, die sich jedoch darauf beschränkten, die erfolgte Entwicklung zu beobachten, zu messen und darzulegen, den Weg zur Unterstützung dieser natürlichen Entwicklung jedoch nicht gewiesen haben.

Unsere Methoden, die sich als psychologische Informationsmittel erwiesen, demonstrieren eine weitere Tatsache, daß sich nämlich die Kinder sogar für Fremdwörter interessieren und sich in erstaunlicher Weise so lange daran erinnern, wie sie brauchen, um diese mit dem beweglichen Alphabet wiederzugeben. Dadurch wird klar, daß das Kind während der sensitiven Periode (von drei bis fünf Jahren) dazu neigt, Wörter anzuhäufen, auch wenn es sie nicht versteht.

Tatsächlich sind alle Wörter so lange neu, wie das Kind sie nicht verstanden hat, und das Verständnis der Wörter ist ja gerade der bewußte Vorgang, der zum Klären, Bestimmen und Behalten führt.

Wenn es diese beiden natürlichen Fakten gibt — die Tendenz, Wörter anzuhäufen, und die Tatsache, daß man sich das Wort unabhängig von seiner Bedeutung aneignen kann —, so ergibt sich daraus zwingend die Frage: Warum sollte eine Lehrerin, die auf ihr Gedächtnis zurückgreift, den Kindern so viele wirr durcheinandergewürfelte Wörter vermitteln, anstatt diesen Lebensabschnitt zu benutzen, um vor allem Ordnung bei den Wörtern zu schaffen, und erst in zweiter Linie einige wissenschaftliche Ausdrücke zu bringen?

Diese an Überraschungen reiche Arbeit wurde auch von Mario M. Montessori unternommen. Anstatt Schachteln mit zufälligen Wörtern aller Art zu verwenden, nehmen wir Wortkomplexe, die sich auf eine bestimmte Gruppe von Dingen beziehen, wie die fünf Klassen der Wirbeltiere, in Gattungen unterteilte Tiere, Blätter, Blumen, Wurzeln usw.[105] In diesem Fall sind Abbildungen erforderlich, die den neuen

---

[105] Das fachdidaktische Problem scheint hierbei kaum berücksichtigt (d. Hrsg.).

Wörtern eine Bedeutung verleihen. Es wird nicht nur auf Abbildungen zurückgegriffen, sondern auch auf lebendige Dinge, auf den Forschergeist der Kinder in der Natur und so fort.

Der Erfolg war so groß, daß die Entwicklung eine dem intellektuellen Niveau der Kinder angepaßte Art von wissenschaftlichem Unterricht ermöglichte, der zu unerwarteten Ergebnissen führte. Diese Ausbildung mußte über die zu Beginn der Übung festgelegten Grenzen hinaus sehr stark erweitert werden. Das erstaunliche Ergebnis war: die Kinder lieben die Klassifikationen und erinnern sich daran. Dies bestätigt den Gedanken, daß Wortgruppierungen natürlich sind, und daß es ebenfalls nötig ist, eine geistige Ordnung zu haben, die auf dem Sinn der Worte basiert. So gibt es zwei Extreme bei all diesen Übungen, ein innerliches, nämlich die Grammatik, welche die Ordnung vorbereitet, in der die Wörter anzuordnen sind, um die Gedanken auszudrücken und folglich um die Sprache zu konstruieren; das andere Extrem ist die Notwendigkeit einer Ordnung, nach der sich die äußeren Eindrücke klassifizieren lassen.

Das Ergebnis dieses Versuches übertraf unsere Erwartungen.

Heute lernen die durch die Sprache geleiteten Kinder eine Fülle von präzisen Kenntnissen über Biologie, Geographie und Astronomie. Diese Kenntnisse gleichen einem auf fruchtbaren Boden gefallenen Saatkorn. Dank der Reize der Natur, die das Kind zur Erkenntnis der Welt aufruft, ist der Geist des Kindes ein solcher Boden, auf dem sich der Same auf natürliche Weise entwickelt.

Wer diese unverfälschten Äußerungen natürlicher Entwicklung nur vom psychologischen Standpunkt aus betrachtet, wie dies gewöhnlich die als Psychologen bezeichneten Wissenschaftler tun, entdeckt mit Verwunderung, daß Fünfjährige über eine umfassende Kenntnis der Außenwelt verfügen und auf fast geheimnisvolle Weise die neuen Dinge der Zivilisation und ihre Namen kennen, wie zum Beispiel die verschiedenen Automobiltypen, die ihre Mütter nicht zu unterscheiden in der Lage wären.

Verblüfft über dergleichen Tatsachen schließt Stern: „Tausende von Jahren hat sich das Kind als unbekanntes Wesen inmitten der Menschheit bewegt, und doch besitzt es geistige Antriebe, die es uns als Mittler, als Glied einer Kette in den aufeinanderfolgenden Generationen bei der Entwicklung der Zivilisation erkennen lassen."⟩

XVIII

UNTERRICHT IM ZÄHLEN UND EINFÜHRUNG IN DIE ARITHMETIK

— 1926 ⟨— 22⟩

[106] Das erste zum Zählen benutzte Material ist die Serie der zehn Stangen für Längen, die bereits zur Sinneserziehung verwendet wurden. Diese Stangen stehen untereinander im Verhältnis von 1 zu 10. Die kürzeste Stange ist nämlich 10 Zentimeter lang, die zweitkürzeste 20 und so weiter bis zur zehnten, die 100 Zentimeter, also
▼ 1926 einen Meter lang ist. ⟨Sollen die Stangen zum Zählen benutzt werden, haben sie nicht mehr alle dieselbe Farbe, wie es beim Sinnesmaterial der Fall war, wo abgestufte Längen mit dem Auge abgeschätzt werden sollten. Hier dagegen sind die verschiedenen Abschnitte von jeweils 10 cm Länge abwechselnd rot und blau angestrichen. Somit lassen sie sich auf jeder Stange unterscheiden und zählen. Wenn die erste die Menge 1 darstellt, so stellen die nachfolgenden die Mengen: 2, 3, 4, 5, 6, 7, 8, 9, 10 dar. Der Vorteil dieses Materials liegt darin, daß die Einheiten, welche jede der von ihnen dargestellten Zahlen bilden, zusammengefaßt, wenn auch voneinander unterschieden und zählbar gezeigt werden können. Die Stange der Fünf zum Beispiel ist ein ganzes Stück, das der Zahl 5 entspricht, doch mit Hilfe der Farbe werden die 5 Einheiten abgeteilt. Auf diese Weise wird eine besonders große Schwierigkeit überwunden, die beim Zusammenzählen auftritt, wenn man die einzelnen Einheiten getrennt nacheinander hinzufügt. Werden zum Zählen kleine Gegenstände benutzt, ganz gleich welcher Form, nehmen wir einmal an, kleine Würfel, warum sagt man dann eins, wenn der erste hingelegt wird, und zwei, wenn ein weiterer dazukommt und so fort? Das kleine Kind neigt dazu, eins im Zusammen-

---

[106] Anschluß 1. dt. Auflage, S. 304 (d. Hrsg.).

hang mit jedem neu hinzugefügten Gegenstand zu sagen, also: „eins, eins, eins, eins, eins" anstatt: „eins, zwei, drei, vier, fünf".

Die Tatsache, daß sich eine Menge mit dem Hinzufügen einer neuen Einheit vergrößert, und daß man dieses wachsende Ganze *berücksichtigen muß*, bildet ja gerade das *Hindernis*, das beim Zählen auftritt, wenn es sich um kleine Kinder von dreieinhalb oder vier Jahren handelt. Das Zusammenfassen von Einheiten, die in Wirklichkeit getrennt sind, zu einem Ganzen ist eine für das Kind zunächst nicht erfaßbare geistige Arbeit. So zählen viele der Kleinen, indem sie auswendig die natürliche Zahlenreihe aufsagen; dabei ist ihnen jedoch nicht klar, um welche Mengen es sich jeweils handelt. Finger, Hände und Füße zu zählen ist für das Kind schon etwas Konkreteres, weil es immer in einer bestimmten Menge dieselben Dinge vereint finden kann. Es weiß dann, daß es zwei Hände und zwei Füße hat.

Selten wird es jedoch die Finger einer Hand sicher zählen können; gelingt ihm dies doch, so liegt die Schwierigkeit darin, zu wissen, warum man bei der Hand, bei ein und demselben Objekt, „eins, zwei, drei, vier, fünf" sagen muß, wenn sie fünf Finger hat. Diese Verwirrung, die der etwas reifere Geist korrigiert, behindert das Zählen in der davorliegenden Lebensepoche. Der kindliche Geist in seiner äußerst großen Genauigkeit und Gegenständlichkeit verlangt eine präzise und klare Hilfe. Werden dem Kind die Stangen zum Zählen vorgelegt, zeigt sich, daß sich sogar die ganz Kleinen lebhaft dafür interessieren.

Die Stangen entsprechen den Zahlen, und ihre Länge wächst stufenweise von einer Einheit zur anderen. Sie vermitteln also nicht nur die absolute, sondern auch die auf das Zusammenzählen bezogene Vorstellung. Die bei den Sinnesübungen bereits untersuchten Proportionen werden hier mathematisch bestimmt und geben somit zum ersten Studium der Arithmetik Anlaß. Diese handlichen miteinander vergleichbaren Zahlen eignen sich sogleich zu Kombinationen und Gegenüberstellungen. Legt man zum Beispiel die Stangen für 1 und für 2 aneinander, so erhält man eine Länge, die der Stange für 3 entspricht. Aus dem Zusammensetzen der Stangen für 2 und 3 ergibt sich eine der Stange für 5 entsprechende Länge. Die interessanteste Übung besteht jedoch darin, die in ihrer Länge aufeinanderfolgenden Stangen nebeneinander zu legen, genauso wie dies mit der ganzen Serie bei den Sinnesübungen geschah. Daraus entsteht eine Anordnung wie die Orgelpfeifen, bei der die Farben rot und blau einander entsprechen und schöne Querstreifen bilden. Wird dann die am weitesten von 10 entfernte Stange auf die neben 10 liegende gesetzt und weiterhin die 2 auf die 8, die 3 auf die 7, die 4 auf die 6, so werden lauter der Stange für 10 entsprechende Längen zusammengesetzt. Was ist denn diese Bewegung und Kombination von Mengen, wenn nicht der Anfang arithmetischer Operationen und noch dazu ein angenehmes Spiel, die Gegenstände auf diese Weise umzulegen. Anstatt sich unnötig damit abzumühen, getrennte Gruppen von Einheiten als Gesamtmengen zu erfassen, die eine einzige Zahl darstellen, läßt der Verstand seine unverbrauchte Energie einer höheren Übung zukommen, nämlich Mengen festzustellen und zu addieren. Ist das Hindernis aus dem Weg geräumt, wird die gesamte geistige Energie des Kindes genutzt, und die Fortschritte beim Lernen erreichen die für das Alter mögliche obere Grenze. Hat das Kind angefangen, zu lesen und zu schreiben, fällt es ihm sehr leicht, Zahlen darstellende Ziffern zu lernen. Zusammen mit dem Alphabet erhalten die Kinder Zettel mit den Ziffern in Sandpapier; sie betasten die Zeichen, um sie schreiben zu lernen und sich ihre Namen zu merken. Jeder erkannte Zettel wird auf die Stange mit der entsprechenden Menge gelegt. Das Verbinden der geschriebenen Ziffern mit der Menge ist eine ähnliche Übung wie das Legen des Zettels mit dem Namen auf die dazugehörigen Dinge. Nach erfolgreichem Abschluß dieser Übung ist die Grundlage für eine lange Arbeit gelegt, die das Kind alleine weitermachen kann. Die Summen der Stangen lassen sich mit Hilfe der daran gelehnten Ziffern ablesen, und Fünfjährige füllen oft ganze Hefte mit ihren kleinen Summen.

Obwohl die Stangen für das Kind die größte Hilfe zur Einführung in die Arithmetik sind, gehören noch zwei weitere Dinge zum anfänglichen Arithmetikmaterial. Das eine führt zum Zählen getrennter Einheiten, zur Einführung des kindlichen Geistes in den Begriff der numerischen Gruppen und gleichzeitig zur Fixierung der Zeichenfolge vor seinen Augen: 0, 1, 2, 3, 4, 5, 6, 7, 8, 9. Dieses Material, Spindelkasten genannt, ist mit Fächern versehen, von denen jedes der Reihe nach mit einer der zehn oben genannten Ziffern bezeichnet ist. In diesen Fächern sammelt das Kind Gruppen, die der jeweiligen Zahl der getrennten Gegenstände entsprechen: es gruppiert also die Einheiten. In unserem Fall sind diese Gegenstände durch lange spindelförmige Stäbchen dargestellt.

Das andere Material, auf das soeben hingewiesen wurde, besteht

▼ aus einer Gruppe von Karten in einer Schachtel, die Gegenstände (farbige Märkchen) enthält[107]. Die Karten sind getrennt (gemischt), und auf ihnen stehen die zehn Ziffern von 0 bis 9. Das Kind muß zunächst von sich aus die Karten aneinanderreihen und damit beweisen, daß es die numerische Reihe gelernt hat und Ziffern erkennt, welche die Zahlen darstellen. Unter jede Ziffer legt es dann die entsprechende Anzahl von Märkchen, ordnet sie in Zweierreihen an, also paarweise untereinander, so daß der Unterschied zwischen geraden und ungeraden Zahlen augenfällig betont wird.

Dies ist das gesamte Material, das wir für notwendig halten, um die Grundlagen des Zählens und der arithmetischen Operationen zu vermitteln.

Nun folgt eine ausführliche Beschreibung, die der Lehrerin für die
▲ Praxis dienlich sein kann.⟩
[108] Sind die Stangen der Länge nach aneinandergelegt, läßt man die roten und die blauen Abschnitte zählen, bei der kleinsten beginnend, also eins; eins, zwei; eins, zwei, drei usw. Dabei beginnt man bei jedem Stück immer wieder bei eins, ausgehend von der linken Seite gemäß der Abbildung.

1									
1	2								
1	2	3							
1	2	3	4						
1	2	3	4	5					
1	2	3	4	5	6				
1	2	3	4	5	6	7			
1	2	3	4	5	6	7	8		
1	2	3	4	5	6	7	8	9	
1	2	3	4	5	6	7	8	9	10

Danach lassen sich die einzelnen Stangen von der kürzesten bis zur längsten nennen, entsprechend der Gesamtzahl der Stücke in der Serie — wobei die stufenweise wachsenden äußersten Enden der rechten Seite gemäß der Abbildung berührt werden — es ergibt sich dabei

---

[107] Man benutzt heute in der Regel Spielchips von einer Farbe (d. Hrsg.).
[108] Anschluß 1. dt. Auflage, S. 305 (d. Hrsg.).

dasselbe Abzählen wie beim längsten Stück: 1, 2, 3, 4, 5, 6, 7, 8, 9, 10. Diese Übereinstimmung der 10 an allen drei Seiten läßt man durch das Kind nachprüfen, das die Übung mehrmals auch spontan wiederholt, weil es sich dafür interessiert.

Zu den Sinnesübungen, um längere und kürzere Stangen zu erkennen, kommt jetzt noch das *Zählen:* Aus den auf den Boden gelegten oder auf dem Tisch gemischten Stangen sucht sich die Leiterin eine heraus, läßt das Kind sie nicht nur *anschauen*, sondern auch ihre einzelnen Abschnitte zählen, zum Beispiel 5. Dann fordert sie es auf: „Gib mir die nächstlängere!" Das Kind trifft seine Wahl mit dem Auge, und die Leiterin läßt es *nachprüfen*, ob es richtig geraten hat, und zwar *durch Zählen der Abschnitte und nicht durch einen Längenvergleich.* Diese Übungen können oft wiederholt werden. *Jede der abgestuften Stangen erhält* dann *einen eigenen Namen*, und von da an heißen sie: „die Stange der 1", „die Stange der 2", "die Stange der 3", „die Stange der 4" usw. und schließlich, wegen der Sprachkürze „die 1", „die 2", „die 3", „die 4" usw.

Die Zahlen in den sie darstellenden Schriftzeichen. — Jetzt werden dem Kind, wenn es bereits schreiben kann, die Schmirgelpapierziffern auf den Karten vorgelegt, in gleicher Weise wie dies bei allen anderen Gegenständen der Fall ist, also in den bekannten drei Zeiten: — „Dies ist 1!" — „dies ist 2!" — „gib mir 1!" — „gib mir 2!" — „was ist das für eine *Zahl?*" — Die Zahlen werden wie die Buchstaben berührt.

Übungen mit den Zahlen: Assoziation von Schriftzeichen und Menge. — Ich ließ zwei gefächerte Kästen für Zahlen herstellen. Sie bestehen aus einer waagerechten Platte, die durch erhabene Rähmchen in fünf Teile aufgegliedert ist — in die von jedem Rähmchen abgegrenzte Innenfläche lassen sich Gegenstände legen — und aus einer senkrechten Platte, die mit der ersten im rechten Winkel verbunden ist und ebenfalls fünf allerdings nur durch gezeichnete senkrechte Linien kenntlich gemachte Unterteilungen hat. In jedem Feld steht eine Ziffer. Der erste gefächerte Kasten enthält die Ziffern 0, 1, 2, 3, 4, der zweite 5, 6, 7, 8, 9.

Die Übung ist einfach: sie besteht darin, in die Felder der waagerechten Fläche so viele Gegenstände zu legen, wie die auf die senkrechte Fläche geschriebene Ziffer angibt. Das Kind erhält verschiedene kleine Dinge, damit die Übung abwechslungsreicher wird. Ich benutze Spindeln, die ich speziell dafür machen lasse, die Fröbelschen Würfel und Damespielsteine. Das Kind erhält einige dieser Gegenstände, die es richtig hinlegen muß, also zum Beispiel einen Spielstein bei der 1, zwei bei der 2 usw. Glaubt es, mit seiner Arbeit fertig zu sein, ruft es die Leiterin zur Überprüfung.

Die Lektion über die Null. — Wir warten, bis das Kind auf das Fach mit der Null zeigt und uns fragt: „Und hier, was gehört da hin?", um zu antworten: „Nichts, null ist nichts."

Doch das genügt nicht. Man muß es wahrnehmen lassen, was nichts bedeutet. Hierfür haben wir Übungen, die den Kindern sehr viel Spaß machen. Sie sitzen auf ihren Sesselchen, und ich trete in ihre Mitte, wende mich dann an eines der Kinder, das die Zahlenübung bereits gemacht hat, und sage zu ihm: „Komm, mein Lieber, komm nullmal zu mir!" Das Kind läuft fast immer zu mir und kehrt dann auf seinen Platz zurück. „Aber mein Kleiner, du bist einmal gekommen und ich hatte dir doch nullmal gesagt." Da fängt das Staunen an. „Ja aber, was hätte ich denn tun sollen?" „Nichts, null ist nichts." „Aber wie kann man denn nichts tun?" „Man tut es nicht. Du solltest sitzen bleiben, du solltest dich nicht vom Fleck rühren, du solltest nicht ein einziges Mal kommen, nullmal, keinmal."

⟨Wir wiederholen die Übung: „Du, mein Kleiner, wirf mir null Küsse mit deinen Fingerchen zu!" Das Kind bebt, lacht und tut nichts. „Hast du verstanden?" wiederhole ich mit einladender, fast leidenschaftlicher Stimme, „wirf mir null Küsse zu, null Küsse!" Nichts geschieht. Allgemeines Lachen. Ich erhebe meine Stimme, als sei ich über ihr Lachen erzürnt, und rufe einem Kind streng, drohend zu: „Hierher du, nullmal! sag ich . . . sofort hierher, nullmal, verstehst du? Ich sag dir: komm nullmal hierher!" Es rührt sich nicht vom Fleck. Das Lachen, auch durch mein verändertes Verhalten, erst Bitte und dann Drohung, gereizt, wird lauter. „Ja aber" stöhne ich mit trauriger, weinerlicher Stimme, „warum kommt ihr nicht, warum kommt ihr nicht?" Da rufen alle lachend, und ihre Augen glänzen dabei fast feucht vor Freude: „Null ist nichts, null ist nichts!" „Ach ja!" sage ich und lächle dabei friedfertig, „nun, so kommt alle einmal her zu mir!" Sie stürzen zu mir hin.⟩ 1926

Handelt es sich dann darum, die Zahlen zu schreiben, sagen wir bei der Null: „Null sieht aus wie ein o, ist es ein o? Nein, es ist kein o, null ist nichts".

Übungen für das Zahlengedächtnis. — Wenn die Kinder die geschriebenen Ziffern erkennen und ihnen ihre numerische Bedeutung bekannt ist, lasse ich folgende Übung machen:

Ich habe verschiedene Papierzettel (oft benutze ich dafür Blätter von Abreißkalendern, schneide den oberen und unteren Teil ab, auf denen die Wörter stehen, und suche, wenn möglich, rote Zahlen aus), auf denen eine Zahl von 0 bis 9 aufgedruckt (oder auch mit der Hand geschrieben) ist. Ich falte die Zettel, lege sie in eine Schachtel und „eröffne die Jagd". Das Kind nimmt einen Zettel heraus, geht damit an seinen Platz, schaut ihn sich heimlich an, faltet ihn wieder zusammen und behält das Geheimnis für sich. Dann kommen die Kinder, die im Besitz eines Zettels sind (es handelt sich dabei natürlich um die größeren, welche die Ziffern bereits kennen), einzeln oder auch gruppenweise zum großen Tisch der Lehrerin, auf dem sich zahlreiche Gegenstände befinden: Würfel oder Fröbelsche Steine oder meine Täfelchen für die Übungen des Gewichtssinnes. Dann nimmt jeder *die Anzahl* von Gegenständen, die der gezogenen Zahl entspricht. *Diese Zahl* selbst hat jedes Kind auf seinem Platz *liegen lassen:* ein geheimnisvoll gefalteter Zettel. Das Kind muß sich also an seine Zahl *erinnern*, nicht nur während es sich inmitten seiner Spielkameraden bewegt und zum großen Tisch kommt, sondern auch beim Zusammenlegen und Zählen der einzelnen Stücke. Die Leiterin kann interessante individuelle Beobachtungen über das Zahlengedächtnis machen.

Hat das Kind seine Stücke zusammengelesen, ordnet es sie in Zweierreihen an seinem Platz auf seinem Tisch an; bei einer ungeraden Zahl legt es das ungerade Stück als Abschluß in die Mitte unter die beiden anderen. Die neun Zahlen werden also wie folgt hingelegt:

```
   o     o     o     o     o     o     o     o     o
   x    xx    xx    xx    xx    xx    xx    xx    xx
          x    xx    xx    xx    xx    xx    xx    xx
                 x    xx    xx    xx    xx    xx    xx
                         x    xx    xx    xx    xx    xx
                                  x    xx    xx    xx
                                                 x
```

Die Zahlen sind durch Kreuze wiedergegeben. Das Kind soll den gefalteten Zettel an die Stelle legen, wo der kleine Kreis aufgezeichnet ist. Dann wartet es auf die Nachprüfung: Die Leiterin geht zu ihm, entfaltet den Zettel, liest ihn und drückt ihre Befriedigung aus, wenn sie feststellt, daß kein Fehler gemacht wurde.

Zu Beginn des Spiels kommt es oft vor, daß die Kinder *mehr Gegenstände* an sich nehmen als nötig wäre, um der Zahl zu entsprechen: nicht weil sie die Zahl vergessen haben, sondern aus Sucht nach mehr Gegenständen. Das ist ein kleiner instinktiver Betrug, der für primitive und ungebildete Menschen kennzeichnend ist. Die Leiterin versucht, den Kindern begreiflich zu machen, daß es unnötig ist, so viele Sachen auf dem Tisch zu haben, und das einzig Schöne bei diesem Spiel vielmehr darin besteht, genau die richtige Zahl der Gegenstände herauszufinden.

Nach und nach leuchtet ihnen dieser Gedanke ein, jedoch nicht ganz so leicht, wie man glauben möchte.

Es kostet das Kind wirklich Selbstüberwindung, sich in den abgesteckten Grenzen zu halten und zum Beispiel nur zwei der dort zu seiner Verfügung angehäuften Gegenstände zu nehmen, während es sieht, daß andere mehr nehmen.

Ich halte dieses Spiel allerdings eher für eine Willens- als eine Zählübung.

Wer eine *Null* hat, verläßt seinen Platz nicht, während er sieht, wie alle anderen Zettelbesitzer aufstehen, vorgehen und ungehindert Gegenstände von dem weit entfernten und für ihn unerreichbaren Stoß nehmen. Sehr oft fällt die Null gerade einem Kind zu, dem zählen leichtfällt und das große Freude dabei empfinden würde, eine ganze Reihe von Dingen anzuhäufen, in die richtige Reihenfolge auf das Tischchen zu legen und mit stolzer Gewißheit die Überprüfung zu erwarten.

Es ist besonders interessant, den Gesichtsausdruck der Inhaber einer Null zu beobachten: die sich dabei ergebenden individuellen Unterschiede enthüllen sozusagen den „Charakter" eines jeden. Einige verziehen keine Miene und legen dabei ein stolzes Gehabe an den Tag, um den inneren Kummer der Enttäuschung zu verbergen; andere äußern ihren Verdruß durch plötzliche Bewegungen; einigen gelingt es nicht, das Lächeln zu unterdrücken, das sich aus dem Gefühl einer besonderen Situation heraus ergibt, die bei den anderen Neugier erwecken wird; einige verfolgen alle Bewegungen der Kameraden bis zum Ende der Übung mit einem sichtbaren Ausdruck von Verlangen, ja fast von Neid; noch andere zeigen schließlich sofort Resignation.

Ihr Ausdruck beim Bekennen, daß sie eine Null haben, ist ebenfalls interessant, wenn sie bei der Überprüfung gefragt werden: „Und du, hast du nichts genommen?" „Ich habe eine Null" — „Es ist eine Null" — „Ich hatte null." Dies sind die eintönigen Antworten in der gesprochenen Sprache; doch die ausdrucksvolle Mimik, der Tonfall drücken sehr unterschiedliche Gefühle aus. Selten scheinen die Kinder durch forsches Auftreten die Erklärung einem außergewöhnlichen Ereignis zuschreiben zu wollen, die meisten sind verdrossen oder resignieren.

Man muß deshalb eine Lektion über das Verhalten geben: „Paßt auf, das Geheimnis der Null läßt sich schwer bewahren; man sieht einem die Null an der Nasenspitze an; stellt euch also unbefangen und laßt nicht erkennen, daß ihr nichts habt."

Tatsächlich gewinnt der Stolz nach einiger Zeit die Oberhand, und die Kleinen gewöhnen sich daran, die Null und die niedrigen Zahlen unbefangen entgegenzunehmen, und freuen sich darüber, die kleinlichen Gefühle, deren Sklaven sie vorher waren, nun nicht mehr zu zeigen.

Addition und Subtraktion von 1 bis 20. — Multiplikation und Division. — Zum Lehren der ersten arithmetischen Operationen benutze ich dasselbe Material wie zum Zählen, also die in ihrer Länge abgestuften Stangen, die bereits die erste Vorstellung des Dezimalsystems enthalten.

Wie schon erwähnt, wird den Stangen der Name der Zahl gegeben, die sie darstellen: 1, 2, 3 usw. Sie werden in der Reihenfolge ihrer Länge, also auch ihrer Numerierung gelegt.

Die erste Übung besteht in dem Versuch, die Stücke, die kleiner als 10 sind, so zusammenzulegen, daß sie 10 ergeben: das einfachste Mittel zur Erreichung dieses Ziels besteht darin, nacheinander die kürzesten Stangen von der 1 aufwärts zu nehmen und von der 9 abwärts an die Spitze der immer kürzer werdenden Stangen zu legen. Diese Tätigkeit läßt sich durch Aufforderung lenken: „Nimm 1 und lege sie an 9; nimm 2 und lege sie an 8; nimm 3 und lege sie an 7; nimm 4 und lege sie an 6!" Nun sind 4 Stangen gebildet, die alle gleich 10 sind. Die 5 bleibt als einzige übrig. Doch wir wollen sie in Längsrichtung drehen: dann kommt ihr äußeres Ende an das andere Ende der 10 zu liegen. Wir messen und sehen, daß die 10 sich aus 2 mal 5 ergibt.

Diese Übung wird mehrmals wiederholt und dem Kind mit der Zeit eine mehr technische Sprache beigebracht: 9 und 1 ist 10, 8 und 2 ist 10, 7 und 3 ist 10, 6 und 4 ist 10, 5 mal 2 ist 10. Schließlich wird das Kind zum Schreiben aufgefordert, während man ihm die Zeichen für *und, ist* sowie *mal* beibringt. Was sich daraus ergibt, sieht in den sauberen Heften unserer Kleinen so aus:

$$9 + 1 = 10$$
$$8 + 2 = 10$$
$$7 + 3 = 10$$
$$6 + 4 = 10 \qquad 5 \times 2 = 10$$

Haben die Kinder dies alles gut gelernt und zu ihrer großen Genugtuung zu Papier gebracht, dann wird ihre Aufmerksamkeit auf die Arbeit gelenkt, die getan werden muß, damit alle Stücke, die zunächst in Gruppen zu 10 zusammengelegt worden waren, wieder an ihren ursprünglichen Platz kommen. Von der letzten 10 wird die 4 weggenommen, und es verbleibt nur die 6, von der nächsten die 3, und es bleibt die 7, von der nächsten die 2, und es bleibt die 8, von der nächsten die 1, und es bleibt die 9. Sagen wir es sachgemäßer: 10 weniger 4 ist 6, 10 weniger 3 ist 7, 10 weniger 2 ist 8, 10 weniger 1 ist 9.

Was die übrigbleibende 5 betrifft, so ist sie die Hälfte von 10 und man würde sie bei der Teilung von 10 durch 2 erhalten: 10 geteilt durch 2 ist 5. Deshalb wird geschrieben:

$$10 - 4 = 6$$
$$10 - 3 = 7$$
$$10 - 2 = 8$$
$$10 - 1 = 9 \qquad 10 : 2 = 5.$$

Sind die Kinder erst einmal soweit, daß sie die Übungen *beherrschen*, dann lassen sich diese auch durch ihre eigene spontane Betätigung weiter ausbauen. — Können wir 3 aus 2 Stücken zusammenstellen? Legen wir die 1 an die 2 und schreiben dann, um uns an die ausgeführte Übung zu erinnern: $2 + 1 = 3$. Kann man aus zwei Stücken 4 machen? $3 + 1 = 4$ und $4 - 3 = 1$; $4 - 1 = 3$.

Die Stange 2 verhält sich zu 4 wie 5 zu 10; wird sie also umgedreht, geht sie von einem zum anderen Ende, sie paßt also genau 2 mal hinein:

4 : 2 = 2; 2 × 2 = 4. Eine Aufgabe: Versuchen wir herauszufinden, mit wieviel Stangen sich dasselbe Spiel wiederholen läßt: es geht mit 3 bei 6 und mit 4 bei 8, also ist:

2 × 2 = 4; 3 × 2 = 6; 4 × 2 = 8; 5 × 2 = 10;
und 10 : 2 = 5; 8 : 2 = 4; 6 : 2 = 3; 4 : 2 = 2.

An diesem Punkt angelangt, helfen die kleinen Würfel beim Spiel des Zahlengedächtnisses:

```
  2         4          6          8         10
× × | ×   × × | ×   × × × | ×   × × × | ×   × | ×
      ×       × | ×   × × | ×   × × × | ×   × | ×
              ×   × | ×   × × | ×   × × × | ×   × | ×
                          ×   × | ×   × × | ×   × | ×
                                        ×   × | ×
```

Aus ihrer Anordnung läßt sich auf einen Blick erkennen, welche Zahlen durch 2 teilbar sind: alle die, welche unten keinen Würfel haben. Das sind die *geraden* Zahlen, weil sie sich paarweise ordnen lassen; ihre Teilung durch 2 ist sehr einfach, weil nur die beiden Reihen der untereinanderliegenden Würfel getrennt werden müssen. Beim Zählen der Würfel jeder einzelnen Reihe erhält man den Quotienten. Um dann die ursprüngliche Zahl erneut zusammenzusetzen, genügt es, die beiden Reihen wieder nebeneinander zu schieben, zum Beispiel 2 × 3 = 6.

Dies alles ist für Fünfjährige nicht schwierig.

Vielmehr werden die Wiederholungen sehr bald eintönig. Doch wer kann uns hindern, die Übungen zu ändern. Nehmen wir das System der 10 Längen und anstatt 1 auf 9 zu legen, legen wir sie auf 10, und 2 auf 9 anstatt auf 8, und 3 auf 8 anstatt auf 7. Man kann auch 2 auf 10 legen, 3 auf 9 und 4 auf 8. In solchen Fällen ergibt sich eine über 10 liegende Länge, deren Name gelernt werden muß: elf, zwölf, dreizehn usw. bis zu 20. Genauso ist es mit den Würfeln; warum soll man nicht mehr als 9 zum Spielen nehmen, warum so wenig?

Die anhand der 10 gelernten Operationen werden ohne jegliche Schwierigkeit bis 20 fortgeführt. Einzig und allein bei den Dezimalzahlen gibt es Schwierigkeiten, über die einige Lektionen gegeben werden müssen.

Unterricht über die Dezimalzahlen. Arithmetisches Rechnen über 10 hinaus. — Als Material benötigen wir mehrere quadratische Karten, auf welche die 10 in 5 bis 6 cm hohen Ziffern aufgezeichnet ist, sowie rechteckige Karten, die der Hälfte des Quadrates entsprechen und die einzelnen Ziffern von 1 bis 9 enthalten. Die einfachen Ziffern 1, 2, 3, 4, 5, 6, 7, 8, 9 werden in eine Reihe gelegt. Dann, da noch mehr Ziffern vorhanden sind, muß man wieder von vorne mit der 1 anfangen. Diese 1 ähnelt dem Stück, das im Längssystem bei der Stange zu 10 über die 9 hinausragt. Zählt man längs der Skala bis 9, auch wenn keine Ziffern da sind, verbleibt dieses letzte Stück, das wir erneut mit 1 bezeichnen, doch die 1 ist weiter nach oben gelegt und, um sie von der anderen 1 zu unterscheiden, legen wir ein Zeichen daneben, das nichts wert ist, die 0. Jetzt haben wir die 10. — Wird nun die 0 mit den rechteckigen losen Ziffern in der richtigen Reihenfolge bedeckt, so erhalten wir 11, 12, 13, 14, 15, 16, 17, 18, 19. Wir setzen diese Zahlen mit den Stangen zusammen, wobei nacheinander an 10 erst 1, dann an ihre Stelle 2, danach 3 usw. bis zu 9, gelegt wird, so daß man einen sehr langen Stab erhält: beim Zählen der abwechselnd blauen und roten Teilstücke kommen wir bis zu 19.

Die Leiterin kann dann die Bewegungen des Längensystems dadurch dirigieren, daß sie die Karte mit der 10 und die mit der über die 0 gelegten Ziffer zeigt, zum Beispiel 6. Das Kind fügt die Stange 6 der Stange 10 an. Die Leiterin nimmt die 6 von der Zehnerkarte wieder weg und setzt zum Beispiel auf die 0 das Rechteck mit der Zahl 8: 18. Das Kind nimmt die Stange mit der 6 weg und legt die mit der 8 hin.

Alle diese Übungen lassen sich niederschreiben, zum Beispiel: 10 + 6 = 16; 10 + 8 = 18 usw. Analog würde man bei Subtraktionen verfahren.

| 10 |
| 11 |
| 12 |
| 13 |
| 14 |
| 15 |
| 16 |
| 17 |
| 18 |
| 19 |

Beginnt die Zahl als solche für das Kind eine klare Bedeutung zu erhalten, dann erfolgt die Zusammensetzung ausschließlich mit den Karten, wobei die Rechtecke mit den neun Ziffern auf den beiden auf langen Kartons gezeichneten Zahlenreihen laut Abbildungen *A* und *B* verschieden kombiniert werden.

Auf dem Karton *A* wird das Rechteck mit der 1 auf die 0 der zweiten 10 gelegt, darunter das mit der 2 usw. Während in der linken Reihe die 1 der Zehnerzahl bleibt, folgen in der rechten alle Zahlen von 1 bis 9 aufeinander.

10		10
10		20
10		30
10		40
10	A	50	B
10		60
10		70
10		80
10		90

Beginnt die Zahl als solche für das Kind eine klare Bedeutung zu erhalten, dann erfolgt die Zusammensetzung ausschließlich mit den Karten, wobei die Rechtecke mit den neun Ziffern auf den beiden auf langen Kartons gezeichneten Zahlenreihen laut Abbildungen *A* und *B* verschieden kombiniert werden.

Auf dem Karton *A* wird das Rechteck mit der 1 auf die 0 der zweiten 10 gelegt, darunter das mit der 2 usw. Während in der linken Reihe die 1 der Zehnerzahl bleibt, folgen in der rechten alle Zahlen von 1 bis 9 aufeinander.

Bei Karton *B* ist die Anwendungsweise komplizierter: die Karten mit den Ziffern werden nacheinander in der Reihenfolge der numerischen Progression über jede Zehnerzahl gelegt. Nach der 9 muß man zur folgenden Zehnerzahl übergehen, und so verfährt man bis zu dem durch 100 gesetzten Schluß.

Fast alle unsere Kinder zählen bis 100, einer Zahl, die ihnen als Huldigung für die Neugier *verehrt* wurde, die sie bezeigten, um sie kennenzulernen.

Ich glaube nicht, daß es weiterer Erläuterungen zu diesem Unterricht bedarf.

XIX

WEITERE FORTSCHRITTE IN ARITHMETIK

⟨ Bis 100 zählen und die damit zusammenhängenden Übungen aus- ▼ 1948
führen, die das einfache Rechnen mit dem verstandesmäßigen Studium der ersten Zahlen verknüpfen, dies erscheint uns deshalb so wichtig, weil sich daraus die Bausteine für durchdachte Arithmetik ergeben und das Zählen nicht dem Gedächtnis sowie der mnemotechnischen Wiederholung überlassen bleibt.

Mehr als 20 Jahre lang bewegte sich der Unterricht innerhalb dieser Grenzen.

Im großen und ganzen hatte ich wie alle die vorgefaßte Meinung, daß Rechnen große Schwierigkeiten machen würde und daß es unsinnig sei, in so frühem Alter mehr zu erwarten.

Die Erfahrung lehrte tatsächlich, daß sich die Kinder nur wenig hierfür interessierten, verglichen mit ihrer Begeisterung und den erstaunlichen bei der geschriebenen Sprache erzielten Ergebnissen. Das größere Interesse für das Studium der Sprache schien das Vorurteil zu bestätigen, daß Arithmetik schwierig und trocken sei.

Inzwischen hatte ich für größere Kinder der Grundschule (wo von Anfang an der Versuch unternommen wurde, die Methode auszubauen, die zu solch ausgezeichneten Ergebnissen geführt hatte) ein Material vorbereitet, das die Zahlen in geometrischer Form, und zwar mit beweglichen Gegenständen wiedergab, was die Möglichkeit einiger Zahlenkombinationen bot. Es handelt sich um das großartige Material, das die Bezeichnung „Perlenmaterial" erhielt. Hier werden die Zahlen in ihrer natürlichen Serie von 1 bis 10 durch Stangen oder Stäbchen wiedergegeben, auf denen farbige Glasperlen aufgereiht sind. Jede Zahl hat eine andere Farbe. Es gab so viele Exemplare davon, daß die Zahlen in Gruppen zusammengesetzt werden konnten. Die 10 wurde zehnmal wiederholt und bildete 10 Reihen in Form eines

▼ Quadrates, das mit 100 Perlen das Quadrat von 10 ergab. Schließlich bilden 10 aufeinandergelegte und miteinander verbunde Quadrate einen Würfel (den Zehnerwürfel, also 1000). Dieses Material wird in dem Buch über die weiterführende Erziehungsmethode in den Grundschulen beschrieben („L'Autoeducazione nelle Scuole elementari") [109]

Nun ergab sich, daß einige der etwa Vierjährigen durch diese glänzenden, so leicht zu handhabenden und zu transportierenden Gegenstände angezogen wurden und zu unserem großen Erstaunen begannen, sie so zu benutzen, wie sie dies bei den Größeren gesehen hatten.

Die Folge davon war eine solche Steigerung der Begeisterung für die Beschäftigung mit den Zahlen und ganz speziell mit dem Dezimalsystem, daß die Rechenübungen wirklich zu den beliebtesten gehörten.

Vierjährige setzten Zahlen bis zu 1000 zusammen. Danach wurde die Entwicklung bei fünf- bis sechsjährigen Kindern einfach erstaunlich, und zwar so, daß heute Sechsjährige die vier Grundrechnungsarten mit Zahlen von vielen tausend Einheiten machen können.

Mario M. Montessori hat zu dieser Entwicklung beigetragen, und zwar durch Interpretation und Materialisierung zahlreicher Rechnungsarten bis hin zum Ziehen der quadratischen Wurzel von zwei-, drei- und sogar vierstelligen Zahlen. Außerdem ermöglichte die Kombination der Zahlenstangen die Einführung der ersten Algebraoperationen im Unterricht.

Durch das offensichtliche Vergnügen angeregt, das die Kinder an diesen Übungen hatten, sowie durch ihre Geschicklichkeit beim Handhaben der kleinen geometrischen Körper (wie Fröbel bewies, als er seine berühmten, in einer würfelförmigen Schachtel aufgehobenen „Gaben" von Würfeln und Prismen vorbereitete) dachte ich daran, ähnliche Gegenstände herzurichten. Doch anstatt alle Würfel und alle Bausteine gleich groß zu machen, ließ ich einen großen Holzwürfel (von ca. 10 cm Kantenlänge) entsprechend der Teilung einer Kante in zwei ungleiche Teile zerschneiden; dann einen weiteren Würfel entsprechend der Teilung einer Kante in drei ungleiche Teile. Beim Abtrennen der Teile entsprechend dieser Aufteilung ergaben sich kleine Würfel und rechteckige Prismen verschiedener Form.

---

[109] In der deutschen Ausgabe „Montessori-Erziehung für Schulkinder" fehlt der Teil II, in dem das Material beschrieben wird (d. Hrsg.).

Dies war die materielle Darstellung abgebraischer Ausdrücke, also die dritte Potenz eines Binoms und eines Trinoms. Die Körper mit gleichem Dezimalwert hatten dieselbe Farbe und jede Gruppe unter sich gleicher Körper eine andere Farbe. So sah man beim Öffnen der Schachtel einen einzigen Gegenstand, einen vielfarbig bemalten Würfel, dessen einzelne Komponenten zusammengefügt und doch in Gruppen unterteilt waren. So gab es zum Beispiel im Trinom 3 Würfel verschiedener Abmessung in 3 verschiedenen Farben, dieselbe Anzahl Prismen mit einer quadratischen Fläche in einer einzigen Farbe (nehmen wir an grün), 3 weitere Prismen, die ebenfalls eine quadratische Fläche aufweisen, doch in anderen Maßen, zum Beispiel gelb angemalt, noch 3 Prismen mit quadratischer Fläche, die sich wieder von den beiden anderen Gruppen unterschied und zum Beispiel blau bemalt war, und schließlich 6 ganz gleiche Prismen mit rechteckigen Flächen, schwarz bemalt. Diese kleinen farbigen Gegenstände wirken anziehend. Es handelt sich dabei vor allem darum, sich nach ihrer Farbe zu gruppieren, dann auf verschiedene Weise anzuordnen, zum Beispiel durch Erfindung einer Geschichte, in der 3 Würfel 3 Könige darstellen[110]. Das Gefolge aller 3 Könige ist gleich, die Wächter sind schwarz. Aus dem Gebrauch dieses Materials lassen sich viele Wirkungen erzielen; eine davon ist die Anordnung der algebraischen Formel:

$a^3 + 3a^2b + 3a^2c + b^3 + 3b^2a + 3b^2c + c^3 + 3c^2a + 3c^2b + 6abc$.

Schließlich werden die Würfel in einer bestimmten Ordnung in die Schachtel gelegt, und so entsteht der große vielfarbige Würfel: $(a + b + c)^3$.

Beim Spiel mit diesem Material formt sich das visuelle Bild der Anordnung von Gegenständen und deshalb auch das Gedächtnis für ihre Menge und ihre Ordnung.

Dies ist eine sinnenhafte Vorbereitung des Geistes. Kein anderer Gegenstand ist für Vierjährige so anziehend. Später bezeichne ich die Könige mit *a*, *b* und *c*. Wenn sie dann die Namen der nach Zugehörigkeit zum jeweiligen König aufgeteilten Stücke aufschreiben, behalten Fünfjährige manchmal, Sechsjährige jedoch ganz bestimmt in ihrem Geist die algebraische Formel des Würfels eines Trinoms, ohne das

---

[110] Ungeachtet ihrer gelegentlichen strengen entgegengesetzten Äußerungen ist Montessori in ihrer eigenen Lehrweise nicht ganz frei von solchen Einkleidungen (d. Hrsg.).

▼ Material anzusehen, weil sich das visuelle Gedächtnis der Anordnung der verschiedenen Gegenstände dort festgesetzt hat. Dies gibt eine gewisse Vorstellung der in der Praxis erzielten Möglichkeiten.

Der ganze Unterricht über Arithmetik und die Anfänge von Algebra durch Ablesen von Karten, die dazu dienen, sich daran zu erinnern, und durch weiteres Material zeitigt Ergebnisse, die märchenhaft erscheinen könnten und die beweisen, daß der Arithmetikunterricht, ausgehend von einer sinnenhaften Schulung des Geistes und gegründet auf einer konkreten Kenntnis, vollständig umgestellt werden muß.

Es ist klar, daß diese Sechsjährigen, wenn sie in eine allgemeine Schule kommen, wo sie anfangen 1, 2, 3 zu zählen, fehl am Platze sind und daß eine radikale Reform der Grundschule von wesentlicher Bedeutung ist, will man weiterhin an dieser wundervollen Entfaltung der Erziehung festhalten.

Doch man sollte nicht nur an die aktive Methode denken, bei der immer die Bewegung der Gegenstände verschiebenden Hand mitwirkt und die Sinne so stark beansprucht werden, sondern auch an die besondere Begabung des kindlichen Geistes für Mathematik. Denn wenn sie sich vom Material lösen, kommt bei den Kindern sehr leicht der Wunsch auf, die Aufgabe niederzuschreiben; sie vollbringen dabei eine abstrakte geistige Arbeit und eignen sich eine Art natürlicher spontaner Neigung zum Kopfrechnen an.

So bemerkte zum Beispiel ein englisches Kind, das in London mit seiner Mutter aus der Straßenbahn stieg: „Hätten alle gespuckt, wären 34 Pfund Sterling zusammengekommen." Das Kind hatte ein Plakat bemerkt, auf dem stand, daß, wer spuckte, mit einer Strafe in Höhe einiger Schillinge belegt würde. Es hatte also seine Zeit damit verbracht, im Geiste den Gesamtbetrag auszurechnen und die Schil▲ linge in Pfund umzuwandeln.⟩

XX

DAS ZEICHNEN UND DIE BILDENDE KUNST[111]

⟨Die Übungen, die wir als Zeichnen beschrieben haben, waren in Wirk- ▼ 1926
lichkeit eine Erziehung der Hand, um sie für das Schreiben zu schulen.
Sie wurden als eines der Elemente in jener komplexen Vorbereitung
angesehen, durch welche die in ihren motorischen Koordinationen noch
unsichere kleine Hand des Kindes dazu gebracht wurde, minuziöse
Zeichen, das heißt die Schrift, nachzuziehen. Diese Elemente oder
Faktoren, die sich voneinander trennen lassen (wie wir bei den zum
Schreiben beitragenden Bewegungen gesehen haben) und dann eine
Synthese erreichen, die sich beim Schreiben mit am explosivsten
äußert, werden manchmal zu einem Element, das sich mit anderen
verschiedenartigen Synthesen kombinieren läßt. So entwickelt sich
dieses von uns beschriebene spezielle Zeichnen auch zu einem künstlerischen Element, zu einer mitwirkenden Ursache beim eigentlichen
Zeichnen. Es ist also weder Zeichnen noch Schreiben, sondern der Anfang des einen wie des anderen.

Heute spricht man sehr viel vom *freien Zeichnen*. Für viele ist es
ein Grund zur Verwunderung, daß ich statt dessen den Kindern beim
Zeichnen eine so sklavische Begrenzung auferlege. Sie werden gezwungen, geometrische Figuren zu bilden, um sie dann auszufüllen,
wobei sie den Bleistift in einer bestimmten Weise halten oder sich

---

[111] Gegenüber den Vorkriegs-Auflagen ist Montessoris schon früher zur Kritik Anlaß
gebender Standpunkt hier noch verschärft. Montessoris als rationalistisch zu bezeichnende Auffassung von der Kunsterziehung wurde gemäß den Angaben aus ihrer
Umgebung noch verstärkt durch die Begegnung mit den Methoden psychologistischer
Förderung kindlicher „Expressionen". Die Nachfrage bei der AMI ergab, daß dieser
Standpunkt in seiner Schärfe in der Praxis der Montessori-Schulen in aller Welt kaum
berücksichtigt wird. Für die deutschen Montessori-Kinderhäuser und -Schulen ergibt
sich im Gegenteil gerade eine besondere Pflege freien bildnerischen Gestaltens. Vgl.
zum Problem des Intellektualismus G. Schulz (-Benesch) a.a.O., S. 53 ff. (d. Hrsg.).

▼ darauf beschränken müssen, bereits in ihren Umrissen gezeichnete Figuren mit Farbstiften auszufüllen. Ich fühle mich deshalb verpflichtet, dies besonders zu betonen, um gut begreiflich zu machen, daß das von mir beschriebene Verfahren nur einer der *Faktoren bei*
▲ *der Analyse des Schreibens* ist.⟩

1948 ▼ [112] ⟨Das sogenannte freie Zeichnen hat in meiner Methode keinen Eingang gefunden, ich vermeide unreife Versuche, die unnötig anstrengen, sowie die abscheulichen Zeichnungen, die in modernen fortschrittlichen Schulen so sehr geschätzt werden. Wie dem auch sei, unsere Kinder zeichnen ornamentale Motive und Figuren sehr viel klarer und harmonischer als es bei dieser seltsamen Kleckserei des sogenannten „freien Zeichnens" möglich ist, wo das Kind erklären muß, was es mit seinen unverständlichen Versuchen darzustellen beabsichtigt. Wir selbst geben weder Zeichen- noch Modellierunterricht, und doch gelingt es vielen unserer Kinder, Blumen, Vögel, Landschaften und sogar selbstgedachte Skizzen in beneidenswerter Weise zu zeichnen. Sehr oft stellen wir fest, daß unsere Kleinen auch ihre Heftseiten voller Schriftzeichen oder Rechenaufgaben mit Zeichnungen schmücken, wobei sie manchmal auf eine mit Zahlen gefüllte Seite die Gestalt eines schreibenden Kindes zeichnen oder sie mit einem ornamentalen Phantasiemuster einfassen. Geometrische Zeichnungen dienen ebenfalls oft als Rahmen für Figuren, manchmal wird auch der Rand einer geometrischen Figur mit Ornamenten geschmückt.

Man muß also daraus schließen, daß die Schulung der Hand und der Sinne eine natürliche Hilfe nicht nur für das Schreiben, sondern auch für das ausdrucksvolle Zeichnen ist.

Wir lehren zeichnen nicht durch Zeichnen, sondern indem wir die Möglichkeit zur Schulung der Ausdrucksmittel geben. Ich betrachte dies als wahre Hilfe für freies Zeichnen, welches das Kind zum Fortfahren ermutigt, wenn es wirkungsvoll und verständlich ist.

Eine weitere Form von Hilfestellung beim Lernen ist die Analyse der Schwierigkeiten oder die Analyse der Bestandteile. Das Zeichnen selbst besteht aus verschiedenen Elementen, darunter Umriß und Farbe. Für diese beiden Elemente lassen wir nun den Umriß der Einsatzstücke ziehen und die Zeichnungen mit Linien ausfüllen, was die Hand auf eine sichere Muskelübung vorbereitet. Was die Farben an-

---

[112] Von hier ab in der englischen Ausgabe von 1948 gegenüber der italienischen von 1926 stark verändert und erweitert (d. Hrsg.).

belangt, so stellen wir Pinsel und Wasserfarben zur Verfügung, mit denen man Zeichnungen machen kann, auch ohne daß ihre Umrisse vorher gezogen wurden. Wir geben den Kindern auch Pastellstifte und zeigen, wie sie zu benutzen sind.

Schließlich lassen sich auch künstlerische Kompositionen schaffen, und zwar durch Ausschneiden kolorierter Karten, wie sie Oswald[112a] der bekannte Wiener Physiker, zu künstlerischen Zwecken bearbeitet hat.

Diese farblich fein abgestuften, wissenschaftlich vorbereiteten Karten sind geeignet, die Wirkung der Harmonie beim Kombinieren von Farben zu lehren.

Diese beiden voneinander getrennten Elemente, Linie und Farbe, werden jedes für sich bestimmt und vervollkommnet. Der einzelne eignet sie sich an und erlangt so Geschicklichkeit, sich gleichzeitig mit beiden Elementen künstlerisch auszudrücken.

So wird das Individuum durch die Erziehung vervollkommnet, ohne daß irgend jemand bei der von ihm bereits spontan zu Ende geführten Arbeit eingreift. In der Tat bildet eine Einmischung in die getane Arbeit immer ein Hindernis, das die innere Ausdrucksbereitschaft unterbricht, wie es bei Anwendung direkter Mittel im Zeichenunterricht geschehen kann.

Wir nennen unser System zum Unterricht von Schreiben und Zeichnen die „indirekte Methode". Es ergibt sich daraus, daß die Kinder in immer stärkerem Maße die Fähigkeit erlangen, sich auszudrücken, hunderte von Zeichnungen machen, oft 10 Stück an einem einzigen Tag, und dabei genauso unermüdlich sind wie beim Schreiben.

Eines tritt jedoch bei uns nicht ein: der Erfolg geht nicht unaufhörlich weiter wie beim Schreiben, und die Zeichnungen lassen auch nicht erkennen, daß alle Kinder einmal zu Künstlern werden. Zu einem bestimmten Zeitpunkt erlahmt in fast allen Fällen das Interesse, wenn andere Interessen, wie das Schreiben, das Übergewicht erhalten. Dieses Nachlassen der künstlerischen Neigung zum Zeichnen haben viele, insbesondere Kunstpsychologen beobachtet.

So bemerkte zum Beispiel Cizek in seiner berühmten Schule für freie Kunst in Wien, daß viele Kinder, die eine wahre Leidenschaft für künstlerische Arbeit zu haben und von Natur aus künstlerisch begabt zu sein schienen, ganz plötzlich jedes Interesse an der Kunst ver-

---

[112a] Augenscheinlich ein Irrtum; es dürfte sich um Wilh. Ostwald handeln, der in Leipzig lehrte und dort 1932 starb (d. Hrsg.).

loren und keine weiteren Fortschritte machten. Und Frau Dr. Revesz (eine Psychologin, die sich besonders der Kunst widmete) legt als Ergebnis ihrer Erfahrung folgendes dar: „Es gibt Kinder, die im Zuge der Entfaltung ihres sprachlichen und kulturellen Ausdrucks nach und nach das Zeichnen ganz aufgeben, entweder weil es sie nicht mehr interessiert, oder weil sie kein künstlerisches Talent besitzen, oder schließlich, weil sie sich auf andersartige Interessen konzentrieren."

So kann man zum Beispiel oft beobachten, daß Kinder, die eine besondere Begabung für Musik haben und durch abstrakte Ideen (Mathematik, Logik) stark angezogen werden, im Zeichnen völlig erfolglos sind und es aufgeben.

Dieser Fall wurde ganz gründlich vom psychologischen Gesichtspunkt bei einem Kind untersucht, das tatsächlich ein musikalisches Wunderkind war. Seine Zeichnungen lassen klar erkennen, was wir eben demonstriert haben, wenn wir ihre geringe Qualität und ihren ungenügenden Fortschritt mit den gefälligen musikalischen Kompositionen des Kindes während desselben Zeitraumes vergleichen (Geza Revesz: *„La psicologia di un prodigio musicale"*).

Vielleicht ist dies der Grund, weshalb unsere Kinder eine Zeitlang das Zeichnen aufgeben, wenn das Schreiben für sie zur Leidenschaft wird. Erst wenn letzteres zur vollendeten Tatsache geworden ist, widmen sie sich erneut der Aufgabe, die Ränder der Seiten zu dekorieren. Ist hingegen der künstlerische Geist gegenwärtig, dann ergreift er vollauf Besitz vom Menschen und schafft einen Künstler, wie man es sich von Giotto erzählt.

Jene erstaunlichen kolorierten Zeichnungen von Tieren in Bewegung in den Höhlen primitiver Menschen lassen darauf schließen, daß die künstlerische Gabe des Zeichnens bereits seit den Anfängen der Menschheit existiert; aber diese schönen Darstellungen waren nicht nur ein Ausdrucksmittel, auch nicht ein Mittel, um angenehme Gedanken zu äußern. Sie werden vielmehr gewöhnlich als Ausdruck religiöser Vorstellungen betrachtet.

Kurz gesagt, es existiert ein Instinkt, sich auszudrücken, der seine eigenen Wege sucht. Es gibt deren gewiß zwei: der eine ist die Schrift, die als Ausdruck der Gedanken dient, und der andere die bildende Kunst. Doch in den meisten Fällen hängt diese unbestreitbare Neigung des Kindes zum Zeichnen weder mit einer ihm angeborenen künstlerischen Begabung zusammen, noch mit einer entschiedenen Neigung zur Kunst. Es ist eher eine Art Bilderschrift. Wenn das Kind nicht fähig ist, Gedanken und Gefühlen Ausdruck zu verleihen, die in ihm Gestalt annehmen und durch seine Umgebung und die Dinge, die es beeindruckt haben, ausgelöst wurden.

Dies bedeutet, daß die Hand sich an der Rede beteiligt. Wie wir sehen, spricht das Kind ständig, und so zeichnet es auch. Es drückt sich mit seinen phonetischen Organen und es drückt sich mit der Hand aus, wobei es verborgene, ihm selbst noch nicht bewußte Neigungen zeigt.

Die Geschichte beweist tatsächlich, daß die Schrift ursprünglich gezeichnet war, wie im Fall der Bilderschrift. Die zahlreichen Dokumente primitivster Bilderschrift verschiedener frühgeschichtlicher Völker weisen sehr häufig eine gewisse Ähnlichkeit mit dem freien Zeichnen von Kindern auf, besonders in der Darstellung der menschlichen Gestalt. Diese seltsamen Zeichnungen verfolgen einen ganz klaren Zweck, nämlich mit anderen Menschen durch Mittel in Verbindung zu treten, die sich von der menschlichen Stimme unterscheiden. Im Verlauf der zivilisatorischen Entwicklung folgte auf die primitiven Piktographen eine Übergangszeit bis zur symbolischen Darstellung von unverständlichen Silben (wie viele kindliche Zeichnungen). Deshalb muß man ihnen eine konventionelle Auslegung geben. Darum unterscheiden sich die Hieroglyphen genau voneinander, wie die gesprochenen Sprachen und sind kennzeichnende Merkmale eines Volkes: z. B. die Hieroglyphen der Ägypter und der Hethiter.

Schließlich sind beim Alphabet die Zeichnungen vereinfacht; sie bedeuten keine Silben oder Gedanken mehr, sondern die Laute, aus denen sich die gesprochene Sprache zusammensetzt. So hat sich eine leichte Schrift gebildet, die gleichzeitig die exakte Reproduktion der gesprochenen Sprache ist, so als habe der Geist ungeschmälert die unversehrte Fähigkeit geerbt, sich sowohl mit der Hand wie auch mit dem gesprochenen Wort auszudrücken.

Zum Abschluß sei noch darauf hingewiesen, daß das beste Mittel, um Einfluß auf das Zeichnen zu nehmen, nicht darin besteht, ihm freien Lauf zu lassen, sondern darin, die natürlichen Hilfsmittel zu seiner Formung zu schulen, also die Hand zu erziehen. Das wahre Talent wird spontan auftreten, es benötigt dazu keinen Zeichenunterricht, im Gegenteil, dieser schlechte Unterricht könnte sogar sein natürliches Interesse ersticken. Doch der Verzicht auf sichtbare Anstrengungen des Kindes, sich mit Hilfe der Hand auszudrücken, bildet ein Hindernis für die freie Entfaltung des Zeichnens. Um diesen Nachteil zu vermeiden, müssen wir die Umgebung mit Ausdrucksmitteln bereichern und die Hand indirekt darauf vorbereiten, daß sie ihre Funktion so gut wie möglich erfüllt. Das Auge bemerkt die Dinge mit größerer Genauigkeit, erschließt den Weg für Bestrebungen, die aus dem Schönen entstehen, und die Hand gewinnt an Erfahrung und Beweglichkeit. Das Kind erreicht dann mit größerer Freude das Ziel, zu dem es die Natur treibt, weil es die erforderlichen Übungen gemacht hat, um zeichnen zu können.

Frau Dr. Revesz erwähnt unsere Methode und nimmt wie folgt Stellung zur allgemeinen Kritik, die gegen sie bezüglich des „freien Zeichnens" erhoben wurde: „Die Montessori-Schule unterdrückt das freie Zeichnen nicht, sondern sorgt vielmehr dafür, daß die Kinder dabei größtes Vergnügen empfinden, wobei sie gleichzeitig ihren Farb- und Formensinn frei entfalten sowie ständig Hand und Auge üben."

Die Erziehung der Hand ist besonders wichtig, weil diese das Ausdrucksinstrument der menschlichen Intelligenz ist: sie ist das Organ des Geistes.

Dr. Katz, der eine Spezialstudie über die Funktionen der Hand im Zusammenhang mit der Psychologie gemacht hat, sagt: „Die Montessori-Methode, die sich der Entwicklung der Funktionen der Hand widmet, zeigt ganz deutlich die erstaunliche Vielseitigkeit dieses Organs. Meine Studien, die sich über einen Zeitraum von zwölf Jahren erstreckten, haben mich daran denken lassen, welch ein wunderbares Instrument die Hand doch hinsichtlich ihrer Tastsensibilität und Bewegung ist. Die Hand ist das Mittel, das es der menschlichen Intelligenz erlaubt hat, sich auszudrücken und der Zivilisation, ihr Werk fortzusetzen. Ohne die Hand wären der innere Wert und der Charakter der Funktionen der intelligenten Menschheit vernichtet worden. Die Hand ist das Organ des Ausdrucks, und auch in der Welt der Phantasie hat sie virtuell den ersten Platz eingenommen. In der frühesten Kindheit unterstützt die Hand die Entwicklung der Intelligenz und beim reifen Menschen ist sie das Instrument, welches sein Schicksal auf Erden kontrolliert."⟩

XXI

DER BEGINN DER MUSIKALISCHEN KUNST

113 ⟨Der kurze Hinweis auf die musikalische Erziehung in diesem Buch ▼ 1926
beruht nicht auf einer geringen Wertschätzung der Musik in der Erziehung, sondern darauf, daß kleinen Kindern lediglich eine Einführung in die Musik gegeben werden kann, ihre Entwicklung erfolgt etwas später. Der Erfolg ist außerdem damit verbunden, daß in der Umgebung des Kindes musiziert wird, so daß eine Umgebung entsteht, in der sich musikalischer „Sinn" und „Musikverstand" entwickeln lassen. Man müßte jemanden zur Hand haben, der Musik gut wiedergibt, oder einfache, für Kinder geeignete Instrumente besitzt, ähnlich denen, die Dolmetsch heute herstellt, um zu seinen wunderbaren Kinderorchestern zu gelangen, doch dies sind notwendige Vorbedingungen, die man sich in einer Schule, die allen zugänglich sein soll, nicht leisten kann. In den Montessori-Modellschulen wird jedoch die musikalische Erziehung eingehend gepflegt. Dabei versuchen wir, dem Kind wie in allen anderen Entwicklungszweigen die *freie Wahl* und die freien Ausdrucksmöglichkeiten zu lassen.

Bereits Frau Maccheroni machte sehr schöne Erfahrungen, die zum Teil in meinem Buch *L'Autoeducazione* veröffentlicht wurden. Später leistete Lawrence A. Benjamin unter Mithilfe namhafter Musikfreunde in Wien und London einen bedeutenden Beitrag zu dem Problem, insbesondere mit der sorgfältigen Sammlung musikalischer Sätze, die er in der klassischen und der Volksmusik aller Länder ausgewählt hatte, und die nach mehrjährigen Erfahrungen in der Montessori-Modellschule in Wien angenommen wurden.

---

[113] Die Anmerkung der Herausgeber zu Kapitel XX gilt auch für dieses Kapitel (d. Hrsg.).

▼ Es folgt nun ein kurzer Hinweis auf die Analyse und die Entwicklung der zur musikalischen Erziehung beitragenden Faktoren.
Rhythmus und rhythmische Gymnastik. — Die motorische Schulung zur rhythmischen Gymnastik ist in der „das Gehen auf der Linie" genannten Übung zu sehen, bei der kleine Kinder ein ganz sicheres Gleichgewicht erwerben und gleichzeitig lernen, Fuß- und Handbewegungen zu kontrollieren.

Während dieses langsamen und kontinuierlichen Gehens kann man die Musik als Unterstützung für die zu leistende Anstrengung einführen. Ist das Gleichgewicht dann erzielt, kann mit der rhythmischen Erziehung begonnen werden. Viele Wiegenlieder eignen sich als Begleitung dieser langsamen und einförmigen Bewegungen, die denen beim „Wiegen" ähneln könnten. Die Überlagerung der Bewegung durch Musik ist in diesem Fall eine wirkliche „Begleitung" des bereits gefestigten Schrittes; sie durchdringt ihn. Einen Gegensatz zu solcher Musik bildet ein dem Laufen entsprechender Rhythmus. Das kleine Kind ist für diese beiden kontrastierenden Rhythmen am empfänglichsten. Wie zu Beginn der Sinneserziehung die Kontraste standen, so tun sie es auch in der rhythmischen Erziehung. Die langsamen und kontrollierten Schritte, bei denen es schwierig ist, das Gleichgewicht zu halten, sowie das Laufen werden außerdem von den Drei- bis Vierjährigen bevorzugt. Der rhythmische Sprung hingegen ist nicht nur eine Übung, die gemacht wird, nachdem sich das vollkommene Gleichgewicht gefestigt hat. Sie verlangt außerdem eine Muskelanstrengung, die für das Kind (wegen der besonderen Proportionen des kindlichen Körpers) nicht angebracht ist. Die den verschiedenen Rhythmen entsprechenden Schritte, die den „Abstufungen" in der Sinneserziehung gleichzustellen sind, können die Kinder erst in einem späteren Alter
▲ (über fünf Jahren) erkennen.⟩

1948 ▼ ⟨Rhythmischer Marschschritt auf der Linie sollte sich von der Gymnastik auf der Linie unterscheiden, die zur Herstellung des vollkommenen Gleichgewichts und zur Kontrolle der Bewegungen dient. Für diese auf so verschiedenartige Weise ausgeführten musikalischen Übungen (eine Fahne, ein Wasserglas, eine brennende Kerze in der Hand halten oder ein Körbchen auf dem Kopf tragen) ist eine auf den Boden gezeichnete Linie erforderlich, damit die Schritte auf eine bestimmte Art gelenkt werden. Diese festgesetzte Richtung erschwert eher die Einhaltung des Gleichgewichts, und so fixiert und verstärkt sie das vollkommene Gleichgewicht. Eine eintönige, sanfte Musik begleitet diese Übungen als Unterstützung der zu ihrer exakten Durchführung erforderlichen Anstrengung.

Wenn jedoch die rhythmischen Übungen beginnen, sollten die Füße frei sein. Die Linie dient dann nur zur Lenkung und als Hilfe, damit die gehenden, laufenden, springenden usw. Kinder in einer Reihe bleiben. Es ist also klar, daß, wenn man zur Ausführung von Tänzen übergeht, die Linie keine Berechtigung mehr hat, sondern dazu dienen kann, der Bewegung eine bewußte Ordnung zu geben.⟩

⟨Die Technik bei der Ausübung der Musik besteht darin, einen einzigen, leicht zu interpretierenden Tonsatz zu bestimmen und viele Male zu wiederholen. Dies entspricht der Wiederholung der Übung. Auch außerhalb der beiden kontrastierenden Einführungsschritte, die sich besonders für die Kleinen eignen, kann man rhythmische Tonsätze auswählen und wiederholen, um die Sensibilität für die Musik bei Kindern zu entwickeln, die sonst keine Gelegenheit haben, aus der Umgebung derartige Eindrücke zu gewinnen, wie dies zum Beispiel bei den Farben und, ganz allgemein, bei visuellen Sinneswahrnehmungen der Fall ist. Wenn jeder Tonsatz immer und immer wieder vorgetragen wird, ist es möglich, daß einige Kinder zwischen fünf und sechs Jahren die Fähigkeit erlangen, Rhythmen zu interpretieren, die Bewegungen erfordern, welche sich geringfügig voneinander unterscheiden, wie der Gehschritt, der Marschschritt usw. (Abstufung).

Es ist nützlich, wenn die Lehrerin den Kindern einiges beibringt, so durch Vorführung des für einen bestimmten Rhythmus geeigneten Schrittes, wie dies bei den „Lektionen" geschieht, wenn sie sagt: „Dies ist groß, dies ist klein." Nach solch einem Unterricht muß man allerdings dem Kind selbst die Interpretation überlassen, das also denselben Rhythmus in verschiedenartigen Tonsätzen erkennen muß [114].

Es ist falsch — dies zu beachten ist wichtig —, beim Spiel den Takt stark zu schlagen, also die Note, die auf die Taktteilung fällt, laut zu spielen. Man muß mit dem ganzen Ausdruck spielen, den die Melodie verlangt, und kann dabei sicher sein, daß die rhythmische Kadenz sich gerade durch die Melodie äußert. Eine Note lauter spielen als die anderen, nur weil darauf der rhythmische Akzent fällt, heißt, dem Stück seinen ganzen melodischen Wert nehmen und folglich auch das

---

[114] L. A. Benjamin, *An introduction to music for little children*.

▼ Vermögen, eine motorische Reaktion in Verbindung mit der Musik zu erzeugen. Man muß mit Exaktheit und mit Gefühl spielen, also eine gute musikalische Interpretation geben, aus der sich dann der „musikalische Takt" ergibt (der, wie jeder weiß, nicht der mechanische Takt des Metronoms ist).

Die Kinder empfinden den Rhythmus einer mit musikalischem Gefühl gespielten Musik und folgen ihm oft nicht nur mit dem Schritt, sondern auch mit den Armen und ihrer ganzen Haltung. Manchmal können auch ganz kleine Kinder rhythmischen Ausdruck äußern. Der etwa vierjährige Beppino schlägt den Takt mit dem ausgestreckten Zeigefinger der rechten Hand; die Musik (ein Lied) hat zwei sich abwechselnde Teile: der eine legato und der andere staccato; beim ersten bewegt das Kind die Hand gleichmäßig, beim zweiten ruckweise.

Wenn sie einer sanft melodischen Musik lauschte, breitete die vierjährige Nannina sehr graziös ihr weites Kleid auseinander, warf den Kopf nach hinten und trug dabei ein süßes Lächeln zur Schau. Beim Klang eines Militärmarsches versteifte sich die ganze kleine Gestalt; sie ging dann mit hartem Schritt und finsterer Miene einher.

Greift man durch eine geeignete Lektion ein, um einen Schritt zu zeigen oder eine Bewegung zu verbessern, so macht das die Kinder glücklich.

In einer Klasse von Fräulein Maccheroni umarmten ihre kleinen Schülerinnen Erminia, Graziella, Peppinella, Sofia und Amelia sich mit Begeisterung gegenseitig und taten dasselbe mit der Lehrerin, weil diese ihnen einige Bewegungen eines rhythmischen Tanzes beigebracht hatte. Otello, Vincenzino und Teresa, deren Schritte und Gesten durch die Lektion besser zur Geltung kamen, dankten der Lehrerin, die ihnen geholfen hatte.

Manchmal sitzen die Kinder auch im Saal und bilden einen Kreis um die anderen, die auf der Linie gehen, hören dabei der Musik zu und schlagen oft den Takt mit der Hand und interpretieren ihn richtig. Einige scheinen sich in die Lage eines Dirigenten zu versetzen: der viereinhalbjährige Vincenzino stand mit geschlossenen Füßen still in der Mitte der auf den Boden gezeichneten Ellipse (die Linie), auf der die Kinder gingen, und gab mit dem ausgestreckten Arm den Takt an, wobei er selbst mit einer korrekten Verbeugung bei jedem Takt den Körper vorneigte. Dieses Verneigen und Wiederaufrichten des Oberkörpers füllte ganz genau den Zeitraum zwischen zwei Takten. Er selbst nahm einen mit der Melodie voll übereinstimmenden Ausdruck an.

Die exakte Methode, mit der es dem Kind gelingt, den Takt zu schlagen, ohne daß ihm die Dreier- oder Viererteilung usw. gelehrt wurde, ist der Beweis für die Sinneserziehung zum musikalischen Rhythmus. Zu Beginn verfolgen die Kinder den Takt ohne Rücksicht auf den Taktschlag.

Es kommt jedoch der Augenblick, wo sie auf einmal den Taktschlag empfinden und ihm folgen; das heißt, ihre Bewegungen entsprechen nur dem ersten Takt des Schlages.

Marie Louise, etwas über vier Jahre alt, ging nach einer Marschmusik; plötzlich rief sie der Lehrerin zu: „Regarde, regarde comme je fais!" Sie machte einen Springschritt und hob graziös die Arme beim ersten Schlag des Taktes.

Nur ältere Kinder studieren den Notenwert (siehe für die Einzelheiten des Verfahrens: L. A. Benjamin, a. a. O.). Das Interesse an solch einem Studium ist damit in Zusammenhang zu bringen, daß die Kinder den rhythmischen Sinn bereits entwickelt und für sich analysiert haben.

Musikalische Wiedergabe. — Die gehörte und von rhythmischen Bewegungen begleitete Musik dient ausschließlich zur musikalischen Erziehung (bezüglich der Tonfolge im Takt und dem expressiven Ausdruck des Tonsatzes).

Es gibt weiterhin das Studium von Melodie und Harmonie, das sich nur dann zur Einzelübung eignet, wenn das Kind die nicht nur in ihren Abmessungen, sondern vor allem in ihrer Einfachheit geeigneten Instrumente zur Verfügung hat und ihm ihre Benutzung freisteht, ohne daß es durch eine zu steife Technik behindert wird. Mit kurzen „Einführungen" und Lektionen, in der Art wie sie die unsere Methode anwendenden Lehrerinnen geben, um das Material im allgemeinen nutzbar zu machen, wird das Kind dann in die Lage versetzt, seine Ausführungen zu machen, wobei es gerade wegen der Einfachheit der melodischen Instrumente ein immer größeres Interesse daran nimmt. Der musikalische Vortrag der Kinder ist von erstaunlicher Wirkung, wenn sich diese in Gruppen zusammentun, um Konzerte zu geben. Sie werden durch die Übungen ermöglicht, die jedes Kind auf seinem Instrument im Einzelstudium gemacht hat und aus denen ein wahres musikalisches Empfinden entstehen kann.

▼ Zu diesen Ergebnissen gelangte Dolmetsch in England, der die erlesenen Musikinstrumente aus vergangener Zeit, die heute wegen des Siegeszuges vor allem des Klaviers nicht mehr benutzt werden, wieder in Gebrauch bringen wollte und der die Idee hatte, für Kinder einfache Instrumente machen zu lassen. Der Glaube Dolmetschs an die göttliche Macht der Musik und gleichzeitig an die Seele des Kindes führte ihn zu einer Methode, die sich mit den Prinzipien der meinen trifft (ein geeignetes „Material"; kurze Einführungen, einzig und allein zu dem Zweck, das Kind mit dem Material in Beziehung zu bringen; und dann die Freiheit, die dem Kind gelassen wird, sein Instrument zu spielen).

In dem großartigen englischen Institut von Bedales, wo es Montessori-Modellklassen gibt, kommt es vor, daß man im Wald Kinder antrifft, die unter einem Baum Violine spielen, oder daß kleine Gruppen versuchen, die Melodien eigenartiger Saiteninstrumente (ein Mittelding zwischen der vereinfachten Harfe und der Lyra) miteinander in Einklang zu bringen. Oder man hört zarte Harmonien aus den Fenstern erklingen. Viele dieser Kinder wissen weder etwas von der Theorie noch von Musiknoten, auch haben sie nie rhythmische Übungen gemacht. Die musikalische Entwicklung besteht in den wundervollen Musikvorträgen, die der alte leidenschaftliche Meister überall, wo er ist, freigiebig spendet: in den Räumen, im Wald oder auf den Wiesen. Die Kinder setzen sich dann um ihn herum oder legen sich ins Gras und hören entrückt zu. Die Entwicklung ergibt sich außerdem durch die den Kindern gebotene Möglichkeit, ein Instrument zu nehmen, wenn die Eingebung sie dazu drängt, nach einer Harmonie zu suchen, die sich tief in ihrem Herzen festgesetzt hat.

Lesen und Schreiben der Musik. — Eine Einführung in das Notenschreiben ist allerdings auch in den „Kinderhäusern" möglich. Sie stützt sich auf die Sinnesübungen, die darin bestehen, musikalische Klänge der Glocken zu erkennen, die bei einer ersten Übung paarweise zusammengestellt und danach abgestuft geordnet werden.

Die Noten oder vielmehr die sie erzeugenden Gegenstände „handhaben" zu können, die sich (außer im Ton) bis ins kleinste Detail gleichen, sie einzeln umzustellen, um sie zu mischen und wieder zusammenzustellen, ist eine große Hilfe, weil dadurch die Noten in eine stoffliche Form gebracht werden, ähnlich wie dies bei den anderen Gegenständen zur Sinneserziehung geschieht. Man muß dann nur noch die Note mit ihrem Ton koppeln, wie es die Kinder bei ähnlichen Übungen getan haben. Die Namen *do, re, mi, fa, sol, la, si* sind in eine gleiche Zahl kleiner Holzscheiben (welche die Notenzeichen darstellen) eingeschnitten. Sie werden von den Kindern an den Fuß jeder einzelnen Glocke gelegt, ihrem Klang entsprechend. So gelingt es dem Kind mit Sicherheit, die zu den Tönen gehörigen Noten kennenzulernen. Die Scheiben mit den Notenbezeichnungen sind also keine Zeichen, die nur auf der Notenlinie angebracht werden sollen, sie bedeuten vor allem einen *Ton*. Wenn die Kinder dann anfangen, die Noten auf den Linien zu lernen, dann tun sie es als eine schriftliche Übung für bereits bekannte musikalische Fakten.

Damit das kleine Kind allein seiner Fähigkeit nachgehen kann, wobei ihm sein Instinkt, Gegenstände zu berühren und umzustellen, hilft, haben wir ein Notensystem aus Holz vorbereitet, in das runde Vertiefungen „eingeschnitten" sind, die sich mit dem zu den Noten gehörenden Platz decken: *do, re, mi, fa, sol, la, si, do*. In diese Vertiefungen lassen sich die entsprechenden Notenscheiben einsetzen, deren Name auf der Oberseite steht. Für die Anordnung ist eine entsprechende Zahl (1, 2, 3, 4, 5, 6, 7, 8) in jedem Hohlraum und auf der Unterseite der einzelnen Scheiben angebracht. Wenn das Kind die Scheiben hinlegt, indem es sich nach den Zahlen richtet, dann hat es im Notensystem alle Noten der Oktave untergebracht.

Für eine spätere Übuung gibt es ein anderes Notensystem; es ist wie das erste aus Holz, doch ohne Vertiefungen, und also auch ohne die als Anhaltspunkt dienenden Nummern. Zu diesem System gehört eine Schachtel mit Scheiben ohne Nummern, auf deren Oberseite jedoch ein Notenname steht. Derselbe Name wiederholt sich auf mehreren Scheiben. Die Übung beweist das Gedächtnis des Kindes beim Erinnern an die Notenanordnung. Sie läuft wie folgt ab: Die Scheiben, die das Kind wahllos in die Hand nimmt, werden an der passenden Stelle in das Notensystem eingefügt und dabei auf die Seite gelegt, auf der der Name steht, so daß die schwarze Seite der Scheiben sichtbar bleibt. Es ist klar, daß zahlreiche Scheiben auf dieselbe Linie oder längs desselben Zwischenraumes kommen. Sind die Noten dann eingeordnet, sollen sie, ohne versetzt zu werden, umgedreht werden. Die dann lesbaren Namen zeigen dem Kind, welche Fehler es möglicherweise gemacht hat.

▼ Als drittes Material dient ein doppeltes Notensystem, in dem die Noten rautenförmig angebracht werden: beim Trennen der beiden Systeme ergibt sich die Anordnung der Noten nach dem Violin- und dem Baßschlüssel.

Sind die Kinder erst einmal so weit, dann können sie kleine Tonstücke lesen und auf den Glocken wiedergeben. Umgekehrt können sie auch kleine Tonstücke schreiben, nachdem sie sie nach dem Gehör mit den Glocken oder auf einem Instrument wiedergegeben, also die Noten herausgefunden haben.

Dieser Teil, nämlich das Schreiben von Noten, entfaltet sich in bemerkenswerter Weise bei etwas älteren Kindern, also in den Grundschulklassen. In der Montessorischule in Barcelona hatten die Kinder Musikhefte, die den Schreibheften kaum nachstanden.

Man beachte, daß die drei angegebenen Übungen: die rhythmischen Bewegungen, die Wiedergabe *auf Musikinstrumenten* und das Schreiben der Noten getrennt und unabhängig voneinander erfolgen können. Um dies zu zeigen ist nicht nur das Vorhandensein von selbständigen Übungen zu erwähnen, sondern sogar von kompletten Methoden, die sich auf nur einen dieser Teile beziehen. Es genügt, an die Methode von Delcroze zu erinnern, bei der ausschließlich rhythmische Gymnastik, sowie an die Methode von Dolmetsch, bei der die Kunst entwickelt wird, einem Instrument Harmonien zu entlocken. Außerdem beginnt der Musikunterricht bei den alten Methoden mit dem Kennenlernen der Noten im Notensystem, unabhängig von der Musik. Doch dies ist ein Beispiel für das, was wir Analyse nennen, also das Trennen der Teile eines sehr schwierigen und komplexen Ganzen in Übungen, die für sich allein eine interessante Arbeit bilden können.

Rhythmus, Harmonie sowie Schreiben und Lesen verbinden sich jedoch schließlich und sind drei Interessen, drei Geschehnisse beliebter Tätigkeit und ausgekosteter Freuden, die im Vollgefühl einer einzigen
▲ Eroberung zum Ausbruch kommen.⟩

XXII

DIE RELIGIÖSE ERZIEHUNG

⟨Die nach den gleichen allgemeinen Richtlinien der Methode in ihrer ▼ 1926
Gesamtheit betrachtete religiöse Erziehung umfaßt die Vorbereitung
einer Umgebung, in der wir verschiedene Aufgaben unterscheiden: die
Aufgaben des praktischen Lebens, wie man sie nennen könnte, und die
Aufgaben, die sich in der Schule auf die geistige Entwicklung beziehen,
und die die Entfaltung des religiösen Gefühls, die Herzensbildung und
religiöse Kenntnisse betreffen, die das notwendige Wissen zur Erfassung der Religion bilden. Es besteht also eine völlige Übereinstimmung
zwischen all dem, was bisher für das „Kinderhaus" beschrieben wurde,
und dem Komplex der religiösen Erziehung. Dies möge genügen, um
zu verstehen, daß eine vollständige Abhandlung darüber an dieser
Stelle nicht möglich ist. Doch die Hinweise, die wir geben können,
werden dazu dienen, die notwendigen Beziehungen zwischen den beiden Erziehungszweigen herzustellen: der eine, der die Natur des Kindes im Zusammenhang mit der Wirklichkeit in der Außenwelt behandelt, und der andere, der die kindliche Natur mit der Wirklichkeit
des übernatürlichen Lebens in Beziehung setzt.

Die ersten Grundlagen der religiösen Erziehung nach meiner Methode wurden in der Montessori-Musterschule in Barcelona gelegt,
einer öffentlichen Schule der Provinz, wo jedoch die katholische religiöse Erziehung als das fundamentale Ziel bestimmt wurde[115]. Der
erste Schritt war die Vorbereitung einer Umgebung: die *Kirche der
Kinder,* wo die den Gläubigen vorbehaltene Stätte sich in ihren Proportionen den Maßen der Kleinen anpaßte. Wir statteten sie mit klei-

---

[115] Maria Montessori, *I bambini viventi nella Chiesa* (enthalten in der deutschen
Zusammenfassung religionspädagogischer Schriften Montessoris „Kinder, die in der
Kirche leben", Freiburg 1964 [d. Hrsg.]).

nen Sitzen und Betpulten aus, brachten Weihwasserbecken an, und zwar in Kniehöhe eines Erwachsenen; ebenfalls tiefhängende kleine Bilder, die den Jahreszeiten entsprechend oft ausgewechselt wurden, und kleine Statuen oder Figurengruppen, welche die Geburt Christi oder die Flucht aus Ägypten usw. darstellten. An den Fenstern hingen leichte Vorhänge, welche die Kinder selbst zuziehen konnten, um das Licht zu dämpfen. Sie wechselten sich ab beim Herrichten der Kirche: sie stellten die Sitze ordentlich hin, verteilten die Blumenvasen, zogen die Vorhänge zu und zündeten einige Kerzen an.

Ein Geistlicher unterrichtete die Kinder in Religion und zelebrierte die Messe in der Kirche. Kaum war dieses einfache Kirchlein fertig und den Kleinen für ihre Aktivität zugänglich, machte sich, sozusagen zu unserem Erstaunen, ein Ergebnis der Methode bemerkbar, das uns bis dahin noch nicht bewußt geworden war, und zwar, daß die Kirche quasi das Ziel eines großen Teiles der Erziehung ist, die unsere Methode sich zur Aufgabe macht. Einige Übungen, die dort keinen bestimmten äußeren Zweck erfüllen, finden hier ihre Anwendung. *Die Stille,* die das Kind darauf vorbereitet hat, in sich gesammelt zu sein, wird zu jener inneren Sammlung, die man im Gotteshaus, im halbdunklen Raum, im milden Flackern der Kerzenlichter wahren soll. Leise gehen und dabei jegliches Geräusch vermeiden; in gemessener Haltung aufstehen und sich setzen; zwischen Bänken schreiten und an anderen vorbeigehen und dabei das geringste Anstoßen vermeiden; auch zerbrechliche Gegenstände in der Hand tragen und darauf achten, daß sie keinen Schaden nehmen, wie zum Beispiel mit Wasser gefüllte Vasen, in die Blumen gesteckt sind und die dann zu Füßen des Altars gestellt werden, oder brennende Kerzen, ohne Hände und Kleidung mit flüssigem Wachs zu besudeln; das waren alles fast Wiederholungen und gleichzeitig Anwendungen dessen, was das Kind innerhalb der vier Wände des Klassenzimmers zu tun gelernt hatte. Diese Übungen müssen also den Kindern mit ihrem zarten Geist so vorkommen, als seien sie das Ziel der geduldigen Mühe, die sie auf sich genommen hatten; daher entsteht für sie ein beglückendes Gefühl von Freude und neuer Würde. Vorher machten die Kinder diese Übung aus einem inneren Antrieb heraus, doch ohne Zweck; danach enthüllt sich ihnen sozusagen ein Unterschied zwischen zwei verschiedenen Zeiten und Orten, wie zwischen Säen und Ernten. Schon das Unterscheiden sich ähnlicher Handlungen, die jedoch eine andere Anwendung und Bedeutung haben, bildet bereits für sich allein die Quelle zu intellektueller Entwicklung. Der Vierjährige empfindet sehr wohl den Unterschied zwischen dem Weihwasserbecken, in das er die Fingerspitzen taucht, um sich dann zu bekreuzigen, und den Schüsseln, die er im Nebenzimmer benutzt, um sich die Hände zu waschen. Nun, diese unmittelbare Erkenntnis von Unterschieden bei ähnlichen Dingen ist eine wahre Arbeit des Verstandes, die das kleine Wesen, das sozusagen als unfähig gilt —, zu übersinnlichen Begriffen emporzusteigen, in Angriff nimmt, wenn es anfängt, sich als Gottes Kind zu fühlen, das liebevoll im Haus des großen Himmlischen Vaters zu Gast ist.

Ich begegnete schon vielen, die solchen Empfindungen keinen Glauben schenken wollten: „Wissen Sie, warum mein kleiner Enkel in die Schule gehen will, wenn Messe ist? Weil Sie ihn die Kerzen in einem kleinen Wasserbecken auslöschen lassen . . . Das ist alles. Wäre es nicht besser, diese erfreuliche Übung auf Arithmetik zu übertragen? Zum Beispiel 10 Kerzen anstecken, sie wieder ausblasen und dabei eins, zwei, drei usw. zählen lassen?"

Der Kritiker, der so zu mir sprach, verfügte über ein geringes Maß an geistlichem Verständnis und an Kenntnis der Kinder. Seine Rechenaufgabe mit den Kerzen hätte sich höchstens eine Woche gehalten, also mehr oder weniger die erforderliche Zeitspanne, um von 1 bis 10 zählen zu lernen. Doch in der Kirche löschen diese Kinder, wenn sie älter werden und sich weiterhin sowohl in allgemeinen Begriffen wie in Dingen der Religion bilden, noch viele Jahre die Kerzen, die vor dem zu ihnen herabgestiegenen Jesus brennen und sich verzehren. Dabei werden sie trotzdem verstehen, daß ihr Tun kein kindlicher Zeitvertreib ist, sondern eine religiöse Funktion, die tatsächlich erfüllt wird, weil sie an heiliger Stätte erfolgt und zu dem dort dem Herrn erwiesenen Kult gehört.

Hier ist nun zu bedenken, daß ein sich für alles interessierendes Kind noch viel aufmerksamer allem Symbolischen gegenüber ist, das ihm in Erhabenheit gehüllt zu sein scheint. Zu Beginn ziehen die einzelnen Gegenstände und die Handlungen als solche seine Aufmerksamkeit an: der Altar, das Buch, die heiligen Gefäße, die Kleidung des Geistlichen, die verschiedenen Handlungen während des Gottesdienstes, das Zeichen des Kreuzes, die Kniebeugung, der Kuß. Doch nach und nach wird auch ihre Beziehung zueinander und die in ihnen verborgene mystische Bedeutung klar.

▼ Als der Geistliche mit der Erklärung der Sakramente begann, wobei er Gegenstände benutzte und häufig unter aktiver Beteiligung der Kinder den Ablauf des Gottesdienstes wiedergab, beabsichtigte er zunächst nur, sich an die Größeren zu wenden. Doch die Kleineren wollten nicht weggehen und verfolgten alles mit größter Aufmerksamkeit. Auch Dreijährige schauten diesen Demonstrationen voller Entzücken zu. Der Geistliche richtete zum Beispiel das Taufbecken und die Gegenstände für die heilige Handlung her. Er wählte unter den Kindern den Paten und die Patin aus, ließ ein erst kurz vorher geborenes Kind holen und führte erneut jede einzelne der beim Spenden dieses Sakramentes üblichen heiligen Handlungen aus. Ein anderes Mal spielte ein großes Kind den Katechumenen und bewarb sich um die Taufe. Die Kinder zeigten lebhaftes Interesse, als sie erfuhren, daß auch heute noch wie in den ersten Zeiten der Kirche Erwachsene getauft werden, wenn sie sich zum Christentum bekehren. So lernten sie allmählich die Anfangsgründe der Liturgiegeschichte.

Als die Kinder lesen konnten, kam ein weiteres Geschehen hinzu, das ihnen erlaubte, sich teilweise selbst zu unterrichten. Es bestand darin, die Gegenstände für den Gottesdienst, die Kleidung der Geistlichen, den Altar und sogar einige Dinge, die geschichtliche Vorgänge oder Szenen aus dem Evangelium darstellten, im kleinen, doch mit ausreichender Genauigkeit anzufertigen und Kärtchen mit ihrem Namen oder einfachen Sätzen (ähnlich den Befehlen bei den ersten Leseübungen) mit diesen Gegenständen in Verbindung zu bringen. So konnten die Kinder die Übung wiederholen, was dem allgemeinen Gebrauch der Methode entsprach. Man dachte ebenfalls daran, Gruppen von Gegenständen zusammenzustellen, parallel zu denen, die bei den ersten, speziell für phonetische Sprachen bestimmten Leseübungen beschrieben wurden, wo dieselben Schwierigkeiten aufweisende Wörter gruppiert und mit Gegenständen zusammengelegt wurden, deren Namen sie tragen. Hier bezog sich die Gruppe der Gegenstände hingegen unter anderem Gesichtspunkt auf die Dinge, die erforderlich waren, um ein Sakrament gültig zu machen. Die materielle Trennung der einzelnen Gruppen voneinander und das mehrmals wiederholte Zerlegen und Wiederzusammensetzen jeder einzelnen Gruppe erleichterte das Verständnis der Fakten und ein genaues Erinnern an jede Einzelheit, während das Lesen und das Legen der Kärtchen an den richtigen Platz die Gewähr für das Erlernen der genauen Ausdrücke bot. Die Übung bestand darin, die Gegenstände einer Gruppe (zum Beispiel das Sakrament der letzten Ölung) abzusondern, alle dazugehörigen Kärtchen zu nehmen und auf jeden Gegenstand das mit seinem Namen gekennzeichnete zu legen. Die Schwestern von Notre-Dame in Glasgow (Schottland) haben komplette Modelle dieser Dinge angefertigt, darunter einen nur 12 cm tiefen Altar, dessen Einzelheiten in getreuer Nachbildung außerordentlich kunstvoll wiedergegeben waren. Die Kinder konnten ihn sich genau ansehen und auf jedes seiner Einzelteile die Kärtchen mit den entsprechenden Namen legen.

So leben die Kinder von frühester Jugend an in der Kirche — so kann man es nennen — und erwerben, fast ohne es zu bemerken, eine im Vergleich zu ihrem Alter wirklich einmalige Kenntnis religiöser Dinge.⟩

⟨Durch die bereits in der Schule angenommene Gewohnheit, sich auf ▼ 1948
die Arbeit, die Stille, die Ruhe in einer Umgebung zu konzentrieren, in der die sozialen Beziehungen zwischen Kindern nicht abreißen, die beim Handeln ihr eigenes Tun selbst bestimmen und ihre Bedürfnisse denen der anderen anpassen sollen, werden die Kinder im übrigen auf eine andere sittliche Erwerbung von größter Bedeutung vorbereitet.

Sind die Bewegungen geordnet, kann sich in der Stille die innere Sensibilität entfalten, die man „religiösen Sinn" oder auch „geistlichen Sinn" nennt.

In der Tat empfindet das Kind erst im Alter von 7 Jahren das Bedürfnis, zwischen Gut und Böse zu unterscheiden. Kleine Kinder stellen sich solche Fragen nicht. Sie akzeptieren und glauben alles. Für sie ist das Schlechte einzig als die „Bosheit" vorstellbar, die ihnen die Strenge der Erwachsenen einträgt.

Die Kleinen sind äußerst „empfänglich", und eine Umgebung, die ihre Sinne anrührt, beeinflußt sie sehr stark. Deshalb muß man verstehen, daß während der ersten Wachstumsperiode die Umgebung und die von ihr erzeugten Eindrücke sozusagen unauslöschlich in den Geist eingeprägt werden. Die Mutter, die das Kind mit in die Kirche nimmt, bereitet in ihm ein religiöses Gefühl vor, das kein Unterricht erwecken könnte.

Deshalb ist es falsch, den Versuch zu unternehmen, Kinder vorzeitig das Gute vom Bösen unterscheiden zu lassen, wenn sie noch keinerlei Interesse für dieses Problem aufbringen. Darum wäre eine Entwicklung des moralischen Bewußtseins in diesem Sinne verfrüht.

Das Gefühl für das Gute läßt sich in diesem Alter durch Liebe und eine sanfte, gütige Zuneigung zum Kind pflegen. Was Kinder wirklich brauchen, ist ein Gefühl der Sicherheit, das ihnen aus dem Schutz durch die Erwachsenen erwächst. Auch die Erziehung muß in Einklang mit diesen natürlichen Bedingungen gebracht werden. Gott, der das Kind liebt und schützt und seine Engel aussendet, um es Tag und Nacht unsichtbar zu bewachen, ist die Grundlage ihrer Religion.

Erst später erwacht ihr soziales Gefühl, und sie empfinden die Verantwortung für ihre eigenen Taten. Dann ist es an der Zeit, daß sich zu dieser neuen Entwicklung eine Führung gesellt: eine Führung in der Welt und besonders eine Führung, die das Gewissen des Individuums leitet.

Zu einem kleinen Kind vom Bösen sprechen heißt, ihm etwas beibringen, das es unfähig ist zu verstehen oder zumindest zu assimilieren. Die Lehrerin muß also sehr behutsam vorgehen, um die Seele des Kindes nicht durch Argumente zu beschweren, die für seine Natur nicht geeignet sind.⟩ ⟨So erzählte zum Beispiel einmal eine der Franziskanerinnen, Missionarinnen von Maria, als sie die Heilige Geschichte lehrte und dabei von Kain sprach, dieser sei gewiß zu Abel böse gewesen, als er noch ein Kind war. Einige Stunden nach dem Unterricht brach ein kleines Kind plötzlich mitten bei der Arbeit (die Meditation!) in Tränen aus und sagte: „Oh! ich werde sein wie Kain!" Der Schwester, die es zu trösten versuchte, beichtete es seine kleinen Ungerechtigkeiten den Spielkameraden gegenüber.

Die Kleinen, die religiös sind und frei ihrer intellektuellen Tätigkeit und der Arbeit nachgehen können, die ihnen unsere Methode bietet, erweisen sich als starke, außergewöhnlich kräftige Geister, genauso kräftig wie die kleinen Körper von gut ernährten und sauberen Kindern.

Wachsen sie auf solche Weise auf, sind sie weder schüchtern noch ängstlich. Sie zeigen eine erfreuliche Unbefangenheit, Mut, heiteres Wissen um die Dinge, Glaube vor allem an Gott, den Schöpfer und Erhalter des Lebens. Die Kinder sind in so hohem Maße fähig, zwischen Natürlichem und Übernatürlichem zu unterscheiden, daß ihre Intuition uns auf den Gedanken einer sensitiven religiösen Periode gebracht hat. Das früheste Alter scheint mit Gott so verbunden, wie die Entwicklung des Körpers eng von den ihn langsam verändernden Naturgesetzen abhängt. Ich entsinne mich an eine Zweijährige, die sagte, als sie vor einer Figur des Jesuskindes stand: „Dies ist keine Puppe."

Landarbeit in der religiösen Erziehung. — Wir dachten uns, daß es etwas Schönes und Würdiges wäre, von den Kindern den Weizen und die Trauben ziehen zu lassen, die dazu bestimmt waren, die eucharistischen Gestalten zu bilden und die religiöse Tätigkeit der Kleinen mit den Arbeiten und den Freuden auf dem Felde zu verbinden. Daraufhin wurde eine große Wiese, die den Kindern für ihre Spiele nach dem Essen zur Verfügung stand, teilweise zur Bestellung dieses Weizens und dieser Trauben bestimmt. Die Kinder selbst wählten zwei Rechtecke aus: das eine am äußersten rechten, das andere am äußersten linken Ende der Wiese. Dann wurde ein schnell reifender Weizen ausgesucht. In die hergerichteten, parallel gezogenen Furchen säte jedes einzelne Kind einige Samenkörner, damit sie alle die Saat gestreut hatten. Die Bewegung beim Säen, die aufgewendete Sorgfalt, damit die Saatkörner nicht neben die Furchen fielen, der Ernst und die Feierlichkeit, mit der die ländliche Zeremonie ablief, ließen sofort erkennen, wie sehr sich dieses Tun für das gesteckte Ziel eignete. Wenig später wurden die Reben gesetzt, die wie ausgetrocknete Wurzeln aussahen und, ausgedörrt wie sie waren, das Wunder nicht vorausahnen ließen, auf das die Kinder nun warteten, nämlich, daß sich eines Tages wirklich Trauben bilden würden. Diese dürren Stöcke wurden in gleichmäßigem Abstand in einen Graben in parallel gezogene Furchen gesetzt. Es schien das beste, rundherum Blumen anzupflanzen, als ständige Huldigung von Duft und Schönheit für Pflanzen, die reiften, um die Frucht zu geben, die eines Tages als Stoff für die eucharistische Konsekration dienen würde. Die Kinder spielten weiter im restlichen Teil der Wiese, errichteten Häuser aus Ziegelsteinen, gruben Gräben, legten gepflasterte Sträßchen an, rannten, spielten Ball und waren selbst Blumen in ihrer Fröhlichkeit. Zur Freude des Spiels gesellte sich jene tiefere Freude, tagtäglich dem Wunder des Wachsens der Pflänzchen beizuwohnen.

Im Weizen begannen sich tatsächlich parallele Streifen von grünen Gräsern zu zeigen; die Halme wuchsen, wurden höher und erweckten größtes Interesse bei den Kindern. Schließlich sprossen auch aus den dürren Zweigen kleine blasse Blättchen. Die Kinder bildeten Grüppchen um die Rebstöcke und beobachteten sie. Einige wurden aus-

▼ gewählt, um sie zu desinfizieren, damit sie vor Mehltau geschützt wurden. Als die kleinen Trauben wie durch ein Wunder erschienen, umhüllten sie diese mit einem weißen Mullsäckchen zum Schutz gegen Insekten.

Es wurde beschlossen, zu Beginn und zum Ende des Schuljahres zwei ländliche Feste einzuführen, eines entsprach dem Mähen, das zweite der Weinlese. Man dachte daran, die Feste durch eine ländliche Musik mit primitiven Instrumenten fröhlicher zu gestalten, sowie durch Volkslieder, von denen einige so harmonisch sind, daß sie in alten Zeiten in der Kirche als heilige Lieder dienten.

Die Kinder schnitten den Weizen vorsichtig, mit sichtbarem Vergnügen. Danach kam die lärmende Freude, Bündel mit farbigen Bändern zusammenzubinden und ordentlich aufzustellen, bevor man Abschied nahm in Erwartung des Mehls.

Diese Bemerkungen über unser Experiment einer religiösen Erziehung stellen nur einen Versuch dar, sie weisen jedoch schon die praktische Möglichkeit auf, die Religion als einen reichen Quell von Freude und
▲ Größe in das Leben des kleinen Kindes einzuführen⟩ [116].

▼ ⟨Dieses Experiment in der religiösen Erziehung trat in letzter Zeit in unseren „Kinderhäusern" zurück, weil es sich ausschließlich auf die katholische religiöse Erziehung bezog, in der es möglich ist, die Hinführung durch Bewegung des Körpers und gewisser Gegenstände, also durch „materielle" Übungen, zu aktivieren, was jedoch in anderen, vollkommen abstrakten Religionen nicht geht.

Nichtsdestoweniger wurde viel vorbereitet und sogar geschrieben. Ich kann folgende Bücher anführen: *„I bambini viventi nella Chiesa"*, *„La S. Messa spiegata ai bambini"*, *„La vita in Cristo"* (elementare Erläuterungen des liturgischen Jahres und des Kirchenkalenders), *„Il Libro aperto"* (zum Lesen des Meßbuches) und das *„Manuale per la preparazione di un Messale per i bambini"* [117].

---

[116] Hier schloß das Kapitel in der 3. italienischen Auflage von 1926. Der folgende Zusatz in der 1. (englischen) Nachkriegsauflage von 1948 wurde in der dieser dann folgenden italienischen Neuauflage fehlerhaft wiedergegeben. Er ist hier nach der englischen Ausgabe korrigiert (d. Hrsg.).

[117] Im oben genannten Sammelband „Kinder, die in der Kirche leben" enthalten (d. Hrsg.).

Aber diese, nur begrenzt geltenden praktischen Versuche können ▼ nicht weitergeführt werden. Ich besitze nicht das Diplom, das heute streng gefordert ist, um katholischen Religionsunterricht zu erteilen und konnte daher das Werk und seine Anwendung nicht fortsetzen⟩ [118]. ▲

[118] Diese Aussage findet sich erstmalig in der in Indien erschienenen englischen Nachkriegsauflage (vgl. auch die niederländische Nachkriegsauflage von 1956, S. 316). Dem steht gegenüber, daß alle religionspädagogischen Schriften Montessoris (so auch der o. g. deutsche Sammelband) die offizielle kirchliche Druckerlaubnis erhalten haben. Vgl. dazu Schulz (- Benesch), a. a. O., S. 105 ff. (d. Hrsg.).

XXIII

DIE DISZIPLIN IM „KINDERHAUS"

[119] Die Erfahrungen, die seit der ersten Ausgabe dieses Buches bis heute [120] gesammelt wurden, haben wiederholt die Gewissheit bestätigt, daß sich in unseren Klassen kleiner Kinder mit bis 40, ja sogar 50 Schülern eine bessere *Disziplin* als in den allgemeinen Schulen erreichen läßt. Wer gutgeführte Schulen besucht, ist *beeindruckt* von der Disziplin der Kinder. Da sind nun 40 Kinder zwischen 3 und 7 Jahren, von denen jedes seiner Arbeit nachgeht: die einen machen Sinnesübungen, andere solche der Mathematik, wieder andere berühren Buchstaben, zeichnen, beschäftigen sich mit den Rahmen oder stauben ab; einige sitzen an einem Tisch, andere hocken auf einem Teppich am Boden. Man vernimmt das schwache Geräusch von Gegenständen, die leicht verschoben werden, von Kindern, die auf Zehenspitzen herumlaufen. Von Zeit zu Zeit ertönt ein kaum unterdrückter Freudenschrei, ein eindringlicher Ruf: „Fräulein! Fräulein!", ein Ausruf: „Schau, was ich gemacht habe!"

Doch häufiger sind alle ganz gesammelt.

Die Lehrerin geht langsam und leise herum, kommt zu denen, die sie rufen, beaufsichtigt die Kinder so, daß jeder, der sie braucht, sie sogleich hört, und wer sie nicht braucht, nicht bemerkt, daß sie überhaupt da ist. *Stunden* vergehen, und alles schweigt.

Man könnte meinen, es seien *kleine Erwachsene*, wie einige Besucher des „Kinderhauses" sagten, oder — um mit anderen zu sprechen — „Senatoren während einer Sitzung".

Bei einem so lebhaften Interesse für ihre Tätigkeit passiert es nie, daß sich Kinder um Gegenstände streiten. Vollbringt einer etwas

---

[119] Anschluß 1. deutsche Auflage, S. 322 (d. Hrsg.).
[120] Die Zeitangabe bezieht sich auf die 3. italienische Auflage von 1926 (d. Hrsg.).

Außergewöhnliches, dann gibt es schon Bewunderer, die an seinem neuen Werk gefallen finden. Niemanden bedrückt das Gut des anderen, vielmehr ist der Triumph des einen die Verwunderung und die Freude der anderen; oft schafft er Nachahmer voll guten Willens. Alle scheinen glücklich und zufrieden, zu tun, „was sie können", ohne daß das *Tun* der anderen zu Neid und peinlichem Wetteifer führt, ohne daß es eitlen Stolz erweckt. Der Dreijährige arbeitet friedlich neben dem Siebenjährigen, genau wie der Kleine damit zufrieden ist, nicht so groß zu sein, und den Älteren nicht darum beneidet. Alles wächst in tiefstem Frieden.

Wenn die Lehrerin von der ganzen Kinderschar etwas will — zum Beispiel daß alle mit ihrer Arbeit, die sie so stark gefangennimmt, aufhören —, braucht sie nur mit leiser Stimme ein Wort zu sagen, ein Zeichen zu geben, und alle halten mit der Arbeit ein und schauen sie interessiert an, „begierig ihr gehorchen zu können".

Viele Besucher sahen, wie die Lehrerin Befehle an die Tafel schrieb und die Kinder freudig gehorchten.

Nicht nur die Lehrerin, sondern jeder, der etwas von ihnen verlangt, sieht voll Erstaunen, wie sie peinlich gewissenhaft mit freudigem Entgegenkommen gehorchen. Häufig wollen die Besucher wissen, wie ein Kind singt, das gerade beim Malen ist. Dann läßt das Kind seine Malarbeit liegen, um ihnen gefällig zu sein. Kaum hat es jedoch diesen höflichen Akt hinter sich gebracht, kehrt es zur unterbrochenen Arbeit zurück. Die Kleinsten vollenden oft die angefangene Arbeit, bevor sie gehorchen.

Einer der erstaunlichsten Fälle von Disziplin ereignete sich während des Examens der Lehrerinnen, die meine Vorlesungen über die Methode gehört hatten. Es gab dabei auch einen *praktischen* Teil, und so standen Gruppen von Kindern den Examenskandidaten zur Verfügung, welche die Kinder verschiedene Übungen durchführen ließen, entsprechend ihrer durch das Los gezogenen Prüfungsaufgabe. Die Kleinen verbrachten ihre Zeit bei uns so, wie es ihnen am besten gefiel: sie *arbeiteten ständig* und kehrten nach der durch das Examen hervorgerufenen Unterbrechung zu ihrer vorigen Beschäftigung zurück. Von Zeit zu Zeit brachte uns eines der Kinder eine während des Wartens vollendete Zeichnung.

Die unerschöpfliche Geduld, Beständigkeit, Gefälligkeit der Kleinen erregte große Bewunderung.

Es könnte daraus der Eindruck übermäßig *gebändigter* Kinder entstehen, wenn nicht das gänzliche Fehlen von Schüchternheit, die glänzenden Augen, der heitere, unbefangene Ausdruck, die Ungezwungenheit, mit der sie zum Betrachten ihrer Arbeit aufforderten oder die sie bei der Abgabe von Erklärungen erkennen ließen, daß wir es mit den „Herren im Hause" zu tun hatten: Ihre Gefühlsäußerungen, wenn sie ihre Arme um die Knie der Lehrerin legen oder deren Schultern und Kopf nach unten ziehen, um ihr einen Kuß ins Gesicht zu drücken, enthüllen uns außerdem ein Herz, das sich frei entfalten konnte.

Wer ihnen beim Tischdecken zusieht, ist gewiß voller Angst und fällt von einem Erstaunen ins andere. Kleine vierjährige Serviererinnen nehmen Messer und legen sie zusammen mit weiterem Besteck auf, tragen Tabletts, auf denen bis zu fünf Gläser stehen, und gehen schließlich von einem Tisch zum anderen mit dem großen, mit heißer Suppe gefüllten Topf. Niemand schneidet sich, niemand zerbricht ein Glas, es wird kein Tropfen Brühe vergossen. Während des Essens passen schweigende Serviererinnen eifrig auf. Keiner löffelt seine Suppe aus, ohne gleich einen zweiten Teller angeboten zu bekommen, und wenn er *fertig* ist, beeilt sich die Serviererin, den leeren Teller wegzunehmen. Nicht ein Kind muß nochmals um Suppe *bitten* oder darauf aufmerksam machen, daß es *fertig* ist.

Wer so etwas sieht und an das übliche Verhalten von Vierjährigen denkt, die schreien, alles kaputt machen, bedient werden müssen, der ist von diesem erstaunlichen Schauspiel ergriffen, das offensichtlich aus geheimen Energiequellen herrührt, die in den Tiefen des menschlichen Geistes verborgen sind. Oft sah ich Tränen das Gesicht mancher Besucher netzen, die als Zuschauer einem solchen Mahl beiwohnten.

Eine derartige Disziplin ließe sich nie durch *Befehle*, durch *Ermahnungen* und schließlich auch nicht durch die allgemein bekannten Disziplinmaßnahmen erzielen.

1926 — ⟨—13⟩

Um Disziplin zu erhalten, ist es ganz nutzlos, auf Tadel, auf überzeugende Reden zu vertrauen. Bei diesen könnte vielleicht zu Anfang die Illusion entstehen, sie seien bis zu einem gewissen Grad wirksam, doch *kaum tritt die wirkliche Disziplin in Erscheinung,* fällt all dies sehr schnell kläglich in sich zusammen wie eine Illusion vor der Wirklichkeit: „Die Nacht weicht dem Tage."

Die Anfangsgründe der Disziplin ergeben sich aus der „Arbeit". In einem bestimmten Augenblick interessiert sich ein Kind plötzlich lebhaft für eine Arbeit, dies beweist sein Gesichtsausdruck, seine besonders intensive Aufmerksamkeit, seine *Beständigkeit* bei der Ausführung derselben Übung. Dieses Kind ist auf dem Weg zur Disziplin. Ob es seine angespannte Aufmerksamkeit nun einer Sinnesübung, einem Schnürrahmen oder dem Abwaschen zuwendet, ist dabei unwesentlich.

Wir können unsererseits auf die Festigung dieses Phänomens einwirken, und zwar durch wiederholte „Stillelektionen", vollkommene Unbeweglichkeit, wache Aufmerksamkeit, um den Laut des eigenen mit tonloser Stimme von weit her ausgesprochenen Namens zu hören. Folglich sind die leichten Bewegungen, die zu dem Zweck koordiniert werden, keine Gegenstände anzustoßen, den Boden mit den Füßen kaum zu berühren, eine sehr wirksame Schulung, um *die Persönlichkeit zu ordnen:* motorisch und psychisch gesehen.

Hat sich die Konzentration auf eine Arbeit gefestigt, dann müssen wir das Kind peinlich genau überwachen und dabei die *Übungen so abstufen,* wie es uns die Erfahrung eingibt. „Unsere Bemühungen als Lehrerinnen zur Festigung der Disziplin bestehen darin, die Methode rigoros anzuwenden".

Daraus ergibt sich schon die *große Schwierigkeit,* den Menschen wirklich zu disziplinieren. Mit Worten läßt sich das nicht erreichen; der Mensch wird nicht dadurch an Zucht und Ordnung gewöhnt, „daß er einen anderen sprechen hört", das Phänomen erfordert vielmehr zu seiner *Vorbereitung* eine Reihe komplexer Handlungen, wie zum Beispiel die *vollständige Anwendung einer Erziehungsmethode.*

Die Disziplin läßt sich also *auf indirektem Wege erreichen, und zwar durch Entfaltung der Tätigkeit bei spontaner Arbeit.* ⟨Jeder muß die ▼ 1926 Möglichkeit finden, sich in sich selbst und in ruhiger und stiller Tätigkeit zu „sammeln", deren Ziel nicht äußerlich ist, sondern die nur den Zweck hat, die innere Flamme, mit der unser Leben zusammenhängt, weiterhin brennen zu lassen.⟩ ▲

Die Arbeit darf nicht willkürlich vorgeschlagen werden: hier liegt ja gerade „die Methode". Es muß sich dabei um die Arbeit handeln, die der Mensch in seinem Innersten anstrebt, nach der seine verborgenen Lebensneigungen insgeheim verlangen oder zu denen der Einzelne nach und nach emporsteigt. Hier haben wir die Arbeit, welche die Persönlichkeit *ordnet* und ihr den unbegrenzten Weg der Entfaltung erschließt. Nehmen wir zum Beispiel die Disziplinlosigkeit des kleinen Kindes: sie ist der Ausdruck einer *muskulären Disziplinlosigkeit*. Das Kind bewegt sich *ständig, und zwar ungeordnet:* es wirft sich auf den Boden, tut seltsame Dinge, schreit usw. Hinter alldem steht der verborgene Drang, *die Koordination der Bewegungen zu suchen*, die sich später festigt. Das Kind ist der in Bewegung und Sprache noch nicht gewandte Mensch, der dies aber werden muß. Es ist auf eigene, *mit vielen Fehlern und mühsamer Anstrengung* verbundene Erfahrungen angewiesen, die es *zum richtigen Ziel* hin unternimmt, das es zwar instinktiv erfaßt hat, das ihm jedoch nicht klar bewußt ist.

1948 ▼ ⟨Die Bewegungen, die sich fixieren sollen, entsprechen dem Verhalten des Menschen. Die Kinder müssen sich die Bewegungen und die Angewohnheiten ihrer Umgebung aneignen. Deshalb muß das Kind die Möglichkeit haben, diese Bewegungen zu üben. Sehen, wie andere sie machen, genügt dabei nicht. Seine Bewegungen entsprechen nicht denen einer Maschine, die nur einzustellen ist, sondern einem Mechanismus mit ganz bestimmter Aufgabe. Die motorische Aktivität muß also einem Zweck dienen und mit der psychischen in Zusammenhang stehen. Es besteht eine enge Beziehung zwischen der Bewegung und der lernbegierigen Intelligenz. Kinder mit ungeordneten Bewegungen sind nicht solche, die nicht gelernt haben, sich zu bewegen, sondern meist
▲ Kinder mit unterernährtem Geist, die an geistigem Hunger leiden.⟩

Sagt man zum Kind: „Bleib still stehen, wie ich!", so hilft ihm dies nicht. Bei einem in der Entwicklung begriffenen Menschen ist das komplexe psychisch-muskuläre System nicht durch einen Befehl zu ordnen. In diesem Fall lassen wir uns von dem anders gelagerten Beispiel des Menschen verwirren, der aus einem schlechten Trieb heraus die Unordnung liebt und (innerhalb der Grenzen seiner Möglichkeiten) einem energischen Befehl gehorchen kann, der seinen Willen auf etwas anderes, auf eine wohlbekannte Ordnung innerhalb der Grenzen seiner Möglichkeiten lenkt. Doch im Falle eines kleinen Kindes geht es darum, der natürlichen Entwicklung der gewollten Motilität behilflich zu sein. Dann müssen alle koordinierten Bewegungen gelehrt werden, wobei sie so stark wie möglich zu analysieren und Stück um Stück zu entwickeln sind.

⟨—11⟩

1948 — ⟨All diese, die Koordination der Bewegungen fördernden Übungen
1948 ▼ erfolgen zur Erzielung eines bestimmten, vom Geist in Betracht gezogenen Zwecks. Dabei bewegen die Kinder nicht nur ihre Muskeln,

sondern sie bringen auch Ordnung in ihren Geist und bereichern ihn. ▼
Diese Aktivität entwickelt den auf einer Reihe von Motiven aufgebauten Willen, den die Aktivität selbst erregt. Doch wenn auch die Bewegungen koordiniert worden sind, so stand der ausführende Mensch im Mittelpunkt. Mit diesen motorischen Übungen entfaltete er seinen Verstand und wurde sich so seiner Umgebung immer stärker bewußt. Eine wirkliche Koordination der Bewegungen ist das Ergebnis einer Vervollkommnung des ganzen Menschen.

Dies waren also keine Kinder, die gelernt hatten, sich zu bewegen. Sie waren diszipliniert, weil sie einen höheren Grad der Entwicklung ihrer Persönlichkeit erreicht hatten, und zwar durch die freie Wahl ihrer Betätigung.⟩

Es ist kein Wunder, sondern ein ganz natürlicher Vorgang, daß das ▲ Kind durch diese Übungen sich im Hinblick auf die *seinem Alter entsprechende fehlende Muskelbeherrschung* diszipliniert. In Wirklichkeit ist es im Einklang mit der Natur, weil es *sich bewegt;* doch da die Bewegungen sich auf ein Ziel ausrichten, entsteht nicht mehr ein Eindruck von Unordnung, sondern von Arbeit. Dies ist die Disziplin, die in Verbindung mit einer Vielzahl *von Errungenschaften einen Zweck* hat. Das auf diese Weise disziplinierte Kind ist nicht das vorherige, das *artig sein* konnte. Es ist vielmehr ein Wesen, das sich vervollkommnet, *die üblichen Grenzen seines Alters überwunden,* einen Sprung nach vorwärts getan und sich in der Gegenwart seine Zukunft erobert hat. Deshalb ist es *gewachsen.* Keiner braucht mehr ständig neben ihm zu sein und ihm vergeblich: „Sitz still, sei artig" zu wiederholen, wobei er auch noch entgegengesetzte Gedanken durcheinanderbringt. Die *Artigkeit,* die sich das Kind erworben hat, läßt es nicht mehr träge sein, seine Artigkeit findet jetzt ihren Ausdruck in der *Bewegung.*

Tatsächlich handelt es sich bei den „Guten" um die, welche sich „auf das *Gute* zu bewegen", das sich auf der eigenen Vervollkommnung und auf den nützlichen und geordneten äußeren Werken aufbaut.

Die äußeren Werke sind in unserem Fall das *Mittel* zur Erzielung der inneren Entwicklung, sie erscheinen wie deren Erklärung: beide Faktoren durchdringen sich gegenseitig. Die Arbeit vervollkommnet das Kind innerlich, doch das Kind, das sich vervollkommnet hat, arbeitet besser, und die bessere Arbeit entzückt es, folglich fährt es fort, sich innerlich immer mehr zu verbessern.

Die Disziplin ist also kein Faktum, sondern ein Weg, auf dem das Kind mit einer Präzision, die man als wissenschaftlich bezeichnen könnte, den Begriff des *Gutseins* erringt.

Doch stärker als alles andere *kostet es die höchsten Freuden der inneren Ordnung* aus, die man durch Eroberungen erringt, welche zum selbstgesteckten Ziel führen.

Während der langen Vorbereitungszeit empfanden die kleinen Kinder Freuden, ein Aufblühen und eine Genugtuung, die der innerste Schatz ihrer Seele sind, ein Schatz, in dem sich eine besondere Sanftheit, eine Kraft ansammelt, die dann zum Ursprung des Gutseins wird. In der Tat hat das Kind nicht nur *gelernt, sich zu bewegen* und Nützliches zu tun, sondern sich auch eine besondere *Grazie* bei den Bewegungen angeeignet, die seine Gesten korrekter und anmutiger macht und die Schönheit von Hand, Gesicht und Augen hervorhebt, deren Glanz *enthüllt, daß inneres Leben in einem Menschen geboren wurde.*

Es ist leicht verständlich, daß die koordinierten, sich nach und nach *spontan* entwickelnden Bewegungen — die also bei der Übung und während der Pausen vom Kind selbst gewählt und gelenkt werden — geringere Anstrengungen benötigen als die ungeordneten Bewegungen, die das Kind vollführt, wenn es sich selbst überlassen bleibt. Das *Ausruhen der Muskeln*, die von Natur aus zur Bewegung bestimmt sind, erfolgt während *der geordneten Bewegung*, genau wie das Ausruhen der Lunge zu ihrem normalen Rhythmus beim Atmen bei voller Luftzufuhr gehört. Den Muskeln die Bewegung ganz entziehen heißt, sie entgegen ihrem eigenen motorischen Impuls zwingen: sie werden also noch mehr als angestrengt, nämlich in das Nichts ihrer Degeneration zurückgestoßen. Wie die Lungen, die zur Unbeweglichkeit gezwungen werden, würden sie zusammen mit dem gesamten Organismus in den sofortigen Tod getrieben.

Es ist also gut, sich eine klare Vorstellung davon zu machen, daß das *Ausruhen des sich Bewegenden* auch eine bestimmte Form der Bewegung ist, die den Zwecken der Natur entspricht. Sich in der Ordnung, im Gehorsam gegenüber den unsichtbaren Geboten des Lebens zu bewegen, dies ist Ausruhen. Und in diesem besonderen Fall sind die Bewegungen, da der Mensch *intelligent* ist, desto *entspannender*, je *intelligenter* sie sind. Die Anstrengung eines Kindes, das sich abmüht, wenn es ohne Ordnung herumhüpft, führt zum Verbrauch von Nervenkräften und Herz. Die intelligente Bewegung, die ihm eine innere

Befriedigung verleiht, ja fast den inneren Stolz, sich selbst überwunden zu haben, in einer höheren Welt an die Grenzen einer für das Kind unüberwindlich erscheinenden Schranke vorgedrungen zu sein — voll stiller Anerkennung und unmerklich gelenkt — vervielfältigt seine Kräfte.

Diese „Vervielfältigung der Kräfte" ist ein Ausdruck, den man physiologisch analysieren könnte: in der Entwicklung der Organe zu ihrem vernünftigen *Gebrauch*, in der besten Blutversorgung und im reaktivierten materiellen Austausch der Gewebe, lauter Faktoren, die sich für eine Entwicklung des Körpers günstig auswirken und die Gewähr für körperliche Gesundheit bilden.

Der Geist hilft dem Körper beim Wachsen; Herz, Nerven, Muskeln haben dann ihre beste Entwicklung auf ihrem Weg, denn es gibt nur einen einzigen Weg.

Gleiches ließe sich von der Entwicklung des Intellekts beim Kind sagen: Auch der auf charakteristische Weise ungeordnete kindliche Geist ist auf der Suche nach seinem Ziel und unternimmt eigene mühselige Versuche, von allen verlassen und allzuoft verfolgt.

Einmal sah ich in Rom in den Gärten des Pincio ein wunderschönes lachendes Kind von etwa anderthalb Jahren. Es hatte einen leeren Eimer und eine kleine Schaufel und mühte sich ab, den Schotter des Weges zu sammeln, um ihn damit zu füllen. Neben ihm befand sich ein distinguiertes Kindermädchen, das sich, wie man sagen würde, in liebevollster und verständiger Weise um das Kind kümmerte. Es war Zeit heimzukehren, und das Mädchen ermunterte das Kind geduldig dazu, mit seiner Arbeit aufzuhören und sich in den Kinderwagen setzen zu lassen. Nachdem die Ermunterungen an der Festigkeit des Kleinen gescheitert waren, füllte das Mädchen selbst den Eimer mit Schotter, verfrachtete dann Eimer und Kind in den Wagen und war überzeugt, den Kleinen zufriedengestellt zu haben. Dessen lautes Geschrei, der Ausdruck von Protest gegen Gewaltanwendung und Ungerechtigkeit in dem kleinen Gesicht beeindruckten mich. Welches Übermaß an Kränkungen füllte dieses Herz. Der Kleine *wollte nicht den Eimer voller Steinchen, er wollte die Übung machen, die zum Füllen notwendig war*, und damit den Erfordernissen seines blühenden Organismus entsprechen. Das Ziel des Kleinen war, *sein innerer Aufbau*[121] und nicht

---

[121] Das italienische Wort formazione, das im allgemeinen Bildung bedeutet, hat bei

das äußere Faktum, im Besitz eines mit Steinchen gefüllten Eimers zu sein. Das so lebhafte Festhalten an der Außenwelt war nur Schein, sein Lebensbedürfnis hingegen Wirklichkeit. Hätte er nämlich das Eimerchen gefüllt, so hätte er es vielleicht noch mehrmals geleert, und zwar bis zur *vollständigen Befriedigung seines Ich*. Im Einklang mit diesem Wunsch nach Befriedigung hatte ich ihn noch kurz vorher mit roten Backen und lächelnd gesehen: die innere Freude, die Übung und die Sonne waren die drei Strahlen, die sein glänzendes Leben erleuchteten.

Der so einfache Vorfall mit diesem Kind ist ein Beispiel für das, was den Kindern in der ganzen Welt, den besten und den geliebtesten widerfährt. Der Erwachsene *versteht sie nicht*, weil er sie nach seinem Maßstab beurteilt. Er glaubt, das Kind würde sich äußere Ziele setzen und ist ihm liebevoll behilflich, diese zu erreichen. Das Kind hingegen verfolgt vorwiegend *den unbewußten Zweck, sich selbst zu entwickeln*. Deshalb verachtet es alles Erreichte und liebt alles, was noch erreicht werden muß. Zum Beispiel zieht es sich viel lieber selbst an als daß es zusieht, wie man ihm noch so schöne Kleider anzieht. Es liebt mehr die Tätigkeit des Waschens als das Wohlbehagen, sich sauber zu fühlen; es zieht es vor, ein Haus zu bauen, anstatt eines zu besitzen. Denn es „soll sein Leben nicht genießen, sondern aufbauen". In seinem *Aufbau* liegt seine wirkliche und fast *einzige Freude*. Nun liegt der Aufbau des ganz kleinen Kindes im ersten Lebensjahr in der *Ernährung*[122], doch danach liegt er in der Mitarbeit bei der Festigung der psychisch-physiologischen Funktion des Organismus.

Dieses schöne Kind vom Pincio ist ein Symbol dafür: es wollte freiwillig Bewegungen koordinieren, die Muskelkraft durch Hochheben von Gegenständen üben; das verstandesmäßige Urteil, bei der Arbeit sein Eimerchen zu füllen, üben; den eigenen Willen beim Fassen von Entschlüssen antreiben: die es liebte, machte es stattdessen unglücklich, weil sie glaubte, sein Ziel sei der Besitz der Steinchen.

Montessori nicht den im Deutschen vielfach damit verbundenen intellektuellen Akzent, sondern meint den Gesamtvorgang der personalen Menschwerdung. Darum muß es gelegentlich je nach dem Sinnzusammenhang statt mit Bildung, mit Aufbau oder Entfaltung übersetzt werden (d. Hrsg.).

[122] **Eine etwas einseitig akzentuierte Formulierung Montessoris. Sie selbst erklärt an** anderer Stelle deutlich, „Milch und Liebe" seien gleicherweise von Anfang an die Bedingungen des Aufbaus des Kindes. Vgl. ihre letzte Schrift „Über die Bildung des Menschen", S. 93 (d. Hrsg.).

Wir machen so häufig immer wieder denselben Fehler, wenn wir uns denken, der *geistige Besitz* stelle für den Schüler das zu erreichende Ziel dar. Wir verhelfen ihm zum *verstandesmäßigen Erwerb einiger Kenntnisse*, behindern damit seine *Entwicklung* und machen ihn unglücklich. Gewöhnlich glaubt man in der Schule, die Befriedigung sei erreicht, wenn man etwas *gelernt* hat.

Doch da wir *freizügig* zu unseren Kindern waren, konnten wir sie sehr deutlich *auf ihren Wegen zur spontanen Verstandesbildung* verfolgen.

Etwas *gelernt* zu haben ist für das Kind *ein Ausgangspunkt*. Hat es gelernt, dann beginnt es die Wiederholung der Übungen zu genießen, und so wiederholt es das Gelernte unzählige Male *mit sichtbarer Befriedigung*: es freut sich zu üben, weil es dadurch seine psychische Aktivität *entwickelt*.

Nachdem dies erprobt ist, läßt sich deutlich erkennen, daß die Vorgänge in vielen der *heutigen* Schulen zu Kritik Anlaß geben. Wenn zum Beispiel Fragen an die Schüler gestellt werden, kommt es vor, daß der Lehrer dem sich meldenden sagt: „Nein, du nicht, *weil* du es weißt" und den fragt, von dem er annimmt, *er wisse die Antwort nicht*.

Wer *nicht weiß*, soll urteilen, und *wer weiß*, muß schweigen, weil man es als unnötig ansieht, *über* das Wissen *hinaus* zu gehen. Und doch, wie oft begegnet es uns mitten im Leben des Alltags, daß wir das *wiederholen*, was wir am besten wissen, was uns am meisten begeistert, was *einem Leben in uns* entspricht.

So trällern wir gerade uns *wohlbekannte* Melodien vor uns hin, also solche, die uns *gefallen*, die wir *erlebt* haben. Wir wiederholen gerne die Erzählung von Dingen, die uns begeistern, die *wir gut kennen*, auch wenn wir uns vollkommen bewußt sind, daß wir nichts Neues sagen und diese Geschichte schon vorher erzählt haben. Gebete werden immer neu wiederholt, hat man sie erst einmal gelernt.

Doch um zu wiederholen, muß *zunächst* das zu Wiederholende *existieren*. Das *Wissen* entspricht dieser Existenz, dieser *notwendigen Voraussetzung, dem Unerläßlichen*, um mit der Wiederholung der Akte *beginnen zu können*: in der *Wiederholung* und nicht im Lernen liegt die *Übung*, die das Leben zur Entfaltung bringt.

Wenn es dem Kind also gelungen ist, diesen Zustand zu erreichen, *eine Übung zu wiederholen*, dann befindet es sich auf dem Wege der

Entwicklung seines Lebens, und es erweist sich rein äußerlich als *diszipliniert*.

Dieses Phänomen wird nicht immer erreicht. *Die gleichen Übungen lassen sich nicht in allen Altersstufen wiederholen*. Denn die *Wiederholung* muß einem *Bedürfnis* entsprechen. Hierin liegt die experimentelle Methode der Erziehung. Man muß die *den Entwicklungsbedürfnissen des Organismus entsprechenden Übungen anbieten*. Ist ein bestimmtes Bedürfnis durch das Alter bereits überholt, dann *läßt sich eine Entwicklung, die zur richtigen Zeit versäumt wurde, nicht mehr* in ihrer Gänze erzielen. Folglich wachsen die Kinder häufig auf fatale Weise und für immer unvollkommen auf.

Eine weitere interessante Beobachtung bezieht sich auf *die zur Ausführung der Handlungen erforderliche Zeit*. Kinder, die von sich aus die ersten Versuche machen, verfahren dabei *ganz langsam*. Ihr Leben ist dann besonderen, von den unseren vollständig verschiedenen Gesetzen unterworfen.

Kleine Kinder führen langsam und mit Ausdauer komplexe Handlungen aus, die sie sehr gerne tun, wie zum Beispiel Anziehen, Ausziehen, Putzen der Räume, Waschen, Tischdecken, Essen usw. Sie sind also bei alledem *sehr geduldig*, führen ihre beschwerliche Arbeit zu Ende und überwinden dabei alle Schwierigkeiten eines noch in der Bildung begriffenen Organismus. Wenn wir hingegen sehen, wie sich das Kind „abmüht" und „Zeit verliert", um eine Handlung auszuführen, die wir in einem Augenblick ohne Anstrengung erledigen können, *setzen wir uns an seine Stelle* und führen sie selbst aus.

Immer in dem gleichen Vorurteil befangen, *das zu erreichende Ziel* sei die Durchführung der äußeren Handlung, ziehen wir das Kind an, waschen es, reißen ihm Dinge aus der Hand, mit denen es so gerne hantiert. Wir gießen ihm die Suppe in seinen Teller, füttern es, decken ihm den Tisch. Und nachdem wir es so bedient haben, betrachten wir es — sehr zu Unrecht, wie es derjenige immer tut, der einen anderen *unterdrückt*, auch wenn er ihm scheinbar Wohltaten erweist — als einen *Unfähigen und Untauglichen*. Wir halten das Kind oft für *ungeduldig*, nur weil wir es nicht verstehen, geduldig sein Tun abzuwarten, das anderen *Zeitgesetzen* gehorcht als wir; und wir halten es für *anmaßend*, gerade weil wir ihm gegenüber anmaßend sind. Diese *Beschuldigung*, dieser *Stempel*, diese *Verleumdung* lasten wie ein Dogma auf der so geduldigen und sanftmütigen Persönlichkeit des kleinen Kindes.

Wie alle Starken, die ihr *Lebensrecht* verteidigen, *begehrt es* denen gegenüber *auf*, die das gewisse Etwas kränken, das es in sich spürt, also die Stimme der Natur, der es gehorchen *muß*. Dann äußert es durch Gewalttätigkeit, Schreien und Weinen, daß es in seiner Aufgabe unterdrückt wurde. Es wird zum Rebellen, zum Revolutionär, zum Zerstörenden dem gegenüber, der es nicht verstand und es auf dem Weg des Lebens zurückwarf, im Glauben, ihm zu helfen. So belastet der Erwachsene, der es liebt, das Kind mit einer weiteren Verleumdung, indem er die *Verteidigung des gekränkten Lebens* als eine Form *angeborener*, für ganz kleine Kinder kennzeichnender *Bosheit* ansieht.

Was würde aus uns, wenn wir mitten in ein Volk von Fregolis[123] gerieten, also von Menschen mit sehr schnellen Bewegungen, wie sie uns im Theater mit ihren geschwinden Wandlungen zum Staunen und zum Lachen bringen? Wenn wir uns dann weiterhin unserer Gewohnheit entsprechend bewegten und diese Fregolis sich auf uns stürzten, um uns anzuziehen und dabei übel herumzustoßen; uns so schnell zu füttern, daß wir nicht die Zeit hätten, das Essen herunterzuschlingen; uns jede Arbeit aus der Hand zu reißen, um sie selbst geschwind zu machen und uns in eine unsagbar demütigende Ohnmacht und Trägheit stürzen würden? Da wir keine besseren Ausdrucksmittel hätten, würden wir uns gegen diese Rasenden durch Faustschläge und Geschrei wehren. Mit all ihrem guten Willen, uns zu bedienen, würden sie dann sagen, wir seien *böse, widerspenstig* und *unfähig, das Geringste zu tun*. Doch wir, die wir unsere wahre Heimat kennen, würden sie auffordern: Kommt in unsere Länder, und Ihr werdet dort eine großartige, von uns aufgebaute Kultur, unsere herrlichen Werke sehen. Diese „Fregolis" würden uns voller Entzücken bewundern und ihren Augen nicht trauen, wenn sie unsere so schöne, aktive, geregelte, friedliche, freundliche, doch sehr viel langsamere Welt als die ihre in Funktion sähen.

Etwas Ähnliches geschieht zwischen uns und den Kindern.

Die Sinnesausbildung als Ganzes umfaßt ja gerade die Wiederholung der Übungen, deren Zweck nicht darin besteht, daß das Kind Farben, Formen, die verschiedensten Eigenschaften der Dinge kennenlernt, sondern vielmehr darin, daß es seine Sinne in einer Übung der Aufmerk-

---

[123] Leopoldo Fregoli (1867—1936), für die Rapidität seiner „Verwandlung" bekannter italienischer Schauspieler (d. Hrsg.).

samkeit, des Vergleichs, des Urteils verfeinert, die eine wahre *Gymnastik* für den Verstand ist. Diese von den verschiedenen Reizen vernünftig gelenkte Gymnastik ist eine Hilfe für die geistige Bildung, wie die körperliche Gymnastik die Gesundheit stärkt und das Wachstum des Körpers lenkt.

Das Kind, das sich darin übt, die Reize einzeln mit den verschiedenen Sinnen wahrzunehmen, konzentriert seine Aufmerksamkeit, entwickelt nach und nach seine psychischen Tätigkeiten, genau wie es seine muskulären Tätigkeiten mit einzelnen vorbereiteten Bewegungen ordnet. Es beschränkt sich nicht auf eine psychisch-sensorielle Gymnastik, sondern bereitet eine besondere Aktivität zur spontanen Assoziation der Gedanken vor, eine auf Vernunft aufgebaute Ordnung, die auf positiven Kenntnissen fußt, ein harmonisches Gleichgewicht des Intellekts. Aus dieser verborgenen *Gymnastik* entstehen und entwickeln sich die Wurzeln jener psychischen Ausbrüche, die dem Kind zu so viel Freude verhelfen, wenn es in seiner Umwelt *Entdeckungen* macht, wenn es die neuen Dinge gleichzeitig überdenkt und bewundert, die sich ihm von außen offenbaren und die herrlichen, von innen kommenden Gemütsbewegungen seines wachsenden Bewußtseins, wenn schließlich in ihm sozusagen durch *spontane* Reifung, *ähnlich* den Phänomen innerer Entfaltung, die Produkte seiner Kenntnisse entstehen: Schreiben und Lesen.

Ich sah einmal, wie ein Zweijähriger, der Sohn eines meiner Arztkollegen, den Armen seiner Mutter, die ihn mir gebracht hatte, fast entfloh und sich auf die Dinge stürzte, die auf dem väterlichen Schreibtisch angesammelt waren: der rechteckige Papierblock, der runde Deckel des Tintenfasses. Ich war ganz bewegt, als ich sah, wie der intelligente Kleine, der in bester Verfassung war, versuchte, die Übungen zu machen, die unsere Kinder mit solcher Leidenschaft ohne Unterlaß mit den Einsatzfiguren wiederholen. Vater und Mutter holten ihn weg und schimpften mit ihm, dabei erklärten sie mir, sie wären vergeblich bemüht, dem Kleinen das Berühren der Papiere und der dem Vater gehörenden Dinge zu verbieten, „doch das Kind ist *unruhig* und *böse*". Wie oft erleben wir es, wie die Kinder auf der ganzen Welt gescholten werden, weil sie „alles anfassen" und sich gegen jede Zurechtweisung aufbäumen.

Dabei haben unsere kleinen Menschen von viereinhalb Jahren gerade durch Lenkung und Entwicklung ihres natürlichen Instinktes, *alles* zu *berühren* und die Harmonie geometrischer Formen zu erkennen, dem Phänomen des spontanen Schreibens so viel Freude und so große Gemütsbewegung zu verdanken.

Dem Kind, das sich auf den Schreibblock stürzt, auf Tintenfässer oder ähnliche Dinge und dabei immer vergebens darum ringt, sein Ziel zu erreichen, wird von Menschen bezwungen, die stärker sind. Es ist immer aufgeregt und weint aus Enttäuschung über sein verzweifeltes Bemühen und *verschwendet nervliche Energien*. Wenn die Eltern glauben, ein solches Kind würde *sich ausruhen,* dann sind sie in einer Illusion befangen. Genauso ist es ein verleumderisches Mißverständnis, diesen kleinen Menschen als *böse* anzusehen, der sich bereits die Fundamente für sein intellektuelles Gebäude sehnlichst herbeiwünscht. Dagegen ruhen sich unsere Kinder aus, wenn es ihnen, die begeistert und glücklich sind, freigestellt wird, die geometrischen Platten der Einsatzfiguren umzulegen, die ihrem Antrieb zur höheren Bildung überlassen werden. Sie freuen sich in einer Atmosphäre tiefsten seelischen Friedens und wissen nicht, daß Auge und Hand sich auf die Geheimnisse einer neuen Sprache vorbereiten.

Die meisten unserer Kinder *beruhigen* sich bei solchen Übungen, ihr Nervensystem *ruht sich aus*. Wir sagen dann, daß diese Kleinen artig und ruhig sind. Die äußere Disziplin, über die in den allgemeinen Schulen so bitter geklagt wird, liegt schon weit hinter ihnen.

Doch wie es nicht dasselbe ist, ob ein Mensch ruhig oder *diszipliniert* ist, so stellt hier das Faktum, das sich nach außen hin in der Ruhe der Kinder äußert, ein zu sehr physisches, partielles und äußeres Phänomen dar im Vergleich mit der wahren *Disziplin,* die sich in ihnen entwickelt.

Oft glauben wir — und hier liegt ein weiteres Vorurteil —, es genüge zu *befehlen*, wenn man vom Kind eine freiwillige Handlung erhalten will. Wir verlangen, daß dieses Phänomen auftritt und nennen die Forderung den „Gehorsam des Kindes". Wir halten *besonders* kleine Kinder für ungehorsam; ihr Widerstand im Alter von 3 oder 4 Jahren ist so groß, daß er uns entweder zur Verzweiflung treibt oder darauf verzichten läßt, uns Gehorsam zu verschaffen. Wir beharren darauf, den Kindern die „Tugend des Gehorsams" zu preisen, die — wie wir meinen — der Kindheit eigen, ja geradezu die „kindliche Tugend" sein sollte, weil sie beim Kind so selten und schwer zu erreichen ist.

Die Illusion, entweder durch Bitten oder Befehle oder durch Erregung das zu verlangen, was sich schwer oder unmöglich erhalten läßt, ist allgemein verbreitet. So fordern wir von den Kindern Gehorsam, und diese fordern den Mond.

Gehorsam läßt sich jedoch durch eine komplexe *Bildung* der psychischen Persönlichkeit erzielen. Um zu gehorchen, genügt es nicht, dies zu wollen, man muß es auch können. Denn wenn man etwas befiehlt, dann erwartet man eine entsprechende tätige oder verwehrende Aktivität. Der Gehorsam schließt also die Bildung des Willens und des Verstandes mit ein. Diese Bildung durch die verschiedenen Übungen in ihren Einzelheiten vorbereiten bedeutet, wenn auch indirekt, *das Kind* auf den Weg des *Gehorsams zu bringen*.

Die gemeinte Methode enthält in jedem einzelnen Teil eine Willensübung: wenn das Kind auf einen bestimmten Zweck koordinierte Bewegungen ausführt, wenn es ein beabsichtigtes Ziel erreicht, geduldig eine Übung wiederholt, dann erprobt es seinen *Willen*.

Parallel dazu betätigt es in einer sehr komplexen Serie von Übungen die hemmenden Kräfte, zum Beispiel die Stillelektionen, die eine langwierige Kontrolle zur Verhinderung aller Bewegungen erfordern, wenn das Kind den Aufruf seines Namens erwartet und eine ganz genaue Kontrolle der darauf folgenden Handlungen, wenn es vor Freude schreien oder zumindest rennen möchte, wenn sein Name aufgerufen wird. Statt dessen *schweigt* es und bewegt sich leichtfüßig, achtet dabei darauf, allen Hindernissen aus dem Weg zu gehen, um keinen Lärm zu machen. Weitere hemmende Übungen finden wir in der Arithmetik, wo das Kind, nachdem es eine Zahl gezogen hat, unter den vielen Gegenständen, die ihm scheinbar zur Verfügung stehen, nur die gleiche Anzahl heraussuchen darf, die sein Zettel angibt. Dabei *möchte* es (wie der Versuch gezeigt hat) *soviel wie möglich nehmen*. Hat es eine Null gezogen, bleibt es geduldig mit leeren Händen sitzen. Eine weitere hemmende Übung für die Handlungen liegt in der Null-Lektion, wo das aufgerufene Kind auf so vielfältige Weise angelockt wird, nullmal zu *kommen*, null Küsse zu *geben*, und doch still sitzen bleibt und dabei ganz offensichtlich seine Neigung besiegt, die es ja gerade dazu antreibt, dem Ruf zu *folgen*. Das Kind, das den großen Topf voller heißer Suppe trägt, muß sich von jedem Reiz aus seiner Umgebung isolieren, der es ablenken könnte, der Versuchung, zu hüpfen, der Belästigung durch eine Fliege in seinem Gesicht widerstehen, und allein von der *großen Verantwortung* getragen sein, den Topf weder fallen zu lassen noch schräg zu halten.

Jedesmal, wenn es den Topf so lange auf den Tisch stellte, bis sich die kleinen Gäste bedient hatten, machte ein viereinhalbjähriges Mädchen zwei oder drei Sprünge, nahm dann den Topf wieder auf, trug ihn an einen anderen Tisch und wiederholte jedesmal ihre Sprünge. Doch sie unterbrach nie ihre lange Arbeit, die Suppenschüssel an zwanzig Tische zu tragen, und sie vergaß nie die notwendige Wachsamkeit bei der Kontrolle ihres Tuns.

Wie jede andere Aktivität kräftigt und entwickelt sich der Wille durch methodische Übungen. Willensübungen finden wir bei allen Übungen des Verstandes und des praktischen Lebens der Kinder. Es sieht so aus, als lerne das Kind die Genauigkeit und die Grazie der Bewegungen, als verfeinere es seine Sinneswahrnehmungen, als lerne es zählen und schreiben, doch dabei wird es sehr viel grundlegender Herr seiner selbst und bereitet einen Menschen mit starkem und schnell beweglichem Willen vor.

Man hört oft sagen, das Kind müsse *seinen Willen* dem Gehorsam *unterordnen* können, und darin liege die Willenserziehung des Kindes, das sich unterordnen und gehorchen soll. Doch diese Forderung ist unvernünftig, weil das Kind etwas, das es nicht hat, auch nicht unterordnen kann. Wir hindern es so daran, *seinen eigenen Willen zu formen,* und begehen den größten und strafbarsten Mißbrauch ihm gegenüber.

Es hat nie weder Zeit noch Gelegenheit, sich selbst zu erproben, seine Kräfte, seine Grenzen zu beurteilen, weil es immer durch unsere Anmaßung unterbrochen und bezwungen wird. Es schmachtet in der Ungerechtigkeit, während es das Empfinden hat, scharf getadelt zu werden, weil es das nicht besitzt, was ihm jede Stunde zerstört wird.

Als Folge davon entsteht die *Schüchternheit* des Kindes; sie ist eine Art *Krankheit, die seinen Willen,* der sich nicht entwickeln konnte, *befallen hat.* Mit der üblichen Verleumdung, mit welcher der Tyrann bewußt oder unbewußt seine Fehler verdeckt, wird sie von uns als *charakteristische kindliche Eigenschaft* angesehen.

Unsere Kinder sind nie schüchtern, eine ihrer anziehendsten Eigenschaften ist ihre Ungezwungenheit bei der Behandlung von Menschen, mit denen sie in Anwesenheit anderer arbeiten; sie zeigen ihre Arbeiten freimütig und mit dem Wunsch, daß man sich an ihnen beteiligt.

In unseren „Kinderhäusern" verschwindet dieses sittliche Ungeheuer, das gezierte und schüchterne Kind, das kühn wird, wenn es mit den Spielkameraden allein ist und „Spitzbubenstreiche" macht, weil es seinen Willen nur im Schatten *entwickeln konnte.*

Außer der Übung des Willens gibt es noch einen anderen Gehorsamsfaktor, er liegt in der Kenntnis der zu vollbringenden Tat.

Eine der interessantesten Beobachtungen meiner Schülerin Anna Maccheroni, zuerst im Mailänder „Kinderhaus" und dann in dem der Via Giusti in Rom, bezieht sich gerade auf die Art und Weise, in der sich der Gehorsam bei den Kindern im Zusammenhang mit dem „Wissen" entwickelt.

Gehorsam entsteht beim Kind wie ein verborgener Instinkt, kaum hat seine Persönlichkeit begonnen, sich zu *ordnen,* wie wir sagen. Zum Beispiel beginnt ein Kind, sich an einer bestimmten Übung zu versuchen; *einmal* gelingt sie ihm *ganz unverhofft ausgezeichnet;* es wundert sich darüber, schaut, will folglich erneut probieren, doch die Übung klappt geraume Zeit nicht mehr. Im Anschluß daran glückt sie dem Kind fast immer, doch wenn es jemand dazu auffordert, dann gelingt sie ihm nicht jedesmal, vielmehr macht es fast immer Fehler. Der äußere Befehl bewirkt die freiwillige Handlung noch nicht. Wenn die Übung jedoch *ständig* mit absoluter Sicherheit *erfolgreich* zu Ende geführt wird, dann bewirkt die von außen kommende Aufforderung für den Zweck ausreichend geordnete Handlungen; das Kind kann also *jederzeit den erhaltenen Befehl durchführen.*

Daß hier, abgesehen von individuellen Abweichungen, Gesetze psychischen Aufbaus liegen, ergibt sich auch aus der ganz gewöhnlichen Erfahrung, die wir alle immer wieder, in der Schule wie im Leben, gemacht haben. Man hört oft ein Kind sagen: „Ich habe dies gemacht, aber nun kann ich es nicht mehr." Und ein Lehrer, der nach erteiltem Befehl durch die Unfähigkeit eines Kindes enttäuscht ist: „Das Kind hatte es doch gut gemacht, nun ist es dazu nicht mehr in der Lage." Schließlich gibt es die abgeschlossene Entwicklungsperiode, die sich darin äußert, daß die Fähigkeit, etwas zu wiederholen, ständig bestehen bleibt, wenn man es erst einmal machen kann.

Es gibt also drei Perioden: eine erste unbewußte, wo sich im Verstand des Kindes Ordnung durch einen geheimnisvollen inneren Impuls aus der Unordnung heraus bildet; rein äußerlich drückt sich dies durch eine perfekte Handlung aus. Da es jedoch noch außerhalb des

Bewußtseinsfeldes geschieht, kann das Individuum diese Handlung nicht aus freien Stücken wiederholen. Eine zweite, bewußte Periode folgt unter Mitwirkung des Willens, der den Prozeß zur Entwicklung und Fixierung der Handlungen unterstützen kann. In einer dritten Periode kann der Wille das Tun leiten und bewirken und auch Befehlen von außen entsprechen.

Nun verläuft der Gehorsam parallel zu diesem Prozeß. In der ersten Periode der inneren Unordnung *gehorcht* das Kind *nicht*, als wäre es psychisch taub, als stünde es den Befehlen beziehungslos gegenüber. In der zweiten Periode möchte es gehorchen, hat es die Haltung eines Menschen, der die Befehle versteht und ihnen entsprechen will, doch es kann nicht gehorchen, oder aber dies gelingt ihm nicht immer, folglich ist es nicht dazu bereit, zeigt keine Freude am Gehorchen. In der dritten Periode kommt es prompt mit Begeisterung dem Befehl nach, und es entsteht in ihm bei der Vervollkommnung der Übungen die Freude, gehorchen zu können.

Dies ist die Periode, in der es fröhlich herbeieilt und auch beim unmerklichsten Befehl alles liegen läßt, was es interessiert.

Aus dieser im Bewußtsein so verankerten *Ordnung* — dort, wo vorher das Chaos herrschte — ergibt sich der ganze Rahmen der Phänomene von Disziplin und intellektueller Entwicklung, die sich von innen heraus erweitert wie eine *Schöpfung*. Aus solchen geordneten Wesen, bei denen „Licht und Schatten" getrennt wurden, entstehen überraschende Gefühle und intellektuelle Errungenschaften. Man spürt schon die ersten Blumen von Freundlichkeit, Liebe, ernsthaftem Wunsch nach Gutem, die ihren Duft aus den Seelen dieser Kinder entsenden und „die Früchte des geistigen Lebens" des heiligen Paulus erwarten lassen: „Die Früchte des Geistes sind Barmherzigkeit, Fröhlichkeit, Geduld, Wohlwollen, Güte, Milde, Bescheidenheit".

Sie erwerben *Tugend*, weil sie die *Geduld* üben — beim Wiederholen der Übungen —, *Milde*, indem sie dem Befehl, dem Wunsch anderer willfahren —, *Güte*, weil sie weder Neid noch Wetteifer empfinden, wenn sie sich am Gut anderer erfreuen; sie tun das Gute in der *Fröhlichkeit*, im *Frieden* und sind im höchsten Maße und auf wunderbare Weise *arbeitsam*.

⟨—8⟩ —1926

Dies sind die ersten Linien eines Experimentes, das eine indirekte Form von Disziplin aufweist, indem an die Stelle des kritischen und beschwörenden Lehrers eine vernünftige *Organisation der Arbeit* und die *Freiheit* des Kindes treten. Dies bringt eine Lebensauffassung mit sich, die man gewöhnlich eher vom Religiösen als vom Inneren des Menschen her kennt, ein Anerkennen der Autorität Gottes und derer, die Ihn sichtbar vertreten, während sie ihre Grundlagen auf Arbeit und Freiheit aufbaut, den Wegen kulturellen Fortschritts.

1926 ▼ ⟨Wir finden also in der kindlichen Persönlichkeit eine Verschmelzung von instinktiven Tugenden, die sich durch die geduldigen Übungen entwickelt haben — von sozialen Tugenden, die im freien Zusammenleben entstanden sind — und religiösen Tugenden, welche alle die vorangehenden Tugenden, erleuchtet und erhöht im bewußten Bereich der Sittlichkeit — und mit Gott verbunden — darstellen, in Er-
▲ wartung übernatürlicher Früchte.⟩

XXIV

SCHLUSSBETRACHTUNGEN UND EINDRÜCKE

Der hier beschriebene Teil der Methode ist, wie ich glaube, eine anschauliche Anleitung für die Lehrerin zu ihrer praktischen Anwendung. [124] ⟨Wer die Idee dieser Methodik in ihrer Gesamtheit richtig erfaßt ▼ hat, erkennt, wie der Teil, der sich auf ihre materielle Anwendung bezieht, unverhältnismäßig einfach und leicht ist.⟩ ▲

Die Gestalt der Lehrerin, die mühsam die Disziplin der Unbeweglichkeit aufrechthält und ihre Lungen durch ständiges lautes Sprechen verbraucht, gibt es nicht mehr.

Anstelle des mündlichen Unterrichts wird ein „Entwicklungsmaterial" gesetzt, das die Fehlerkontrolle mit einschließt und es den einzelnen Kindern ermöglicht, sich aus eigener Kraft zu unterrichten. So wird aus der Lehrerin eine „Leiterin der spontanen Arbeit der Kinder", sie ist „geduldig" und „still".

Jedes Kind beschäftigt sich mit etwas anderem; die Leiterin kann sie alle überwachen und dabei psychologische Beobachtungen machen, die ja gerade, werden sie methodisch und nach wissenschaftlichen Kriterien zusammengetragen, die kindliche Psychologie rekonstruieren und die experimentelle Pädagogik vorbereiten können. Ich glaube, daß ich mit meiner Methode die notwendige Voraussetzung zum Studium einer wissenschaftlichen Pädagogik gelegt habe; wer sich diese Methode aneignet, wird allein damit in jeder Schule und in jeder Klasse ein Labor für experimentelle Pädagogik einrichten.

Daraus können wir die wahre positive Lösung aller pädagogischen Probleme, über die gesprochen wird, erwarten, so wie sich bereits eine Lösung für einige von ihnen ergab, darunter die Freiheit der Schüler,

---

[124] Schon in der italienischen Ausgabe von 1913 enthalten (d. Hrsg.).

1948 — ⟨—39⟩

die Selbsterziehung und die Harmonie zwischen dem Werk der Familie und dem der Schule für das gemeinsame Ziel der Erziehung des Kindes.

Von der praktischen Seite der Schule her gesehen bietet unsere Methode auch den Vorteil, daß man Kinder mit sehr unterschiedlichem Vorbereitungsgrad zusammen lassen kann: in unseren ersten „Kinderhäusern" sind Zweieinhalbjährige, die zu einfachen Sinnesübungen noch nicht fähig sind, und Kinder über 5 Jahren beisammen, die aufgrund ihrer Bildung nach einigen Monaten in die dritte Grundschulklasse überwechseln könnten. Jedes dieser Kinder vervollkommnet sich selbst und macht im Rahmen seiner eigenen Möglichkeiten weiter. Dies ist ein enormer Vorteil der Methode, die den Unterricht in Landschulen und kleinen Dorfschulen in der Provinz mit wenigen Kindern, wo man weder sehr viele verschiedene Klassen zusammenstellen noch mehrere Lehrerinnen halten könnte, sehr erleichtern würde. Aus unserer Erfahrung ergibt sich, daß eine einzige Lehrerin Kinder im Auge behalten kann, die auf einem so ungleichen Niveau stehen wie der Kindergarten für Dreijährige und die dritte Grundschulklasse. [125] ⟨Zu diesem praktischen Vorteil kommt noch ein weiterer hinzu, nämlich die große Leichtigkeit, mit der sich das Schreiben erlernen läßt und folglich der Analphabetismus bekämpft und die Sprache kultiviert werden kann.⟩

Was die Lehrerin anbelangt, so kann sie, ohne Gefahr zu laufen, ihre Kräfte zu verausgaben, den ganzen Tag mit Kindern zusammen sein, die einen so unterschiedlichen Entwicklungsgrad aufweisen, genau wie es die Mutter zu Hause mit den Kindern in jedem Alter von morgens bis abends tut, ohne zu ermüden.

Die Kinder arbeiten alleine und *eignen sich* so aktive *Disziplin an, Selbständigkeit* im praktischen Leben und *fortschreitende Entwicklung des Verstandes*. Werden sie sowohl in ihrer körperlichen wie in ihrer verstandesmäßigen und sittlichen Entwicklung von einer intelligenten Lehrerin gelenkt, so können sie mit unseren Methoden nicht nur einen prächtigen und blühenden körperlichen Organismus erlangen, sondern auch die Größe der menschlichen Seele.

Mancher hat bisher zu Unrecht angenommen, daß die natürliche Erziehung der Kinder nur körperlicher Art sein sollte, doch auch der

---

[125] Schon in der italienischen Ausgabe von 1913 enthalten (d. Hrsg.).

Geist hat seine Natur, und das geistige Leben beherrscht die Existenz des Menschen in jeder Altersstufe.

Unsere Methoden berücksichtigen die spontane psychische Entwicklung der Kinder und sind ihnen mit Mitteln behilflich, die sich aus der Erfahrung und der Beobachtung ergeben.

Wenn die Pflege des Körpers die Kinder dazu führt, Freude am gesunden Körpers zu haben, so führt sie eine Pflege des Verstandes und des sittlichen Empfindens zu den erhabenen Freuden des Geistes, zu ständigen Überraschungen, zu Entdeckungen sowohl in der äußeren Umwelt wie in den Tiefen ihrer Seele.

Dies sind die Freuden, die den Menschen bereiten. Sie sind als einzige würdig, seine Kinder wahrhaft zu erziehen.

Unsere Kinder unterscheiden sich merklich von all den anderen, die man bisher unter der Masse der Schüler angetroffen hat. Sie haben den heiteren Ausdruck glücklicher Menschen und die Unbefangenheit derer, die sich als Herr ihrer eigenen Taten fühlen. Wenn sie den Besuchern entgegenlaufen, sprechen sie freimütig mit ihnen, strecken ihnen würdevoll ihr kleines Händchen für einen freundlichen Händedruck entgegen. Wenn sie für den Besuch danken — weit mehr mit ihren leuchtenden Augen als mit ihren Stimmchen — könnte man meinen, kleine außergewöhnliche Menschen vor sich zu haben. Wenn sie dann ihre Geschicklichkeit mit einer so schlichten Vertrautheit zeigen, als würden sie eine mütterliche Billigung von ihren Beobachtern erwarten; wenn sie sich zu Füßen von zwei Besuchern niederkauern, die miteinander sprechen, und dabei schweigend ihren Namen mit einem freundlichen Dankeswort schreiben, so als wollten sie denen, die sie besuchen kamen, liebevoll ihre Dankbarkeit bezeigen; wenn sie ihre Hochachtung durch tiefste Stille beweisen, dann rühren sie wirklich die Seelen.

Das „Kinderhaus" scheint einen geistigen Einfluß auf alle zu haben. Ich sah, wie Männer aus dem Geschäftsleben, einflußreiche Menschen, belastet durch anstrengende Arbeit wie durch ihre eigene soziale Überlegenheit, heiter wurden, sozusagen die drückende Strenge ihrer Autorität in einem sanften Vergessen ihrer selbst abschüttelten. Dieser Ausdruck der menschlichen Seele, die sich ihrer wahren Natur gemäß entwickelt, führt uns dazu, unseren Kleinen folgende Namen zu geben: ungewöhnliche Kinder, glückliche Kinder, Kinder einer Menschheit, die fortgeschrittener als die unsrige ist.

Ich verstehe den großen englischen Dichter Wordsworth gut, der begann, nachdem er sich in die Natur verliebt hatte, die geheimnisvolle Stimme ihrer Farben, ihres Schweigens zu empfinden und sie nach dem Geheimnis des ganzen Lebens fragte, so lange, bis er wie ein Seher die Offenbarung erhielt: das Geheimnis der gesamten Natur liegt in der Seele des Kindes.

▼ ¹²⁶ ⟨Es enthüllt uns die wahre Synthese des Lebens, die im Geist der Menschheit waltet. Doch dieser Geist, der „unsere Kinder umgibt", wird dann verdunkelt „durch die Schatten des Gefängnisses, das sich nach und nach über dem wachsenden Kind schließt", und der Mensch
▲ „sieht es in der Ferne sterben und im Licht des Alltags entschwinden".⟩
Ja wirklich, unser soziales Leben ist sehr oft ein allmähliches Verfinstern und ein Sterben des natürlichen Lebens, das in uns wohnt.

1926 —   ⟨— 8⟩

---

¹²⁶ Schon in der italienischen Ausgabe von 1913 (d. Hrsg.).

XXV

DIE TRIUMPHIERENDE QUADRIGA

⟨Die im „Kinderhaus" erzielten Ergebnisse des Unterrichts zeigen die *Grenze* der Bildung an, die diesen Schultyp von den folgenden Grundschulklassen abhebt. Es ist angebracht, diese Begrenzung festzulegen, auch wenn sie teilweise künstlich ist. Das „Kinderhaus" ist keine „Vorbereitung" auf die Grundschule, sondern ein Beginn des Unterrichts, der ohne Unterbrechung fortgeführt wird. Bei unserer Methode läßt sich die „vorschulische" Periode von der „schulischen" nicht unterscheiden. Denn hier wird der Unterricht des Kindes nicht durch ein Programm gelenkt, sondern durch das Kind selbst, das mit Hilfe körperlicher und geistiger Arbeit lebt und sich entfaltet und einige Bildungs*stufen* erreicht, die normalerweise in die darauf folgenden Altersklassen fallen.

▼ 1926

Das Bedürfnis, zu beobachten, nachzudenken, zu lernen und auch sich zu konzentrieren, sich zu isolieren und von Zeit zu Zeit die Tätigkeit durch Stille zu unterbrechen, hat sich beim Kind so deutlich gezeigt, daß wir mit voller Gewißheit feststellen können, daß der Gedanke falsch ist, kleine Kinder würden sich außerhalb eines zu ihrer Erziehung geeigneten Ortes *ausruhen*. Es ist indessen eine Pflicht, die kindliche Aktivität zu lenken und dabei dem Kind unnötige Anstrengungen zu ersparen, die seine Energie zersplittern, seine instinktive Suche nach Erkenntnissen irreleiten und so oft der Grund für nervöse Störungen und Mängel bei der Entwicklung sind. Die Pflicht, sich für die Erziehung ganz kleiner Kinder einzusetzen, verfolgt also nicht den materiellen Zweck, den Eintritt in die Periode des obligatorischen Unterrichts zu erleichtern, es ist vielmehr eine Verpflichtung dem Leben und folglich dem Wohl des Kindes gegenüber.

Was uns nun hier interessiert, ist die Bestimmung des Bildungsniveaus, das sich wie eine Trennung zwischen zwei Schulordnungen festlegen läßt, nämlich: dem „*Kinderhaus*" und der *Grundschule*.

▼ Die Kleinen in den „Kinderhäusern" wurden in vier Bildungszweige eingeführt: Zeichnen, Schreiben, Lesen und Arithmetik, die in der Grundschule dann unmerklich weiterverfolgt werden.

Diese Zweige ergeben sich aus der Ausbildung der Sinne, welche die Vorbereitung und die Anfangsimpulse aller vier enthalten, die daraus mit einer Art Ungestüm hervorbrechen. Tatsächlich ergibt sich Arithmetik aus einer Sinnesübung zur Schätzung der Dimensionen, also der quantitativen Beziehungen zwischen den Dingen; Zeichnen stammt aus einer Erziehung des Auges, Formen zu beurteilen und Farben zu unterscheiden, und gleichzeitig aus der Vorbereitung der Hand, die Umrisse bestimmter Gegenstände nachzuzeichnen; Schreiben ergibt sich aus einer komplexen Gesamtheit von Tastübungen, welche die leichte Hand dazu bringen, sich in bestimmte Richtungen zu bewegen, das Auge, abstrakte Umrisse und Formen zu analysieren, das Gehör, die Laute der Stimme zu vernehmen, die beim Sprechen die Wörter in all den Lauten formt, die das aus dem Schreiben entstehende Lesen ergeben, wobei die individuellen Erfolge beim Sammeln der aus den Schriften anderer entdeckten Sprache erweitert werden. Diese Errungenschaften sind machtvolle Äußerungen innerer Energie, die sich explosiv offenbaren: das Kind verbindet den Ausbruch der höheren Aktivität mit Begeisterung und Freude. Es handelt sich also nicht um eine trockene Lehre, sondern um eine triumphierende Äußerung der Persönlichkeit, welche die Mittel fand, den tiefen Lebensbedürfnissen zu entsprechen. Wie ein siegreicher Römer, der sich auf der herrlichen Quadriga fortbewegt, so lenkt der Geist des geraden und ausgeglichenen Kindes von sich aus die vier Errungenschaften des Verstandes: die vier Pferde der triumphierenden Quadriga, die im Vollbesitz ihrer
▲ Kräfte weiteren Bildungsstufen entgegenstürmen.⟩

1948 ▼ ⟨Der wirkliche Mittelpunkt dieser Erfahrung ist jedoch die Entdeckung auf dem Gebiet der Kinderpsychologie. Jede spätere Entwicklung folgt der ersten Offenbarung, die uns die Kinder von San Lorenzo gaben: die seltsame, unerklärliche Fähigkeit, mit Hilfe des beweglichen Alphabetes lange Wörter wiederzugeben, deren Bedeutung sie noch nicht einmal kannten; das erstaunliche Phänomen der Explosion des Schreibens, aber auch die fast an Wunder grenzende Festigung der spontanen Disziplin bei so kleinen Kindern. All dies geschah auf ganz unerklärliche Weise, da ihr Unterricht nicht direkt auf dieses Ziel gerichtet war und sie auch keinem Zwang unterworfen waren. Und doch traten diese Phänomene nicht nur einmal in einer speziellen Umgebung auf, sie wiederholten sich in allen Teilen der Welt, in denen unser System ernsthaft und exakt angewandt wurde.

Diese außergewöhnlichen Phänomene enthüllen einen unbekannten Teil der kindlichen Seele. Und hier liegt der Angelpunkt unserer gesamten Arbeit, weil sie sich um diese Erscheinungen herum entwickelte und von ihnen inspiriert wurde. Das ist der Grund, warum diese Erfahrungen und die darauf basierende Methode nur dann zu verstehen sind, wenn man erkennt, daß sie mit der besonderen Geistesform verbunden sind, die man ausschließlich in der schöpferischen Periode im frühen Kindesalter antrifft.

Besonders hervorstechend bei diesem großen Experiment ist der Beweis, daß ein Kind unter sechs Jahren eine „Geistesform" besitzt, verschieden von der, die sich nach dem Alter von sechs oder sieben Jahren entwickelt, und sich deshalb von der des Erwachsenen unterscheidet. Bei den Allerkleinsten, bis zurück zum Zeitpunkt der Geburt, ist dieser Unterschied besonders stark betont. Wir nennen diese Form den „absorbierenden Geist" und sprachen zum erstenmal davon in dem Buch: *„Education for a New World"* [127]. Zur Zeit ist ein weiteres Buch in Vorbereitung: *„La mente assorbente"* [128], das in Kürze erscheint und sich mit Kinderpsychologie befaßt.

Es ist gewiß, daß geheimnisvolle Fakten, die sich zuerst mit dem unbewußten Geist in Zusammenhang bringen lassen, und dann mit dem Unterbewußtsein, und zwar gleichzeitig mit dem Auftreten der ersten bewußten Gedanken, die Fähigkeit des Kindes enthüllten, Bilder seiner Umwelt zu absorbieren, auch wenn sie in geistigen Labyrinthen gesammelt werden, wie sich aus der wunderbaren Tatsache ergibt, daß ein Kind das, was man fälschlich als „Muttersprache" bezeichnet, absorbieren kann, mit all ihren phonetischen und grammatischen Einzelheiten, und dies zu einem Zeitpunkt, wo es noch nicht die geistigen Fähigkeiten besitzt, die wir zum Lernen brauchen: die willkürliche Aufmerksamkeit, das Gedächtnis, die Urteilsfähigkeit. Es ist ebenfalls wahr, daß gerade die während des unbewußten Alters durch die Kraft der Natur absorbierten Dinge so tief haften bleiben, daß sie sich mit

---

[127] Madras 1946 (d. Hrsg.).
[128] Das Buch erschien zuerst 1949 in Indien mit dem Titel „The Absorbent Mind". Die 1. italienische Auflage trägt den Titel „La mente del bambino", Mailand 1952 (d. Hrsg.).

der Person identifizieren, und zwar derart, daß die Muttersprache wirklich ein Merkmal der Rasse wird, das charakteristische Attribut des menschlichen Individuums.

Andererseits haben Erwachsene Schwierigkeiten, eine fremde Sprache zu erlernen, wenn ihr Geist reif ist; es gelingt ihnen dann nicht, die Aussprachelaute perfekt nachzuahmen, sie verlieren außerdem nie ihren ausländischen Akzent und machen immer grammatische Fehler.

In den ersten zwei Lebensjahren legt das Kind mit seinem absorbierenden Geist die Grundlage für alle seine individuellen Eigenarten, auch wenn es sich dessen nicht bewußt ist. Mit 3 Jahren offenbart sich die motorische Aktivität, durch welche die Erfahrungen den endgültigen „bewußten Geist" fixieren. Das bei der Verwandlung benutzte motorische Organ ist hauptsächlich die Hand, die von den Gegenständen Gebrauch machen muß. Es ist wohlbekannt, daß das Kind alles berühren will und sich auf Spiele konzentriert, die vom Verstand unter Beteiligung der Hand gefördert werden.

Die Erziehung wertet noch nicht die Bedeutung der Hand als mitwirkendes Organ bei der Bildung des bewußten Geistes im Kindesalter aus.

Die Kräfte des absorbierenden Geistes verschwimmen allmählich im Zuge der fortschreitenden Organisation des bewußten Geistes. Auf jeden Fall bleiben sie während der Kindheit bestehen und ermöglichen, wie sich aus unseren weltweiten Versuchen ergibt (die bei fast allen Menschenrassen durchgeführt wurden), das „Absorbieren" der Kultur in einem über alle Maßen erstaunlichen Umfang.

Während das Kind, obwohl es unbeweglich ist, im Verlauf seiner ersten (zwei oder wenig mehr) Lebensjahre einfach mit seiner unbewußten Absorptionskraft zu wunderbaren Errungenschaften imstande ist, erlangt es die Fähigkeit, nachdem es ein Alter von drei Jahren erreicht hat, sich eine Menge von Kenntnissen mit seinen Bemühungen durch Erforschung der Umwelt anzueignen. In dieser Periode erfaßt es die Dinge dank seiner eigenen Tätigkeit und sammelt sie in seiner geistigen Welt, als würde es sie mit eigenen Händen auflesen.

Es hat jedoch noch nicht den Reifegrad erreicht, der es später in die Lage versetzt, mit Hilfe der Worte eines Erwachsenen zu lernen. Aus diesem Grund betrachtet man das kleine Kind als unfähig, aus dem Unterricht der allgemeinen Schule Nutzen zu ziehen.

Es ist jedoch sicher, daß die während der Absorptionsperiode erworbenen Dinge nicht im Gedächtnis sondern im lebendigen Organismus haften bleiben, da sie die Bildung des Geistes, den Charakter des Individuums lenken. Wenn also in diesem Alter eine erzieherische Hilfe gewährt werden kann, so hat sie über die Umgebung und nicht durch mündlichen Unterricht zu erfolgen. Was das Kind in Form von Bildung in sich aufnimmt, ist wie ein ständiger Sieg, der eine Flamme der Begeisterung nährt, als habe es sich in ein loderndes Feuer gestürzt. Aus dieser kindlichen Bildung sprühen Funken von Intelligenz, die zu intensiverer Entwicklung, zu weiteren zukünftigen Siegen führen.

Dies ist das Alter, in dem der Mensch arbeitet, ohne zu ermüden und der Erkenntnis Nahrung für das Leben entnimmt. Wenn das Kind nicht die Möglichkeit hat, sich im Einklang mit den geistigen Merkmalen zu entfalten, welche die Natur als Schlüssel zum Geheimnis der Schöpfung einer menschlichen Intelligenz gegeben hat, dann leidet es und entfernt sich vom Normalen.

Heute beginnen die Psychologen, eine Form von „geistigem Hunger" bei schwierigen Kindern zu erkennen, die in ihrer Entwicklung stehengeblieben und vom geraden Weg, dem der menschliche Fortschritt folgen soll, abgekommen zu sein scheinen.

Die auf diesen Seiten beschriebenen erstaunlichen Ergebnisse, die wir in unseren Schulen erzielten, sind deshalb nicht das Produkt einer vollkommenen Erziehungsmethode, sondern der Exponent einer besonderen Geistesform, psychologischer Sensibilitäten, die nur in der schöpferischen Periode des Wachstums auftreten.

Man sollte dies also weder unserer wissenschaftlichen Arbeit, noch der von uns für schwachsinnige Kinder benutzten und zur Erziehung normaler Kinder angewandten Methode zuschreiben. Der Ausgangspunkt für das wirkliche Verständnis unserer Arbeit besteht nicht darin, eine „Erziehungsmethode" in Erwägung zu ziehen; ganz im Gegenteil, die Methode ist die Folge der Tatsache, daß wir der Entwicklung psychischer Phänomene Beistand geleistet haben, die unbeachtet und daher jahrtausendelang unerkannt geblieben waren [129].

Es handelt sich also um kein pädagogisches, sondern um ein psychologisches Problem, und die Erziehung, die dem Leben hilft, ist eine die Menschheit berührende Frage.⟩

---

[129] In der italienischen Ausgabe ist hier nach Auskunft von Herrn Mario Montessori ein sinnentstellender Fehler unterlaufen. Er ist hier nach der englischen Nachkriegsauflage korrigiert (a. a. O., S. 354) (d. Hrsg.).

XXVI

ORDNUNG UND STUFEN BEIM ANBIETEN DES MATERIALS

[130] Bei der praktischen Anwendung der Methode muß man wissen, welche Übungsserien dem Kind nacheinander angeboten werden sollen.

Bei der Darstellung in diesem Buch wird eine Reihenfolge für jede einzelne Übung angegeben, doch in den „Kinderhäusern" fängt man gleichzeitig die verschiedenartigsten Übungen an, und gelegentlich gibt es beim Anbieten des Materials in seiner Gesamtheit verschiedene Stufen; diese werden wie folgt angegeben:

Erste Stufe

Die Stühle lautlos versetzen, Gegenstände umstellen, auf Zehenspitzen gehen (praktisches Leben).

Die Knüpfrahmen.

Die Einsatzblöcke (Sinnesübungen). Bei den Einsatzblöcken gibt es folgende Reihenfolge von leicht zu schwierig:

a) Einsatzzylinder derselben Größe mit abnehmendem Durchmesser;
b) in allen Dimensionen abnehmende Einsatzzylinder;
c) nur in der Höhe abnehmende Einsatzzylinder.

Zweite Stufe

Praktisches Leben: lautlos aufstehen und sich setzen, abstauben, Wasser aus einem Gefäß in ein anderes gießen.

Auf der Linie gehen.

Sinnesübungen.

Material für Dimensionen: Stäbe, Prismen, Würfel.

Die verschiedenen Sinnesübungen im Bereich der Paarungen und der Kontraste.

Dritte Stufe

Praktisches Leben: sich an- und ausziehen, sich waschen usw.
Verschiedene Verrichtungen bei der Reinigung des Raumes.

---

[130] Dem Sinne nach in der 1. deutschen Auflage, S. 315 ff; einige Änderungen 1926/48; in der 1. italienischen Ausgabe nicht enthalten (d. Hrsg.).

Korrektes Essen unter Benutzung des Bestecks.
Bewegungsübungen.
Verschiedene Übungen zur Kontrolle der Bewegungen beim Gehen auf der Linie.
Sinnesübungen:
Alle Abstufungsübungen.
Zeichnen.
Stilleübungen.

Vierte Stufe
Übungen des praktischen Lebens.
Tischdecken, Geschirrspülen, Aufräumen des Zimmers usw.
Bewegungsübungen: rhythmisches Gehen.
Analyse der Bewegungen.
Alphabet.
Zeichnen.
Arithmetik: die verschiedenen Übungen mit dem Material.
Eintritt der Kinder in die Kirche.

Fünfte Stufe
Praktisches Leben: alle weiter oben aufgeführten Übungen des praktischen Lebens und zusätzlich:
Anspruchsvollere Körperpflege wie Zähneputzen und Säubern der Fingernägel.
Erlernen der äußerlichen gesellschaftlichen Formen wie Grüßen usw.
Aquarelle und Zeichnungen.
Schreiben und Lesen von Wörtern: Befehle.
Erste schriftliche Rechenaufgaben.
〈Lesen von wissenschaftlichen, geographischen, geschichtlichen, biologischen und geometrischen Wörtern usw.

Entwicklung des Lesens durch grammatische Einzelheiten in Verbindung mit Spielen.
In der gleichen Klasse sollten Kinder aus drei Altersstufen zusammen sein; den Kleinsten, die sich spontan für die Arbeit der Größeren interessieren und von ihnen lernen, sollte geholfen werden. Ein Kind, das den Wunsch zeigt, zu arbeiten und zu lernen, soll nicht daran gehindert werden, auch wenn diese Arbeit außerhalb des regulären Programms liegt, das nur für die Lehrerin angegeben ist, die eine Klasse übernimmt.〉

LITERATURÜBERSICHT

Die wichtigsten Schriften Maria Montessoris in deutscher Sprache

Die Entdeckung des Kindes, Freiburg [10]1991 (früher: Selbsttätige Erziehung im frühen Kindesalter, Stuttgart 1913)
Mein Handbuch, Stuttgart 1922
Das Kind in der Familie, Stuttgart 1954 (früher: Wien 1923)
Schule des Kindes, Freiburg 1976 (früher: Montessori-Erziehung für Schulkinder, Stuttgart 1926) [4]1991
Grundlagen meiner Pädagogik, in: Handbuch der Erziehungswissenschaft, 3. Teil, Bd. 1, München 1934, S. 265–285
Kinder sind anders, Stuttgart [10]1978
Kinder, die in der Kirche leben, Freiburg 1964
Von der Kindheit zur Jugend, Freiburg [3]1979
Über die Bildung des Menschen, Freiburg 1966
Das kreative Kind – Der absorbierende Geist, Freiburg [8]1991
Frieden und Erziehung, Freiburg 1973
Spannungsfeld Kind – Gesellschaft – Welt, Freiburg 1979
„Kosmische Erziehung". Kleine Schriften Maria Montessoris 1, Freiburg 1988.
Die Macht der Schwachen. Kleine Schriften Maria Montessoris 2, Freiburg 1989

Ausgewählte Literatur zur Montessori-Pädagogik

Beiträge zur Montessori-Pädagogik 1977, hrsg. von Paul Scheid und Herbert Weidlich, Stuttgart 1977
Böhm, Winfried, Maria Montessori, Bad Heilbrunn 1969
Buytendijk, F.J.J., Erziehung zur Demut, Ratingen 1962 (bearb. von Günter Schulz-Benesch, Neuausgabe: Montessori-Werkbrief, Beiheft 4, Aachen/Eschweiler 1990
Cavalletti, Sofia, Das religiöse Potential des Kindes. Religiöse Erziehung im Rahmen der Montessori-Pädagogik, Wien 1994
Elsner, Hans, Jeder hat das Recht, er selbst zu sein – Montessori-Schule, in: Lichtenstein-Rother, Ilse (Hrsg.), Jedem Kind seine Chance, Freiburg 1980
Esser, Barbara/Wilde, Christiane, Montessori-Schulen. Zu Grundlagen und pädagogischer Praxis, Hamburg 1989
Fähmel, Ingrid, Zur Struktur schulischen Unterrichts nach Maria Montessori, Frankfurt/Bern 1981
Fischer, Reinhard, Lernen im non-direktiven Unterricht, Frankfurt/Bern 1982
Günnigmann, Manfred, Montessori-Pädagogik in Deutschland. Bericht über die Entwicklung nach 1945, Freiburg 1979
Haberl, Herbert, Montessori und die Defizite der Regelschule. Internationale Krimmler Montessori-Tage, Wien 1994.
Heiland, Helmut, Maria Montessori, Hamburg 1991
Heimbring, Darko, Montessori-Pädagogik und naturwissenschaftlicher Unterricht, Aachen 1990
Hellbrügge, Theodor, Unser Montessori-Modell, München 1977
Hellbrügge, Theodor und Montessori, Mario (Hrsg.), Die Montessori-Pädagogik und das behinderte Kind, München 1978
Helming, Helene, Montessori-Pädagogik. Ein moderner Bildungsweg in konkreter Darstellung, Freiburg [13]1989

Holtstiege, Hildegard, Modell Montessori, Grundsätze und aktuelle Geltung der Montessori-Pädagogik, Freiburg ⁶1991
Holtstiege, Hildegard, Studien zur Montessori-Pädagogik. 1: Maria Montessori und die „reformpädagogische Bewegung", Freiburg 1986 – 2: Maria Montessoris Neue Pädagogik: Prinzip Freiheit – Freie Arbeit, Freiburg 1987
Holtstiege, Hildegard, Erzieher in der Montessori-Pädagogik. Bedeutung – Aufgaben – Probleme, Freiburg 1991
Jühlke, Karl Josef, Montessori und Freud. Versuch einer Verhältnisbestimmung von Montessori-Pädagogik und pädagogisch relevanten Konzeptionen der Psychoanalyse Freudscher Tradition. Dissertation Münster 1980
Kramer, Rita, Maria Montessori. Leben und Werk einer großen Frau, München 1977
Kratochwil, Leopold, Pädagogisches Handeln bei Hugo Gaudig, Maria Montessori und Peter Petersen, Donauwörth 1992   [Heilbrunn ²1978
Montessori, Maria – Texte und Diskussion – hrsg. von Winfried Böhm, Bad
Montessori, Maria, Grundlagen meiner Pädagogik und weitere Aufsätze zur Anthropologie und Didaktik, hrsg. von B. Michael, Heidelberg ⁵1979
Montessori, Reihe: Wege der Forschung, Band CC, hrsg. von Günter Schulz-Benesch, Darmstadt 1970 (Sammlung von Sekundär-Literatur 1910 bis 1968)
Montessori, Mario, Erziehung zum Menschen. Montessori-Pädagogik heute. München 1977   [Hrsg. Bistum Aachen 1982
Montessori-Pädagogik in der Sekundarstufe, Reihe „Orientierung", Folge 8,
Montessori-Pädagogik und die Erziehungsprobleme der Gegenwart, hrsg. von Birgitta Fuchs u. Waltraud Harth-Peter, Würzburg 1989
Montessori, Renilde und Schneider-Henn Karin, Uns drückt keine Schulbank. Montessori-Erziehung im Bild, Stuttgart 1983
Muchow, Martha, Das Montessori-System und die Erziehungsgedanken Friedrich Fröbels, in: Hecker, Hilde u. Muchow, Martha, Friedrich Fröbel und Maria Montessori. Einleitung von Eduard Spranger, Leipzig ²1931
Orem, R. C., Montessori heute, Gedanken und Reports zur Montessori-Renaissance in den USA, hrsg. von Paul Oswald und Günter Schulz-Benesch, Ravensburg 1975
Oswald, Paul, Das Kind im Werke Maria Montessoris, Mülheim 1958
– Die Anthropologie Maria Montessoris, Münster i. W. 1970
Oswald, Paul und Schulz-Benesch, Günter, Grundgedanken der Montessori-Pädagogik, Freiburg ¹⁰1990
Schmutzler, Hans-Joachim, Spiel, Phantasie und Arbeit bei Fröbel und Montessori, Dissertation Münster 1975
Schulz(-Benesch), Günter, Der Streit um Montessori, Freiburg 1961
Schulz-Benesch, Günter, Montessori, Reihe „Erträge der Forschung", Bd. 129, Darmstadt 1980
Standing, E. M., Maria Montessori, Leben und Werk, Neuauflage Oberursel i. T. (o. J.) (früher Stuttgart 1959)
Suffenplan, Wilhelm, Untersuchungen zur Makroperiodik von Lernaktivitäten bei Neun- bis Elfjährigen in einer Schulsituation mit Freier Arbeitswahl, Dissertation Dortmund 1974
Tomasek, Frantisek, Cinna Skola – Die aktive Schule und die religiöse Unterweisung unter Berücksichtigung der Methode Maria Montessoris, Köln 1991
van Veen-Bosse, Brigitte, Konzentration und Geist. Die Anthropologie in der Pädagogik Maria Montessoris, in: Neue Aspekte der Reformpädagogik (Einführung von O. F. Bollnow), Heidelberg 1964, S. 101–160

SACHVERZEICHNIS

Einige Stichworte sind in dieses Register nicht aufgenommen, obwohl sie für die pädagogische Konzeption Montessoris charakteristisch sind. Sie durchziehen jedoch den gesamten Text derart, daß es wenig sinnvoll erscheint, auf alle vorkommenden Stellen zu verweisen. Es sind dies die Stichworte: Entfaltung, Entwicklung, Erziehung, Handlung, Individuum, Kind, Übung. Die Bezeichnungen „Montessori-Methode", „Montessori-Pädagogik" und „Montessori-Schule" verweisen im Register auf Textstellen entsprechenden Sinnes (z. B. „unsere Schulen" etc.). Man mag übrigens beachten, daß Montessori mit dem Wort „Schule" oft auch das Kinderhaus meint.

abhängig 64 66
Absonderung 69
absorbiert 113 245
Absorptionsperiode 358
Abstraktion, abstrakt 110 112 214 312
Abstraktionen, materialisierte 194 197
abwarten 70
Achtung 32 34 173 268
Ägypter 313
Ästethik, ästhetisch 117 164 284
Afrika 45
Aktion, erzieherische 203
Aktivität, aktiv (s. a. Tätigkeit) 12 34 48 56 ff. 62 ff. 71 f. 93 111 ff. 118 166 ff. 180 187 ff 199 242 266 285 326 337 341 ff. 355 f.
– motorische 336 358
– spontane 53
Aktivitäten, psychische 271
Allgemeinwohl 109
Alter, verschiedenes 93 95
Altersstufen, Altersklassen 6 169 191 f. 204 ff. 228 236 342 353 ff. 361
Amerika 5 29 43 ff. 205 253
AMI 309
Analphabeten, Analphabetentum 37 43 252 f.
Analyse, analysieren 105 116 183 197 209 216 226 230 242 f. 277 280 ff. 316 ff.
– der Bewegungen 100 104
– der Schwierigkeiten 310
– grammatische 275
– phonetische 285
Anbieten 109 243 258 360

Angst 19 187 196
Anleitung 178 181
Anmaßung 66 347
Anmut 267
Anomalie, anormal 25 28 35 38 48 60 210 238
Anpassung, anpassen 13 18 45 159 ff. 192 277 327
Anreiz, äußerer 32
Anthropologie, A., pädagogische, anthropologisch 3 ff. 16 23 f. 36 51 217
Anthropometrie, anthropometrisch 5 f. 9 23 52
Antriebe, geistige 291
Anziehungskraft 117 f.
Appell 120
Aquarien 86
Arbeit, arbeiten 18 f. 62 66 ff. 82 ff. 92 ff. 108 f. 161 167 170 ff. 179 f. 186 f. 197 201 218 231 241 244 279 f. 294 297 301 311 322 327 ff. 333 ff. 340 ff. 347 350 ff. 361
– formative 280
– geistige 89 f. 289 293 308
– individuelle 195
– körperliche 90
– des Verstandes 173
– künstlerische 311
Arbeiter 16 18 44
artig 337 345
Assoziation, assoziieren 174 f. 200 235 246 271 276 ff. 296 344
Atmosphäre (pädagogische) 249
Aufbau (innerer, psychischer) 98 339 f. 348
aufbegehren 343
Aufforderung der Dinge 95

Aufmerksamkeit 17 80 95 102 f. 108 ff. 117 ff. 133 ff. 155 160 171 181 ff. 198 ff. 216 232 244 264 ff. 272 f. 301 326 335 343 f. 357
– aktive 104
– sensorielle 203
– spontane 63 251
– Polarisation der 173
Aufzwingen 58
Auge 115 133 ff. 140 ff. 149 f. 214 220 279 314 345 356
Ausbildung 151
Ausdauer 169 264 342
Ausdruck 133 312 f. 319
– freier 315
– rhythmischer 318
– sprachlicher 184
Ausdrucksbereitschaft 311
Ausdrucksfähigkeit 192 199
Ausdrucksmittel 310 314
Ausgehungerte 98
Autorität 17 172 f. 350
Aveyron, Wilde aus dem 28 36 41 73 75 213

Bank 14 ff. 22 90
Barcelona 322 f.
Barmherzigkeit 167
Bedales 320
Bedürfnisse 53 f. 72 82 92 97 105 110 113 166 173 192 196 200 227 243 327 340 ff. 355 f.
– geistige 85
– innere 71
– soziale 109
Befehl, befehlen 61 64 154 263 333 ff. 345 ff.
Befreiung 18 71 77 168 206
– soziale 15

Befriedigung, befriedigen 65 119 154 169 173 187 257 f 261 299 339 ff.
– geistige 84
Begabung 308 312
Begeisterung, begeistern 72 79 ff. 86 116 201 247 ff. 285 289 305 f. 318 341 345 349 356 359
Begrenzung 85 118 f. 128 186 309
Begriff 34 184 197 200
Beidhändigkeit 134
Bekehrung 69
Belohnung 17 ff. 67 ff. 156 f.
Beobachtung, beobachten 4 9 f. 23 ff. 37 48 55 ff. 68 ff. 111 133 f. 148 160 f. 167 f. 181 186 ff. 212 ff. 238 298 342 ff. 348 353
Beobachter 74 187 268
– spontaner 81 187
Beobachtungen, psychologische 351
Beobachtungsmethode 53
Berliner „Kinderhaus" 191
Beruf, beruflich 162 164
Berufsberatung 205
Berufserziehung 159
Berufsschule 223
Berufung 20
Beständigkeit 333 335
Bestätigung, spontane 301
Betrachtung 82
Bewegung 14 33 55 ff. 86 ff. 97 ff. 109 ff. 117 f. 126 130 ff. 142 f. 149 ff. 162 172 189 ff. 195 216 ff. 226 ff. 235 f. 246 253 f. 258 266 f. 270 f. 274 ff. 299 f. 308 f. 314 ff. 327 ff. 335 ff. 343 ff.
– innere 186
Bewegungen, rhythmische 322
– spontane 65 92
– zwecklose 194
– Analyse der 98 228 240
– Kontrolle der 103
– Koordination der 104 108 132 f. 336 f. 340 346
Bewegungsdrang 202
Bewegungsinstrumente 88
Bewunderung 96 266
Bewußtsein 85 107 113 117 119 132 f. 175 f. 195 ff. 203 344 349
Bewußtsein, moralisches 327
Bicêtre 30

Bildung 4 72 117 189 f. 345
– der psychischen Persönlichkeit 346
– Grenze der 355
– formale 24
– geistige 344
– intellektuelle 222 275
– verstandesmäßig 164
– wissenschaftliche 59
Bildungsmaterial 120
Bildungsniveau 44 355
Bildungsstufen 355 f.
Bindestrich 34
Bindung 63 f. 74 76 110
biologisch 159
Blutkreislauf 87 ff.
Boden, s. Teppich 259
Böse, böse 17 20 62 327 f. 344 f.
Boshaftigkeiten 248
Bosheit 343
bürgerlich 160 f.
Bürgersinn 42

„Casa dei Bambini" 40
Chaos 119 193 349
Charakter 39 167 f. 299 359
Christentum 326

Dankbarkeit 257
Defekte 160 274 283 f.
Demut, demütig 17 167 f. 251
Demütigung, demütigen 17 f. 343
Denken 89
depressiv 270
Deutschland 4 30 205
Dialekte 239
Dichter 80
Dictorium 271 274 f. 286 288
dienen 65
Dinge des täglichen Lebens 38
Disziplin, diszipliniert 17 22 44 56 f. 62 69 90 104 126 f. 152 155 168 266 f. 332 ff. 342 345 349 351 356
– aktive 57 352
Disziplinarmethode 55 59
Disziplinschwierigkeiten 58
Dolmetsch 315 320

Ehrgeiz, innerer 96
Ehrlichkeit 19

Eigenliebe 67
Einfachheit 84 121 f. 126 224
Einführung 319 f.
eingreifen 62 107 174 179 ff. 187 199 250 266 311
Eingreifen, erzieherisches 64
Einheit 2
Einmischung 311
Einwirkung, pädagogische 65
Eitelkeit 17 20 67
Eltern 48 52 66 79 260 345
Elternhaus 93
empfänglich 272 316 327
Empfindung 34 75 119 130 ff.
Energie, energisch 72 95 108 f. 169 172 f. 187 194 227 229 244 334 336 345 355 f.
– geistige 294
– intellektuelle 241
– schöpferische 48
Engel 328
England 5 30 90 262 320
Entdeckung, entdecken 43 84 86 113 161 193 242 · 259 261 265 289 344 353 356
– psychologische 39
Entdecker 119
Entfaltung, freie 240
entmutigt 270
Entrechtete 41
Entscheidungen 107
Enttäuschung 299 345
Entwicklung, charakterliche 63
– geistige 38 63 95 323
– intellektuelle 222 274 349
– normale 71 91 160
– optimale 70
– psychische 32 203 f. 243
– zivilisatorische 313
Entwicklungsbedürfnis 105
Entwicklungsform, natürliche 249
Entwicklungsfreiheit 70
Entwicklungsgrad, unterschiedlicher 72
Entwicklungsmaterial 72 100 112 117 f. 166 351
Entwicklungsperiode 113 270 279 348
Entwicklungsphänomen 111
Entwicklungsstufen 38 207

Epiphaniefest 40 f.
Erbe, erblich 270 274
Erfahrung 3 25 34 f. 67 76
  80 83 f. 96 109 114 119
  126 168 183 216 f. 222
  240 247 255 260 f. 266
  276 305 312 ff. 332 335 f.
  348 352 f. 356 ff.
Erfolg, erfolgreich 32 43 61
  154 ff. 170 196 236 251
  291 294 315 348 356
Erforschung, erforschen 116
  137 187 358
Erinnerungsvermögen 132
Erkenntnis, erkennen 148 f.
  195 355
Erlösung 17
Ermahnung 69 334
Ermüden 270
Ermunterung, ermuntern
  33 273
Ermutigung 32 119
Erneuerung, pädagogische
  23
erniedrigt 32
Ernst 264 329
Eroberung, erobern 18 63
  105 185 193 195 198 245
  268 f. 289 322 337 f.
Erstaunen, erstaunlich 291
  306
Erwachsene 17 f. 62 70 f.
  82 92 98 106 f. 110 137
  162 164 184 187 192 238
  252 f. 267 274 283 327 f.
  340 343 357 f.
Erziehung, geistige 187
– intellektuelle 73 174
– künstlerische 36
– musikalische 315 f. 319
– neuartige 30
– religiöse 192 263 323
  329 f.
– rhythmische 316
– übliche 67
– wissenschaftliche 36 f.
– Ziel der 352
Erziehungsform 37
Erziehungsmaterial 119
„Erziehungsgärtchen" 76
Erziehungsgrundsätze 27
Erziehungsmethode 26 28
  30 63 204 306 335 359
Erziehungsmethoden,
  wissenschaftliche 39
Erziehungsprinzipien 268
Erziehungssystem 25 29
Erziehungswissenschaft 37
erzwungen 91

eucharistisch 83 329
Europa 45
Evangelium 96 326
exakt 168 171 174 178 220
  317 f.
Examen 205
Existenz, normale 91
Experiment, experimentell
  2 146 168 330 349
– didaktisches 32
– wissenschaftliches 37
Experimentalpädagogik
  24 f. 28 74 205
Experimentalpsychologie 4
  6 9 16 23 28 36 39 47
  112 126 159 201 204 f.
Experimentalwissenschaft
  6 ff. 23 37
Explosion, explosiv 246 f.
  250 276 287 309 356

Fabeln 263
fachdidaktisch 290
Familie 20 43 f. 53 352
Familien- und Schulleben,
  soziales 71
Fehler 121 172 f. 181 199
  204 236 238 251 254
  270 f. 277 286 299 321
  336 347 f.
– pädagogische 275
Fehlerkontrolle 116 f.
  139 f. 146 351
Feierlichkeit 329
Feste 330
Fibel 8 256 f.
Forschergeist 291
Forschung 37
Fortschritt 17 f. 20 39 161
  193
– intellektueller 188
– kultureller 350
– menschlicher 74
– sozialer 18 21 54
Furcht 21
formativ 111
Frage, soziale 46
Fragen der Kinder 290
Frankreich 4 f. 205 216
Franziskanerinnen 45 328
Frau 54
Freien, im 90 108
Freiheit, frei 12 f. 16 23 f.
  44 53 55 ff. 63 f. 67 70 76
  85 105 ff. 126 182 196
  259 267 328 350 f.
freie Wahl, s. Wahl, freie
Freiheit, intellektuelle 268
Freiheitsdrang 19

freimütig 347 f.
freiwillig 348
Freude 21 61 104 135 156 f.
  181 187 195 200 f. 227
  236 246 248 f. 252 264
  276 297 299 314 322 324
  329 f. 333 338 340 344 ff.
  349 353 356
freudig 72
Freundlichkeit 65 127 349
Friede, friedfertig, friedlich 2 21 43 72 109 125
  297 333 345 349
Fröhlichkeit 349
Führerin 60 179
Führung 182
Fürsorge, fürsorglich 66 81
Fuß 103 105 316 f.

Ganze 277
Garten 82 85 f. 94 105 136
  188
Gärtchen, erzieherisches 85
Gebet 96 341
Gedächtnis 149 231 246 256
  275 f. 298 302 305 307
  321 357 359
– motorisches 219
– muskuläres 141
– normales 245
– visuelles 308
Gedächtnisübung 142
Gedanken 273 275
Gedankenaufbau 276
Geduld, geduldig 57 72
  105 167 ff. 268 284 324
  333 342 346 350 f.
Gefälligkeit 333
Gefühl 67 96 299 f.
Geheimnis, geheimnisvoll
  58 186 261 274 291 345
  354 357 359
gehemmt 121
„Gehen auf der Linie" 102
  105 316
Gehör 27 36 73 150 f. 356
Gehorsam, gehorchen 17
  117 126 192 333 338 343
  345 ff.
Geist, geistig 7 f. 10 f. 17
  22 31 ff. 58 66 70 73 84
  88 90 113 116 143 156
  160 f. 168 174 184 190 ff.
  197 ff. 206 214 245 259
  275 289 291 307 f. 313 f.
  324 327 334 ff. 349 353
  356
– absorbierender 273 287
  357 f.

- bewußter 358
- forschender 119
- kindlicher 16 86 293 f. 308
- künstlerischer 312
- logischer 271
- unterernährter 336
- Bildung des 359
- Hunger des 85

Geisteserziehung 74
Geistesform 287 357 359
Geistlicher, geistlich 324 ff.
Gemeinschaft 74 106 109
- organisierte 95

Gemeinschaftserziehung 62
Gemeinschaftsleben 72
Gemeinschaftsunterweisung 122
Gemeinwohl 57
Genauigkeit, genau 97 112 117 131 190 220 283 293 314 347
Generationen 291
Genugtuung 338
Gerechtigkeit 18
Geschichte 313
Gesellschaft, gesellschaftlich 13 18 36 39 41 44 57 76 101 106 127 269
Gesellschaftsklassen 45
Gesellschaftsschichten, obere 45
Gestalten, bildnerisches 309
Gesundheit, gesund 32 90 173
Gesundheit, innere 168
Gesundheitsfürsorge 78
Gesundheitsuntersuchungen 52
Gewalt 127
Gewaltanwendung 339
Gewissen 328
gewissenhaft 81 107 333
Glasgow 327
Glaube 192 328
Gleichgewicht 316 f.
Glück, glücklich 21 32 46 74 105 126 318 324 345 353
Gnade, göttliche 192
Gott 96 325 328 350
Gotteshaus 104
Grazie 338 347
Grenze 183
Griechen 284
Grundschule 5 25 f. 36 86 178 186 205 223 225 235 244 267 f. 284 f. 305 ff. 352 355 f.

Grundschüler 253
Grundschuljahr 261
Grundschulklasse 37 143 204 234 252 263 322
Grundschullehrer 220
Grundsatz 2 34 161 f.
Grundsatz, erzieherischer, pädagogischer 74 76
Gruppe 60 f. 96 198 259 319 f.
Güte 65 258
Gute, das, gut 17 20 62 195 251 327 f. 337 349
Gutsein, das 196 338
Gymnastik 90 ff. 103 108 f. 316
- assoziative 134
- rhythmische 104

Hand 93 103 116 ff. 129 ff. 141 f. 164 181 210 f. 214 217 219 226 ff. 236 253 276 279 f. 308 ff. 324 345 356 358
Handarbeit 77 93
handwerklich 162
Harmonie, harmonisch 13 165 320
Hemmnis 34 66; s. Hindernis
Hethiter 313
Hilfe, helfen 58 65 f. 70 ff. 85 91 166 171 f. 179 184 187 190 197 200 207 247 280 293 310 320 343 f. 359
Himmelreich 17
Hindernis, hindern 61 71 111 127 187 193 293 f. 311 314; s. a. Hemmnis
Höflichkeit, höflich 65 258 333
Hoffnung 61
Humanismus 284
Hunger, geistiger 336 359
Hygiene, hygienisch 6 14 f. 24 47 53 76

Idiot, idiotisch 25 ff. 73 f. 208 ff. 217;
s. a. Schwachsinnige, Zurückgebliebene
Impuls 246 251
Indien 43 45 331
indirekt 230 335 346
Individualität 109 167
Inspiration 112
Institut, heilpädagogisches 26

- für geistig Zurückgebliebene 143;
s. a. Schule f. geistig Zurückgebliebene, Schwachsinnige, Scuola magistrale ortofrenica
Intellekt, intellektuell 179 289 291 309 339 f. 344 f. 349
Intelligenz, intelligent 33 36 63 72 93 112 137 163 f. 186 189 202 204 240 f. 268 314 336 ff. 359
Intelligenztest 28
Interesse, interessieren 61 81 83 86 93 96 f. 103 110 114 118 120 f. 131 137 143 f. 150 155 166 168 171 181 186 ff. 195 198 200 f. 228 236 ff. 251 261 f. 280 ff. 305 311 ff. 319 322 326 329 332 361
Intuition, intuitiv 27 31 39 192 ff. 288
Irrenhaus 25 32 36
Irrtum 139 f. 172 181
Isolierung, isolieren 115 f. 154 171 199 f. 267
„Istituto dei Beni Stabili di Roma" 39 42 44 f. 52
Italien 4 30

Juden, sozialistische 44
Jugendliche 238 283

Kastengeist 258
katholisch 330
Kenntnis 166 182 f. 187 189 193 203
Kind, neues 67
Kindergarten 25 37 39 183
Kinderhaus 41 ff. 52 ff. 68 72 81 86 92 f. 101 113 126 144 f. 157 182 187 191 222 246 249 256 260 ff. 285 309 320 323 330 332 348 352 ff. 360
Kinderpsychologie 24 38 48 127 356 f.
Kirche 107 f. 324 ff. 330
- der Kinder 323

Klasse 361
Klassifizierung, klassifizieren 86 151 154 193 197 261 f. 291
Klinik, psychiatrische 25 29
Knecht, Knechtschaft, Knechtung 16 f. 65 f.;

367

s. a. Sklaverei
Körper 16 f. 22 70 339 353
kollektiv 150 154
Kontrolle, kontrollieren 105 131 149 172 181 220 347
Konzentration, konzentrieren 38 110 121 137 143 173 197 ff. 280 327 335 344 355
Koordination, koordinieren 63 89 98 142 180 227 ff. 233 270 309 335 338
korrekt 174
Korrektur, korrigieren 90 142 166 172 181 199 238 f. 250 254;
s. a. verbessern
Korruption 19 f.
kosen 272
Krankenhaus 25
Krankheit, krank 63 89
Künstler, künstlerisch 162 311
Kult 325
Kultur, kulturell 6 207 262 264 269
Kulturmenschen 78
Kunst 100 160 165 284 311 ff. 315
Kunstpsychologe 311

Landarbeit 329
Landschule 352
Langeweile 270
Leben
– aktives 89
– ewiges 18
– geistiges 349
– Gesetze des 70
– Impulse zum 19
– inneres 338
– praktisches 347
– übernatürliches 323
– vegetatives 88 ff. 137
Lebensabschnitte 98
Lebensenergie 227
Lebensentwicklung, normale 15
Lebensepoche 97
Lebensfreude 45
Lebenskraft 19
Lebensimpuls 111
Lebensperiode 132
Lebensrecht 343
Lebenstendenz 196
Lehrer, Lehrerin, lehren 4 ff. 17 ff. 26 30 ff. 43 f.

52 f. 56 ff. 90 96 ff. 101 109 ff. 120 ff. 144 152 166 ff. 187 ff. 194 f. 200 208 221 242 f. 250 259 263 f. 278 ff. 290 295 298 317 ff. 328 332 ff. 341 348 ff. 361; s. a. Leiterin
Lehrerseminar 225
Lehrkräfte, Ausbildung der 31
Lehrmaterial 31 56 204 220 235 289; s. a. Material
Lehrmeister 91
Lehrmittel 166
Leibeserziehung 76 91
Leidenschaft 312
Leiterin 133 144 155 177 ff. 235 ff. 249 252 258 f. 266 296 ff. 303 351;
s. a. Lehrer
Leitung 182
Lektion 120 ff. 152 170 f. 174 f. 178 189 200 251 266 284 297 300 302 317 ff.
– der drei Zeiten 278
– der Stille 157
– objektive 69
Lesen 32
Liebe, lieben 7 f. 10 f. 17 21 31 f. 81 98 109 157 192 259 328 340 343 349
Liturgiegeschichte 326
loben 69
London 27 29 f. 308 315

Mailand 39 56 223 348
Material, didaktisches 31 45 81 109 ff. 129 f. 133 ff. 143 ff. 152 166 ff. 177 f. 181 187 190 198 201 223 ff. 231 ff. 241 ff. 263 292 ff. 319 ff. 360 f.;
s. a. Lehrmaterial
Materialausstattung 102
Materialisierung, materialisiert 277 306
Meditation, meditieren 259 328
Medizin, Mediziner 3 15 26
Menschen, bessere 37
Menschenwürde 19;
s. a. Würde
Menschheit 2 6 10 54 160 312 ff. 353 f. 359
Menschlichkeit 58
Menschwerdung, personale 340
Merkmale, geistige 359

Messe 325
Messina 45
Methoden 3 22 ff. 36 ff. 63 67 f. 91 106 109 133 182 208 213 ff. 220 225 249 ff. 270 284 319 322 f. 335 346 351 357 ff.
Methode, aktive 308
– alte 56 58 166 189 208 260
– experimentelle 74, 342
– indirekte 311;
s. a. indirekt
– neue 189
– physiologische 35
– psychologische 217
Methoden, rationale 184
– übliche 124 234 281
– wissenschaftliche 126
– zum Lesen und Schreiben 32
Milch 80
Milieu 43
– künstliches 80
– soziales 19
Mimik 300
Minderwertigkeit, sittliche 64
Mission 71, 125 f. 168 196
– unbekannte 27
Mittler 167, 291
Möbel 16, 71
Montessori
– -Erziehung 106
– -Lehrerinnen 253
– -Mario 290 306
– -Methode 25 42 46 69 107 112 f. 134 150 158 166 174 181 ff. 187 194 198 221 229 239 f. 261 269 276 f. 281 ff. 290 305 310 314 319 323 ff. 352 ff. 360
– -Modellklassen 320
– -Modellschulen 315
– -Musterschule 323
– -Pädagogik 201
– -Schule 1 154 196 244 267 309 314 322
– -Schulen, deutsche 257
Moral, moralisch 18 20 26 34 43 164
Motilität 273
Motiv 200
Motive, soziale 42
motorisch 222 226 ff.
Musik, musikalisch 151 ff.
Muskelbewegungen, Koordinierung der 38

Muskeln 87 93
Muskelsystem 33 88 f.
Muskelübung 90 311
Mut 328
Mutter 53 f. 65
Muttersprache 227 274 281 f. 287 f. 357 f.
Mystiker, mystisch 11 325

Nachahmung, nachahmen 192 209 f. 216 239 283
Nachahmungstrieb 110 249
Nachprüfung, nachprüfen 296 299
Naschhaftigkeit 67
Natürliches 328; s. a. übernatürlich
Natur 7 ff. 66 73 ff. 80 ff. 91 165 186 f. 197 203 247 f. 252 291 314 328 337 343 353 f. 359
– des Kindes 64 323
– Erforschung der 86
– freie 77 ff.
– Geheimnisse der 7 f.
– Gebote der 92 227
– Liebe zur 77 80
– menschliche 20
– Zwecke der 338
Neapel 36
Neid 17 300 333
Neigung 20
Nervensystem 33 87 f.
Neugeborener 37
Neugier 299 304
New York 29 35
Nomenklatur 174 f. 178 f. 184 257
normal 22 25 ff. 30 ff. 35 ff. 70 77 ff. 93 118 143 146 151 174 181 187 194 f. 198 ff. 203 ff. 213 216 f. 222 228 261 359
Normalisierungsprozeß 34
Normalschule 225
Note 19

Objekt 217
Objektivität 121
Ökonomie der Bewegungen 100
offenbaren 63
Ohnmacht 343
Ohr 115 153 279
Ordnung, ordnen 58 62 f. 71 95 113 116 119 154 169 194 ff. 266 335 ff. 344 348 f.
– bewußte 317

– geistige 193 291
– innere 338
– sittliche 192
Ordnungsübungen 61
Organisation, disziplinäre 169

Pädagogen 196
Pädagogik, pädagogisch 6 13 26 f. 30 53 159 185 225
– experimentelle 351
– reparative 27
– wissenschaftliche 3 ff. 12 ff. 23 f. 28 34 39 45 ff. 73 351
Paris 27 29 f. 73 75
Passivität, passiv 58 62 90 200
Periode 271 288 289
– formative 133 159 162 164 192
– konstruktive 252
– physiologische 254
– schöpferische 243 285 357 359
– sensible bzw. sensitive 97 191 f. 196 227 243 285 f. 290
– sensitive, religiöse 328
– vorschulische 355
Persönlichkeit 12 28 91 ff. 140 168 200 206 227 240 268 335 ff. 342 346 ff. 356
Person 6 99
Personalität 2
Perversion 66
Perzeption 236 273 ff.
Pflanzen 81
Pflanzenkulturen 86
Pflege, aktive 81
Phantasie 89 314
Phantasiemuster 310
Philosophie der Dinge 197
Physiologie, physiologisch 14 86 181 185 269
Potentialität 2 70
– psychische 189
Präzision, präzis 97 112 116 141 f. 284 291 293 338
Praxis 163 f. 168
Prinzip 58 100 118 151 268 320
– erzieherisches 57
Prinzipien, spekulative 3
Programm 22 355 361
Prüfstein 190 f.

Prüfung 32 f. 205
Psico-Aritmetica 289
Psico-Geometrica 289
Psychiatrie 36 43
psychisch 270 359
Psychologie, Psychologe, psychologisch 8 14 24 28 f. 35 44 48 114 f. 181 202 245 285 290 f. 312 314 351 359
– experimentelle 3
– individuelle 240
– pädagogische 5
psychologistisch 309
Psychometrie 5 f. 136 159 204
psycho-motorisch 276
Psycho-physiologische 275
Pubertät 70
Puppen 65

Rassen 46
Reform 12 15 42 205 308
Reich Gottes 11
Reife, reif 184 233 250 314
Reifegrad 38 179 358
Reifung, spontane 344
Reize, äußerliche 111
Religion, religiös 18 55 58 104 192 312 323 ff. 350
religionspädagogisch 331
Religionsunterricht, katholischer 331
Resignation 300
Respekt, respektieren 31 57 60 70
Revolution 74
– Französische 27 42 202
Röntgenstrahlen 161
Rom 6 26 31 36 39 ff. 45 157 186 244 253 284 339 348
Rückschritt 18
Ruhe, ruhig 167 f.

Sakrament 326 f.
Sammlung, sich sammeln 324 335
Sanftmut, sanft 157 172 328 338
San Lorenzo 39 ff. 44 222 246 263 286 356
Schichten, privilegierte 66
Schlüssel 32 101 f. 186 199 359
Schönheit, schön 90 165 284 314 338
Schönschrift 32
Schöpfer 328

369

schöpferisch 287 f.
Schöpfung 85 349
Schottland 327
Schreiben 32 250
- Explosion des 245 265 281 356
Schrift 227
Schriftsprache 238 f. 245
Schüchternheit 334 347
Schüler 13 ff. 23 28 f. 33 36 47 53 76 90 126 161 167 182 f. 194 f. 205 210 228 341 351
Schulbank 12 f. 55
Schuld 21
Schule 3 ff. 9 12 ff. 22 f. 26 28 33 f. 44 48 57 86 94 102 187 205 ff. 223 269 284 315 323 341 348 351 f. 359
- allgemeine 127 332 345 358
- alte 167 181 187
- für geistig Zurückgebliebene 145; s. a. Institut f. geistig Zurückgebliebene und Scuola magistrale ortofrenica
- gewöhnliche 62 90 154 194
- öffentliche 32 47
- übliche 195
„Schule im Haus" 40
Schuleinrichtung 54
Schulerziehung 80
Schulinspektoren 244
Schulunterricht 284
Schwachsinnige, schwachsinnig 27 31 35 112 198 ff. 205 208 216 ff. 222 ff. 234 359; s. a. Zurückgebliebene, Idioten
- Institut für 33
Schwachsinnigen-Didaktik 174
Schweigen, schweigen 22 56 104 126 155 158 175 266 332 346
Schweiz 205
Schwierigkeiten, Analyse der 310
Schwierigkeitsgrade 183
Scuola magistrale ortofrenica 26 220; s. Institut f. geistig Zurückgebliebene
Seelenkontakt 34
Seelenleben 90

Séguinsche Methode 29 ff.
Sekundarschulen 25 253
selbständig 267 352
Selbstbewußtsein 108
Selbsterziehung 149 352
Selbstüberwindung 299
Selbstvertrauen 103
self-control 105
Sensibilität 107 137 165 191 202 f. 243 285 314 317 327 359
- muskuläre 132 f.
- psychische 252
- schöpferische 245
Sexualmoral 13
Sicherheit 328
Sinne 33 f. 86 ff. 112 f. 115 132 136 140 142 149 ff. 161 f. 172 190 202 205 221 248 267 271 307 f. 310 327 356
Sinnesbildung, Sinnesausbildung, Sinneserziehung 114 ff. 126 154 159 164 f. 180 189 193 196 203 f. 222 292 319 321 343
Sinnesmaterial 114 117 127 171 174 197 ff.
Sinnesorgane 38 88 f.
Sinnesreize 111 137 163
Sinnesübung 130 133 153 163 175 188 228 f. 276 282 289 293 296 320 352
Sinneswahrnehmungen 317
Sittlichkeit, sittlich 108 f. 327 350 352
Sklaven, Sklaverei 12 f. 15 18 64 ff. 300
Sondererziehung 29 32
Sonderschulen 30
Sorgfalt, sorgfältig 72 94 121 187 329
sozial 46 53 159 206 251 269 327 f. 350
Sozialepoche 15
Sozialgefühl 109
Sozialhaus 42
Sozialleben 76
Sozialstruktur 64
Sozialwohnungen 39 f.
Soziologie 14
Spekulation, philosophische 161
Spiel, spielen 31 89 f. 108 f. 133 137 144 148 156 f. 178 199 f. 204 238 252 257 ff. 266 288 294 299 302 307 317 329 358
- unnützes 200

Spielgefährten, Spielkameraden 96 169 258 298 348
Spielzeug 118 f. 256 258 f.
spontan 12 23 f. 44 58 63 f. 68 74 86 110 114 135 170 173 178 180 ff. 196 199 216 f. 243 249 ff. 264 ff. 273 288 296 308 311 313 335 338 341 344 f. 351 353 356
Spontaneität 260
Sport 78 108
Sportler 109
Sprache 36 38 64 99 111 152 159 180 184 f. 191 196 237 ff. 252 257 260 ff. 264 ff. 305 336 345 352
- artikulierte 255 261
- geschriebene 207 247 ff. 255 260
- gesprochene 222 240 242 f. 248 300 313
- korrekte 174
- technische 301
Sprachfehler, Sprachdefekte 38 221 238 f. 274 282 ff.
Sprachform 239
Sprachkorrektur 238
Sprachperiode, formative 243
Staat 18 f.
Stadt 76 79
Stille 103 107 150 ff. 194 f. 199 265 f. 324 327 353 355
Stillelektionen 335 346
Stilleübung 195
Stolz 107 300 339
Strafe 17 f. 21 f. 67 172 308
Strenge 62 327
Stufen, geistige, psychische 203 f.
Stundenplan 72
Subjekt 217
Suggestivfragen 264
Symbol, symbolisch 54 f. 325
Sympathie 34
Synthese 309

Tadel 334
Tätigkeit 70 72 82 ff. 93 ff. 107 120 198 218 251 280 300 322 332 335 344 355 358; s. a. Aktivität
- aufgezwungene 90
- geistige 137
- impulsive 248 250

- individuelle 196
- innere 261
- intellektuelle 159 328
- intelligente 93
- normale 89
- nützliche 173
- religiöse 329
- spontane 199 f.
Tätigkeitsbedürfnis 118
Tätigkeitsdrang 142 201
Tätigkeitsmotiv 230
Talent 96 312 313
Tanz 100
taub, taubstumm 36 f. 73 202 205
Taubstummen-Institut 27
Taubstummenlehrer 284
Taufe 326
Teppich 92 f. 110 135 141 204 241 332
Terminologie 86
Test 5 36 204 f.
Theorien, philosophische 74
- wissenschaftliche 2
Tiere 81
Tier- und Pflanzenreich, Klassifizierung des 86
Trägheit 66 79 106 ff. 187 343
Trost 32
Tugend 345 349 f.
Turin 36
Turiner Kongreß 26
Turnen 90
Typ, visueller 221
Tyrann, tyrannisieren 260 347

übernatürlich 192 328 350
Überprüfung 132 297 ff.
Überraschungen 264 266
Überwachung, überwachen 169 335 351
Übung, assoziative 278
- individuelle 37
„Übungen des praktischen Lebens" 72 93 f. 105 109 222 323
Übungen, geistige 167
- materielle 330
- motorische 337
- rhythmische 320
Umanitaria 44 ff.
Umgebung 53 ff. 70 ff. 84 93 ff. 109 ff. 116 ff. 132 136 166 169 184 ff. 196 f. 287 317 f. 327 336 f. 346 357 ff.
- Achtung vor der 169

- unnatürliche 79
- vorbereitete 34 323
- zivilisierte 73 76
Umwelt 16 90 128 137 159 f. 165 186 203 213 268 f. 283 f. 289 344 353 357 f.
- erzieherische 116
- soziale 34
Unabhängigkeit, unabhängig 63 ff. 206 248
Unartigkeit, Unarten 172 248
Unausgeglichenheit 172
Unbefangenheit 328 353
Unbeständigkeit 38
Unbeweglichkeit, unbeweglich 13 17 22 55 ff. 62 103 f. 150 154 ff. 195 335 351 358
unbewußt 247 289 357
unermüdlich 311
Unersättlichkeit 290
ungeordnet 70
Ungerechtigkeit 339 347
Ungezwungenheit 106 334 347
unglücklich 340
universell 12
Unordnung 55 58 63 95 154 172 f. 194 348 f.
Unreife, unreif 172 184 207
Untätigkeit, untätig 66 89
Unterbewußtsein 19 113 357
Unterbrechung 195
Unterdrückung, unterdrücken 13 23 32 53 58 107 154 314 342 f.
Unterlegenheit 64 73
unternormal 203
Unterricht 30 37 f. 166 f. 172 180 185 187 194 196 200 f. 207 ff. 223 225 235 f. 239 251 253 276 ff. 292 303 ff. 313 317 355 f. 358
- mündlicher 351 359
- wissenschaftlicher 291
Unterrichtsmethoden 47
Unterschied, individueller 63
unterstützen 159 f.
Unterwerfung, erzwungene 192
Unterwürfigkeit 65
Urteil, spontanes 268
Urteilsfähigkeit 357

vegetativ 87
Verantwortung 107 328 347
verbessern 55 318 337;
s. a. Korrektur
verbieten 59 172 344
Verehrung 70
Vererbung, vererben 70 276
verfrüht 184
vergeuden 185
Vergnügen 234 237 f. 258 306 314
Vergnügungen 91
Verhältnisse, soziale 64
Verhalten 300 336
Verhinderung, verhindern 171 f.; s. a. Hindernis
vermitteln 182 190
Versetzung 18
Verstand, verstandesmäßig 39 93 112 f. 142 163 ff. 167 f. 172 184 192 198 203 210 f. 214 222 226 255 286 294 305 325 344 ff. 352 356 358
Verstandesarbeit 256
Verstandesbildung 341
Versuch 3 23 ff. 28 31 f. 35 37 42 ff. 82 112 120 133 136 143 146 149 171 173 179 201 f. 204 209 212 217 f. 223 f. 243 f. 249 252 259 286 288 ff. 305 310 330 f. 358
Vertrauen 96
Vervollkommnung, vervollkommnen 71, 97 102 ff. 142 161 f. 165 172 250 269 273 277 284 286 311 337 349;
s. a. Vollkommenheit
Verwandlung 43 ff.
Volksschullehrer 8
Vollkommenheit, vollkommen 11 57 63 100 106 116 120 127 180 183 192 196 251;
s. a. Vervollkommnung
Vorgesetzter 19
Vorstellung 174 180 284
Vorurteil 55 68 77 82 105 183 ff. 215 222 255 275 f. 305 342 345

Wachstum 92 204 f.
- körperliches 160
- morphologisches 48
Wachstumsperiode 4 327
Wahl, freie 72 82 107 109 111 169 178 233 315 337

371

Wahrheit 24 160
Wahrheits- und Schönheits-
　empfindungen 90
Wahrnehmungen 180
wecken, erwecken 31 37 80
　171 242 f. 262
Welt 267
　– Erkenntnis der 291
　– geistige 358
Wert, pädagogischer 20
Wettbewerb, Wetteifer 17
　108 f. 169 333
widerspenstig 343
Wiederholung, wiederholen
　104 f. 110 114 121 136
　140 f. 143 153 157 169
　173 181 192 203 228 f.
　235 237 246 250 279 284
　296 301 f. 305 326 341 f.
　346 ff.
Wien 311 315
Wille 87 f. 91 98 103 154 f.
　229 237 270 336 f. 340
　346 ff.

Willensübung 299
Wissen 259
Wissenschaft, wissenschaft-
　lich 2 f. 6 13 ff. 24 28
　44 f. 113 137 159 f. 193
　311 338 351 359
Wissenschaftler 7 9 ff.
Wohl des Kindes 355
Würde 65 67 187 251 324;
　s. a. Menschenwürde

zärtlich 273
Zeichnen, freies 179 310
　313 f
Zeitgesetze 342
Zeitplan 95
Zentrum, auditives 279
　– motorisches 279
　– visuelles 279
Ziel 173 175 180 190 196
　300 314 324 336 ff. 345 f.
　356
Ziel, intelligentes 142

Ziele, praktische 97
ziellos 70
Zivilisation, zivilisiert 74
　160 f. 207 266 268 270
　291 314
Zucht 127
Zufriedenheit 95 f.
Zuneigung 69
Zunge 279 283
Zurechtweisung 344
Zurückgebliebene, geistig
　26 ff. 38 112 199; s. a.
　Schwachsinnige, Idioten
Zustimmung, vernünftige
　192
Zwang, zwingen 17 122
　192 260 356
Zweck 60 171 195 229
　336 f. 343 348 355
　– äußerer 111
　– unbewußter 340
　– vernünftiger 231
Zwecke, soziale 269 271

PERSONENVERZEICHNIS

Benedikt XV. 2
Bacelli, Guido 26
Benjamin, Lawrence A. 315
　317 319
Bettini 252
Binet 3 5 28
Bourneville 29
Buytendijk, F. J. J. 173

Canfield-Fisher, Dorothy
　45
Cincinnatus 109
Cizek 311

Dalcroze 90 322
Dante 8
Di Donato 244

Ezechiel 33
Épée, Ch. M., Abbé de l' 27

Fechner 3 28 202
Fedeli, Anna 225
Ferreri, G. 220
Franchetti 45
Franziskus 80
Fregoli, Leopoldo 343

Fröbel, Fr. 133 166 173 184
　217 297 f. 306

Giotto 312
Goethe 8

Hecker, H. 173
Helvetius, C. A. 73
Herbart 273
Hertz 161

Isaias 41
Itard 29 ff. 42 f. 73 ff. 112
　151 198 201 f. 209 212 f.

Jesus 11 17 f. 325
Johannes der Vorläufer 55

Katz, D. 314
Kussmaul 271

Le-Play, Fr. 53

Maccheroni, Anna Maria
　44 152 315 318 348
Marconi 161
Montessori, Mario 86 289
　359
Muchow, M 173

Mussolini, B. 45

Ostwald, W. 311

Paulus 349
Pereire 27
Pestalozzi 28 34
Pinel, Ph. 28 73 f.
Preyer 38 283

Raffael 54 f.
Revesz, Geza 311 ff.
Rousseau 12 74

Schulz(-Benesch), G. 113
　309 331
Séguin, Edouard 26 29 ff
　42 112 145 148 174
　198 ff. 208 f. 212 ff.
Shakespeare 8
Stern, W. 287 291

Talamo, Ed. 40

Voisin, F. 216

Weber, E. H. 3 202
Wordsworth 158 354
Wundt 3 5 28 f. 202